Esta colecção
tem como objectivo proporcionar
textos que sejam acessíveis
e de indiscutível seriedade e rigor,
que retratem episódios
e momentos marcantes da História,
seus protagonistas,
a construção das nações
e as suas dinâmicas.

Títulos publicados na colecção:

1 – HISTÓRIA DOS ESTADOS UNIDOS DESDE 1865
Pierre Melandri
2 – A GRANDE GUERRA – 1914-1918
Marc Ferro
3 – HISTÓRIA DE ROMA
Indro Montanelli
4 – HISTÓRIA NARRATIVA DA II GUERRA MUNDIAL
John Ray
5 – HITLER – PERFIL DE UM DITADOR
David Welch
6 – A VIDA DE MAOMÉ
Virgil Gheorghiu
7 – NICOLAU II
Marc Ferro
8 – HISTÓRIA DOS GREGOS
Indro Montanelli
9 – O IMPÉRIO OTOMANO
Donald Quataert
10 – A GUERRA SECRETA
Ladislas Farago
11 – A GUERRA DE SECESSÃO
Farid Ameur
12 – A GUERRA CIVIL DE ESPANHA
Paul Preston
13 – A VIDA QUOTIDIANA NO EGIPTO NO TEMPO DAS PIRÂMIDES
Guillemette Andreu
14 - O AMOR EM ROMA
Pierre Grimal
15 – OS TEMPLÁRIOS
Barbara Frale
16 – NO RASTO DOS TESOUROS NAZIS
Jean-Paul Picaper
17 – HISTÓRIA DO JAPÃO
Kenneth G. Henshall
18 – ARTUR, REI DOS BRETÕES
Daniel Mersey
19 – O ISLÃO E O OCIDENTE. UMA HARMONIA DISSONANTE DE CIVILIZAÇÕES
Christopher J. Walker

O Islão
e o
Ocidente

Título original:
The Islam and the West

Copyright © Christopher J. Walker 2005
Originalmente publicado em inglês
pela Sutton Publishing

Tradução: Victor Silva

Revisão da Tradução: Alice Rocha

Capa de FBA

Depósito Legal nº 244661/06
Impressão, paginação e acabamento:
EMPRESA GRÁFICA FEIRENSE
para
EDIÇÕES 70, LDA.
Junho de 2006

ISBN 10: 972-44-1287-3
ISBN 13: 978-972-44-1287-0

Todos os direitos reservados para língua portuguesa
por Edições 70

EDIÇÕES 70, Lda.
Rua Luciano Cordeiro, 123 – 1º Esqº - 1069-157 Lisboa / Portugal
Telefs.: 213190240 – Fax: 213190249
e-mail: edi.70@mail.telepac.pt

www.edicoes70.pt

Esta obra está protegida pela lei. Não pode ser reproduzida,
no todo ou em parte, qualquer que seja o modo utilizado,
incluindo fotocópia e xerocópia, sem prévia autorização do Editor.
Qualquer transgressão à lei dos Direitos de Autor será passível
de procedimento judicial.

Christopher J. Walker

O Islão e o Ocidente

UMA HARMONIA DISSONANTE
DE CIVILIZAÇÕES

70

Prefácio

Começo por apresentar os meus agradecimentos a algumas pessoas e instituições pela ajuda que me proporcionaram e a inspiração que me deram para a realização deste trabalho. Assim, em primeiro lugar, devo agradecer ao falecido Dr. Lofthouse, de Worthing, por me ter ensinado alguns rudimentos de hebraico quando eu era ainda um aluno muito jovem e por ter despertado o meu interesse por outras línguas e outras culturas semíticas. Em segundo lugar, devo alguns agradecimentos por ajudas mais recentes, como a David Taylor, por ter respondido a muitas questões, e a John Was, por me ter ajudado em algumas traduções. Roger Lockyer foi de um préstimo sem falhas. Para com Marius Kociejowski tenho uma particular dívida de gratidão. Judith Curthoys, arquivista de Christ Church, em Oxford, respondeu com amabilidade a todas as minhas perguntas e Simon Currey questionou algumas das minhas ideias. Pelo apoio que me prestaram e por terem respondido a muitas dúvidas, devo também o meu agradecimento aos bibliotecários da Biblioteca Britânica, da Biblioteca de Londres, da Biblioteca Dr. William, do Harris-Manchester College (Oxford) e da minha Biblioteca Pública local em Hammersmith e Fulham. Não posso deixar de expressar o meu reconhecimento a Christopher Feeney, Hilary Walford e Jane Entrican pela paciência e a indulgência demonstradas. Fico grato, por último, pela ajuda indirecta prestada pelos catálogos dos livreiros e leiloeiros de Londres, onde se podem encontrar descrições que esclarecem detalhes da história, das paisagens, das razões e das religiões. A responsabilidade final pelo conteúdo deste livro é, no entanto, apenas minha.

*
* *

Não inseri sinais diacríticos nos nomes semíticos. Penso que tais complexidades extrínsecas, embora possam ser bem intencionadas, entravam a narrativa e obstruem as ideias.

Introdução

Tanto na época da rainha Isabel I como na da rainha Vitória, a Inglaterra estabeleceu alianças informais com o Império Otomano. Os dois grandes monarcas deram a sua preferência ao império muçulmano relativamente a outros impérios, cristãos. A rainha Vitória chegou mesmo a ameaçar abdicar se o seu governo não adoptasse uma política de apoio mais firme à Turquia. No entanto, nenhuma das rainhas, separadas por um intervalo de trezentos anos, foi acusada de trair a cristandade ou foi sequer tida como traidora à sua cultura. O que é que tal significa em termos de Islão e de Ocidente?

Há outros exemplos que nos podem levar a questionar quaisquer categorias rígidas de Oriente e de Ocidente. Francisco I da França, o rei mui cristão, estabeleceu uma aliança com a Turquia islâmica para garantir a sua independência e não ficar sujeito ao imperador Carlos V. Antes da batalha de Lepanto, em 1571, a qual foi interpretada como uma manifestação de poder por parte da cristandade, alterando o rumo dos acontecimentos em desfavor do Islão otomano, o papa convidara o xá da Pérsia para que nela participasse. A fé, parece, podia passar de algo que estava em causa na guerra para se tornar apenas um dos seus muitos factores.

Hoje em dia talvez não seja necessário explicitar a origem nem a relevância de um livro sobre o Islão e o Ocidente. No entanto, para que conste, esta obra não se ficou a dever aos acontecimentos do 11 de Setembro de 2001. A sua origem situa-se na década em que se assistiu à destruição da mesquita de Babri, em Ayodhya, a leste de Deli, por militantes hindus, um acontecimento fundamental na história contemporânea do extremismo religioso. Também os Balcãs foram testemunhas de uma violência ensombrada pela retórica da fé. Parece que em todo o mundo a fé atravessa – e ainda – uma das suas crises periódicas, à semelhança do que aconteceu na Europa no tempo das cruzadas e na época da Reforma. Por isso, parecia ser necessário fazer um estudo das relações entre o Oriente e o Ocidente.

Este estudo exemplifica, em parte, a maneira como dois sistemas de crença muitas vezes considerados universais, mas que têm eles mesmos fracturas internas, viveram e continuam a viver – e, por vezes, não conseguem viver – lado a lado. No início o Islão não era radicalmente diferente do Cristianismo, seu vizinho, e estava longe de parecer o seu lado negro, de ser acusado de paganismo. Era como que um primo do Cristianismo da Síria e da Mesopotâmia. A sua teologia unitária encontrava-se reflectida nos escritos de alguns dos primeiros Padres da Igreja Cristã. Mesmo na Época Moderna, quando o advento do Cristianismo racional obrigou a uma reapreciação do Islão, este ainda podia ser considerado uma heresia cristã, como foi o caso com John Hales ([1]). Nem Hugo Grócio, o fundador do direito internacional, nem John Locke, cuja filosofia modelou o mundo moderno, pensaram que o Islão fosse algo de estranho ou "diferente". Estes pensadores defenderam o Cristianismo por ser verdadeiro e razoável. Porém, ambos pensavam que o Islão constituía um caminho válido para se chegar à divindade. No entanto, entre os séculos XI e XIII, na época das cruzadas, a cristandade ocidental irrompeu numa afirmação de si mesma como algo de radicalmente diferente e com carácter militante. A sua atitude continuou a ser discriminativa até à Época Moderna, embora, efectivamente, tenha sempre havido uma parte da humanidade ocidental disposta a encarar o Islão em termos não hostis.

As expedições das cruzadas foram acontecimentos que tiveram origem, essencialmente, no Norte da Europa. O Cristianismo oriental nunca cultivou a linguagem das visões e das profecias em que o Cristianismo ocidental fundamentou o seu direito de atacar o Islão. Por seu lado, o Sul da Europa estava muitas vezes mais interessado na coexistência. O Cristianismo e o Islão misturavam-se satisfatoriamente na corte siciliana de Rogério I e Rogério II e do imperador Frederico II, e em Espanha, nos anos da reconquista, o saber islâmico era enaltecido pelos reis de Castela, que evitavam a retórica.

Pareceu-me apropriado dar por concluído em 1914 o conteúdo do livro, porque o período subsequente já foi adequadamente coberto. Esta data assinala a emergência do mundo contemporâneo, ao passo que a minha preocupação era redescobrir e, segundo espero, iluminar o pano de fundo, o território profundo, onde se projecta uma questão motivadora de perplexidade, bastante controversa e susceptível de desencadear hoje em dia conflitos internacionais.

Capítulo I

Sofrónio e Omar

Helena, a mãe do imperador Constantino, foi quem primeiro atribuiu a Jerusalém um lugar central no Cristianismo romano ao dirigir-se ali em peregrinação, provavelmente no ano de 326. Segundo os historiadores religiosos Sócrates Escolástico e Sosomeno, Helena descobriu onde ficava o Santo Sepulcro. À época da sua visita, este lugar sagrado estava ocupado por um templo construído pelo imperador Adriano e dedicado a Astarte. A devota peregrina, a quem o imperador seu filho concedeu o título de "imperatriz", procurou respeitosamente outros lugares relacionados com a vida de Jesus e descobriu uma relíquia sagrada com um significado profundo e perene, o da Verdadeira Cruz. A sua viagem piedosa inaugurou a tradição poderosa e duradoura da peregrinação cristã – um processo mediante o qual a espiritualidade interior é fortalecida e enriquecida por um itinerário exterior de anelo, de sofrimento físico, de realização, presença, recolhimento e meditação (²).

Astarte era o nome de culto utilizado localmente para designar Vénus e mesmo nos tempos pagãos pairava na gruta escura uma aura de sofrimento e de renovação sagrados. Os ritos do Adónis sírio, o deus das sementes, que todos os anos fazia brotar a vida com abundância, eram celebrados na Primavera. Houve quem sugerisse um vínculo entre "Adónis" e "Adonai". O útero que alimentou o deus da fertilidade e da Primavera passou a ser o túmulo do Filho do Homem. Talvez possamos encontrar aqui uma presença feminina continuada, com Astarte a prefigurar Maria Madalena e as outras mulheres junto ao túmulo vazio, as quais, por sua vez, poderiam ser relacionadas com a figura histórica de Helena. A atmosfera contrastava com o ambiente fortemente masculino do outro grande lugar sagrado, o antigo Templo judaico, manifestamente másculo na sua forma romana e pagã enquanto templo de Júpiter Capitolino.

O Cristianismo deixara de ser uma fé dos oprimidos para se transformar numa religião imperial triunfante. Ao deixar de ser uma doutrina subversiva que negava a divindade do imperador e esperava o fim do mundo, estava prestes a garantir a legitimidade do poder imperial. A fé encontrava-se agora associada ao poder temporal; estava em vias de se transformar num participante da ordem política. O imperador passou a ser visto não apenas como o comandante supremo, o juiz e o legislador, mas também como o símbolo vivo do império cristão, com o estatuto de primeiro servo de Deus. Tornou-se objecto de um culto que era encenado com um cerimonial reverencial. A sua pessoa passou a ser considerada sagrada. E esta foi uma mudança de grande amplitude.

Há um paradoxo na peregrinação, sobretudo na viagem aos lugares santos, empreendida pela mãe do imperador. O Império Romano assumiu a aparência de um império universal, ele era a encarnação do domínio espiritual infinito. A sua universalidade estava condicionada apenas pelo facto de se situar próximo de outro império de poder e magnificência equiparáveis, o dos Persas sassânidas. Roma incutiu nas mentes dos povos da costa mediterrânica, da Anatólia e de parte da Europa a noção de cidadania mundial. A ideia do Cristianismo como religião universal encontrou aqui um solo fértil. Um império universal onde o evangelho universal podia ser pregado a todas as criaturas sem distinção constituía uma união harmoniosa. Deus podia proclamar a sua universalidade, o seu carácter não-totémico e a sua ausência de especificidade local, porque estava reflectido no império universal. No entanto, Helena, no momento em que o Cristianismo afirmava a sua universalidade, através da sua peregrinação minava subtilmente a ideia de um império e de uma fé universais. A sua devoção dava ênfase aos locais das origens da fé cristã. Não há dúvida de que uma viagem de peregrinação pode reanimar e renovar a fé. Todavia, a peregrinação pode também conduzir à privatização da piedade. A ideia da universalidade de Jesus pode abrigar no seu âmago uma figura sagrada local da Palestina. A peregrinação pode fazer com que a luz íntima da alma resplandeça com maior brilho, mas também pode transformar um pedaço de terra em fetiche e instituir num lugar uma devoção específica capaz de diminuir os aspectos da fé que aspiram a ter validade em todo o mundo. A intenção de Helena pode ter sido um sagrado recolhimento do seu espírito, não uma idolatria particular, mas, para pessoas não tão nobres, o que ela fez foi um pequeno salto da peregrinação da alma para uma reverência cultual pelas relíquias dos santos, a sacralidade dos despojos e outros detritos totémicos da superstição da região. Erasmo haveria de nos recordar mais tarde que no século XVI seria possível construir um navio mercante com os fragmentos de madeira que eram considerados relíquias da Verdadeira Cruz ([3]).

Jerusalém, como outras cidades da Ásia, ficou sob o controlo do Império Romano tardio, ou bizantino, que por vezes o perdeu. De facto, os Persas sassânidas, numa daquelas campanhas que realizavam quase todos os anos, irromperam da sua capital Ctesifonte, no ano de 615, e conquistaram a Anatólia e a Síria, ou seja a totalidade da parte oriental do Império Bizantino ([4]). Apoderaram-se da alegada relíquia da Verdadeira Cruz e levaram-na em triunfo no seu regresso. A Palestina foi devastada, e Jerusalém nunca mais recuperou a opulência que conheceu durante o reinado de Constantino. Houve quem dissesse que a avidez dos Persas por conquistas parecia a de "bestas furiosas e dragões irritados" ([5]). Dois anos mais tarde, da margem asiática do Bósforo, -os mesmos invasores insaciáveis olhavam avidamente para a grande cidade de Constantinopla. No entanto, o imperador Heráclio não lhes deu quartel e, após campanhas que duraram mais de dez anos, expulsou-os das suas terras e recuperou a "Verdadeira Cruz". Nesta guerra, os impérios bizantino e persa retiraram a sua inspiração das respectivas fés impelidas pela espada. Em 629, Heráclio ganhou finalmente a coroa de louros da vitória. Esta foi uma guerra típica da rivalidade que se estabelece entre impérios pela conquista de territórios e de vias de comunicação, mas também foi motivada pelo anseio fervoroso de obter ícones de fé. Teve aspectos de guerra santa. Um poeta da corte encarou--a em termos mais intelectuais e metafísicos. Celebrando o triunfo, Jorge Pisidis escreveu numa ode a Heráclio: "Ó inteligência fértil e natureza tão perspicaz! Ó fogo da análise que procuras energicamente o que é profundo!"([6]) A vitória de Heráclio foi tão grandiosa que teve eco muito longe, tendo chegado à Arábia um relato desta luta sagrada e sendo mencionada no *Alcorão* ([7]).

Poucas vitórias foram tocadas por maior ironia. É que a luta entre os impérios, o duelo cataclísmico entre Roma e a Pérsia, as batalhas travadas nos rios turbulentos, nos áridos desertos, nas planícies sem fim e nas distantes montanhas geladas da Ásia esgotaram ambos os contendentes. Ganhar e perder os seus impérios pela espada deixou-os prostrados. O futuro da Síria e da Mesopotâmia não se perfilava a leste nem a oeste, mas a sul. Nas palavras de Edward Gibbon: "Em simultâneo, as duas monarquias rivais tornaram-se presas de um inimigo que há muito tempo se tinham acostumado a desprezar."([8])

O Islão nasceu em 622, alguns anos antes da vitória de Heráclio. Nesse ano, Maomé, o profeta devotadamente monoteísta, empreendeu a sua retirada (hégira) de Meca para Medina. Durante uma década, construiu ali um Estado, com base nas suas mensagens proféticas. Depois da sua morte em 632, o seu manto passou para os seus principais seguidores, embora mais tarde fosse disputado numa luta cruel entre estes e membros da família do profeta, o que conduziu à divisão do Islão em dois ramos: o sunita, considerado ortodoxo, e o xiita, palavra árabe que significa "partidário", porque os seus membros eram partidários de Ali, genro de Maomé. O sucessor do profeta e líder da comunidade dos crentes era conhecido como califa (*khalifa*).

O Islão evoluiu numa sociedade que era em parte cristã, em parte judaica e em parte pagã, mas totalmente árabe. A influência cristã provinha parcialmente dos montes do Sul da Síria, onde os Árabes do deserto, que percorriam extensas áreas, tinham sido atraídos para a luz que irradiava das celas dos monges. Lâmpadas tremeluzentes ao longe eram bem-vindas como pontos de orientação na noite profunda. Eram visões de esperança e de nostalgia, presenças brilhantes que dissolviam as trevas da alma ([9]). O grande poeta pré-islâmico Imru' ul Qais, aliando admiravelmente o sensual com o austero, disse da sua amada que "ela, à noite, ilumina a escuridão como se fosse a lâmpada da cela de um monge devotado a Deus" ([10]). Nos versos de al-A'sha, contemporâneo de Maomé, encontramos uma mistura semelhante de hedonismo e santidade cristã: "Muitas taças matutinas [e cintilantes] como o olho do galo bebi eu com jovens confiantes, nos seus aposentos revestidos de cortinados, enquanto soavam os sinos da igreja, vinho puro como o açafrão e o âmbar derramado e misturado nos seus copos, espalhando pela casa um perfume requintado, como se os cavaleiros tivessem [acabado de] chegar com ele do mar de Darin."([11]) (Darin era um porto perto do Bahrein onde era descarregado o almíscar vindo da Índia.)

A influência do reino cristão da Abissínia, a actual Etiópia, fazia-se sentir fortemente no Sul da Arábia. Houve uma época em que parte desta esteve sujeita à Abissínia, um facto que ocorreu em resposta às políticas demasiado ambiciosas de um rei judeu que governou o Sul da Arábia no século VI d. C. Houve conversões ao judaísmo e várias tribos árabes abraçaram-no. A fé dos saduceus, uma forma céptica do judaísmo em que a observância é mínima e a fé é expressa praticando o que é naturalmente bom, estava também presente na Arábia. A sua existência aqui promoveu a ideia de que, nesta mistura de fés diferentes que rivalizavam entre si, apenas se tornava necessária uma crença indistinta num Deus Único, bem como a aspiração de fazer o que em cada circunstância se considerava ser justo. Na própria cidade de Meca o ambiente era por vezes afectado pelas correntes monoteístas que existiam à sua volta. As famílias ricas desta próspera cidade comercial continuavam dedicadas ao prazer e ao politeísmo, um politeísmo que mesmo aqui podia transformar-se numa espécie de monoteísmo, a que se chamou henoteísmo. (O monoteísmo traduz a ideia de um Deus único, o henoteísmo a ideia menos rigorosa de um Deus supremo entre deuses menos importantes.) ([12])

Neste ambiente foi proclamada a nova fé. O que o Islão trouxe de singular foi uma mensagem universal expressa num contexto árabe: o Islão era uma mensagem profundamente monoteísta, usando a imagética, o contexto social e, sobretudo, toda a rica e harmoniosa linguagem dos Árabes. O Islão não é uma religião especificamente árabe, mas a sua formulação e a sua expressão na Arábia infundiram aspectos a esta fé que só os Árabes lhe poderiam ter dado. O Islão também lhes trouxe a unidade num momento bastante apropriado. O seu êxito ficou a dever-se mais ao carácter prático do que ao entusiasmo religioso (no sentido de extremismo). O próprio Maomé era demasiado disciplinado para que possamos afirmar que se tratava dum entusiasta religioso ([13]). Se o lermos cuidadosamente, o *Alcorão* revela, não um frenesi de entusiasmo e violência, mas a gratidão a Deus pelas suas obras e o afecto do profeta pela sua cidade natal de Meca, apesar do materialismo das suas grandes famílias de mercadores ([14]). A pregação de uma nova fé deu aos seus propagadores um forte sentimento de zelo, mas era um zelo circunscrito pelo espírito prático do fundador.

O *Alcorão* deveria ser designado mais apropriadamente como Qur'an. A palavra é cognata com a palavra siríaca *qeryana*, "leitura", "declamação", e com a aramaica *qeri*, "ser lido", uma indicação marginal das corruptelas textuais que se podem encontrar na Bíblia hebraica. A linguagem do *Alcorão* possui uma importância fundamental. O seu poder e a sua beleza podem suavizar os corações dos cépticos mais empedernidos. Com escreveu Peter Brown: "Para os seguidores de Maomé, não se tratava de uma ode religiosa síria, uma composição humana oferecida pelo homem a Deus. Era um eco da voz do próprio Deus, de um Deus que, ao longo dos tempos, nunca deixara de «convocar a humanidade»" ([15]). O poder surpreendente desta linguagem tornou mais fácil acreditar que se falava árabe no Paraíso e que qualquer tradução do *Alcorão*, mesmo que não fosse realmente blasfema, violava o seu espírito essencial.

Maomé não fez conquistas no exterior da península da Arábia. No entanto, depois da sua morte, os cavaleiros árabes, imbuídos da missão de espalhar a mensagem do profeta, partiram da península e em relativamente pouco tempo obtiveram o controlo de vastos territórios. Para além da Ásia, conquistaram, para oeste, o Egipto, o Norte de África e, por fim, a Península Ibérica. A luta foi dura: Alexandria teve de ser conquistada duas vezes (em 641 e 645). Todavia, a história do incêndio da biblioteca de Alexandria é quase certamente falsa, uma vez que grande parte dela já fora destruída por Júlio César, por monges turbulentos levados à ira por minúcias teológicas e por um edicto do imperador Teodósio, por volta de 389 d. C. A história do incêndio foi relatada pela primeira vez por Abdullatif al-Baghdadi, que morreu em 1231, tendo sido copiada por Grigor Abulfaraj, cuja história árabe foi traduzida em 1663 e influenciou os estudos dedicados ao Oriente que se foram desenvolvendo ([16]).

Tal como os Persas e os Bizantinos tinham combatido tenazmente, também agora os novos invasores reivindicavam o direito às terras da Ásia Ocidental, com a vantagem de utilizarem armamento mais ligeiro. A sua vitória subsequente derrubou a "cortina de ferro" da antiguidade, a fronteira romano-persa, e uniu a maior parte da Roma do Oriente com a Pérsia, formando um novo domínio que recriava a universalidade do Império Romano, mas numa posição deslocada mais para leste ([17]). O primeiro califa era um homem íntegro, já com alguma idade e cauteloso: Abu Bakr. O seu sucessor, Omar, viu no Islão um fenómeno mundial. (Alguns comentadores encontraram semelhanças entre o papel de Omar na sua fé e o de S. Paulo no Cristianismo.)

A campanha para conquistar a Síria terminou com a batalha do Yarmuk, em 636, quando as forças árabes chefiadas por Khalid ibn al-Walid derrotaram as forças bizantinas e mercenárias comandadas pelo irmão do imperador Heráclio. Ao partir, o imperador teve um dito memorável: "Adeus Síria, e que excelente país é este para o inimigo!"([18]) A conquista da Síria tornou-se mais fácil aos seus conquistadores por duas razões. Em primeiro lugar, o Islão tinha a vantagem da simplicidade. O Cristianismo havia-se tornado muito complicado para os que dedicavam o seu espírito a sistematizar a sua teologia. O tema da Trindade era dos que causavam maior perplexidade: era difícil ver como um só Deus poderia ser três, cada um dos quais era, de direito, plenamente Deus, embora não existissem três deuses, mas apenas um. (A ideia sabeliana de que as três pessoas da Trindade seriam três aspectos do Deus único era herética. Atanásio pensava que cada uma das três pessoas da Trindade era plenamente Deus.) Os problemas relativos à natureza de Cristo eram igualmente complexos. Surgiram graves divisões, sobretudo na Síria, a respeito da relação existente entre a sua natureza humana e a sua natureza divina: estavam misturadas ou permaneciam separadas? Se estavam misturadas, então Cristo era uma substância distinta dos mortais. Se estavam separadas, que substância morrera na cruz? Poderia dar-se então o caso de não estarmos salvos? Todas estas questões eram, ao tempo, de primordial importância. Os cristãos sírios tinham chegado às suas próprias conclusões, mas foram rejeitadas como heréticas por Constantinopla. O Islão permitiu que tivessem as crenças que quisessem. Aos que ainda estavam confusos com a metafísica cristã foi apresentada uma fórmula simples e directa: "Não há outro deus senão Deus, e Maomé é o seu profeta." Os deveres do muçulmano eram igualmente claros: crer em Deus e no seu profeta, orar, dar esmolas, jejuar durante o Ramadão e ir em peregrinação a Meca pelo menos uma vez na vida ([19]).

Em segundo lugar, os Árabes e os reinos árabes haviam marcado presença na Síria pré-islâmica. Os Nabateus tinham sido grandes no século I d. C. e a partir do século VI os Gassânidas da região de Hawran tinham actuado como soldados auxiliares de Bizâncio, apesar de terem perspectivas divergentes quanto à natureza de Cristo. Estes reinos e grupos linguísticos sentiam afinidades com os Árabes da Arábia, que foram reforçadas quando os conquistadores islâmicos permitiram que os Gassânidas conservassem livremente as suas próprias crenças. Esta liberdade de crença contrastava com a fé que lhes era imposta pelos caçadores de heresias de Bizâncio.

Nem todas as conquistas das vastas terras da cristandade oriental realizadas inicialmente pelos Árabes foram fáceis ou ocorreram como se se tratasse da libertação de uma tirania teológica. Grande parte desta guerra foi violenta, cruel e inumana. No século VII, na Arménia, parte da população cristã que se refugiara nas suas igrejas foi queimada viva pelas forças comandadas por Abdur-Rahman ([20]). Mas mesmo aqui houve apenas pressões ocasionais para converter as pessoas ao Islão e os Arménios chegaram a cargos elevados, apesar de serem cristãos ([21]). Um islamita europeu do século XVII haveria de escrever acerca das conquistas islâmicas em geral: "Reconheço que a violência teve aqui algum papel, mas a persuasão teve outro ainda maior." ([22])

Jerusalém já alcançara um lugar no Islão, pois Maomé dissera de início aos seus seguidores para rezarem na direcção da cidade, mas depois passou a ser obrigatório fazê-lo em direcção a Meca. Jerusalém foi também, provavelmente, o lugar de partida da viagem de Maomé para o céu, segundo um texto em que aparece a expressão "mesquita distante"([23]). "Mesquita distante" é uma tradução de "mesquita al-Aqsa". No entanto, e o que dá origem a alguma confusão, o local dela não é o da actual mesquita al-Aqsa, mas sim o da Cúpula do Rochedo. (Uma complicação adicional é que a expressão pode ter tido a intenção de se referir a um lugar no céu.) Contudo, a tradição inicial, que tem sempre uma grande importância em matéria religiosa, afirma que o santuário de Jerusalém – o Templo do Monte, conhecido dos muçulmanos como Haram al-Sharif, ou Santuário Nobre – era, para além de Meca e de Medina, um lugar muito sagrado, apropriado a uma profunda oração devota ([24]).

As crónicas cristãs e os discursos proféticos desta época consideram a chegada do Islão e dos Árabes como sendo sobretudo um assunto pouco controverso. Teófanes, o cronista bizantino, não pensou que o Islão fosse um fenómeno radicalmente novo. (Gibbon comenta asperamente: "Os Gregos, tão loquazes nas controvérsias, não tiveram pejo em celebrar os triunfos dos seus inimigos.") ([25]) Por vezes, encontram-se polémicas ferozes nas fontes cristãs, mas isto era raro. "O Apocalipse de Pseudo--metódio", um documento sírio do século VII, considera o aparecimento da nova fé um juízo sobre os caminhos pecaminosos dos cristãos e um presságio do fim dos tempos ([26]). Quando o historiador cristão sírio Dioniso de Tel-Mahre escreveu sobre a invasão árabe, cerca de 180 anos depois dos acontecimentos, fez um resumo razoavelmente objectivo das crenças muçulmanas, isento de toda a linguagem extremista. Acreditava que Deus acenara com a cabeça em sinal de assentimento enquanto o império árabe crescia em poder ([27]). Uma crónica síria de 724 d. C. chama a Maomé o "mensageiro de Deus" (*rasulo d-alloho*) ([28]). O patriarca dos cristãos do Oriente, ou nestorianos, escrevendo durante o seu patriarcado de 650-660 d. C. ao arcebispo da Pérsia, afirmou: "Os Árabes, a quem Deus deu nestes tempos o império deste mundo, notai bem, estão entre vós, como muito bem sabeis, e no entanto não atacam a fé cristã, mas, pelo contrário, favorecem a nossa religião, honram os nossos padres e os santos do Senhor e concedem benefícios a igrejas e mosteiros."([29])

A história arménia atribuída a Sebeos, que pode ter sido um bispo da Arménia Oriental, também contém uma descrição sem adornos da chegada do Islão. A narrativa (que data talvez de 660 ou 661) expõe com singeleza, nas suas primeiras secções, o conflito impiedoso entre Roma e a Pérsia, que precedeu o Islão, uma luta descrita por um comentador recente como uma "guerra total". Sebeos, o cronista, prossegue, registando o aparecimento de um homem de nome Mahmet, "um mercador", entre os "filhos de Ismael". A sua presença tinha-se manifestado, declara o autor, "como por mandato de Deus [...], como um pregador e o caminho da verdade. Ensinou-lhes [aos Árabes] a reconhecer o Deus de Abraão. [...] Abandonando os seus cultos vãos, viraram-se para o Deus vivo que tinha aparecido ao seu pai Abraão. Assim, Mahmet legislava em sua intenção [...]" Sebeos afirmou que a expansão do Islão ocorrera em resposta a um mandato divino. Constituía o cumprimento da vontade de Deus, embora mais tarde, quando o califado árabe se tornou poderoso e travou violentas batalhas contra a Bizâncio cristã, o acusasse de praticar o mal ([30]).

No Ocidente, Beda, *o Venerável*, registava sem rancor a chegada dos Sarracenos, não obstante as suas conquistas terem sido travadas no Sul da França. A batalha de Poitiers e a presença árabe no palco do mundo não tiveram grande impacto nas consciências. Beda estava mais interessado na genealogia bíblica dos Sarracenos e na sua descendência de Agar e Ismael ([31]).

Dois anos após a batalha de Yarmuk, os exércitos árabes estavam acampados em Jabiya, perto dos montes Jawlan (ou Golã), que era a antiga capital dos Árabes gassânidas cristãos. A partir desta base conquistaram Jerusalém e completaram depois a ocupação da Síria. O seu chefe era Abu Obaidah. Chegaram até nós tradições diferentes sobre as circunstâncias da capitulação da cidade. O que se sabe é que o califa Omar chegou a Jerusalém para desempenhar um papel determinante na colonização que se seguiu à conquista islâmica. Segundo uma das tradições, Abu Obaidah convocou Omar a Jabiya para discutir o futuro de Jerusalém, dado que a população da cidade, liderada pelo santo e idoso patriarca Sofrónio, se recusava a capitular sem a presença do maior dignitário muçulmano. Noutra versão, Omar chegou ao quartel-general muçulmano por sua própria iniciativa e, depois duma curta campanha, foram fixados os termos da Jerusalém islâmica ([32]).

Tanto o califa como o seu general dirigiram-se a Jerusalém. Para o patriarca, a aparição dos muçulmanos parece ter suscitado um estado de espírito de profunda melancolia: a chegada de Omar indicava "a abominação de desolação de que falava o profeta Daniel, quando estava no lugar sagrado" ([33]). Como devemos interpretar a afirmação do idoso patriarca? A capitulação da cidade foi uma perda, uma causa de grande dor para um velho. Talvez tenha parecido o fim, não do mundo, mas, pelo menos, do seu mundo. Talvez Sofrónio pensasse que o domínio dos Árabes, apesar do seu monoteísmo, fosse pouco diferente das ocupações que se seguiram às vitórias dos pagãos sassânidas persas. É possível que se tenha recordado da exigência feroz e incondicional do imperador persa Cósroas (Khusrau) II: "Não vos pouparei enquanto não renunciarem ao Crucificado, a quem chamam Deus, e adorarem o sol." ([34])

Contudo a opinião mais comum é que Sofrónio se sentia incomodado, e mesmo ofendido, com o vestuário informal dos conquistadores muçulmanos. O seu estilo era demasiado descontraído. O historiador Teófanes descreve Omar a aproximar-se vestido com "roupas imundas de pêlo de camelo" ([35]). Outro autor descreve-o vestido com uma camisa de algodão grosseiro e uma jaqueta de pele de carneiro. Os relatos apresentam a chegada de Abu Obaidah de modo igualmente não triunfalista. A maneira de vestir informal, que sugere igualdade, foi matéria de comentários. Os povos dos impérios orientais estavam habituados a algo mais elegante. A tradição de Sofrónio defendia que os conquistadores deveriam estar vestidos de modo grandioso. Os próprios Persas revelaram uma atitude imperial mais correcta: em 622, o general sassânida Shahrvaraz (Sárbaros, em grego), depois de derrotado, entregara "o seu escudo dourado, a sua espada, a sua lança, o seu cinto de ouro com pedras preciosas e as botas" ([36]).

Os muçulmanos, a quem Sofrónio se comprometia a ceder o controlo da sua cidade, preocupavam-se pouco com cintos de ouro ou pedras preciosas. Estavam quase certamente a marcar uma posição com as suas vestes do dia-a-dia, esquivando-se ao esplendor a que o patriarca, como executante ritual do maior acto do maior império, estava acostumado. Para um muçulmano, o uso de vestuário requintado era um acto de arrogância aos olhos de Deus. Pelo contrário, assim era quase como se houvesse uma mensagem divina de ausência de distinções de classe. Este ponto de vista dificilmente poderia estar mais afastado do da liturgia cristã ortodoxa, para a qual a religião era o aliado místico do império. O celebrante oficiava no único mistério pelo qual o povo podia participar dessa realidade superior de Cristo e de que o imperador era um reflexo ou uma repetição. Por isso, o patriarca esperava que os que chegavam como representantes de outra fé o fizessem com vestes que se adequassem a um ministério semelhante ao seu. O vestuário era para ele um sinal de estatuto religioso e social. Os trajos descuidados eram considerados incorrectos num contexto em que as vestes ricas indicavam proximidade a Deus.

O etos muçulmano, embora monoteísta, era muito diferente do de Bizâncio. No Islão sunita não havia intermediários entre Deus e o homem. São-lhe estranhos os padres paramentados e o sacramento da Eucaristia, com o seu drama processional interno e os seus gestos rituais, que vão da penitência à absolvição e à adoração. O Deus unitário do Islão mostra compaixão, mas é distante. Não há encarnação, intimidade espiritual nem liberdade de acesso garantida pelo sacramento. A ideia de que possa haver uma Sagrada Família ou de que Maria possa ser a mãe de Deus é inaceitável. A crença na Trindade é quase indistinguível do politeísmo. Em resposta ao problema filosófico da alteridade de Deus (o mistério da reconciliação do carácter absoluto de Deus com a possibilidade de se preocupar com a humanidade), o Islão afirma que Deus permanece distante, quase como uma ideia abstracta, inteligível apenas pela fé, a prática devota, os actos e o intelecto. "O resto não nos diz respeito." Não há mistérios sagrados. A humildade do homem perante Deus é apropriada e importante, mas há pouca proximidade ou intimidade pessoal. Deus não poderia ter sofrido e morrido numa cruz, nem a sua natureza é tal que pudesse partilhar uma refeição com seres humanos. Não obstante, o *Alcorão* afirma que Jesus – Isa – foi uma pessoa única e um grande profeta enviado por Deus: nalguns lugares diz-se que é ele quem esperam. Mas não é realmente filho de Deus e por certo não partilha (como Atanásio pretendia) a mesma substância metafísica que Ele.

A seguir à capitulação da cidade, Omar fixou os seus termos aos cidadãos: aos habitantes cristãos seria garantida a segurança das suas vidas, propriedades, igrejas e crucifixos, os Judeus não viveriam entre eles, as igrejas não seriam utilizadas como habitações e não seriam demolidas nem reduzidas no seu tamanho. Os cristãos mantiveram, portanto, as suas liberdades religiosas (Teófanes, o historiador, fala de "uma promessa de imunidade para toda a Palestina".) ([37]) Em compensação, tinham de pagar um imposto (*jizya*) e auxiliar na defesa contra os exércitos de Bizâncio ([38]).

Chegou a hora da oração. Omar e Sofrónio encontraram-se nas escadas da Igreja do Santo Sepulcro. Mas Omar recusou-se a orar. Nas palavras de Gibbon: "Se eu tivesse aquiescido aos vossos pedidos – disse Omar –, os muçulmanos de épocas futuras iriam infringir o tratado com o pretexto de imitar o meu exemplo." ([39]) Omar parece sugerir que, no contexto de uma divindade universal, a verdadeira devoção pode ser evidenciada sendo cauteloso no próprio exercício do zelo, que a oração pode atingir a sua máxima profundidade adiando ou recusando orar. Este gesto único e generoso de diplomacia sacra, que representava o repúdio do fetichismo de um local, não impediu posteriores abusos violentos da fé.

Omar procurou outro lugar para orar e, notando que a área sagrada do templo judaico, desocupado e ignorado durante 600 anos, estava coberta de imundícies – parece que servia de fossa séptica da cidade –, ordenou que fosse limpa e transformada num lugar de oração. O próprio califa participou na limpeza, afastando com uma pá parte das matérias infectas ([40]).

Sofrónio interpretou o vestuário confortável de Omar como um sinal de "falsidade demoníaca" ([41]), mas não há provas de que este não fosse sincero. Tanto quanto sabemos, houve um acordo sobre os detalhes do tratado e os cristãos de Jerusalém não foram afectados injustamente a seguir a este primeiro encontro importante entre o Cristianismo e o Islão. O tratado foi clemente para com o povo conquistado, era mais uma forma de reforçar os privilégios anteriores do que a imposição de um modo de vida radicalmente novo. Era um tratado que, na sua maior parte, era sensato, racional e não-triunfalista. Talvez fosse duro para os Judeus, mas estes tinham apoiado os Persas, e cristãos e Judeus ainda não tinham conseguido um *modus vivendi*. Nos 500 anos seguintes haveriam de encontrar o seu caminho de regresso à cidade santa.

Jerusalém continuou a estar acessível aos peregrinos cristãos. O bispo gaulês Arculf visitou os lugares santos por volta de 670. No regresso, naufragou ao largo das Hébridas. Aqui, contou as suas experiências a Adamnus, abade de Iona. Descreveu a Igreja do Santo Sepulcro como estando apoiada em "doze colunas de pedra de tamanho magnífico". Também mencionou uma "casa de oração" rectangular que os muçulmanos tinham construído no lugar do Templo, que haviam consagrado ([42]). O espírito de Arculf sentiu-se tocado e elevado por esta peregrinação. Os visitantes cristãos eram bem tratados pela nova religião.

As terras do Islão assumiam ainda a natureza e o aspecto de um território universal, mas, apesar da destruição da anterior cortina de ferro entre a Pérsia e Roma, naquela época formou-se uma nova barreira no interior da fé, não de ferro, uma vez que era mais leve e permeável, mas com um significado profundo e inelutável. O quarto califa, Ali, genro de Maomé, foi contestado pelo governador da Síria, Mu'awiyah, que foi proclamado califa em 660. Mu'awiyah era o competentíssimo chefe do clã omíada, donde saiu a dinastia que ficou para sempre relacionada com a oposição aos "partidários de Ali", ou xiitas. Com a morte de Mu'awiyah, esta oposição transformou-se numa revolta cujo centro foi Hussein, filho de Ali e Fátima e neto do profeta Maomé. Hussein dirigiu-se para o Iraque para desencadear a revolta, afirmando que a família do profeta tinha mais direito ao califado. Em 680, as forças omíadas enfrentaram uma pequena escolta (de apenas 200 seguidores) reunida à volta de Hussein. Travou-se uma batalha desesperada e trágica em Karbala, na qual as forças muito superiores em número do novo califa, Yazid, e que este reunia na cidade de Kufa, tentaram cercar Hussein, a sua família e os seguidores ([43]), e fazê-los passar uma sede terrível, enquanto os exércitos rivais não se moviam. Nas palavras de R. A. Nicholson: "Nem todos os pormenores tormentosos inventados pelo sofrimento e a paixão podem dar conta da tragédia da cena final." ([44]) Gibbon descreve-a assim:

> O inimigo avançou com relutância e um dos seus chefes desertou com 30 sequazes, supondo partilhar uma morte inevitável. A cada assalto mais próximo ou em cada combate singular o desespero dos fatimidas revelava-se invencível, mas a multidão que os rodeava atingia-os à distância com uma nuvem de setas. Os cavalos e os homens foram progressivamente massacrados. Foi acordada uma trégua pelos dois lados na hora da oração. A batalha terminou enfim com a morte do último dos companheiros de Hussein. Sozinho, cansado e ferido, sentou-se à entrada da sua tenda. Quando bebia um pouco de água, foi trespassado na boca por um dardo e o seu filho e o seu sobrinho, dois belos jovens, foram mortos nos seus braços. Ergueu as mãos ao céu – estavam cobertas de sangue – e pronunciou a oração fúnebre pelos vivos e os mortos. Num assomo de desespero, a sua irmã saiu da tenda e instou o general dos cúficos a que não permitisse que Hussein fosse morto em frente dos olhos dele. Uma lágrima deslizou pela venerável general barbado. Os seus soldados mais arrojados recuaram todos quando o herói moribundo se lançou a eles. Sem remorsos, Semer, um nome detestado pelos fiéis, censurou a sua cobardia, e o neto de Maomé foi morto com trinta e três golpes de lança e de espada ([45]).

Sob diversos aspectos, a paixão de Hussein passou a ser tão emblemática e tão cheia de íntima santidade quanto a paixão de Cristo o é para os cristãos. Todos os anos, no décimo dia do mês islâmico de Muharram, os xiitas recordam com actos de angustiada devoção o sacrifício de Hussein em Karbala, nas proximidades do rio Eufrates.

No império islâmico os cristãos continuaram a viver nas suas cidades natais. Os primeiros califas da dinastia omíada não pretendiam convertê-los, porque eram fonte de tributos bem-vindos. Para além disso, os califas de Damasco gostavam da sua cidade e estavam demasiado ocupados a viver uma vida de grande metrópole para exercerem um zelo religioso excessivo. Os primeiros governantes omíadas assumiram em parte as aparências dos últimos imperadores romanos. Um visitante das ruínas omíadas de Ainjar (ou Anjar), no Líbano actual, acompanhado do guia arménio local (que provém do campo de refugiados próximo, instalado nos anos que precederam a II Guerra Mundial), poderia interrogar-se: «estas elegantes ruínas pertencem ao Oriente ou ao Ocidente? Não terão elas mais coisas em comum com Roma ou Ravena do que com Bagdad ou o Irão?» R. A. Nicholson resumiu o que havia de melhor nos governantes omíadas como "sendo governantes fortes e singularmente capazes, maus muçulmanos e bons homens do mundo, raramente cruéis, homens simples, ainda que não grandes pensadores"[46]. Um dos cristãos mais importantes da Síria omíada foi S. João Damasceno, o último dos Padres da Igreja. Na sua juventude foi amigo do califa Yazid e, tal como o seu pai e o seu avô, tornou-se funcionário na casa dos califas omíadas. O seu pai foi chefe do serviço de impostos. A família viveu uma vida cristã livre na corte islâmica. O filho parecia destinado ao mesmo alto cargo da administração que o pai, mas sentiu o apelo monacal e deixou os prazeres civilizados da cidade para tomar votos no mosteiro de S. Sabas, na Palestina [47].

Neste desolado mosteiro das colinas da Judeia, juntamente com o seu irmão espiritual Cosme de Maiuma (uma vila perto da actual Gaza), escreveu hinos e opúsculos contra os iconoclastas, que tinham então influência em Bizâncio. Os seus argumentos a favor dos ícones estavam imbuídos do espírito do neoplatonismo cristão. S. João Damasceno interpretou o próprio mundo como um ícone do pensamento de Deus, e se a divindade podia ter um ícone, por que razão o homem, sua criatura, não os poderia ter também? Relativamente ao Islão, não foi polémico, estava antes preocupado em refutar os seus "erros". Para João, o Islão era uma heresia cristã. Reconheceu que tanto os cristãos como os muçulmanos adoravam o mesmo Deus. Criticou o Islão por não aceitar a divindade e a crucificação de Jesus. Em consequência, não podia aceitar nem as profecias de Maomé nem os seus corolários, a ideia de que o profeta do Islão era o "selo" dos profetas – que a sua revelação era a última e a mais completa – e que o *Alcorão* era literalmente divino. Talvez o mais importante acerca de S. João Damasceno tenha sido a maneira cortês e erudita como conduziu as suas disputas com o Islão e o carácter comum da sua vida devocional cristã, vivendo sob o poder desta fé. Por vezes, os monges seus superiores faziam-no regressar a Damasco para vender cestos nas ruas da cidade em benefício da sua alma.

Os Omíadas foram derrubados em 750, sucedendo-lhes o poder abássida de Bagdad. Continuou a haver tolerância e permissão para os peregrinos cristãos viajarem até Jerusalém. Surgiram sinais de enfraquecimento no califado depois de 840, aproximadamente, quando os dirigentes deixaram de se preocupar com o governo e transferiram para escravos o encargo do poder e da administração.

A transferência do califado para Bagdad teve um efeito significativo para a expansão mundial do Cristianismo. Os cristãos orientais, ou nestorianos, eram tidos em grande estima pelo Islão original, por um lado, devido à lenda de que Maomé desenvolvera o seu sentido de missão espiritual por acção de um monge nestoriano que encontrara numa viagem e, por outro, porque constituíam a classe instruída do Oriente. Com o estabelecimento do califado no Oriente e com a protecção do Islão monoteísta, os pregadores nestorianos conseguiram percorrer toda a Ásia Central até à China, talvez na maior empresa missionária jamais realizada. A sua presença entre as tribos turcas e o respeito que lhes era tributado é indiciado pela origem provável do vocábulo *çelebi*, palavra turca que significa "cavalheiro" e que foi trazida da Ásia Central para a Anatólia na época seljúcida. É quase certo que deriva da palavra árabe *salib*, que significa cruz ou crucifixo, e que fora originalmente aplicada aos missionários e religiosos nestorianos que faziam prosélitos na Ásia Central. Prova inequívoca da vasta empresa constituída pelo trabalho de missão dos cristãos nestorianos e realizada a partir de terras islâmicas é a estela comemorativa de Si-ngan-fu, uma cidade da província de Shensi. Nesta pedra figura uma inscrição em chinês e siríaco que regista as excelentes qualidades da religião cristã e a sua grande propagação no Reino do Meio. A data inscrita é de 1092 da era selêucida, ou seja, 781 d. C. ([48])

Se o Islão derrubou a barreira que existia entre a Roma Oriental e a Pérsia e permitiu aos missionários cristãos levar as suas escrituras até à China, ergueu (segundo se tem afirmado) uma outra, inabalável, na Europa. A teoria avançada em 1925 por Henri Pirenne e desenvolvida em 1937 é a de que "sem o Islão, o império franco talvez nunca tivesse existido e Carlos Magno sem Maomé teria sido inconcebível" ([49]). A nova ordem islâmica no Mediterrâneo e no Sul da Europa destruiu a unidade social Norte-Sul que existia na Europa, excluindo a região norte e obrigando-a a refugiar-se em si mesma, tendo-se depois erguido na pessoa de Carlos Magno e na condição de feudalismo medieval. A teoria é sedutora e foi debatida durante décadas.

É difícil negar a provável verdade dos seus traços gerais. No entanto, o reino do Norte da Europa não estava hermeticamente fechado. O seu isolamento não era completo. Foram descobertas moedas dos califas abássidas em Orkney e desenterradas moedas saxónicas, provavelmente *danegelds* (*), no Médio Oriente. Offa, rei de Mércia no século VIII, adoptou o dinar de ouro de Bagdad como sua moeda. Há um belo exemplar desta moeda num museu de Edimburgo com a inscrição árabe "Deus é grande" em redor do nome "OFFA" ([50]).

Embora o império de Carlos Magno não tivesse durado muito mais do que 100 anos, esse tempo teve uma tal grandeza e magnificência que assombrou a Europa durante 1000 anos. Um seu momento de esplendor ocorreu cerca de 790-800, quando o imperador franco (ou seja, germânico) Carlos Magno enviou embaixadores, um dos quais Isaac, *o Judeu*, à corte do califa Harun al-Rashid, em Bagdad. O califa retribuiu com presentes: um elefante – o único que possuía, chamado Abu 'l Abbas, que seria representado em iluminuras manuscritas do Norte da Europa –, bem como marfim, incenso e um relógio de água (uma clepsidra). Em contrapartida, Carlos Magno enviou vestidos brancos e verdes ao califa e alguns dos seus melhores cães de caça. O espírito era afim do evidenciado por Henrique VIII e Francisco I no Campo do Pano Dourado, uma exibição rica e sumptuosa de governantes no auge do seu poder e q ndiam o impacto político da oferta de artefactos esplendorosos. Foi fundado por Carlos Magno no centro de Jerusalém um estabelecimento, em parte estalagem e em parte hospital, para atender às necessidades dos peregrinos ([51]).

Nasceu a lenda de que as chaves do Santo Sepulcro foram enviadas a Carlos Magno, mas isso é quase certamente uma ficção. O que parece ter ocorrido é que o patriarca de Jerusalém, num gesto de cortesia que reflectia a atmosfera diplomática calorosa criada pelos dois soberanos, enviou ao imperador dos Francos algo que parecia ser as chaves da cidade santa, mas que era realmente apenas um presente

---

(*) Imposto inglês pago aos Vikings para que estes não devastassem o seu território com as suas incursões. (*N. T.*)

e uma lembrança, uma espécie de recordação turística dourada, mais ou menos equivalente a uma edição especial dos artefactos de imitação feitos em resina que se encontram hoje nas lojas dos museus. Um artigo semelhante poderia ter sido enviado pelo patriarca a qualquer soberano ou convidado importante. Alguns comentadores europeus, procurando justificar as cruzadas, afirmaram que os gestos de Carlos Magno de receber as chaves e mandar construir o hospital significavam fazer de Jerusalém um protectorado europeu, mas é preciso ter um sentimento da superioridade europeia muito forte para interpretar o envio de um tal presente como a oferta de um protectorado político estrangeiro.

Nesta troca, para além do orgulho e do prazer em mostrar poder, havia um elemento de cálculo de grande alcance. Carlos Magno procurava aliados que estivessem para além do Império Bizantino, cujo imperador herdara o manto de Roma. Procurava aumentar a sua própria legitimidade imperial, iniciando relações diplomáticas com um governante importante que estava um pouco mais afastado. Harun al-Rashid também estava satisfeito com as relações positivas com os Francos para contrabalançar as exigências dinásticas dos Omíadas da Península Ibérica (descendentes recentes do califado de Damasco, de que apenas um membro sobrevivera à revolução abássida). Mesmo nesta época, o papel que a religião desempenhava na criação de alianças e na abertura de hostilidades entre potências mundiais podia ser secundarizado por governantes poderosos e carismáticos. A ideia de que comunidades geograficamente distintas, mas que partilhavam a mesma religião, formavam politicamente uma unidade é uma mistificação, quer nos reportemos aos primeiros tempos do Cristianismo, quer ao interior do Islão, constituindo tal ideia uma tentativa de favorecer a unidade, quando o que mais provavelmente existia era a separação. Um soberano podia fazer com que a política e a religião tomassem direcções opostas. Se exceptuarmos as invocações rituais das orações, no século IX a "cristandade" estava a perder unidade, o mesmo se passando na comunidade islâmica ou *umma*. Um conflito filosófico fundamental da Idade Média foi o que opôs realismo e nominalismo, aceitando o primeiro a realidade dos conceitos universais, como, por exemplo, "igreja", "nação", "partido político" ou "género humano", e negando o outro tal realidade, defendendo, em contrapartida, a observação e a descrição dos particulares, afirmando que só havia crentes individuais (ou membros individuais) e que os conceitos abrangentes eram apenas nomes. É difícil negar que a "cristandade" e a *umma* estavam a transformar-se em mitos realistas. Eram pouco mais do que nomes, tendo apenas uma ténue realidade exterior. Não havia instrumentos diplomáticos nem objectos de fé ou sociais que indiciassem a existência de unidade entre os elementos fortemente diversificados e difíceis de reconciliar de qualquer uma das fés monoteístas universais. Cada uma delas surgia sobretudo como um caso da posição nominalista, sendo apenas um agregado de membros individuais. Os factores supostamente unificadores podem ter tido a sua realidade nas orações dos crentes, mas eram menos evidentes no quotidiano tangível da vida vivida.

Bernardo, *o Sábio*, um monge peregrino, visitou o Egipto e a Palestina no século IX, na época do califa abássida al-Mu'tazz (866-869), e hospedou-se na estalagem de Carlos Magno: "Fomos recebidos no hospital do muito glorioso imperador Carlos, onde se encontram alojados todos os que vão a este lugar por razões de devoção e falam a língua de Roma. Perto está situada uma igreja em honra de Santa Maria, que possui uma biblioteca nobre, devido ao cuidado do mencionado imperador, com 12 casas de habitação, campos, vinhas e um jardim no vale de Josafat."([52]) Bernardo registou as constantes boas relações entre os fiéis das diferentes religiões: "Os cristãos e os pagãos [ou seja, os muçulmanos] observam entre si aquela espécie de paz que, se eu fosse em viagem e se no caminho o camelo ou o burro que transportasse a minha pobre bagagem morresse e eu tivesse de abandonar ali todos os meus bens sem qualquer guarda e me dirigisse a alguma cidade em busca de outro animal de carga, me permitiria encontrar todos os meus pertences intactos quando regressasse: essa era a paz que ali havia." Bernardo acrescenta que quem viajasse sem documento assinado podia ser preso até que pudesse apresentar uma justificação da sua presença ([53]). Era do senso comum nunca viajar sem passaporte.

As relações continuaram, portanto. Em 869, o patriarca Teodósio de Jerusalém escreveu: "Os Sarracenos têm uma grande boa vontade para connosco. Deixam-nos construir as nossas igrejas e observar sem dificuldades os nossos próprios costumes ([54])."

Houve uma excepção, de natureza intelectual, aos poucos intercâmbios sagrados entre cristãos e muçulmanos. Houve um lugar em que a sua interacção não foi realizada pelos espíritos penitentes que colhiam os humildes frutos da santidade e da devoção solitária. Foi na Espanha islâmica, onde nasceu uma cultura da vitalidade e da plenitude e onde, em consequência, a vida submissa e ciente do pecado, que era própria da alma contrita e sequiosa, foi eclipsada pelo esplendor culto e original de uma civilização multicultural. Aqui, judeus, cristãos e muçulmanos esqueceram as suas diferenças (e a maior parte dos seus pecados) e encetaram uma viagem dedicada ao conhecimento, à literatura e ao prazer. Paulo Álvaro, um erudito cristão de Córdova, foi um bispo que se opôs ao humanismo civilizado inicial, estando mais preocupado com o Juízo Final, o Anticristo, a Besta 666 e a Segunda Vinda – tal como os puritanos do século XVII e actuais são intérpretes literais da Bíblia e se preocupam com o fim dos tempos. Ficou enredado pelos padrões de pensamento em que avulta a preocupação e que a religião pode produzir nas mentes excessivamente devotas que enjeitam os elementos mais amplos da cultura e da civilização. Escrevendo em 854, numa atitude de lamento e censura, disse ele:

> Os cristãos gostam de ler poemas e romances dos Árabes. Estudam os teólogos e filósofos árabes, não para os refutar, mas para usarem a sua língua de forma correcta e elegante. Onde está o leigo que actualmente leia os comentários latinos sobre as sagradas escrituras ou que estude os evangelhos, os profetas ou os apóstolos? Infelizmente, todos os jovens cristãos talentosos lêem e estudam com entusiasmo os livros árabes. Com grandes despesas, reúnem bibliotecas enormes. Desprezam a literatura cristã como não sendo merecedora de atenção. Esqueceram a sua língua. Por cada um que saiba escrever a um amigo uma carta em latim, há mil que sabem expressar-se com elegância em árabe e escrevem melhores poemas nesta língua do que os próprios Árabes [55].

Por volta de 1050, esta mesma sociedade nomeou o judeu Samuel ibn Nagdela vizir do rei de Granada. Samuel, conhecido como *haNagid*, ou o Príncipe, era, segundo Cecil Roth, um "patrono das letras generoso e conhecedor", que chegara à sua posição por causa do seu estilo árabe [56].

Se o Ocidente islâmico florescia, no Oriente as circunstâncias estavam a mudar. Os tempos testemunhavam o lento declinar duma ordem tolerante que existira desde a conquista muçulmana de Jerusalém. O conhecimento, que se desenvolvera vigorosamente nos anos posteriores a 830, tornara-se mais difícil de encontrar no Oriente islâmico depois de meados do século IX. A tolerância das ciências deu lugar à perseguição destes estudos, uma vez que a ciência e a filosofia eram suspeitas de conduzirem à "perda da fé" [57]. Esta intolerância, associada à fraqueza política, debilitou bastante o califado de Bagdad, embora tivesse conservado a sua civilização e, em parte, o seu saber. O califado começou a utilizar elementos da etnia turca do Oriente como membros da guarda pessoal. Al-Mutasim construiu para eles a cidade de Samarra (a cerca de 125 km de Bagdad). Em breve se tornariam tão poderosos que prenderam o seu soberano.

O poder da cultura, da linguagem e da poesia foi sempre evidente na formação dos elementos de base da história islâmica, para além da crença religiosa e do poder político com suporte militar. Um exemplo é o dos Samânidas, uma dinastia fundada no século IX na Ásia Central. Verifica-se aqui um paradoxo linguístico. Na Península Ibérica, o árabe afastou o latim e o espanhol primitivo e transformou-se na linguagem da cultura e do refinamento, do amor e da sociabilidade. Todavia, na Ásia Central, os Samânidas – que nomearam Turcos como governadores das províncias –, povo conhecido pela sua ortodoxia islâmica e devoção à língua árabe, descobriram que o persa se tinha tornado na língua dominante. Pessoas como Mahmud de Ghazna (no Afeganistão), um sucessor dos Samânidas, deixaram-se cativar pela literatura persa. Mahmud, que tem igualmente a reputação pouco invejável de ter sido um grande saqueador de templos hindus, convidou todos os poetas da Pérsia para a sua corte e patrocinou o grande Firdawsi, autor do *Shahnama*, ou "Livro dos Reis", prometendo-lhe (mas não cumprindo) uma moeda de ouro por cada verso. Os poetas do século X diziam os seus versos numa língua que ficou conhecida como Novo Persa e que era, no essencial, a que deu origem à língua do Irão actual, vertida na escrita linear, inteligentemente abreviada e elegantemente cursiva que se usa hoje ([58]).

O conhecimento não desapareceu do Crescente Fértil, da Ásia Central ou do Mediterrâneo islâmico. Todavia, no Oriente, o misticismo teve um forte incremento, diminuindo o desejo de governar e controlar que os Árabes tinham herdado inicialmente dos Romanos e dos Persas. O seu desejo de governar diminuiu como, séculos mais tarde, o poder britânico na Índia se haveria de tornar insustentável após o assalto ao imperialismo empreendido pelos valores liberais. Em alguns quadrantes a fé era pensada como algo velado. O *Alcorão* era considerado uma alegoria mística.

Este temperamento céptico e místico teve expressão nas quadras (*Rubaiyyat*) de Omar al-Khayyam ([59]):

> Havia uma porta para a qual não encontrei chave
> Havia um véu para além do qual não podia ver,
> Por um momento, uma pequena conversa entre mim e ti
> Pareceu – e depois nada mais de mim nem de ti.

Os guardas turcos do palácio estavam na linha da frente dos que se recusavam a ficar envolvidos nas hesitações dos eruditos. Tanto na Ásia Central como no Crescente Fértil, a sua competência guerreira era considerada a sua principal qualidade, contrastando com o novo estado de espírito do Oriente, que era o de saborear e reflectir. Os Turcos apoderaram-se das rédeas do poder quando a nação imperial governante perdeu interesse pelo poder e pela administração. Entretanto, os novos guardas da milícia seguiam a fé e a política dos seus soberanos cativos. Estes recém-chegados da Ásia Central revelaram-se competentes no seu novo papel, mas o entusiasmo intelectual que se vivia nas cortes dos califas abássidas do século IX desaparecera.

No Norte de África, o Islão xiita ganhou raízes no século X. Em breve grande parte do Sul do litoral mediterrânico aderia a alguma versão do xiismo. O Egipto, um aderente improvável ao xiismo, criou o seu próprio califado, designado em honra de Fátima [Fatimidas], a filha do profeta. Alguns representantes deste califado eram homens tolerantes, que revelavam um espírito de indiferença benevolente para com os seus súbditos cristãos. Eram pessoas educadas, que encorajavam as ciências e tinham grandes bibliotecas. Observavam as comunidades não-islâmicas sem grande preocupação. Por exemplo, depois de uma visita a Jerusalém em 985, o viajante muçulmano al-Mukaddasi fez a seguinte afirmação: "Por todo o lado cristãos e judeus predominam."([60]) Mas aconteceu uma excepção violenta e significativa a este paradigma. Apenas 30 anos depois da fundação do Cairo, surgiu um califa fatimida que provocou um frémito de ansiedade em todo o mundo cristão. No ano de 996, al-Hakim chegou ao poder como sexto califa fatimida ([61]). Foi um xiita extremista e pode ter enlouquecido devido, em parte, a práticas místicas. A influência de ideias neoplatónicas, secretas e herméticas teve sobre ele um forte impacto, nomeadamente a ideia de que alguns seres humanos foram escolhidos para ser, ou podiam aspirar a ser, os eleitos, os privilegiados, os iniciados, a elite. É de facto uma ideia que seduz sempre a mente humana nas suas manifestações narcisistas. Todas as sociedades têm as suas cliques e facciosismos. A Escada da Perfeição arrasta muitas vezes consigo um coração empedernido e concentrado em si mesmo, o desprezo pelas vantagens da comunidade.

O próprio al-Hakim afirmou ser membro da sociedade mais restrita de todas. Era divino. O seu estatuto era mais elevado do que o de "emanação divina", concedido aos outros califas fatimidas. Embora os seus pontos de vista fossem insultuosos para os muçulmanos sunitas, apaziguou-os fazendo-lhes concessões. Contudo, foi intolerante com os cristãos e perseguiu-os até à sua morte, ocorrida em 1021, deixando em ruínas a Igreja do Santo Sepulcro e destruindo outras igrejas de Jerusalém, provavelmente no ano de 1010 ([62]). Disse-se que ficou particularmente furioso com o que julgava ser o embuste da Cerimónia do Fogo Sagrado realizada na véspera da Páscoa. Num rasgo da pouca racionalidade que lhe restava, afirmou que o fogo que iluminava a igreja para as festividades pascais – e que naquele momento sagrado essencial enchia as almas dos fiéis com a luz da fé – não descia do céu, como asseguravam os padres, mas de uma centelha da pederneira do diácono.

O furacão destrutivo de al-Hakim não sobreviveu e, dois anos após a sua morte, a calma regressou. O imperador bizantino financiou a reconstrução do Santo Sepulcro e o negócio das peregrinações recrudesceu. Quando o peregrino persa Nasir-i Khusrau visitou Jerusalém em 1047, descreveu esta igreja central do cristianismo em toda a sua magnificência, capaz de acolher 8000 fiéis, totalmente decorada com mármore colorido e adornada com belas esculturas. As paredes estavam cobertas com brocados bizantinos, tecidos com fio de ouro e representando santos e mártires. Havia também retratos de Jesus que o mostravam sobre um burro. Os profetas eram representados em pinturas envernizadas com óleo de zimbro vermelho e cobertas com uma fina camada de vidro protector ([63]). Era evidente que o Santo Sepulcro e o Cristianismo na Terra Santa tinham conhecido uma reviravolta brilhante e rápida.

Nasir-i Khusrau descreve também um edifício que deve ter sido o hospital de Carlos Magno: "A muitas pessoas são aqui servidas beberagens e loções, porque há médicos que recebem um quantia fixa para atender os doentes neste lugar." ([64]) O viajante persa notou também: "De todos os países dos Gregos, mas também de outras terras, os cristãos e os judeus chegam em grande número a Jerusalém para visitarem a igreja e a sinagoga que ali existem." Sob o poder dos Fatimidas, Jerusalém era uma cidade de peregrinações de muitas fés. Este aspecto reflecte-se também na feira anual da cidade, que tinha lugar em Setembro e na qual o comércio actuava como um dissuasor do anatismo e do extremismo ([65]). A feira de Jerusalém unia as pessoas do Mediterrâneo e criava laços de fraternidade humana. O espírito da feira garantia que ninguém se iria preocupar com quem era judeu, cristão ou muçulmano. Tudo o que importava era se se podia comprar ou vender. Aqui, na sociedade islâmica, encontrava-se um exemplo pioneiro daquele racionalismo comercial que, sete séculos mais tarde, Voltaire apresentaria como uma possibilidade a defender contra o ódio religioso assassino. Nos negócios, o único infiel, dizia sarcasticamente Voltaire, era o falido.

Por toda a Palestina e toda a Síria o poder dos Fatimidas estava em declínio e por isso Jerusalém foi conquistada pelos Turcos seljúcidas. Nos últimos 100 anos, os Seljúcidas tinham-se deslocado lentamente para ocidente, acabando por derrotar os Bizantinos na grande batalha de Manzikert, em 1071, uma derrota que deixou exposta e sem defesa a fronteira oriental do Império Bizantino. Os Seljúcidas possuíam uma estrutura tribal e pretendiam acima de tudo ajudar os membros da sua própria família a ter poder, um sistema que perdurou na Ásia Ocidental durante um século. Em 1070, Atsiz, um general turco seljúcida, conquistou Jerusalém aos Fatimidas ([66]).

O poder dos Seljúcidas na Palestina carecia da dimensão cultural e emocional fatimida e árabe. Para eles, as bibliotecas nada significavam. Contudo, não houve uma mudança importante nem dramática para os peregrinos cristãos nem para os povos cristãos nativos. Tudo continuou, em grande parte, como tinha sido até aí. O impulso para as cruzadas – a catástrofe que se iria abater sobre a região – veio, como os exércitos invasores, da própria Europa. O elevado número de mortes que iria inundar de sangue as terras do Mediterrâneo Oriental foi, no contexto da própria região, um efeito sem causa. À medida que os primeiros séculos da Jerusalém islâmica se aproximavam do fim, a imagem que a cidade dava de si mesma era a de um lugar de santidade mais duro e dividido disputado por xiitas fatimidas e Turcos sunitas, mas era, mesmo assim, uma cidade com várias fés e sobretudo pacífica, onde as actividades afins da peregrinação e do comércio podiam ser realizadas sem grandes entraves.

Capítulo II

A crueldade da guerra religiosa

Em Julho de 1099, os cruzados, "soluçando exultantes de alegria"([67]) em cenas parecidas com as pintadas num juízo final da Idade Média, conquistaram Jerusalém aos muçulmanos e proclamaram Godofredo de Bouillon como seu chefe. As relações entre cristãos e muçulmanos, que pareciam ter atingido um equilíbrio instável nas últimas décadas, foram afogadas em sangue. Assim começaram dois séculos de domínio da Terra Santa pelos europeus ocidentais, conhecidos como "Francos", embora apenas uma minoria tivesse uma ligação com o povo germânico de Carlos Magno.

A maré sangrenta que percorreu as ruas da cidade santa arrastou consigo as cabeças e os membros decepados de milhares de vítimas. Na zona do Templo (ou Haram), os cavalos dos cavaleiros escorregavam nas poças de sangue. Os vencedores tresandavam ao cheiro nauseabundo a vísceras em decomposição e o ar estava cheio do odor pungente das carnes carbonizadas, pois uma comunidade de judeus que se amontoara na sua sinagoga fora incinerada. Ao assumirem o controlo da situação no meio deste terror, os cruzados, "escorrendo sangue da cabeça aos pés" ([68]), eram acometidos por um sentimento de alívio e satisfação. "Quem poderia ter tempo para contar em detalhe as alegrias dos que massacraram e os sofrimentos dos que foram massacrados?", interrogou-se Raul de Caen ([69]). O ímpeto reprimido das aspirações ao céu e dos frenesis interiores, conduzido pela ebriedade religiosa que os levou até à cidade santa, teve então a sua catarse. Nesta sangria – porque as mortes foram levadas a cabo por princípio, não por necessidades estratégicas nem em defesa própria –, os cruzados agiram como se fossem sequazes de um culto da morte de que o fetiche fosse o sangue humano. Depois da matança, houve devoção na Igreja do Santo Sepulcro e o canto de acção de graças ouviu-se bem alto. Contudo, a oferenda sagrada não purgou o desejo de matar. Voltaram a fazê-lo. Alberto de Aix relatou um outro massacre, três dias depois do primeiro, mas que teve por alvo sobretudo mulheres e os seus filhos. Qualidades cristãs como a compaixão ou a benevolência estiveram ausentes enquanto as ruas iam ficando cheias dos membros arrancados e dilacerados das crianças. "Os cristãos entregaram as suas almas à paixão da carnificina", meditava Alberto, num assomo de remorso ([70]). O zelo da fé significava que a morte tinha uma importância enorme. No mês de Julho de 1099 assistiu-se à sua consumação em Jerusalém.

David Hume descreveu as cruzadas como "o maior sinal e o monumento mais perdurável à loucura humana que alguma vez ou nalguma nação acontecera"([71]). Para Gibbon, foram episódios de "loucura sagrada", manifestações de "fanatismo selvagem", cujos participantes eram "destituídos quer de humanidade quer de razão". Interrogou-se ele: como poderiam seis gerações sucessivas ter "investido impetuosamente pelo precipício que se abria diante de si"? Os cavaleiros, conforme notou, "negligenciaram a vida, mas estavam dispostos a morrer, ao serviço de Deus" ([72]). Os túmulos distantes dos cruzados nos desertos da Anatólia e por entre as rochas da Palestina foram "voluntários e inevitáveis". No século XVIII, o historiador escocês e ministro da igreja presbiteriana William Robertson chamou a esta empresa "um monumento singular à loucura humana"([73]). O teólogo alemão, historiador da Igreja e erudito Johann Lorenz von Mosheim esforçou-se arduamente por compreendê-la. A sua origem, sustentou ele, "deve ser procurada nas ideias corrompidas sobre a religião que prevaleciam nestes tempos bárbaros". "A verdade acerca deste caso parece ser esta: os pontífices romanos e os príncipes europeus estavam empenhados nestas cruzadas devido apenas a um princípio supersticioso. Todavia, quando a experiência lhes fez ver que estas guerras santas contribuíam bastante para incrementar a sua opulência e para alargar a sua autoridade, sacrificando os seus ricos e poderosos rivais, novos motivos nasceram para encorajar estas expedições sagradas à Palestina: a ambição e a avareza vieram apoiar e reforçar os ditames do fanatismo e da superstição."([74]) Alguns autores do século XVIII, como Charles Mill, Besant e Palmer, concordaram com este ponto de vista ([75]). Comparadas com a sabedoria e a moderação civilizada da implantação islâmica inicial em Jerusalém por parte de Omar, as acções dos cruzados parecem constituir uma barbárie feroz dirigida a determinado fim, a que se acrescenta algum espírito vingativo estritamente narcisista. Eis as trevas raivosas de uma Europa que não era aquecida pelo Sul desde a chegada do Islão: o império setentrional de Carlos Magno, destituído, no entanto, do seu génio político, que atirava lanças de ferro de ignorância contra a civilização do Sul banhada pelo sol.

Porém, também há muito se fez ouvir a perspectiva contrária, e palavras como "obrigação", "veneração", "generosidade", "piedade" e "dever do Ocidente" formaram uma parte essencial do discurso sobre as cruzadas. Shakespeare, no início de *Henrique IV*, Parte I, usou a imagem da partida para uma cruzada como um símbolo da resolução sagrada da guerra civil inglesa:

> [...] Por isso, amigos,
> No que respeita ao sepulcro de Cristo, –
> Sob cuja cruz sagrada, hoje, como seu soldado,
> Somos intimados e nos comprometemos a lutar –
> Imediatamente uma força de ingleses recrutemos,
> Cujos braços foram moldados no ventre de sua mãe
> Para perseguir estes pagãos naqueles campos sagrados
> Pelos quais caminharam aqueles pés benditos
> Que há catorze séculos foram pregados,
> Para nossa salvação, na desapiedada cruz ([76]).

Este é o ponto de vista mais popular e tradicional sobre as cruzadas: elas foram a expressão e a exaltação das virtudes cavaleirosas de nobreza e altruísmo, que se exerceram na reconquista da Terra Santa, por onde o Príncipe da Paz caminhou, à barbárie e às garras dos destruidores muçulmanos. Neste contexto, Islão era praticamente sinónimo de paganismo, e destruir o destruidor era uma acção considerada inquestionavelmente virtuosa. Por um processo de magia simpática e abandonando o carácter universal da fé cristã, a santidade da terra transformava-se directamente na santidade dos feitos. Chegou a parecer que ir em cruzada ao Mediterrâneo Oriental encerrava um elemento intrinsecamente bom, a bondade-em-si-mesma, embora desta forma a Palestina se tivesse tornado semelhante a um ídolo e o Cristianismo passasse a ter o estatuto de um culto tribal. Esta tese forte foi defendida nos anos 30 do século passado por René Grousset, que acreditava que as cruzadas possuíam uma qualidade "épica", com actos de valor realizados por "heróis e santos" cristãos ([77]). Os grandes nomes da aristocracia europeia eram referidos frequentemente com admiração quando as insígnias das grandes famílias drapejavam ao vento, embora este procedimento assemelhasse a fé a um culto dos antepassados e o reverso da bravura e da nobreza fosse matar um infiel.

O ponto de vista tradicional dificilmente poderá ser defendido hoje, por um lado porque diminuiu o interesse pelos nomes das grandes famílias e, por outro, porque o herdeiro ideológico da empresa das cruzadas, isto é, o colonialismo europeu, está tão morto como o seu sagrado antecessor. Tanto os cruzados como os colonialistas procuraram controlar e manifestar a sua superioridade em territórios remotos e distantes. Para os cruzados era *Outremer*, o lugar (não nomeado) no ultramar que, precisamente por não possuir um nome próprio, indiciava que pertencia mais a um mundo imaginário, de que se podia dispor e que se podia controlar internamente, do que a um qualquer tipo de realidade interestadual. Jerusalém, Tripoli, Antioquia e Edessa eram todas englobadas no mesmo nome vago. Agora que os aristocratas já não são obedecidos e as trombetas das tropas coloniais deixaram de se fazer ouvir, os pontos de vista de Hume, Gibbon, Robertson e Mosheim parecem mais apropriados. São mais severos e frios, mas também destituídos de vaidade e de superioridade e, por isso, em última instância possuem uma visão mais universal e mais em sintonia com essa qualidade tão difícil de encontrar: a fraternidade humana. No entanto, deve ser acrescentado que na recente grande confusão, provocada pelos líderes contemporâneos, entre o Afeganistão e o Iraque (mentalidade de confrontação que, por vezes, se alarga ao Irão), ganhou nova vida a ideia de uma guerra levada a cabo numa qualquer cidade no ultramar e que não possui nome, numa cidade que, "lá longe", integra a imagem de um "eles" que nos é estranha, ou seja, que incorpora uma alteridade oriental obscura e sem forma, onde são amalgamadas identidades apenas parcialmente reconhecidas e onde os inimigos são criados e atacados por causa de actos praticados por outros, como se habitassem num caleidoscópio. Tudo se parece com o fantasma de um ideal ocidental de cavalaria, nobre e saudável, cuidadosamente conservado.

Por que razão se puseram os exércitos peregrinos a caminho do Mediterrâneo Oriental ao longo de quase 300 anos e ocuparam parcelas da Terra Santa durante grande parte desse período? Explicações como o desejo ardente dos cristãos pela Palestina ou o resgate da terra aos "pagãos" não são adequadas à compreensão da guerra que foi empreendida em nome do Príncipe da Paz. O mesmo se passa com a conjectura de que o Islão implica inevitavelmente hostilidade para com o mundo cristão, por ser uma fé que se firmou por meio da guerra, conjectura a que o Dr. Johnson dá voz na sua análise do excerto de *Henrique IV*, Parte I, citado anteriormente. Na sua opinião, os muçulmanos foram "forçados, segundo os seus próprios princípios, a fazer a guerra aos cristãos". Este é um ponto de vista partilhado por Francis Bacon. Numa tese que prefigurava justificações posteriores da "guerra preventiva", Bacon argumentou que o temor cristão ocidental era fundamento suficiente para desencadear uma guerra de invasão, porque "uma lei fundamental do império turco é que, sem qualquer provocação prévia, poderiam fazer guerra à cristandade para propagar a sua lei"([78]). Ambos os autores parecem ter ignorado a diversidade de interpretações e de poderes políticos no seio do Islão, bem como os pactos e tratados entre as potências islâmicas e europeias. O próprio Maomé nunca procurou fazer a guerra fora da península da Arábia. De facto, na sua juventude comerciou com cidades cristãs e teve até um momento muito significativo de iluminação espiritual na cela de um monge nestoriano, conhecido na literatura cristã como Sérgio e nos textos muçulmanos como Bahira. Portanto, é legítimo duvidar da afirmação de que existe uma hostilidade permanente entre o Islão e o Cristianismo.

Os séculos que antecederam as cruzadas mostraram que os cristãos podiam cooperar com os muçulmanos, quer enquanto vizinhos no Oriente, quer como peregrinos do Ocidente. Houve tratados entre a comunidade islâmica e países que não lhe pertenciam desde os tempos mais remotos. Só temos que nos recordar das relações entre Harun al-Rashid e Carlos Magno. O imperador bizantino Aleixo I celebrou tratados com o sultão de Rum (estabelecido em Konya, ou Icónio) uma década antes das cruzadas. A afirmação de que o Islão é permanentemente instável devido ao conceito de *jihad* ou guerra santa (a palavra, de início, não significava mais do que "luta difícil") ([79]) é refutada se tivermos em consideração o que se passava na prática. As relações entre as potências cristãs e as muçulmanas podiam ser tão estáveis e de boa vizinhança (ou o contrário) quanto as relações entre quaisquer outras potências. Na maior parte dos estudos teóricos, estabeleceu-se uma divisão do mundo islâmico em duas partes, o *dar ul-harb* (casa ou domínio da guerra: os países que não tinham sido conquistados pelo Islão) e o *dar ul-Islam* (casa do Islão), sugerindo que a guerra era uma condição necessária e permanente dos países não--islamizados. Porém, na prática, esta distinção não ocorreu e podiam ser estabelecidas relações pacíficas, como de facto foram, entre Estados islâmicos e não-islâmicos, nomeadamente entre o califado e o Império Bizantino. A recepção dos embaixadores bizantinos em Bagdad foi uma oportunidade para exibições de magnificência em que não se olhou a despesas ([80]). Para além disso, os juristas islâmicos apresentaram o conceito de *dar ul-sulh* (casa da paz), o que indicava que, em princípio, era permitido estabelecer a paz entre Estados, fossem islamizados ou não. Este conceito não foi desenvolvido pelos juristas islâmicos, mas continuou a ser uma possibilidade ([81]).

Um novo elemento, ou grupo de elementos, entrou em cena no século XI, ou talvez uma dinâmica interna tenha encontrado uma via de realização nesta época. O resultado foi a militarização da cristandade contra o Islão, o que destruiu as relações entre as duas fés.

A sociedade muçulmana da Palestina pouco mudara desde os dias da amizade e da hospitalidade, excepto numa coisa: as suas próprias divisões internas. O poder fatimida estava a desagregar-se perante o assalto dos Turcos seljúcidas, que, desde 1055, tinham assumido o controlo do califado de Bagdad, muito enfraquecido. A confederação familiar dos Turcos seljúcidas obtivera uma vitória famosa sobre Bizâncio em 1071 em Manzikert, "o dia medonho", como ficou conhecido entre os historiadores bizantinos. Nesse ano, um seljúcida foi nomeado governador de Jerusalém e as condições tornaram-se um pouco mais difíceis para os peregrinos, embora não impossíveis. É necessário sublinhar que, segundo as palavras de Claude Cahen, o grande especialista do Islão medieval, o começo do império seljúcida "não trouxe consigo nenhuma mudança essencial na sorte dos cristãos autóctones nem no tratamento dado aos peregrinos estrangeiros"([82]). Por outras palavras, segundo Cahen, de acordo com as condições da própria Terra Santa, não havia justificação para as cruzadas. Em 1089, os Fatimidas (xiitas) recuperaram alguns dos ganhos dos Turcos (sunitas), reconquistando as cidades da costa da Palestina. Aquando da chegada dos cruzados, o governador de Jerusalém era um fatimida ([83]). A disputa entre Seljúcidas e Fatimidas, com o seu lado de discórdia religiosa, enfraqueceu gravemente a capacidade do povo local para resistir à invasão.

Na Europa, alguns factores contribuíram para que se mudasse de uma atitude que era predominantemente de peregrinação pacífica para outra que foi de conquista violenta da Terra Santa. O primeiro desses factores foi a chegada dos Normandos. Este povo, originário da Escandinávia, transformara-se no espaço de duas gerações na força dominante da sociedade europeia. Eram assertivos, ditatoriais, controladores e militantes, embora se contentassem, por vezes, em agir como mercenários. Gostavam das hierarquias sociais. Se não podiam dominar, contentavam-se em ser submissos. Com propensão para a guerra, parecia que não tinham a igualdade em grande consideração. A sua situação tinha algumas semelhanças com a dos Godos na sociedade romana da fase final do império, na Europa e com a dos guardas turcos nos palácios árabes. Todavia, foram grandes agentes de mudança, talvez em consequência dos seus instintos violentos e hierárquicos. Tornaram popular a sua causa militante obtendo a bênção do papa quando se revelasse necessário, mas não tinham receio da excomunhão. Usaram o papado como lhes convinha e o papado usou-os por sua vez. Quando Guilherme, *o Conquistador*, invadiu a Inglaterra em 1066, o seu exército foi chefiado por um cavaleiro que empunhava um estandarte papal cujo brasão era uma cruz vermelha. A invasão da Inglaterra assumiu, por isso, o aspecto de cruzada antes das próprias cruzadas. Ao datar a conquista de Jerusalém ("o acontecimento superior a todos os acontecimentos"), Foulcher de Chartres assinala o facto de ter ocorrido 12 anos depois da morte de Guilherme, rei da Inglaterra ([84]).

Os Normandos estavam activos também na Itália. Sob o comando de Roberto Guiscardo (Roberto, *o Astucioso*), tomaram Bari e a Apúlia e, no decurso duma luta que se prolongou de 1060 a 1090, também a Sicília. A maior parte do seu território foi tomada aos Bizantinos, ao passo que a parte restante foi conquistada aos Lombardos e aos muçulmanos. Na luta contra os Árabes da Sicília, os Normandos foram inspirados por um estandarte abençoado pelo papa ([85]), embora em 1053 Roberto tivesse de facto capturado o papa Leão XI numa batalha. Estava a desenvolver-se a co-dependência entre o papado e os Normandos.

Ambas as partes pretendiam atacar ou subverter Bizâncio. A ambição normanda era provocar danos consideráveis a Constantinopla e mesmo suplantar o imperador bizantino. Em 1081, os Normandos apoderaram-se da ilha de Corfu e passaram a atacar o continente. Dirráquio (actualmente Durres, na Albânia) foi ocupada por breve tempo ([86]). Só as disputas no exército normando sobre o soldo permitiram que os Bizantinos fizessem um contra-ataque com êxito. Em Maio de 1084, no âmbito da sua política de apoio ao papa Gregório VII contra Henrique IV, o imperador excomungado do Sacro Império, Roberto, permitiu que Roma fosse saqueada durante três dias, num turbilhão de violência. Muitos tesouros da antiguidade foram destruídos e a população, desvairada pela brutalidade, foi levada a revoltar-se ([87]).

No entanto, uma vez estabelecidos na Sicília, parece que os Normandos perderam algum do seu pendor maniqueísta e conflituoso, o impulso tribal para a revolução permanente. Em vez disso, foram extremamente influenciados pela cultura que os rodeava e que era predominantemente árabe e islâmica. Rogério I e Rogério II da Sicília abandonaram a bárbara cultura guerreira do Norte e consentiram tornar-se mais calorosos com o Sul. Difundiram nas respectivas cortes o conhecimento e a filosofia dos Árabes e dos Bizantinos e criaram uma sociedade multicultural. Revelaram a fertilidade de uma Europa do Norte religada a um Sul que não pretendia dominar o seu vizinho. De uma maneira memorável e magnífica, os Normandos tornaram-se parte da Sicília e à medida que abrandavam o seu controlo, a ciência e a arte da região fluíram para a corte e as gerações futuras beneficiaram delas. Al-Idrisi, o geógrafo de Rogério II, foi um homem de verdadeiro conhecimento, que compreendeu que a Terra era redonda e escreveu um estudo geográfico famoso intitulado *A Delícia dos que Procuram Deambular pelas Regiões do Mundo*. A capela que o monarca construiu, a Capela Palatina de Palermo, é uma das mais belas do mundo. Combina uma austera estrutura normando-francesa com os mosaicos escuros e brilhantes de Bizâncio, decorados com a vivacidade da inscrição e da ornamentação islâmicas, tudo encimado por um tecto com estalactites de estilo árabe assombrosas. A Capela Palatina é exemplar das grandes realizações de uma cultura eclética que abandonou as suas aspirações de domínio e de demonização ([88]).

Porém, se a arte e a filosofia se desenvolveram rapidamente nas regiões do Sul da Europa banhadas pela luz do Sol, o Norte continuava impregnado de tristeza e de culpa religiosas. Embora a culpa fosse ténue nas primeiras populações cristianizadas da Europa, a sua importância intensificou-se ao longo da Idade Média. A confissão privada tornou-se mais comum e nela o bispo ou o padre podiam interrogar os malfeitores e impor os seus próprios padrões de punição aos indivíduos, levando alguns pecadores a pensar que as suas más acções os tinham deixado praticamente sem absolvição. (A prática da Igreja primitiva fora a de confissão voluntária e pública.) A disciplina da Igreja medieval resumia-se à legislação sagrada e esta era reforçada por livros de regras ou penitenciais. Os jejuns e as orações eram destinados a expiar as más acções, reais ou imaginárias. As punições eram pesadas: podia ser imposta uma penitência de três centenas de anos. Os pecadores podiam expiar as suas fraquezas com indulgências ou multas eclesiásticas. Uma forma alternativa de eliminar os pecados era a submissão a flagelações cruéis. Usando uma "aritmética fantástica", um ano de penitência era equivalente a 3000 chibatadas ([89]).

O sentimento do pecado aprofundou-se. É discutível que houvesse nestes tempos mais acções más do que hoje, mas as almas medievais sentiam-se sombrias perante o abismo da morte. Por isso, quando o papa facultou uma indulgência plenária, ou seja, o perdão de todos os pecados, aos que se alistassem sob a bandeira da cruzada, a sua oferta teve ampla aceitação. Aqui estava uma maneira de as pessoas, curvadas ao peso de consciências cheias de pesadelos, poderem fugir ao seu fardo. Podiam escapar aos interrogatórios minuciosos sobre as suas vidas pelos bispos e os padres (que devem ter exercido as suas funções com deleite por interposta pessoa, uma vez que as delícias mundanas do povo comum não lhes eram tão acessíveis e a fruição de uma história de pecado não conhece limites). A participação na cruzada purificaria a consciência. Era um novo caminho de salvação (*novum salutis genus*) que permitia satisfação total e completa. Desta forma as cruzadas ficaram relacionadas com o sistema penitencial ([90]). A remissão era também válida para pecados futuros que podiam aparecer sedutoramente a caminho de Jerusalém. A violência e os crimes que tiveram lugar a caminho da Terra Santa foram uma consequência natural da oferta gratuita de absolvição acrescentada pelo papa.

As peregrinações tinham-se transformado gradualmente em cruzadas ao longo do século XI. Roberto I, duque da Normandia, o pai de Guilherme, *o Conquistador*, foi a Jerusalém em 1035. Um episódio ocorrido nesta peregrinação fornece um primeiro exemplo notável da retórica antagonista que se desenvolveu para caracterizar as cruzadas. Quando o duque normando jazia doente numa liteira, transportado por muçulmanos locais, declarou: "Digam ao meu povo que me viram ser transportado ao Paraíso por demónios!", uma afirmação em que se misturam a hipocrisia, a ingratidão e a demonização em proporções que podemos hoje reconhecer ([91]). Folque, *o Negro*, conde de Anjou, atormentado pela culpa de ter violado a santidade de uma igreja e de outros pecados inomináveis, fez duas peregrinações à Palestina e planeou uma terceira. Vestiu-se com roupas penitenciais grosseiras e pediu às pessoas que o flagelassem ao atravessar as ruas de Jerusalém. Diz-se que, quando estava a rezar no Santo Sepulcro, a pedra se tornou milagrosamente mole para os seus dentes e, num gesto digno de Salvador Dali, arrancou à dentada um pedaço e levou-o em triunfo no regresso a casa ([92]). Em 1074, uma peregrinação de 7000 pessoas, encabeçadas pelo arcebispo de Mainz, viajou até à Palestina e chegou mais ou menos em paz ao Santo Sepulcro, apesar de uma escaramuça com beduínos árabes. Ainda se realizaram peregrinações pacíficas duas décadas antes de o papa ter divulgado o seu apelo à guerra santa.

O papado, revitalizado e confiante, sentiu que as campanhas na Palestina podiam aumentar o seu poder e o seu prestígio. O momento era adequado para a iniciativa de Roma por duas razões. Em primeiro lugar, durante décadas o papado estivera mergulhado no conflito com o imperador do Ocidente, devido principalmente à questão da investidura dos bispos, e necessitava de um grande gesto que promovesse a sua autoridade. Em segundo lugar, apesar dos apelos frequentes para atenuarem as suas diferenças, as Igrejas do Oriente e do Ocidente haviam já enveredado nesta altura por caminhos separados. A disputa sobre o *filioque* (se o Espírito Santo procedia do Filho, para além de proceder do Pai) era pouco mais do que um pretexto. Num belo excerto, Gibbon expõe assim a questão:

> Em todas as épocas, os Gregos sentiram orgulho na sua superioridade, quer no domínio do conhecimento profano, quer no religioso: foram os que receberam a luz do Cristianismo em primeiro lugar, pronunciaram os decretos de sete concílios gerais e só eles possuíam a língua da escritura e da filosofia. Nem deveriam os bárbaros, mergulhados nas trevas do Ocidente, ter a presunção de argumentar sobre as nobres e misteriosas questões da ciência teológica. Esses bárbaros, por sua vez, desprezavam a frivolidade interminável e subtil dos orientais, autores de todas as heresias, e abençoavam a sua própria simplicidade, que se contentava em conservar a tradição da Igreja apostólica [93].

A Igreja Ocidental tinha agora uma maior consciência de si mesma. Roma já não respeitava a antiguidade de Antioquia, Alexandria ou Constantinopla, mas afirmava o seu domínio. O pontífice iria agir para que terminasse a diversidade eclesial, levando à submissão das antigas sés autónomas à sua autoridade. O papado perseguia a Igreja Grega. De igual modo, o seu interesse em encorajar a *Reconquista* na Península Ibérica era menos para atacar os muçulmanos andaluzes do que para assumir o controlo da Igreja aí instalada. O papa adquirira um grande prestígio moral ao excomungar Filipe I, rei da França, por causa dos seus arranjos matrimoniais e da sua predisposição para a ociosidade prazenteira, que o levava a desinteressar-se da luta piedosa. O imperador Henrique IV, que se vira forçado a empreender uma penitência mortificadora em Canossa, em 1077, possuía um temperamento turbulento e pouco piedoso, que o deixava insensível ao zelo ([94]).

Em termos práticos, fazia sentido enviar jovens desempregados para fora da Europa. O sistema feudal medieval estava a atingir um momento de crise, porque a divisão da terra por morte do seu detentor criava impossibilidades de herança, dado que os filhos mais novos das famílias proprietárias não dispunham deste direito. A sua única opção era ficar desconsoladamente em casa a provocar distúrbios. A oportunidade de enviar o excesso de população para combater em guerras exteriores era uma solução bem-vinda, embora dispendiosa.

A extensão da culpa da população europeia, o poder da pregação, o aparecimento do poder normando, as reformas e as ambições do papado e a incapacidade do feudalismo para lidar com a situação para além de uma determinada fase parecem ter sido os factores que convergiram no despertar das cruzadas. Na Península Ibérica, a *Reconquista* foi realizada com fanfarra e propaganda, apesar do envolvimento do papado ([95]). De início os reis castelhanos vitoriosos respeitaram a civilização islâmica conquistada. Pelo contrário, mais a norte, as *canções de gesta*, que contavam os actos de bravura dos cavaleiros, aclamavam insensatamente as virtudes de esmagar os infiéis. A *Canção de Rolando* distorceu a realidade das relações muçulmano-cristãs, criando assim uma narrativa fictícia sobre o esplendor, a bondade e a bravura que nos caracteriza a "nós", cristãos, para a opor à perversidade sombria, sinistra e sedutora "desses" muçulmanos.

A relação da *Canção de Rolando* com a verdade histórica é significativa. A origem desta ficção poética cavaleirosa, que estava tão divulgada na Alta Idade Média, reside num incidente que ocorreu em Agosto de 778. Nesse mês, o exército dos Francos, comandado por Carlos Magno, tendo estabelecido uma aliança difícil com o governador mouro de Barcelona, Solimão ibn al-Arabi (que podemos suspeitar de traição), caiu numa emboscada e foi chacinado por um destacamento de Bascos quando atravessava os Pirinéus no desfiladeiro de Roncesvalles.

A partir deste incidente em que europeus matam europeus e com apenas uma leve insinuação de traição por parte das forças mouras, foi imaginada uma complexa mitologia, a que foi atribuído mérito poético, segundo a qual os inimigos de Carlos Magno não tinham sido Bascos europeus, mas muçulmanos infiéis (com os quais, de facto, estava aliado). O registo histórico revela-nos um vulgar episódio de emboscada, saque e assassínio. A versão mitificada transformou-se num confronto entre anjos e demónios, em que os adversários não eram um exército e um destacamento não-regular e temporário de oportunistas ávidos de saque, mas representantes de valores últimos e eternos, enfrentando--se como representantes da verdade e do erro, do mundo de Deus e do mundo de Satã, do Ocidente bom e do império do mal: nós e eles. A bondade mais pura (a cristandade ocidental) aparecia a enfrentar o mal em cólera ("Mafoma" e os seus "pagãos"), apesar da aliança existente entre Carlos e Solimão.

Não é necessário ser completamente freudiano para perceber que na *Canção de Rolando* e em descrições semelhantes da perversidade do Islão há um elemento de projecção: os europeus projectaram o seu próprio lado "mau", sobretudo o peso da sua culpa, nos muçulmanos não-reprimidos, não-puritanos e menos dominados pela culpa. O historiador do Islão W. Montgomery Watt realçou que "a imagem distorcida do Islão deve ser considerada uma projecção do lado sombrio do homem europeu." ([96]) Segundo uma interpretação kleiniana, a questão pode ser vista assim: o mito imaginado representa um exemplo vívido da consabida "divisão" da experiência em duas categorias opostas, que é a maneira como a consciência que desponta na criança enfrenta a experiência que a confunde. Os acontecimentos ficam divididos em extremamente bons (nós) e extremamente maus (eles), sem lugar a graduações intermédias. Continua a ser possível à mente humana regressar a todo o momento a esta maneira de compreender a experiência, mesmo depois de ter progredido para estádios de maior maturidade, após ter verificado que o indivíduo não é o centro do universo e que a experiência não é, de maneira simplista, absolutamente branca ou preta, mas se caracteriza por possuir matizes de cinzento. Regressar ao estádio primitivo – "Nós somos todos bons e eles são todos maus" – é, como em todas as regressões, reconfortante em tempos confusos, quando parece que as questões não têm solução e a vida é demasiado complicada. O próprio Gibbon afirma que as cruzadas foram uma "loucura sagrada", portanto, é totalmente adequado investigar esta loucura com conceitos do nosso tempo.

A aclamação dos milhares que assistiram ao sermão do papa Urbano II em Clermont, em Novembro de 1095, era, para os mais cultos, *Deus vult!* e, para os que se limitavam a conhecer a sua língua materna, *Deus lo volt* ou *Dieu el volt*: Deus o quer. Há aqui uma mutação teológica. As pessoas já não pediam que a vontade de Deus se tornasse clara. Afirmavam saber sem reservas qual ela era. Em Clermont, assistia-se à projecção humana de uma componente das suas próprias ideias sobre a vontade de Deus. Era um caso do que a psicanálise designa como transferência; neste caso, entre o homem e Deus. *Deus vult* podia ser visto como um caso de transferência freudiana: a humanidade projectando as suas próprias intenções na mente de Deus. O que está frequentemente em causa em tais transposições de limites é o controlo. A esta luz, *Deus vult*, que em Clermont não era uma aceitação passiva do destino ("era a vontade de Deus"), mas, pelo contrário, o princípio activo do empenhamento, é uma expressão que pode ser interpretada como uma tentativa de o homem controlar Deus, ou, como um secular poderia dizer, a intenção de a humanidade ver implicitamente cumprida a sua vontade. "Deus qui-lo" pode ser interpretado com o significado de: "Quero-o e desejo que se realize para esmagar a meu próprio sentimento de culpa".

Seguiu-se um frenesi de entusiasmo religioso (no sentido de "inebriação"), a maior parte do qual surgiu em França e na Alemanha. As armas foram consagradas, os votos renovados, a terra vendida e os cavalos obtidos. Foram vistos sinais e portentos. As estrelas caíram na Terra, pressagiando a queda dos governantes islâmicos; à noite foram vistas chamas, prognosticando a destruição pelo fogo das fortalezas muçulmanas; as nuvens a oriente, de um vermelho profundo, tingiam-se com o sangue dos infiéis; um cometa com a forma de uma espada significava a espada do Senhor que aparecia no Sul; e dizia-se que as pessoas viram no céu o exército e as torres de uma cidade ([97]). O entusiasmo religioso não era geral. Em Inglaterra, Guilherme, *o Ruivo*, evidenciando uma sabedoria céptica e agindo, por uma vez, em colaboração com Anselmo, o arcebispo de Cantuária, proibiu o clero e as pessoas em geral de tomar parte neste entusiasmo([98]).

Pedro, *o Eremita*, deu voz aos anseios do povo. Segundo Gibbon, era um homem que "se destacava na loucura popular da época" ([99]). Nasceu por volta de 1050, de família nobre, no Norte da França. Homem que não se destacava, devido à sua baixa estatura, possuía, todavia, uma autoconfiança absoluta e era capaz de exercer uma oratória que transfigurava quem o ouvisse, ao corresponder aos seus anseios profundos. Nas palavras da historiadora bizantina Ana Comena: "Era como se tivesse inspirado cada coração com uma espécie de oráculo divino."([100]) A sua mensagem inabalável era que a cristandade recuperasse a Palestina. Visitara a Palestina em 1093, acontecimento que levara a que ouvisse vozes. No Santo Sepulcro ouviu as palavras: "Ergue-te Pedro", ordem que pensou, naturalmente, ter origem divina ([101]). Depois de regressar à Europa, visitou o papa. O encontro foi fortuito: o papa Urbano II reconheceu o potencial do movimento que Pedro podia inspirar e autorizou-o a pregar a cruzada por todo o continente.

A sua mensagem simples proporcionou um caminho às pessoas – confundidas com o mundo obscuro em que viviam – no qual podiam encontrar um sentido, retornando a vida a uma simplicidade fundamental que talvez nunca tivessem vivido. Chegou a ser reverenciado como santo. O mais pequeno fiapo dos seus andrajos nauseabundos era desejado como uma relíquia sagrada. A sua campanha recebeu um impulso quando Aleixo, o imperador bizantino, chamou mercenários para fortalecer a sua posição contra os Turcos ([102]). O Império Bizantino já não possuía as fronteiras seguras e fortificadas que Basílio II conseguira 70 anos antes. A batalha de Manzikert deixou-as cruelmente expostas. No entanto, o imperador não procurou ter um exército, mas sim um grupo de mercenários. Também não tencionava reconquistar Jerusalém. A presença de Boemundo, arqui-inimigo de Bizâncio que atacara as forças imperiais em Dirráqui, no exército de cruzados causou alarme. O Oriente e o Ocidente tinham ideias radicalmente diferentes sobre esta empresa. Os governantes europeus procuravam territórios e terras, e as crenças das pessoas eram impulsionadas pelas imagens apocalípticas sobre o juízo final e o fogo eterno, devido à iminência de serem estes os últimos dias em que as almas pecadoras se podiam remir conquistando a Terra Santa. Bizâncio tinha dela uma ideia menos exaltada, em que o que importava acima de tudo era a defesa. A guerra só poderia começar quando a diplomacia tivesse sido dada por finda ([103]).

As populações do Norte da Europa estavam tão febris e cheias de entusiasmo religioso que as pessoas partiram para a Terra Santa logo que os gelos começaram a derreter em 1096. Walter, *o Sem-Haveres*, liderou um grupo, Pedro, *o Eremita*, um outro. Aonde quer que fossem, espalhavam distúrbios e massacres. Os judeus sofreram horrivelmente às sua mãos. Os períodos de exaltação religiosa cristã foram péssimos para os judeus. As comunidades judaicas ao longo do Reno foram massacradas sem piedade. Em Colónia e Mainz foram mortos todos os judeus e até as populações cristãs fugiram do exército sagrado. A atitude dos cruzados para com os judeus contrasta fortemente com a do céptico Guilherme, *o Ruivo*, o trocista e dissoluto rei de Inglaterra que não se deixou impressionar pelo fervor e pela tendência geral da religiosidade violenta e falsa do continente. A atitude de Guilherme para com a religião em geral, e para com os judeus em particular, era destituída de extremismos. Numa ocasião, disse que se os súbditos judeus ganhassem

uma argumentação aberta com os cristãos, se tornaria um deles ([104]).
O clero ficou escandalizado.

Prosseguindo em direcção ao Oriente, a hoste de Pedro, *o Eremita*, chacinou os Húngaros de Semlin (a moderna Zemun, nos arredores de Belgrado), que se tinham queixado da sua violência e dos seus actos de banditismo. Seguiu-se mais um grupo chefiado por um padre chamado Volkmar e encabeçado, alternadamente, por uma cabra e por um ganso, que se dizia estarem imbuídos do Espírito Santo ([105]). Com estes procedimentos a cruzada proporcionou um escape para os anelos totémicos e animistas que tinham sido sustidos e reprimidos com a chegada do Cristianismo. As cruzadas parecem ter desencadeado de novo aspectos adormecidos das religiões pré-cristãs da Europa. A ordem dada por Jesus ao seu discípulo, "Guarda novamente a tua espada, porque todos os que empunharem a espada perecerão pela espada", era demasiado nobre para as aspirações violentas daquele tempo e os cruzados viraram-se para outras religiões. A regressão espiritual que se afastava da universalidade em direcção a cultos do passado era símbolo da regressão dos indivíduos, a qual se expressava na sua divisão da experiência em categorias rígidas de luz e trevas. Era como se tivessem abandonado o desejo de estar como peregrinos no túmulo de Adonai e preferissem abrir caminho para o útero de que todos os anos nascia Adónis. O seu comportamento evidenciava também uma regressão em direcção a uma infância primordial e controladora: estes hipócritas impulsivos e exigentes apresentavam todos os sinais da criança que ainda acredita ser ela a medida de todas as coisas. Para além da totemização dos animais, havia a totemização da terra, sendo uma parte dela sagrada, divina e maravilhosa e a restante – incluindo as suas próprias casas – irrelevante e supérflua. Encontraram segurança ao abraçarem a magia fetichista. Esta era uma parte integrante do conjunto da cruzada, o que a tornou tão popular.

Os pecados eram tão mais ardentemente praticados quanto todos seriam lavados pela recuperação da Terra Santa. Cada dia podia ser gozado sem a mínima culpa. A vida para os cruzados tinha aspectos duma saturnal permanente. A fruição de uma vida de licenciosidade era apenas interrompida pela saciedade e a fadiga. O perdão sagrado ser-lhes-ia inevitavelmente concedido, por isso, enquanto era possível, podiam entregar-se totalmente ao roubo, ao assassínio, à violação e à pilhagem ([106]).

Estes bandos em desordem, conhecidos como Cruzada do Povo, nunca chegaram à Palestina. Tiveram disputas entre si e atacaram as hostes bizantinas, apesar das boas-vindas cautelosas do imperador Aleixo. A surpresa e a consternação dos Bizantinos quando apareceram são sintetizadas na observação seca de Ana, filha do imperador: "Intermináveis hordas de Celtas"([107]). A violência exercida sobre os seus confrades cristãos destruiu todos os vestígios de "cristandade". Pedro, *o Eremita*, acusou-os de falta de fé, mas não a sua própria liderança.

A seguir ao colapso da Cruzada do Povo, partiu para a Terra Santa uma "cruzada dos príncipes". Chefiada por Godofredo de Bouillon, Raimundo de Toulouse e o bispo Ademar de Puy, chegou a Constantinopla em Abril de 1097. O acontecimento foi seguido com atenção ansiosa pelos mercadores venezianos e genoveses, atentos às oportunidades de ganhos financeiros. Embora inicialmente os mercadores ajudassem os cruzados, transportando homens e abastecimentos para os Estados cruzados, os acontecimentos subsequentes mostraram que o zelo religioso excessivo não se coaduna bem com o princípio do ganho e pode ser subvertido por este. As repúblicas mercantis descobriram que podiam realizar lucros comerciando também com os muçulmanos. Da mesma forma, também a grande feira do mês de Setembro, em Jerusalém, tão florescente antes de os cruzados aparecerem e destruírem o equilíbrio das várias fés na Terra Santa, havia retirada a ruindade às diferenças religiosas e criado uma comunidade de compradores e vendedores cujas crenças não levantavam questões. O comércio podia limitar o fanatismo violento ([108]).

Boemundo, o ambicioso e engenhoso normando que Aleixo detestava, obteve uma vitória colonial quando se apoderou do principado de Antioquia, uma província fértil e agradável, bastante afastada da disputada Terra Santa. Apenas 13 anos antes, esta cidade estava em poder dos Bizantinos. Agora, tornara-se território armado e amuralhado ao estilo do Norte da Europa. O exemplo de Boemundo levou Balduíno, o irmão de Godofredo, a deitar a mão a Edessa, que possuía um clima igualmente temperado, era verdejante e ficava a uma distância ainda mais confortável do coração da Terra Santa.

Para além de Edessa, Antioquia e Jerusalém, também Tripoli (que pertence hoje ao Líbano) se tornou num feudo dos cruzados em 1109. Há um aspecto que faz do cerco de Tripoli um acontecimento memorável. Um erudito egípcio da família de Ibn Ammar reunira ali uma bela colecção de cerca de 100 000 manuscritos, que estavam guardados numa instituição de ensino que era ao mesmo tempo universidade e biblioteca. O etos dos Fatímidas era, em parte, criar grandes bibliotecas e encorajar o saber. Um padre cruzado deu por si no meio deste monumento ao conhecimento, mas era incapaz de ler o que quer que fosse (as suas matérias eram tidas, aliás, por pecaminosas e satânicas). Por isso, decretou que a biblioteca deveria ser destruída. Chamou então a ajuda da soldadesca, que queimou toda a colecção ([109]).

O contra-ataque muçulmano não tardou. Em 1144, o condado de Edessa foi conquistado por Zengi, de Mossul. O Norte da Europa estava uma vez mais mergulhado na agitação e debatia-se num antagonismo fanático, como se uma espada tivesse penetrado nas suas entranhas. Todavia, no interior da reconquistada Edessa, o espírito de guerra de religião era menos evidente. Aqui o ar era mais suave e a reconquista foi um momento de generosidade e tolerância. Um cronista sírio escreveu: "Quando Zengi esteve em Edessa [em 1145], saudou com alegria todos os cristãos, beijou os evangelhos, saudou o metropolita e perguntou pela sua saúde. Disse que vinha trazer o que lhes faltava. Visitou as igrejas sírias, observou a sua beleza, encomendou dois grandes sinos para lhes oferecer e mandou-os pendurar, como era hábito no tempo dos Francos ([110])".

Os europeus viram a perda de Edessa apenas como um fracasso. Os reis, e já não os príncipes, associaram-se para reunir as forças conhecidas como a Segunda Cruzada, uma coligação teoricamente poderosa, mas que não teve êxito. A política dos cruzados nesta época era certamente estranha. Anteriormente tinham-se aliado com o vizir de Damasco (que também estava alarmado como o aumento do poder de Nureddin, filho de Zengi, no Norte da Síria e procurou aliados cristãos). Mas este laço estratégico útil foi quebrado em 1147 para obterem vantagens locais a curto prazo ([111]). Os cruzados trocaram a aliança pelo ataque. O resultado foi uma derrota estrondosa.

As escaramuças continuaram. Os vários poderes muçulmanos foram unificados por Saladino em 1171 e o reino cruzado de Jerusalém rendeu-se em 1187. Quando Saladino entrou na cidade santa tratou com tolerância e magnanimidade a população dos Francos totalmente derrotada, embora ainda se devesse lembrar da maneira como os cruzados entraram em Jerusalém em 1099. A Europa ficou mais uma vez transtornada com a culpa e o choque. Foi enviada a Terceira Cruzada, chefiada pelo talentoso Ricardo Coração de Leão.

As atitudes mudaram com a entrada dos reinos dos cruzados no seu segundo século de vida. Tinham nascido duas ou três gerações nos reinos asiáticos que foram formados à semelhança dos domínios feudais do Norte da Europa. O que eram as pessoas que, sendo europeias, tinham nascido na Ásia? Eram conhecidas como *Pullani* e alguns cronistas expressaram opiniões estranhas acerca deles. Jacques de Vitry, que mais tarde seria cardeal, disse que os Pullani eram "criados na luxúria, moles e efeminados, mais habituados a banhos do que a batalhas, viciados em vidas pouco limpas e de excessos, vestidos como mulheres com vestes macias e ornamentadas como os cantos polidos do templo [...] estabelecem alianças com os Sarracenos e alegram-se por estarem em paz com os inimigos de Cristo [...] Na verdade, passam os dias na boa vida, mas dentro em pouco tempo irão parar às profundezas do Inferno." ([112])

Os pressupostos deste excerto são reveladores. O que está a ser proclamado é a guerra permanente. Não pode haver descanso nem tratados. Nem pode haver lugar para religiões ou ideologias que não sejam as dos cruzados. Até o vestuário normal da região, concebido para permitir que o ar refrescante flua livremente, era uma transgressão. Só era permitida a túnica severamente emalhada. Tomar banho era também uma indicação de estar mancomunado com Satã. O hábito de tomar banho fazia parte das provas invocadas pelos monges cronistas para demonstrar que o imperador Hohenstaufen Frederico II era o Anticristo. O gosto por casas de estilo oriental, com pátios e fontes era considerado também corrupto. Tudo o que fosse remotamente civilizado era condenado como perverso. Qualquer desvio aos tacanhos valores tradicionais do Norte da Europa conduzia ao Inferno. Eis aqui, segundo parece, um modo de pensar que se pode dizer incipientemente totalitário e que derivava da mentalidade que o empreendimento das cruzadas alimentara.

A cavalaria surgiu em primeiro plano na Terceira Cruzada, na qual o amor leonino do rei pela luta e pela companhia masculina eram igualmente fortes. (Ele é talvez o único noivo da tradição cristã ocidental cuja festa de casamento foi preenchida exclusivamente por convidados masculinos.) No entanto, a Terceira Cruzada foi igualmente ineficaz, excepto na fundação do reino de Acre pelos cruzados, um feudo memoravelmente descrito por Gibbon como tendo "muitos soberanos, mas sem governo"([113]). As justas de Ricardo com Saladino são recordadas desde esse tempo, mas houve também um lado negro. Quando Acre se rendeu, o monarca inglês chacinou totalmente a sua guarnição muçulmana, em violação do que fora acordado ([114]).

Para além disso, a seguir à perda do reino de Jerusalém, desenvolveu-se em Inglaterra a hostilidade para com os judeus. Esta ficou a dever-se, em parte, a razões financeiras, por serem considerados ricos, embora houvesse, claro, muitos judeus que eram pobres e todos tivessem de pagar impostos mais elevados do que os cristãos. O furor religioso destes tempos levou também ao reaparecimento da acusação de "deicidas", ou seja, que os judeus tinham morto Cristo, o que significava que todos os judeus, incluindo os que viviam então, tinham participado na sua morte. Na época de Eduardo I, esta acusação surgiu a par do sistema formal de "cavalaria" (de que Eduardo I foi o principal proponente), um estilo de teatro feudal que era um grande entretenimento para os que pertenciam à hierarquia, mas perigoso para os que estavam desta excluídos, uma vez que não possuía o verdadeiro espírito de cavalaria, como aquele que Saladino demonstrou face aos Francos em Jerusalém. A atitude do povo, depois do fracasso das cruzadas e do nobre jogo dos Plantagenetas, conduziu ao exílio ou ao assassinato dos judeus ingleses em 1290 ([115]).

As técnicas médicas dos Francos contrastavam fortemente com as praticadas pelos Árabes locais. Usama ibn Munqidh (1095-1188), um sírio de posição elevada, recorda um determinado acontecimento nas suas memórias. Dois doentes francos consultaram um médico árabe cristão e foram tratados correctamente por ele, isto é, com cordialidade, repouso, vestuário e infusões de ervas. Então surgiu um médico franco. Ordenou a um cavaleiro que decepasse a perna afectada a um dos doentes e ao outro, uma mulher, foi rapada a cabeça e nela feita uma incisão profunda em forma de cruz, depois friccionada com sal para extrair o demónio. Ambos os doentes morreram logo a seguir ([116]). (A tese de um livro de 1999 sobre os templários no qual se afirma que a medicina dos Francos tinha qualidade e produzia benefícios dificilmente se pode compatibilizar com este incidente.)

A Quarta Cruzada, em 1204, foi astuciosamente desviada por Veneza para Constantinopla e a grande capital do Oriente cristão foi saqueada e destruída para abrir caminho ao poder dos cavaleiros ocidentais. Os Gregos sentiram o golpe com mais intensidade do que a posterior conquista da cidade pelos Turcos otomanos em 1453. O papado afirmou que não esteve envolvido no ataque à capital bizantina, embora tivesse aquiescido na sua conquista logo que a cidade foi tomada e fosse dela que os seus destruidores retiraram os benefícios sagrados da cruzada([117]). Inocêncio III descreveu o seu saque como o um "acontecimento miraculoso" ([118]). Para além disso, a força que saqueou a grande cidade foi reunida de acordo com a ideia e a ambiência das cruzadas cristãs. No âmago das cruzadas, e como se torna evidente pelo desejo inicial de os Normandos suplantarem Bizâncio, habitava o sentimento de agravo que os cruzados tinham contra o império oriental, em primeiro lugar porque desprezavam a sua civilização, em segundo, porque eram bandidos e, por último, porque os ocidentais estavam ressentidos com a crença do império de que o território conquistado no decurso das cruzadas deveria reverter para o seu controlo.

Nesta época, as cruzadas estavam a mudar. Era ainda da convicção íntima farisaica e intolerante, bem como do desejo, não de coexistir, mas de assumir a pose agressiva de desbaratar os inimigos que colhiam a sua força. Mas o equilíbrio entre as aspirações sagradas e os interesses próprios estava a mudar a favor dos segundos. O significado das cruzadas tinha-se ampliado também. O termo deixara de se referir apenas às acções militares na Terra Santa ou próximo dela. Deu-se nesta época, quando a fome de terras e a cobiça eram elementos importantes na extirpação das heresias, a Cruzada contra os Albigenses. Os cavaleiros templários lançaram uma série de cruzadas contra os pagãos lituanos, campanhas anuais que continuaram mesmo depois de os Lituanos terem adoptado o Cristianismo. A recompensa das cruzadas ultrapassou a sua intenção inicial. A ideia de "cruzada" ainda continha alguma sedução sagrada e desfrutava de popularidade cavaleirosa, contudo, era, no fundo, uma propensão malsã impulsionada pela imagem da guerra, um opiáceo de masculinidade, um esteróide de narcisismo. Na Lituânia os cavaleiros recorreram ao "ilusionismo", isto é, à prática de fingirem que os seus antagonistas eram Sarracenos perversos, quando sempre souberam que não passavam de aldeãos autóctones inofensivos, alguns dos quais cristãos ([119]). Era assim despertado o desejo de sangue dos cruzados. Eram incitados a praticar "feitos heróicos", e ao mesmo tempo poupados a contemplarem a sua própria insensatez. O empreendimento das cruzadas, na sua auto-referencialidade, acabou por representar uma nietzscheana afirmação da afirmação, uma espada agitada que apenas procura despertar a atenção.

Em 1212, ocorreu o triste episódio da Cruzada das Crianças, uma história horrível de aspirações, enganos, cobiça e morte ([120]). Foi ela que impulsionou a Europa a desenvolver mais um esforço, conhecido como Quinta Cruzada. Nesta, o exército que era comandado pelo rei João de Brienne (que fora coroado em Acre, em 1210) e o altivo, inflexível e meio louco cardeal Pelágio conseguiu conquistar Damieta, no delta do Nilo, antes de ser desfeiteado devido a um erro táctico, quando avaliou mal a subida das águas do rio e foi forçado a retirar num caos lamacento. A vitória coube aos Egípcios ([121]). Em contrapartida, a Sexta Cruzada foi quase uma obra-prima. Foi um resultado astuto da diplomacia e constituiu uma campanha de sucesso pela recuperação de Jerusalém para os Latinos, cumprida sem que tivesse sido disparada uma só seta ou desembainhada uma só espada. Teve a chefiá-la o brilhante imperador Hohenstaufen Frederico II, neto de Rogério II da Sicília, conhecido como *stupor mundi*, a maravilha do mundo. Herdou o reino de Jerusalém casando com a filha de João de Brienne. O seu cristianismo era rico, diversificado e civilizado, como a sua corte siciliana. Desenvolveu as bases multiculturais legadas pelos dois Rogérios e estava longe de aquiescer timidamente às exigências autoritárias do papa e dos bispos ocidentais. Era um homem sobre quem os monges cronistas podiam lançar invectivas, alguém que, para além de tomar banho, acreditava na negociação mais do que na espada ([122]).

Frederico II foi um cruzado contra quem foi lançada uma cruzada. Na sua corte oriental, emulou o seu antepassado normando e conversou liberalmente com matemáticos, filósofos e astrónomos – quer dizer, árabes muçulmanos e judeus – e também com outros que não acreditavam na variante papal da verdade. Num acto político notável, reuniu cerca de 20 000 muçulmanos da Sicília e transferiu-os para um novo local em Lucera, perto de Foggia. (Esta iniciativa criou, sem dúvida, muita aflição, mas o que distinguiu Frederico de outros governantes medievais foi ter concedido terras à população refugiada, e não a ter exterminado ou deixado entregue a si mesma.) Ali viviam livremente, construindo as suas próprias mesquitas e conduzindo as suas próprias vidas em conformidade com os seus costumes e leis. O sistema tinha uma semelhança flagrante com a ideia islâmica de *dhimmi*, a minoria religiosa protegida, e que foi formalizado mais tarde no Império Otomano como o sistema *millet*. No caso de Frederico, os muçulmanos de Lucera devotaram-se ao seu imperador e forneceram-lhe a sua guarda pessoal. Este confiou o seu tesouro à sua cidade. Ambos os lados beneficiaram de algo que era tolerância e confiança imaginativas. Anos mais tarde, em 1266, a seguir à derrota dos Hohenstaufen na batalha de Benevento, a nora de Frederico e os seus filhos refugiaram-se na islâmica Lucera. A sua fuga para aqui é um sintoma da força da cidade islâmica. A comunidade foi obrigada a abandonar o Islão e a abraçar o Cristianismo em 1300, quando o angevino Carlos II esmagou esta experiência multicultural do Sul da Itália ([123]).

Quando Frederico partiu para a sua cruzada, foi excomungado pelo papa Gregório IX. Todavia, quando chegou à Terra Santa, conseguiu obter por negociação tudo o que Ricardo I foi incapaz de obter pela guerra. Por um tratado de Fevereiro de 1229, obteve Nazaré, Belém e

Jerusalém e um corredor que ligava esta última cidade a Acre. O tratado deveria permanecer em vigor durante dez anos. Não foi o resultado do cinismo nem da cobiça – Frederico não tinha ido para saquear –, mas uma forma magistral de dissolver as tensões que se tinham instalado entre o papa, o imperador e os intervenientes locais da Terra Santa. Constituiu também uma oportunidade para fazer uma boa distribuição do poder entre a maior parte dos envolvidos. Ele quase que os obrigou a partilhá-lo.

Frederico entrou em Jerusalém, a sua capital, e anunciou a sua coroação. Uma vez que nenhum eclesiástico lhe colocaria a coroa na cabeça, fê-lo ele mesmo na Igreja do Santo Sepulcro. (O patriarca latino declarou profanada a igreja em consequência disso.) Não permaneceu muito tempo na Palestina, mas enquanto lá esteve o código que aprovou garantia igualdade civil e religiosa a cristãos e muçulmanos ([124]). Os cristãos podiam rezar no Santo Sepulcro e os muçulmanos no Haram, ou Monte do Templo. Segundo as palavras de Gibbon, "os eclesiásticos deploraram esta tolerância escandalosa"([125]). Alguns chefes muçulmanos também discordaram das acções de Frederico, embora al--Kamil, o sobrinho de Saladino, que era um homem de saber e com curiosidade intelectual, aprovasse a ordem estabelecida por Frederico, algo que estava em sintonia com o seu gosto civilizado e culto (para exasperação dos seus próprios cronistas) pelos "homens louros" ([126]). As igrejas foram restauradas e os mosteiros novamente cheios pelos latinos, que não agradeceram ao secular Frederico. Esta feliz condição, que beneficiava os membros de todas as religiões, só terminou com a irrupção dos Turcos khwarezmianos da Ásia Central, que fugiam do ataque feroz dos Mongóis.

O triunfo de Frederico foi o da negociação não-belicosa, da racionalidade e quase da modernidade e estava isento do fervor religioso dos que, como Luís IX, o santificado rei de França, acreditavam que o único diálogo possível com um "blasfemo" – isto é, com quem tinha uma fé diferente – era mergulhar uma espada até ao copo nas suas entranhas ([127]). Este propósito de morte leva-nos a recordar que, à parte Frederico, a tolerância foi estranha ao Cristianismo europeu, na maior parte dos casos, até início do Iluminismo, em contraste com a tolerância que se estabelecera no Islão, que atingiu o seu ponto mais elevado na Península Ibérica do século XI.

Seguiu-se uma série de cruzadas (conhecidas colectivamente como Sétima Cruzada), empreendidas por Luís IX, entre 1245 e 1260, que se centraram novamente em Damieta. Entre os seus adversários estava a única mulher que foi sultão mameluco, a engenhosa Shajar al-Durr, com quem "nenhuma mulher rivalizava em beleza e nenhum homem em determinação". (Este excerto é da tradução de Bar Hebraeus feita por Pococke: "*Nec inter mulieres formâ, nec inter viros animi constantiâ, par fuit.*") ([128]) Todos os esforços do piedoso rei redundaram em fracasso, apesar da aliança dos cruzados com os Mongóis, pela qual se uniram duas forças de destruição. Na Oitava Cruzada (segundo a ordenação tradicional), S. Luís dirigiu-se para o Norte de África. O resumo feito por Gibbon resistiu ao teste do tempo:

Uma esperança insensata de baptizar o rei de Tunes induziu-o a mudar o itinerário para a costa africana e a história de um imenso tesouro fez com que as suas tropas aceitassem o adiamento da sua viagem para a Terra Santa. Em vez dum prosélito deparou com um cerco. Os Franceses ofegavam e morriam nas areias escaldantes. S. Luís expirou na sua tenda e logo depois de ter morrido o seu filho e sucessor deu o sinal de retirada. "Foi assim", diz um espirituoso escritor [Voltaire], "que um rei cristão morreu perto das ruínas de Cartago, fazendo a guerra aos sectários de Maomé numa terra onde Dido introduzira as divindades da Síria." ([129])

Com o esforço da cruzada a ser conduzido para Tunes, o espírito de toda a guerra santa europeia passou a ser, se não da loucura, pelo menos de estranheza extrema. A desilusão grassava. Os cruzados pareciam-se cada vez mais com parentes semiloucos embaraçosos. Nas vésperas da queda de Acre, em 1291, o papa Nicolau IV não conseguiu despertar muito entusiasmo para a sua salvação. Na Europa, o desenvolvimento da educação minava o zelo religioso ([130]). O crescimento do conhecimento estava a devolver aos europeus o uso da razão, com as universidades de Paris e de Pádua na vanguarda. Os êxitos militares de chefes muçulmanos como Bayhars, que podiam ser tão brutais e desejosos de matanças (e tão hostis ao conhecimento e ao progresso) quanto os europeus, também contribuíram para que esse zelo diminuísse. Na Europa, a aurora do Renascimento despontava no horizonte. Todavia, não despontou antes de os cruzados terem desferido novo golpe destruidor no Mediterrâneo Oriental.

Em meados do século XIV, Pedro I, de Chipre, da família francesa Lusignan, era o único monarca que tinha um compromisso teórico com as cruzadas. Acreditava no aparato destas: nos feitos dos cavaleiros, nos fetiches dos nomes e das insígnias das grandes famílias e na concepção de frio confronto guerreiro importada do Norte da Europa, afrontando, talvez, o lado negro da sua própria personalidade de cruzado, um acto com que eliminava, por interposta pessoa, os seus demónios. Um dos propagandistas mais zelosos do movimento foi Pedro de Tomás, um homem conhecido pela sua diligência, sabedoria e piedade. Como legado papal em Chipre, o seu empenho na conversão dos Cipriotas ortodoxos orientais à Igreja de Roma levou-o a solicitar às autoridades francas da ilha autorização para os torturar. No entanto, o rei, depois de conhecer o número de pessoas envolvidas, rejeitou a ideia ([131]). Pedro de Tomás era um defensor dedicado da guerra santa contra o Islão.

A cruzada de Pedro I reuniu-se em Rodes em Agosto de 1365: uma armada de 165 navios. Em Outubro partiu para Alexandria. À sua chegada, os Alexandrinos acreditaram que fosse uma grande frota de comércio e saíram para a saudar. Passados dois dias, a cidade estava nas mãos dos cruzados, que celebraram com uma carnificina selvagem. Ninguém foi poupado: cristãos e judeus foram massacrados com a mesma ferocidade que os muçulmanos. Mesmo os cristãos latinos, que tinham criado uma colónia na cidade, foram esquartejados até à morte. Cavalos, burros e camelos levaram os valiosos saques para os navios e, depois deste trabalho, também estes inofensivos animais foram chacinados ([132]). As cruzadas atingiram um clímax terrível com o banho de sangue de Alexandria. O frenesi do antagonismo religioso apoderara-se de tal forma das mentes dos cruzados que nada mais fazia sentido senão matar. Não havia leis nem convenções, e certamente não as da cavalaria, o código supostamente beneficente criado na época das cruzadas, que os desviassem da sua devoção à morte santificada. Neste ataque, a divisão do mundo dos cruzados nas categorias simplistas da luz – que se podia reconhecer na sua rectidão – e trevas – projectadas sobre aqueles que atacavam – conduziu a uma orgia de extermínio que se pode considerar psicótica. Nesta, teve a sua apoteose o espírito militante. A destruição foi total e a ruína e os destroços revelam ser o clímax da aspiração ao nada. Passaram pelo Cristianismo em direcção a uma paisagem espiritual vazia e sem valor, regressando depois a uma sociedade nova e à superstição, onde o assassínio era a única realidade. É talvez possível discernir nas suas acções o espírito violentamente niilista que cerca de 600 anos mais tarde iria instigar os regimes totalitários do século XX e que, com a sua divisão absoluta e maniqueísta entre o bem e o mal (típica da paranóia incipiente), tem também muito em comum com as percepções ideológicas que se podem encontrar, no século XXI, na distinção forçada entre

"Oriente" e "Ocidente". Tal espírito é perceptível nos promotores de tais ideias, num anseio niilista e destrutivo de "violência criadora" para esmagar o que é essencialmente o seu próprio lado tenebroso, uma mentalidade projectada no mundo exterior.

*
* *

Com a expedição de Pedro I a Alexandria, o lado "épico" das cruzadas à Terra Santa atingiu a sua conclusão. A Palestina foi perdendo importância como objecto central de interesse fetichista e a prioridade da sua conquista militar diminuiu. O Santo Sepulcro começou a regressar ao seu estatuto de sepultura de Adonai, em vez de ser o útero, procurado pelas pontas das espadas, que alimentava Adónis. Mas a retórica das cruzadas e as acções que inspirou continuaram a existir durante pelo menos dois séculos. O papa continuou a abençoar expedições contra os infiéis, a que os cavaleiros corresponderam exibindo o seu estatuto e retirando vantagens das condições que decorriam duma indulgência papal plena.

Os Turcos otomanos, e não os Egípcios mamelucos, passaram a ser considerados o inimigo principal entre as potências muçulmanas. Havia boas razões para esta mudança, porque desde meados do século XIV os Turcos ameaçavam grande parte da Europa Oriental. As suas tácticas de ataques ousados e rápidos e a sua flexibilidade no campo de batalha superaram toda a oposição europeia.

O destino da Sérvia ficou selado no Campo dos Pássaros Negros, no Kosovo, em Agosto de 1389. A sua existência independente terminou com o exército otomano chefiado pelo sultão Murad I. A Hungria sentiu-se ameaçada e Segismundo, o seu rei desde 1387, procurou o auxílio do papa e dos Franceses.

A resposta papal foi positiva, ainda que não estrategicamente útil. O zelo premeditado era ainda o impulso que a movia. Apesar dos reveses, parecia haver poucas dúvidas em Roma sobre as cruzadas, nem havia ali uma moral mais ampla da morte e do sofrimento. O objectivo era simplesmente o triunfo da Igreja Católica, que devia ser medido pela expansão da sua doutrina e da sua autoridade.

O papa Bonifácio IX emitiu, como lhe competia, um apelo sagrado às armas. Foi garantida a indulgência plena habitual a todos os que se apressassem a ajudar Segismundo. Em 1396, houve um apelo que reuniu as grandes famílias da França e da Alemanha ([133]). Havia também

um contingente inglês de cerca de 1000 homens, mas desconhece-
-se o que lhe sucedeu e até o nome do seu comandante. Iria ser um
verdadeiro espectáculo, uma exibição de magnificência. Os cavaleiros
aderiram ao seu espírito, declarando que "se o céu caísse, eles haveriam
de o sustentar nas pontas das suas lanças."([134]) A confiança das suas
afirmações reflectia o esplendor das suas presenças. Se o sucesso
pudesse ser avaliado apenas pela grandiosidade dos seus nomes,
esta cruzada teria acabado com todos os fracassos: o conde disto, o
senhor daquilo, o grande mestre desta ordem. (Apenas *ser* o conde
de Katzenellenbogen parecia bastar para usufruir de glória eterna.)
Combater o inimigo afigurava-se uma questão menos importante do que
a exibição feudal e mutuamente lisonjeira dos títulos. A licença sagrada
facultada pela indulgência, no contexto da certeza (proclamada desde
o apelo de Urbano II em Clermont) de que os cruzados realizavam a
Vontade e a Finalidade de Deus, significava que as questões de táctica
militar, como a ordem e a disciplina, estavam subordinadas à grandeza,
ao orgulho e às impetuosas virtudes da guerra senhorial. Certos dos
seus inquestionáveis direitos, podiam dar-se ao luxo de desfrutar da
sua viagem para a cruzada. Deus estava do seu lado mesmo quando se
entregavam à gula, à bebida, à violação e ao vandalismo. Ele ganharia
a batalha por eles.

Segismundo procurou usar tácticas subtis e defensivas. É um
disparate, asseverou a massa da nobreza da Europa. Faremos uma carga
e conquistaremos toda a Turquia, marcharemos pelo império da Pérsia,
apoderar-nos-emos da Síria e retiraremos a Terra Santa das mãos dos
infiéis. Perto de Orsovo (a leste de Belgrado, e hoje parte da Roménia)
começaram a cometer atrocidades contra os sérvios cristãos ortodoxos,
os quais, depois da sujeição da Sérvia pelos Turcos otomanos, eram
então considerados inimigos. O exército da cruzada apoderou-se de
Vidin e de Rahova, massacrando os civis num acto pela honra e pela
glória. Chegaram então a Nicópolis (a actual Nikopol, na Bulgária),
uma possessão otomana situada na confluência do Danúbio com o
Olt, praticamente a meio caminho entre Bucareste e Sófia, e que fora
cuidadosamente protegida e aprovisionada pelos Turcos. Era uma
cidade fortificada, construída no cimo de uma planície íngreme que
descia para sul. Os cruzados pensaram que o cerco não necessitaria
de qualquer esforço e continuaram a passar o tempo em zombarias,
libações, jogos e entregues ao deboche geral ([135]). Entretanto, o
sultão otomano encabeçava um exército ligeiro, tendo partido do seu
acampamento perto de Constantinopla. À sua chegada, os Húngaros,

conhecendo o modo de combater do Sultão, aconselharam cautela, mas os Francos, pressentindo a glória e ansiosos por demonstrar as suas proezas, cansaram-se do bloqueio e foram à procura do inimigo. Massacraram também alguns prisioneiros turcos que lhes tinham caído nas mãos ao enganarem-se no caminho. Um nobre francês, o *sire* de Coucy, ganhou uma escaramuça com as tropas otomanas. Cruzados de estirpe mais elevada expressaram a sua cólera, porque desse modo ele podia tê-los privado da vitória. O corpo principal dos cruzados decidiu-se por um ataque frontal. Segismundo pediu-lhes para repensarem a sua táctica, mas em vão.

No início do ataque a Nicópolis, os cruzados tiveram êxito. Mas a defesa turca foi obstinada e, por fim, conduziram-nos a uma armadilha, como se zombassem das suas aspirações à glória. Os Francos continuaram a recusar coordenar a sua estratégia com o rei húngaro. Como disse um cronista, precipitaram-se como leões pelo monte escarpado acima, mas, quando viram o tamanho do exército que os esperava, ficaram "com mais medo do que lebres" ([136]) e voltaram a descer desordenadamente o mais depressa que podiam. O exército otomano recompusera-se e tiveram de enfrentar antes e depois uma floresta de lanças. O resultado foi uma debandada em que Segismundo teve sorte em escapar com vida. O sultão ficara particularmente encolerizado com a morte dos prisioneiros às mãos dos cruzados e exerceu amplas represálias. O destino dos derrotados foi a morte ou a escravidão, excepto para os poucos que conseguiram pagar um enorme resgate. Os feridos que conseguiram lentamente regressar a casa chegaram a Paris no dia de Natal. Quando contaram a sua história, foram presos por espalhar boatos destinados a enfraquecer o moral.

Em Nicópolis, os cavaleiros da Europa Ocidental reuniram-se pela última vez com objectivos alegadamente sagrados. Desde então não houve mais grandes expedições a lugares remotos. A ideia da cruzada ainda agitou espíritos belicosos. Henrique V, o "herói" de Azincourt, ansiava por lançar uma nova cruzada, tal como ambicionava esmagar a França. Os motivos misturavam-se. Foi o ardor militante da sua fé, impregnado com o ideal da cruzada, que lhe fez assistir com tanta impassibilidade a todas as crueldades que cometeu sobre os Franceses. No entanto, fosse por não conseguir ter êxito ou por falta de vontade, esta ética pública estava em declínio.

Uma outra cruzada falhada, em Varna, no ano de 1444, merece um breve olhar devido a uma questão de moralidade internacional que levanta. Nos anos que a antecederam, Ladislau, rei da Polónia e da Hungria, jurara umas tréguas com o sultão otomano Murad II. Nos termos destas, Murad retirou as suas forças e a Sérvia recuperou a independência. Todavia, o cardeal Juliano (Giuliano Cesarini), o legado papal, afirmou que era moralmente correcto faltar a um juramento feito aos Turcos e que era crime honrar acordos jurados que, na sua opinião, eram maus em si mesmos. Influenciadas por esta pregação fanática, as potências europeias abandonaram a paz e viraram-se para a guerra. O cardeal absolveu, em nome do papa, as forças cristãs pelo juramento feito aos Turcos. Murad II, por seu lado, respeitou escrupulosamente o ponto de vista muçulmano do acordo. Instigado pelo cardeal, Ladislau reuniu um exército – Polacos, Húngaros e Valáquios chefiados pelo príncipe Dracul, ou Drácula – e marchou pela Bulgária, onde as cidades caíram sem resistência. Murad tomou conhecimento das notícias, entrou na Bulgária e, após algumas perdas iniciais, desbaratou as forças cristãs, matou Ladislau e obteve uma vitória decisiva. (O inflamado cardeal foi dado como desaparecido e presumivelmente morto na floresta.) Depois da sua traição de inspiração papal, as forças cristãs sofreram outra derrota completamente auto-infligida. O modo como os cristãos se comportaram em Varna esteve entre os factores que convenceram os Otomanos a retomar o seu ataque a Constantinopla nove anos depois. Os acontecimentos em Varna foram mais tarde ricamente (e anacronisticamente) dramatizados por Marlowe, em *Tamburlaine the Great*, Parte II, Acto II, Cenas i-iii. Os actuais comentadores ocidentais – professores e especialistas –, que afirmaram ter detectado no Islão uma propensão para considerar que os juramentos e os pactos feitos com as forças europeias são nulos, são de menor ajuda neste antigo tratado com uma importante potência islâmica, o qual foi deliberadamente desonrado e anulado pelas forças cristãs em nome do papa, e que constituiu, por isso, um precedente mortal ([137]).

Embora o papado continuasse a usar a linguagem das cruzadas, a guerra entre as potências europeias e islâmicas começava a ficar igual a outras guerras. O pretexto "sagrado" estava a tornar-se pouco mais do que um dispositivo concebido para estimular o fanatismo e para evocar a mentalidade de glória ou morte necessários para obtenção de carne para canhão ou para desviar a atenção da política interna. Este foi o motivo de Henrique VIII para enviar auxílio, com estatuto de cruzada, ao rei de Espanha para combater o sultão de Marrocos em 1511. De facto, tal envio não se ficou a dever a malícia nem a fanatismo, mas à necessidade de o rei inglês realizar um grande gesto que desviasse as atenções. Henrique, o pragmático Tudor, não acreditava realmente na finalidade sagrada das cruzadas. Como homem de Estado sensato, não acreditava na sua própria propaganda. A expedição terminou em farsa quando o contingente inglês, já em Cádis, pouco acostumado ao vinho local, destruiu a cidade num motim de bêbados. A dinâmica interna de fracasso era semelhante à de Nicópolis: as cruzadas eram uma guerra por uma causa santa, *ipso facto*, era permitida qualquer violência que resultasse das bebedeiras que a acompanhavam. Tratava-se dum santo vandalismo. Fernando de Espanha pensou de forma diferente. Devolveu rapidamente os Ingleses que lhe tinham arruinado a cidade e celebrou um tratado com o sultão marroquino ([138]).

Em resposta às cruzadas, as forças islâmicas lançaram uma espécie de contracruzada ([139]). Esta teve o seu centro no Egipto, cujos governantes mamelucos desenvolveram uma ideia da santidade do território da Síria e da Palestina semelhante à dos cruzados. As peregrinações islâmicas a lugares da Grande Síria entraram em voga em finais do século XIV. A contracruzada foi em grande parte um movimento cultural, uma reafirmação da situação antes das irrupções dos cruzados. O perfil da região assumiu maior importância na consciência do Islão. Os mamelucos conquistaram Acre em 1291, apoderaram-se da Arménia ciliciana em 1375 e, por último, dedicaram a sua atenção à ilha de Chipre dos Lusignans, que haviam saqueado Alexandria em 1365. Jano, o rei cipriota, foi obrigado a tornar-se vassalo mameluco em 1426. Todavia, o espírito de confrontação estava a desaparecer de ambos os lados. Havia cada vez maior dificuldade em encontar combatentes para as cruzadas, e a realidade das relações entre os Estados, tal como fora delineada por Maquiavel, ultrapassou o ténue artifício da propaganda da luta sagrada da cavalaria, que se encontrava fora de moda. Tanto o rei francês Francisco I como a rainha Isabel I de Inglaterra tinham as suas próprias razões para uma abertura diplomática em relação ao império otomano. Até o papa (Alexandre VI, reconhecidamente o pai de César e Lucrécia Bórgia) se aliou com os Turcos ([140]). O Império Otomano, que num espaço de tempo relativamente curto deixou de ser uma grande força para passar a ser fraco e a estar na defensiva, encontrou-se em breve a procurar uma multiplicidade de parceiros entre as potências concorrentes da Europa, que aquiesceram de boa vontade. As cruzadas europeias, que motivaram nos seus protagonistas uma mistura viciosa de exibicionismo e violência, estavam a cair sob a sua própria espada.

As cruzadas tinham começado sem razão. Seguiram-se a séculos de relações com os muçulmanos, que foram maioritariamente boas, para que se pudessem realizar as peregrinações aos lugares santos.

Gibbon deu-lhe o título de Debate do Mundo. Porém, as próprias acções das cruzadas foram manifestações de uma Arrogância Mundial. Esta arrogância, que conduziu ao desastre, manifestou-se pela primeira vez ao pressupor-se que a humanidade podia conhecer a vontade de Deus. Se analisarmos a expressão com cuidado, *Deus vult* é uma blasfémia num contexto de fé, dado que sugere que se conhece a vontade de Deus. Para os que não acreditam, é uma expressão grandiosa, mas sintomática de que se começa a perder o bom-senso. No contexto da crença da época, contrastava fortemente com a velha atitude de humildade, de perguntas e de interrogações por parte dos peregrinos e de gratidão por afinal Deus lhes ter permitido a graça de visitar os santuários. Ao aceitar que o povo podia conhecer a vontade de Deus, o papado preparara uma poderosa arma política. Quanto aos cavaleiros, utilizaram o suposto conhecimento da vontade de Deus como instrumento para porem em evidência os seus títulos e a sua ostentação. Tornou-se um factor da sua hierarquia e do retinir das suas armas. Na verdade, esse foi o lance inaugural no caminho para a sua derrota, em primeiro lugar, porque a indulgência plena conduziu a um diminuição do sentido táctico e a todos os tipos de indisciplina – não havia necessidade de obedecer a leis, dado que todos os pecados seriam perdoados – e, em segundo, porque levou a que os cruzados tivessem excesso de confiança por Deus estar do seu lado. O sentimento de certeza que resultava de dizerem "Deus assim o quis" acaba por ser uma atitude semelhante à que leva hoje os adolescentes que são membros guerreiros de organizações de culto a acreditar que estarão protegidos pela Armadura do Senhor se forem para a guerra sem armas e até nus. Era uma espécie de ilusório ensimesmamento e comprazimento com a própria rectidão que consideramos estar na fronteira da insanidade: a loucura de tentarem recuperar pela força um território do passado recôndito que estava completamente perdido, em vez de dizerem tranquilamente uma oração humilde de peregrinos num túmulo sombrio. Nos casos de Nicópolis e de Varna, os resultados foram catastróficos.

À medida que os anos foram passando, o efeito sobre os indivíduos com mentalidade de cavaleiros tornou-se mais suave. Decorrido cerca de um século, a perturbação seródia de D. Quixote surgiu como um retrato fiel das consequências que advinham da continuidade de acções de arrogância e blasfémia, no pior dos casos, e de vaidade artrítica, no melhor, sobre um indivíduo que no fundo era gentil, mas cujo mundo imaginário fora formado por atitudes de confrontação forçada e pela necessidade de ter um inimigo. Nenhum raio de luz, apenas um ar de imbecilidade, um grito de alarme contra um rebanho de carneiros, um espadeirar furioso contra os braços giratórios de um moinho de vento. Assistimos à mesma situação no Cavaleiro Branco, de Lewis Carroll, constantemente a cair da sela. Quando a violência das cruzadas não deixou mais nenhum vestígio para além de castelos em ruínas e ossos a branquear no deserto, quando o antagonismo finalmente acalmou e os grandes espaços do Oriente ficaram novamente silenciosos, excepção feita ao vaivém dos mercadores e dos peregrinos fustigados pelo vento e a areia, as figuras que assombraram as nossas imaginações não foram tanto os arrojados cavaleiros da guerra e das brigas e mais os cavaleiros errantes semiloucos e insignificantes da ficção.

Capítulo III

Perda e recuperação do saber pela Europa

A guerra e a polémica entre o Cristianismo e o Islão foram inevitáveis. A proximidade de duas religiões que reclamavam validade mundial possuía uma inerente instabilidade. Há, não obstante, outro modo de ver as relações entre os membros destas crenças; há um argumento alternativo no que se refere a infiéis e cruzados: é o da via do conhecimento e do intelecto, da filosofia e da razão, das matemáticas e das ciências e, por fim, do comércio e da diplomacia. Este intercâmbio frutuoso é menos conhecido, dado que é inconsistente com as emoções vivas primárias que se encontram nas afirmações de rectidão última, no entrechocar das armas, no flutuar das bandeiras dinásticas e no estridor da guerra. Mas – e isto é discutível –, a via tranquila do conhecimento tinha maior significado a longo prazo, embora menos para as relações muçulmano-cristãs (porque é quase sempre possível encontrar uma oportunidade para o confronto) do que para o desenvolvimento da Europa medieval.

O pensamento de Platão e de Aristóteles permeou o espírito medieval tanto do lado da cristandade como do do Islão e forneceu lhe as suas estruturas mais significativas. Por isso, vale a pena verificar (em termos muito gerais, dado que a quantidade de livros escritos sobre o assunto é infindável) quais eram as ideias dos filósofos antigos e como eram vistas nesta época. Gibbon deu-nos delas uma síntese quando contrastou "o engenho forte e subtil de Aristóteles" com "a contemplação piedosa e a fantasia sublime de Platão". A teoria das formas de Platão – isto é, que todas as coisas particulares de que temos experiência à nossa volta, como os cavalos, as portas e as pessoas, são apenas cópias inadequadas das formas últimas de cavalo, de porta e de pessoa – constituía a sua teoria metafísica fundamental. Para Platão, as formas são as únicas coisas que são perfeitas e reais, as coisas que encontramos quotidianamente são apenas ilusões imperfeitas. Esta estrutura conceptual era rica e refinada, mas em termos de teoria do conhecimento (como podemos estar suficientemente certos do que sabemos) era incompleta e difícil de apreender e conduziu a uma perspectiva estratificada da sociedade que hoje podemos considerar como elitista. A ideia de mudança não tinha grande lugar na filosofia de Platão. Foi no seu pensamento que surgiu pela primeira vez com coerência a noção de que alma era superior ao corpo e se podia libertar dele. Para Platão, a alma estava no corpo como o *whisky* está numa garrafa. Esta perspectiva corresponde, de certo modo, à dos pitagóricos, para os quais a alma era uma entidade que podia passar de um corpo para outro. (A transmigração das almas pode ser considerada análoga à decantação do *whisky* para outra garrafa.) A ideia reflecte também as crenças do zoroastrismo persa. Não era um ponto de vista caracteristicamente grego: Homero pensava que o corpo era o eu. A identidade dos heróis homéricos reside nas suas presenças físicas vibrantes. A alma era uma coisa balbuciante, sombria e pobre, que estava no Hades desprovida de vitalidade. Platão inverteu a ideia e atribuiu um lugar eminente ao imaterial.

Aristóteles, pelo contrário, possuía um espírito mais concentrado e rude e, com precisão implacável, expôs as incoerências da teoria das formas, em particular na sua *Metafísica*. Ele era o filósofo do mundo tal como ele era e não simpatizava com o misticismo de Platão, que olhava para além do horizonte. Para ele, o mundo natural era o mundo real. Aristóteles estava mais preocupado em organizar e classificar o conhecimento. Uma das suas primeiras obras deu o tom: as *Categorias*, onde estruturou em dez títulos o que podemos dizer das coisas e das pessoas. Ele gostava dos particulares do aqui e agora (em grego, τοδε τι), que Platão desprezara por serem inferiores e vulgares. Para si, o elemento básico da realidade era a substância. As coisas eram substâncias, e Deus – o motor imóvel e a primeira causa – também o era. A substância, quer como realidade terrestre que levou a pôr de parte as formas imateriais de Platão, quer como centro à volta do qual ocorria a mudança, era da maior importância. Aristóteles inventou a lógica e, devido à sua concepção analítica e científica, ficou insatisfeito com a ideia platónica de alma, que ele considerava estar integrada na existência física e ser dela inseparável, tal como (podemos hoje dizer) um objecto arquitectónico não pode ser separado da luz, do espaço, da posição, dos materiais e da finalidade, nem num poema pode pôr-se de lado o som, o ritmo e o sentir das palavras. Tal como os animais tinham almas "animais" ou "sensitivas" (almas essas que constituíam a diferença entre uma certa quantidade de matéria animal morta e um animal vivo), também o ser humano tinha uma alma racional, que, agindo como expressão da matéria física humana sempre em mudança, proporcionava o carácter animado que criava a personalidade humana completa. A alma, para Aristóteles, era "a forma do corpo", ou seja, a totalidade do modo como o corpo se comportava. Sem ela, o ser humano seria, ou um corpo morto, ou uma entidade semelhante a uma figura de cera com membros que se movimentavam, um *zombie* de matéria com forma física, mas sem forma racional nem expressiva. (O termo "forma" é usado aqui com um sentido radicalmente diferente daquele com que "forma platónica" é empregue.) O ponto de vista de Aristóteles sobre a forma era radicalmente diferente do "fantasma na máquina", o "artista nos bastidores", da teoria platónica ([141]).

Apesar da sua desmistificação da filosofia, Aristóteles introduziu no assunto uma grande e sistemática complexidade. As distinções entre matéria e forma e entre substância e essência foram úteis até certo ponto, mas, em última análise, provocaram perplexidades, tal como as suas explicações dos intelectos activo e passivo e das causas material, formal, eficiente e final. No entanto, a sua lógica foi sem dúvida uma obra-prima, tal como a sua abordagem da ciência e sobretudo da biologia, que prefigurava o método de Darwin. Ao tentar classificar as criaturas segundo o *habitat*, a estrutura e os hábitos, Aristóteles ia no sentido da taxinomia complexa que faz parte da biologia moderna. O próprio Darwin manifestou a sua "admiração sem limites" por Aristóteles, considerando-o "um dos maiores, se não o maior, dos observadores de todos os tempos"([142]). Apesar da capacidade de observação vívida do seu fundador e de ter dado origem à primeira ciência (que estava ausente em Platão), o aristotelismo como sistema acabou por se transformar numa relíquia fóssil, numa "elucubração seca e bárbara", segundo as palavras do bispo Berkeley, e, tal como outros sistemas dinâmicos que se petrificaram devido ao pedantismo dos seus continuadores, acabou por constituir um obstáculo no caminho do desenvolvimento da ciência.

Depois de Aristóteles, a teoria platónica ressurgiu, culminando no sucesso do neoplatonismo, nos séculos III, IV e V d. C., e contando entre os principais pensadores com Plotino e Proclo. A sua filosofia afirmou a existência de uma hierarquia da realidade: o Uno, a Alma e a Mente, conceitos que, embora difíceis de apreender intelectualmente, soavam bem e eram tranquilizadores. Na terminologia neoplatónica, a Alma (que era temporal, uma alma viva) é o fruto metafísico da Mente (ou da Inteligência, que não dorme), ambas residindo, em última instância, no Uno, a "unidade final de todas as coisas". Estamos perante uma trindade escolástica interessante. Seja como for, o neoplatonismo ganhou uma aceitação ampla e quase democrática e foi, de certa forma, retomado pela Igreja. Há um certo espírito neoplatónico primitivo que perpassa pelo quarto evangelho. A filosofia metamorfoseou-se numa espécie de poesia mística, a que se associava a magia. Tornou-se menos uma investigação sobre o conhecimento do que, de uma forma simultaneamente austera e calma, uma espécie de aromoterapia da mente, um perfume vago de paz interior. A popularidade do neoplatonismo, combinada com a autoridade de Aristóteles, fez com que alguns textos neoplatónicos fossem atribuídos a este último. No Islão medieval, um texto conhecido como *A Teologia de Aristóteles* era constituído pelos dois últimos capítulos de uma obra de Plotino. Isto era de alguma forma estranho, porque o conceito de alma do neoplatonismo era bastante diferente do de Aristóteles. No neoplatonismo, a alma une-se ao corpo, mas de uma forma mais ténue do que Platão a considerara. As teorias que o neoplatonismo pressupunha eram emanatistas, isto é, por um lado, somos todos emanações de algo existente em última instância e a que todos regressaremos e, por outro, alguns são emanações mais luminosas e outros, mais obscuras desse Uno. Os parágrafos mágicos e não terrenos do neoplatonismo eram reconfortantes em tempos conturbados. Nos seus textos etéreos, a humanidade encontrou uma paz mais fácil do que nas palavras frias do estoicismo, no rigor exigente do atomismo de Demócrito e Epicuro ou no sentido da observação imediata do mundo natural de Aristóteles[143].

O mundo das ideias recebeu dois rudes golpes na década de 20 do século VI d. C., que pode ser considerada uma década de morte intelectual. No ano de 524 ou 525, Boécio, o último sobrevivente europeu da cultura imperial romana, foi assassinado na prisão, em Pavia, por agentes do imperador godo Teodorico, depois de ser sujeito a grandes torturas. Boécio era um homem conhecedor, que tinha traduzido duas pequenas obras de Aristóteles, mas cuja filosofia pessoal continuava a ser platónica. Na prisão, este último romano escreveu *Da Consolação da Filosofia*, uma obra que haveria de brilhar como uma ilha ensolarada no mar estéril, incaracterístico e cinzento a que se resumiu a produção intelectual da Europa nos séculos que lhe sucederiam. O rei Alfredo traduziu a obra e diz-se que a rainha Isabel I fez dela uma versão inglesa em vinte e quatro horas. Com a morte de Boécio, a Europa Ocidental (com excepção da Irlanda) entrou numa idade de trevas que durou pelo menos 500 anos. A luz do ensino e do conhecimento, embora não se tivesse extinto, ficou reduzida apenas a uma pequena chama, projectando pálidas sombras semelhantes às imagens que dançavam nas paredes da caverna de Platão. Embora 250 anos mais tarde Carlos Magno tivesse patrocinado o desenvolvimento do ensino, ele próprio permaneceria iletrado e depois do seu reinado, que foi brilhante como um cometa, as trevas voltaram a descer ([144]).

Cerca de cinco anos mais tarde, no fim da década em que se deu o assassinato do último romano, teve lugar em Constantinopla um golpe igualmente grave contra o conhecimento. Em 529 d. C., o imperador Justiniano encerrou as escolas de filosofia na Academia de Atenas, acabando com o pensamento sistemático, declarando que o conhecimento não podia ser ensinado por "pessoas contaminadas pela insanidade dos Gregos ímpios". Foram exilados sete filósofos pagãos eminentes – "a flor que era a quinta-essência da nossa época", como disse o poeta e historiador Agátias ([145]). Foram os últimos elos do que era conhecido como Cadeia de Ouro, uma linhagem intelectual que remontava ao Liceu de Aristóteles e à Academia de Platão. Um dos exilados, Simplício, foi considerado "o mais perspicaz e judicioso dos intérpretes de Aristóteles". Mas o conceito justiniano de fé cristã sem inteligência não tinha lugar para eles. Leis novas e fatais pairavam ameaçadoramente sobre eles como forcas. Foram obrigados a partir. Felizmente, tinham ouvido dizer que na Pérsia sassânida governava um monarca sábio e justo que criara a república ideal de Platão. Assim, com a perspectiva de uma morte às mãos dos piedosos agentes de Justiniano, estes sábios partiram para a Pérsia, trocando a ignorância devota do seu próprio império pela estrela do conhecimento que brilhara no Oriente ([146]).

Foram bem acolhidos pelo monarca sassânida Khusrau (ou Cósroas) I, Anushirwan ("o que tem alma imortal"), tendo verificado que possuía de facto conhecimentos de Platão e Aristóteles e aquela centelha de curiosidade intelectual que parecia estar morta em todos os demais lugares. O monarca e os filósofos discutiram em conjunto a origem do mundo, se havia uma única primeira causa ou várias – esta questão relacionava-se com a ideia complexa das várias "inteligências" que eram causa dos movimentos planetários, apresentada por Aristóteles – e se o universo era susceptível de se destruir. Se o conhecimento e a especulação tinham entrado em colapso na Europa e em Bizâncio, sobreviveram mais a oriente pela graça do monarca persa. Os pensadores admiraram a sua capacidade de pensamento abstracto, ainda que carecesse de subtileza filosófica. Contudo, no seu reino havia tanta justiça e tanto crime como em qualquer outro lugar. Apesar das lendas, a Pérsia desta época não era, evidentemente, a república de Platão. Pessoalmente, Khusrau era tolerante e esclarecido, mas a desilusão dos sete atenienses foi rápida e em breve pediram permissão para regressar a casa. Tendo sido criados no seio do paganismo helénico, caracterizado pela elevação espiritual, ficaram particularmente chocados pela frequência e a facilidade com que os homens persas se podiam divorciar e voltar a casar. O imperador-xá anuiu com relutância à sua partida da corte, porque lhe fariam falta as suas conversas refinadas e as especulações bem informadas, no entanto, evidenciando grande generosidade de espírito, obteve antecipadamente de Justiniano, o seu contemporâneo imperador um acordo segundo o qual, depois do seu regresso, ficariam ao abrigo das suas leis antifilosóficas. Acabaram por morrer em paz de morte natural ([147]).

Como parte do seu patrocínio do saber, Anushirvan recriou uma cidade universitária sassânida. Jundishapur (ou Gondesapor, "a região de Shapur", a cerca de sete milhas a sudeste da actual Dezful, no Irão, e rigorosamente ao sul de Hamadan) foi fundada num passado remoto com o nome de Genta Shapirta ("o Jardim Belo") e refundada em 260, depois da derrota do imperador romano Valeriano por Shapur I, um ano antes, altura em que os Persas alegadamente tomaram Antioquia pela calada quando a população se encontrava no teatro. Os prisioneiros (incluindo presumivelmente os actores) foram levados para leste para criarem na cidade ressuscitada uma mistura cosmopolita de nacionalidades. Segundo Firdawsi, o imperador persa viu a sua nova cidade como uma Antioquia aperfeiçoada do Sudoeste do Irão, chamando-lhe Vah-az-Andev-i-Shapur, ou seja, "Shapur é melhor do que Antioquia". Esta designação pouco convincente, que indiciava rivalidade intelectual, desapareceu, bem como o seu nome original, para dar lugar ao nome mais viável de Jundishapur. Dez anos mais tarde tornou-se uma cidade universitária. Dada a disposição anti-intelectual cada vez maior do Império Bizantino, que reflectia um receio de heresias sempre presente, a cidade cresceu até se transformar no centro de inquietas comunidades de cientistas, médicos e filósofos. Exilados, estes viajaram para leste com uma maior determinação de ficar do que aquela que fora revelada pelos filósofos da Cadeia de Ouro. Eram provenientes de centros da Síria e da Mesopotâmia como Edessa (encerrado pelo imperador em 439, quase cem anos antes de a filosofia ser expulsa de Atenas), Kinnesrin, Ras el-Ain e Nisibis. Durante o reinado de Anushirwan concluiu-se o relançamento de Jundishapur, tendo a cidade ficado dominada pelos cristãos de língua siríaca, na maioria nestorianos, e com um número reduzido de jacobitas (que, apesar das concepções diferentes sobre a natureza de Cristo, tinham o saber em igual consideração) ([148]).

Os eruditos trabalhavam num ambiente que se assemelhava a uma universidade, com uma academia, uma escola de medicina dotada de hospital e um observatório. Considera-se que este hospital foi o primeiro a ser dirigido inteiramente segundo princípios científicos e experimentais e onde as doenças eram tratadas com métodos farmacológicos modernos([149]). A medicina era praticada sem referência aos espíritos ou à magia. Aqui floresceu durante 200 anos o saber sírio, superando o colapso do império sassânida. Quando Justiniano deu por encerrados o conhecimento e a investigação gregos, reduziu também a importância da língua grega, que a partir daí se transformou sobretudo numa língua da história, da teologia e da táctica militar. (O latim era usado no direito.) O siríaco, com o aramaico, língua aparentada, tornou-se a linguagem de futuro da ciência e da filosofia, tal como mais tarde o árabe. O hebraico era também uma língua importante, uma "reserva especial" da comunidade judaica, que falava mais habitualmente o aramaico e mais tarde o árabe. O patrocínio esclarecido do imperador persa, "que tem alma imortal", e a competência e o saber dos eruditos cristãos nestorianos que usavam o siríaco permitiram a sobrevivência de muitos conhecimentos dos antigos, que, de contrário, se teriam perdido, em face das trevas do Ocidente. Excepto na matemática, Alexandria tinha-se excluído a si mesma, apesar de possuir antecedentes intelectuais notáveis que vinham desde a época helenística, por causa do seu interesse pela magia e os encantamentos. Se o recurso do Irão não tivesse existido, a medicina e a astronomia teriam conhecido um progresso muito mais lento e se ali não tivesse existido uma monarquia esclarecida no século VI, talvez nos estivéssemos hoje em dia a congratular por termos chegado ao nível de Robert Boyle e Isaac Newton.

A Pérsia sassânida foi destruída em 641 d. C. pelos exércitos islâmicos, mas o califado foi persianizado ao localizar-se no Iraque em 750 e, mais precisamente, em Bagdad em 762. Al-mansur, o primeiro califa abássida, tinha reputação de ser "competente em jurisprudência e gostar de filosofia e de astronomia"([150]). Começou a surgir em

Bagdad uma corte de sábios, médicos e astrólogos liderada pela família nestoriana de Bukht-Yishu, de Jundishapur, a qual se havia distinguido por durante sete gerações contar com médicos entre os seus membros. Os relatos segundo os quais al-Mansur mandara fazer traduções de textos filosóficos são provavelmente apenas lendas, embora pareça provável que tenha ordenado a tradução de dois textos indianos, um deles sobre astronomia, conhecido como *Siddhanta*, e outro sobre matemática, que introduziu os algarismos que designamos como árabes – mas que os Árabes sabiam ser *indianos* – e o zero. Apareceu também uma colecção de fábulas, reelaborada em árabe a partir do original sânscrito e conhecida como *Kalilah wa Dimnah*, em que vários animais falam sobre a vida, o destino e o mal. (Tornou-se popular na Inglaterra medieval ([151]). Foi anotada por Matthew Paris e posta em verso por John Gower. Harun al-Rashid alargou da mesma forma o patrocínio do califado ao ensino, sobretudo de textos médicos.

Durante o califado de al-Mamun, Bagdad deixou de ser apenas uma cidade que dava valor ao conhecimento para passar a ser uma sede de civilização universal. Em 830, o califa instituiu uma Casa da Sabedoria (*Bayt al-Hikmah*), que funcionava como universidade, biblioteca e centro de traduções. Baseava-se quase de certeza em Jundishapur. O seu primeiro director foi um cristão nestoriano, o sábio Hunayan ibn Ishaq. Era um tradutor competente, que procurava determinar com rigor o sentido partindo dos melhores textos disponíveis, escrevendo até ao imperador bizantino, Leão, *o Arménio*, a solicitar manuscritos. Consta que auferia um elevado salário, para além do peso em ouro de cada livro traduzido. Os volumosos tratados médicos de Galeno tiveram um lugar de destaque nas suas traduções ([152]). Outro tradutor famoso foi um pagão adorador das estrelas chamado Thabit ibn Qurra, de Harran (Síria), que se especializou em textos matemáticos como os de Arquimedes e Apolónio de Perga. (A sua familiaridade com estas obras devia-se, naturalmente, à necessidade sentida pela sua comunidade de ter observações rigorosas dos corpos celestes por razões de culto.) Tal como em Jundishapur, alguns dos tradutores eram judeus. Um deles foi um astrónomo nascido na Pérsia chamado Mashallah, que morreu em 820 ([153]). Todos os textos se tornaram acessíveis a um grande número de pessoas que falava árabe, uma língua que, em razão da sua fluência e flexibilidade, era a única com capacidade para expressar o rigor científico ([154]). Nenhum assunto ultrapassava os limites, nada era escondido ou inacessível. Os sábios podiam estar a par de todas as doutrinas, fossem gregas ou rivais, quer versassem assuntos espirituais quer seculares. O âmbito do conhecimento estava em aberto e os que nele buscavam renovação ficavam satisfeitos e intelectualmente saciados ([155]).

Se olharmos para os títulos realmente traduzidos por Hunayn e os seus colegas na Casa da Sabedoria, podemos congratular-nos por muitos terem sido salvos, mas lamentamos também que o mundo dos antigos tenha sido redescoberto numa extensão tão limitada. Não havia tragédias nem epopeias, embora tenha sido feito uma tradução da *Ilíada*, agora perdida. Nada havia de Heródoto nem de Tucídides. De Platão apenas foram traduzidos a *República*, o *Timeu* e as *Leis*. A *República* é uma construção magnífica, hoje digna de menção talvez tanto pelos seus mitos como pelos seus argumentos sobre o Estado. Veicula uma espécie de ideal, e permitimo-nos compreender como os filósofos seriam levados a pô-lo em prática. Mas trata-se também dum diálogo repressivo em que a liberdade do indivíduo fica agrilhoada por uma opressão próxima do totalitarismo e em que os interesses do Estado são de importância suprema. (Parte deste carácter repressivo seria mais tarde retractado nas *Leis*.)

A sedução do *Timeu* (uma das poucas obras da Antiguidade que foi lida nos poucos lugares em que se sabia ler durante a Idade das Trevas da Europa) reside na sua explicação da origem do mundo e o lugar que nele é dado a um Deus único, que era, porém, mais um demiurgo – um criador-artesão – do que a divindade do monoteísmo abraâmico. É difícil ler hoje o *Timeu* sem o julgar desenxabido e intratável, com passagens que fazem recordar a conversa excêntrica de um loquaz partidário da *New Age*. Nesta obra, a unidade básica do fogo é identificada com a pirâmide e é dito que as almas perfeitas regressam às suas origens nas estrelas. O diálogo (que é mais um monólogo) é dogmático, demasiado grave e douto. Nunca equaciona a possibilidade de poder estar errado. Carece da ironia intelectual que conduz ao empenhamento e que está presente nos outros diálogos de Platão, com os seus quadros sociais vívidos e o uso implacável do *elenchos* socrático, o método de prova com que Sócrates conduz o seu parceiro de conversa a defender duas opiniões contraditórias antes de ele mesmo indicar a solução do problema filosófico em causa.

De Aristóteles foram traduzidas as *Categorias*, a *Física*, a *Metafísica* e a *Magna Moralia* e, para além disso, a grande obra de lógica, os *Primeiros Analíticos*. Esta última constituía uma base sólida para a edificação dum sistema de pensamento em que o progresso científico tivesse a possibilidade de se transformar num sistema provido de lógica silogística e no interior de um sistema metafísico seguro (talvez demasiado). A lógica de Aristóteles manteve-se firme até à era contemporânea, com autores como Frege, Russell e Wittgenstein, e permanece ainda um poderoso instrumento de raciocínio. A explicação clássica sobre Deus fornecida pelo filósofo como sendo um "motor imóvel" ou uma primeira causa, um Deus a que se acedia pela razão, em lugar do artífice supremo de Platão, fez com que os teólogos monoteístas aceitassem as suas concepções, embora a sua ideia de que a matéria sempre existiu o colocasse em oposição a eles. Quando abordamos o sistema de Aristóteles pela primeira vez, parece ser desnecessariamente complexo, uma tentativa perversa de criar dificuldades onde elas não existem. Todavia, tinha a vantagem (como afirmou Bertrand Russell) de ser um sistema melhor do que qualquer dos outros então existentes. Para além disso, no fundo, Aristóteles era um observador e um empirista. Por mais complexas que sejam as suas concepções sobre os diversos géneros de substância, as quatro classes de causas, a potencialidade da matéria e a actualidade da forma, ele criou uma base adequada para o desenvolvimento da ciência.

A corte de al-Mamun apoiou tanto a prática científica como a teoria. Reconhecendo – nesta época tão precoce – que a Terra era redonda, os seus astrónomos mediram a extensão representada por um grau da sua superfície. A medição foi efectuada perto de Palmira e o seu resultado foi 56,66 milhas para um grau, falhando em cerca de 2877 pés, ou seja, 950 metros. A circunferência da Terra daqui resultante era de 20 400 milhas, cerca de 22% inferior à realidade ([156]).

O saber transferiu-se, em primeiro lugar, de Atenas para Jundishapur, depois, desta cidade para Bagdad e, finalmente, espalhou-se a partir daqui, passando a ser património de todo o mundo de língua árabe desde a Espanha islâmica até à Ásia Central. Apesar da adopção de Aristóteles por parte do mundo islâmico, os seus teólogos tiveram tendência para lhe negarem o assentimento total, afirmando a incompatibilidade do *kalam* (filosofia escolástica baseada na fé, ou talvez na sua retórica) com a *falsafa* (filosofia livre). Contudo, os teólogos não dispunham de todo o poder. A filosofia livre continuou presente no domínio do pensamento e as ciências da astronomia, da óptica e da medicina progrediram rápida, ainda que indirectamente, nos primeiros séculos do Islão. No Islão, Al-Kindi, conhecido como o filósofo dos Árabes, foi o primeiro a procurar conciliar Platão e Aristóteles. Foi também (como era corrente nesta época) astrólogo, alquimista, oftalmologista e, numa perspectiva neopitagórica, teórico da música. A música era considerada aparentada à matemática e à filosofia, devido às divisões exactas da corda que se observavam ao produzir a oitava, a quinta, a quarta e a terceira maior. (No entanto, esta ideia era banal e tão estéril e auto-referencial como tentar imaginar uma teoria do universo a partir das sete figuras sólidas regulares.) Al-Kindi alargou a concepção complexa de Aristóteles sobre os intelectos passivo e activo (que não devem ser confundidos com as inteligências; o intelecto passivo é fundamentalmente o dispositivo que possuímos para receber e compreender a informação e o activo é a nossa capacidade de dar origem e criar novos conceitos e ideias). É difícil negar que a concentração neste tema conduziu pouco depois a filosofia para um caminho desviado, obscuro e complexo. Os seus textos sobre a óptica, porém, foram influentes, embora estivessem errados ([157]).

A Al-Kindi seguiu-se um turco da Ásia Central chamado al-Farabi, que fora ensinado por um cristão nestoriano e se fixara em Alepo. Por intermédio da língua árabe, tentou conciliar os dois filósofos clássicos, mas com ênfase na política: procurou combinar o pensamento da *República* de Platão com o da *Política* de Aristóteles. Fez também uma primeira tentativa de classificar o conhecimento. A sua filosofia neoplatónica afirmava que a Inteligência e a Alma do Mundo emanavam do Uno e o Cosmos procedia dos pensamentos da Alma do Mundo. Eram ideias ricas, fascinantes e consoladoras, a metafísica suprema envolta em brumas, a poesia da contemplação. Tal como al-Kindi, era dado a teorizar sobre a música ([158]).

Avicena (980-1037), de Bukhara, gozou de uma reputação imensa na Europa ao longo da Idade Média, do Renascimento e da Idade Moderna ([159]). Na sua própria época foi também conhecido como médico, jurista e filósofo ([160]). O seu texto sobre medicina, o *Qanun* ("Cânone de Medicina"), foi traduzido por Gerardo de Cremona e impresso no século XVI mais de 20 vezes. Não é possível sobrestimar a sua importância. Em 1598 estava até a ser traduzido para o gaélico escocês por um tal Duncan McConacher. Esta obra imensamente influente, subdividida em princípios gerais, drogas medicinais, doenças de órgãos particulares, febres e utilização de compostos medicamentosos, representou o ponto mais elevado do conhecimento médico durante seis séculos. É admirável, nem que seja apenas pela sua tentativa de organização e pelo espírito científico que a permeia ([161]). Avicena (Ibn Sina) distinguiu--se também como filósofo. Leu 40 vezes a *Metafísica* sem proveito até que um comentário de al-Farabi lhe abriu o espírito ao seu significado.

Uma das suas preocupações filosóficas era surpreendentemente moderna: perguntava-se ele se um homem criado subitamente e que se encontrasse a flutuar no espaço poderia formar a ideia de existência, embora não possuísse qualquer experiência ou informação sensível. Poderia existir uma consciência privada e não-empírica do eu? Este foi o problema que obcecou Descartes e o levou a declarar que, mesmo que toda a evidência dos sentidos fosse um engano e uma fraude maldosa, uma pessoa que conservasse a capacidade de pensar teria consciência de si. *"Cogito ergo sum"* é uma concepção que foi excluída por Wittgenstein, que argumentou convincentemente que as linguagens e as experiências privadas deste tipo eram confusões filosóficas sem sentido e que matérias como a autoconsciência só podem surgir se houver interacção social e jogos de linguagem partilhados. Avicena argumentou, tal como Descartes, apesar de terem de posições teóricas muito diferentes, que uma pessoa podia formar por si mesma a ideia de existência, dado que a consciência de si, que estaria presente ainda que flutuasse no espaço sem tocar e ser tocada por coisa alguma, lhe daria a ideia de ser ([162]). A consciência do ser público, exterior, decorreria (argumentava ele) da consciência de um eu privado, interior.

As suas outras preocupações eram mais tipicamente escolásticas: distinguiu o ser necessário e o ser contingente e especulou sobre a cadeia das causas, concluindo que esta se estendia até à primeira causa, o ser incausado que Deus deve ser. Usando a noção de Deus como um ser necessário e relacionando essa ideia com a distinção aristotélica entre potência e acto, concebeu Deus como puro acto, o que significava, provavelmente, que enquanto os outros seres estão em *devir*, Deus está *sendo*. Deus, digamos assim, já chegou, ao passo que o resto de nós tem de se apressar. Deduziu daqui a bondade necessária da divindade. Enquanto cientista, tomou consciência do lento processo da evolução das formas geológicas. Avicena concebeu alguns mitos em que é explorada a sua compreensão da relação entre a alma, o corpo e a mortalidade. Num deles o tema místico é o amor, considerado o único poder capaz de guiar-nos em direcção à bondade e de permitir-nos escapar ao deserto monótono do nada e da materialidade ([163]). Um certo número das suas ideias perdurou até se infiltrar no pensamento de S. Tomás de Aquino, embora o santo médico se visse constrangido a atacar o filósofo islâmico como infiel devido à necessidade de apoiar a ortodoxia.

A medicina retomou o protagonismo com a obra de al-Razi, ou Rhazes, que, em primeiro lugar, ocupou o lugar de médico principal do hospital de Ravy (perto de Teerão) e depois deteve a mesma posição em Bagdad. É recordado sobretudo por ter identificado claramente os sintomas do sarampo e da varíola. O seu texto latinizado foi publicado em 1766 e em inglês em 1848 ([164]). Também escreveu um extenso manual de medicina conhecido como *Hawi*, ou *Continens* ("manual geral"), que apresentava detalhadamente o *corpus* do conhecimento médico da época e foi traduzido em Bréscia (1486) e em Veneza (1542). Outro cientista que desafiou os mitos aceites à época foi Ali al-Hasan ibn al-Haytham (conhecido como Alhazen), um árabe egípcio que conseguiu trabalhar no reino do califa louco al-Hakim, mostrando que no Egipto fatímida podiam coexistir a racionalidade científica e a violência e o extremismo religiosos. Ibn al-Haytham afirmou que no acto da visão a luz não viajava do olho para o objecto, como se acreditava até então, mas do objecto para o olho. Chegou a esta conclusão baseando-se na observação de que os objectos aumentam ou diminuem conforme estão mais perto ou mais afastados do olho. A sua dedução correcta revolucionou o estudo da luz e da óptica, tornando possível o estudo da perspectiva e transformando para sempre as artes visuais ([165]).

Averróis (1126-1198), ou Ibn Rushd, foi, segundo as ideias transmitidas à Europa, o filósofo mais influente do mundo islâmico. Formou-se em Direito e foi juiz, para além de ter sido um astrónomo competente. Nascido em Córdova, foi apresentado na corte de Marrocos por Ibn Tufayl (vd. *infra*) e acabou por ocupar o lugar de médico do pretenso califa. Foi acusado de racionalismo e de ateísmo e não há dúvida de que, ao entrarem na Europa, as suas ideias foram transformadas em frémitos de energia intelectual, abalando as placas tectónicas da Igreja e do conhecimento autorizado ([166]). Mas as suas obras revelam uma devoção tão equilibrada tanto à fé como à razão que quase fazem lembrar a relação entre ambas presente na piedade racional do gentil-homem inglês do século XVIII. Admirava Aristóteles acima de tudo: "Este homem é uma norma na natureza e um exemplo concebido por ela para demonstrar a suprema perfeição humana."([167]) Esta admiração foi integrada na concepção intelectual da Europa cristã medieval onde, se Aristóteles detinha o estatuto de "o filósofo", Averróis era conhecido simplesmente como "o comentador". Este facto não foi mencionado na obra *Civilisation*, onde Kenneth Clark aborda de forma introvertida a aparente autocriação da Europa. Averróis procurou interpretar as ideias do filósofo clássico no seu estado original e sem adornos. No entanto, Aristóteles aparece nos seus escritos envolto numa nuvem de perfume neoplatónico.

O seu maior opositor foi Avicena, de quem disse que interpretou mal Aristóteles ao separar a essência e a existência. A essência de uma coisa – aquilo que ela mais essencialmente é – não pode ser separada da sua existência. Não se pode ter a essência de um garfo sem um garfo real. Avicena disse também que Deus era um ser necessário. Para Averróis esta afirmação carecia de sentido, porque a necessidade não pode ser um atributo. As suas concepções acerca da alma eram bastante provocadoras para a fé medieval. Para Averróis, a alma individual era um intelecto passivo, distinto e separado do "intelecto agente do mundo" e, como tal, perecia com a morte. O raciocínio metafísico é complexo e técnico neste particular. Pensava também que, em vida – e este conceito também é surpreendente –, a alma individual, passiva e mortal, era iluminada pelo intelecto do mundo, sendo este uma alma do mundo possuída por toda a humanidade e da qual cada membro partilha uma parte, como se fosse um gigantesco pão de onde cada pessoa pudesse retirar o seu bocado. Prosseguindo a analogia, se um indivíduo não pudesse já comer e o corpo morresse, a alma também morria e o intelecto agente do mundo dirigia os seus cuidados para outro lado. (Talvez possamos compreender a ideia de um intelecto agente do mundo com o significado de "consenso da humanidade consciente num dado momento". O próprio William James sentiu-se atraído pela ideia de um espírito "panpsiquista" do mundo.) A concepção da alma mortal por Averróis foi um desenvolvimento da concepção de Aristóteles acerca da alma como entidade integrada no dinamismo da natureza, mas através duma viagem metafísica sinuosa ([168]).

A doutrina da alma mortal excluiu da perspectiva duma humanidade póstuma a ideia de "estado futuro" e rejeitou assim a noção de recompensa e castigo numa vida posterior. Esta noção era inaceitável tanto do ponto de vista social como teológico, uma vez que a sociedade podia ficar desestabilizada se as massas não tivessem medo do Inferno.

Enquanto grande admirador de Aristóteles, Averróis procurou conciliá-lo com a fé islâmica. Fê-lo delimitando, pela primeira vez, o domínio que pertence à religião e o que pertence à filosofia e à ciência. Ficou conhecido como o filósofo da "dupla verdade". Terá afirmado que se podia chamar verdades às verdades religiosas, ainda que contradissessem as verdades filosófico-científicas, as quais, de igual modo, se podiam considerar verdadeiras. Parece que Averróis não pretendia dizer que uma proposição podia ser verdadeira em teologia ao passo que a sua contraditória seria verdadeira em filosofia. Estava sim a tentar delimitar as áreas de validade da religião e da filosofia, a traçar as fronteiras entre ambas. Ocupam-se, dizia ele, de coisas diferentes. Defendeu com vigor que a fé era irrelevante para a lógica, a matemática e a ciência e que os teólogos não tinham de se ocupar. É notória nestas matérias alguma hostilidade contra os teólogos nos seus escritos, embora aprovasse a religião na medida em que estava relacionada com as emoções e a vida interior. Apenas os que continuavam a confundir as áreas de legitimidade da fé e da ciência o poderiam acusar de dizer que uma proposição podia ser verdadeira e não verdadeira ao mesmo tempo. No entanto, Averróis concluiu que a teologia deveria estar subordinada à filosofia, até porque teria de ser esta a fornecer a lista dos temas que pertenciam à teologia, por um lado, e ao par ciência-filosofia, por outro. A filosofia detinha a invejável posição, decorrente da sua própria natureza, de ser, ao mesmo tempo, árbitro e jogadora de uma das equipas.

Esta perspectiva era naturalmente bastante impopular entre os teólogos. Acreditavam que era sua tarefa agir como árbitros. Por fim, no Marrocos almóada, que era uma ditadura bastante extremista, mas onde, no entanto, foi concedido algum espaço a uma pequena comunidade de filósofos esclarecidos para pensar e dizer o que bem entendesse, o estudo da filosofia clássica foi proibido e os livros de Averróis foram queimados. Al-Ghazali, rigorista ortodoxo e teologicamente conformista, atacou-o numa obra intitulada *A Incoerência dos Filósofos*, à qual ele respondeu, num espírito de querela literária, com uma volumosa obra chamada *A Incoerência da Incoerência*. A influência de Averróis no mundo islâmico desapareceu à medida que a vitalidade da especulação e da ciência foi sendo sucessivamente suprimida nas várias regiões pelo conservadorismo político e religioso.

A intelectualidade e a especulação diminuíram rapidamente também no Islão Oriental, apesar do entusiasmo de al-Mamun pelo conhecimento, na sequência do encorajamento anteriormente evidenciado na Pérsia sassânida. Os textos sobre os quais os filósofos e cientistas árabes tinham trabalhado e tecido comentários acabaram por ser trazidos para a Europa, onde provocaram uma revolução intelectual. Pelo contrário, em Bagdad e nas terras do califado oriental, deixaram de ter interesse, a não ser marginal. No caso de al-Mamun, parece que isso sucedeu por se ter começado a dedicar excessivamente à filosofia, à especulação e ao cepticismo. De facto, ele fez o que nenhum governante até aí fizera: tornou o cepticismo obrigatório. No ano de 827, ordenou que os membros do seu povo deviam ser cépticos e filósofos. Al-Mamun pertencia ao partido doutrinário conhecido como mutazilitas, os quais afirmavam que existia um estado entre a crença e descrença ([169]). O semicepticismo mutazilita fazia eco da semicrença deísta a que se chamava com desprezo "saduceia" e que tinha vigorado entre os Árabes da península ao tempo de Maomé e em particular entre os Quraysh, o grupo tribal donde este era originário. Al-Mamun afirmou que o *Alcorão* era um texto criado por Deus, não um livro incriado e existente junto de Deus, no Céu, desde toda a eternidade. Ao impor crenças não fundamentalistas, ao acentuar a necessidade da racionalidade na conduta da fé religiosa e ao tornar obrigatória (com penas pesadas) a adesão a este ponto de vista, al-Mamun deu ocasião a que, depois de o cepticismo ter cumprido o seu tempo, por altura da morte de seu irmão al-Um'tasim, em 842, a reacção a favor da ortodoxia conservadora fosse enorme.

Quando o imã puritano e reaccionário de Bagdad, Ahmed ibn Hanbal, morreu, em 855, o seu funeral foi acompanhado por quase um milhão de simpatizantes. Foi esta a reacção popular à introdução obrigatória da dúvida no interior da fé. "Não perguntes *como*" fora o seco lema anti-intelectual deste campeão da ortodoxia religiosa ([170]). Desde então, na comunidade islâmica do Oriente, a fé estava em primeiro lugar e o conhecimento em segundo. A porta aberta pelos primeiros Abássidas – uma porta apontada na direcção de Aristóteles e que se afastara da crença fundamental – permanecia quase fechada. Na época, este processo conduziu a uma espécie de cepticismo, ainda que derivasse apenas da sugestão de que havia outros caminhos para a verdade para além da fé. Ao construir uma estrutura que servia tanto para a fé como para a especulação, abriu-se por um breve período uma via para a curiosidade e o conhecimento. Quanto ao próprio conhecimento, este foi capaz de suportar o revés. O saber tornara-se acessível em todo o mundo islâmico desde Marrocos até ao Pamir. Onde quer que os governantes deste tempo demonstrassem um patrocínio esclarecido da ciência e da filosofia (como sucedeu com os primeiros fatimidas do Egipto) ou um indivíduo motivado pudesse criar um espaço de conhecimento e ilustração – antes que o enfado e a monotonia do conformismo, da ortodoxia e do despotismo fechassem os caminhos do saber – o conhecimento podia espalhar-se, expandir-se e explorar. Seria apenas questão de tempo até que regressasse à Europa([171]).

O último golpe contra a filosofia e a especulação no mundo árabe foi dado pelos Mongóis ao destruírem Bagdad, em 1258. O último historiador-filósofo-cientista da capital do califado oriental foi Abdullatif (m. 1231). O manuscrito em que relata o tempo que passou no Egipto encontra-se agora na Bodleian Library. Era objecto de admiração do orientalista inglês Edward Pococke, cujo filho o traduziu em parte, e em 1810 foi impresso em Paris numa soberba versão francesa. A destruição de Bagdad foi tão completa e catastrófica, ao reduzir a cidade do saber e da civilização ao grau zero de um triunfo militar assente sobre uma pilha de crânios, que, de facto, esta nunca veio a recuperar. Os especialistas da história que adoptaram sentimentos anti-árabes rejeitaram em geral o significado da destruição de Bagdad, dizendo que a sua ciência e a sua literatura haviam morrido alguns séculos antes. Estas pessoas, para além de ignorarem individualidades como Abdullatif, preocuparam-se pouco com a literacia, o saber e a morte dos seres humanos, dando ênfase, pelo contrário, ao controlo, ao poder e ao império e interpretando com desprezo a enorme ruína e perda de que foram objecto.

*
* *

Os europeus do Norte começaram lentamente a explorar o universo do conhecimento. Uma a uma, almas corajosas foram viver para o estrangeiro, aprenderam árabe, traduziram uma ou mais das grandes obras do passado e tornaram possível a disseminação da ciência e da filosofia. Na Europa, o conhecimento era muito limitado até cerca do ano 1000, na época de trevas que se seguiu à morte de Carlos Magno. Poucos textos eram lidos, para além de Plínio, Santo Agostinho, Boécio e do *Timeu*. A ignorância e a iliteracia triunfavam quase por toda a parte. No entanto, houve indivíduos que, levados pelo desejo de conhecer, procuraram coisas melhores. Também procuraram aventuras. Alguns viajaram para leste, para Constantinopla, mas a maioria dos investigadores aventurou-se para sul, para o mundo do Islão. Havia mais relações entre o Norte cristão e o Sul islâmico do que as que diziam apenas respeito à teologia e às escrituras. A filosofia, a ciência e a matemática em breve alcançariam tanto significado, se não mesmo maior, como as minúcias dos debates teológicos. Ser capaz de adicionar, de medir as coisas, de multiplicar o valor dos bens ou de subdividir as propriedades era tão importante como debater se angustiadamente com a condição da própria alma. A filosofia, a par da religião, estipulou a agenda mental da época, mas de uma forma mais estável e sistemática, dado que tinha aplicabilidade universal, o que a religião não tinha. Foi a partir dela que se desenvolveram os ramos da ciência e da matemática, que se assumiram posteriormente como disciplinas de pleno direito.

Por volta do ano 990, o monge Gerberto de Auvergne estabeleceu-se na cidade islâmica de Córdova para estudar o saber científico. Guilherme de Malmesbury referiu-se de forma jocosa a Gerberto e aos seus estudos árabes. O cronista inglês tinha uma perspectiva pouco esclarecida do mundo árabe e da sua ciência, pensando que "o que era hábito nessa nação" era praticar "adivinhações e encantamentos" ([172]). No entanto, Guilherme admitiu que Gerberto "ultrapassou Ptolomeu no uso do astrolábio" ([173]). Então como agora, os cientistas eram vistos pelos que escreviam sobre as "artes" e eram desprovidos de treino científico e compreensão como estando próximo do demónio. De Gerberto disse-se que invocava os espíritos do Inferno. O cronista afirma que o monge, fugindo um dia, alegadamente, com um livro roubado, fez na praia um pacto com Satã para ficar na posse do tesouro que conquistara. Tinha também a fama de ter aprisionado um espírito numa cabeça dourada com forma humanóide, que ele mesmo esculpira, e de ter dado ao objecto animado um lugar de destaque numa estante da sua sala de estudo. Tinha o hábito de discutir abstrusos problemas aritméticos com o seu homúnculo cefálico dourado. Por vezes, os problemas eram demasiado complexos e o inspirado artefacto dava respostas insatisfatórias ([174]). Se pusermos de parte estas anedotas jocosas seremos capazes de reconhecer que Gerberto fez reviver a aritmética, a geometria, a astronomia e a música em todo o mundo dos Francos e introduziu os numerais de 1 a 9 na Europa, embora não o zero. O cálculo pôde progredir com a sua introdução do ábaco. Numa frase notável, mas talvez mesquinha, da tradução feita em 1845 de Guilherme de Malmesbury, "ele apresenta leis que dificilmente se entendem, mesmo por laboriosos computadores". Nesta ocorrência, "computador" designava, obviamente, não um objecto, mas uma pessoa.

Quando regressou ao território dos Francos, Gerberto construiu um relógio de água semelhante ao que Harun al-Rashid enviara a Carlos Magno e um órgão hidráulico que parece que funcionava a vapor. O jovem imperador Otão III manifestou o seu apoio a Gerberto, nomeando-o arcebispo de Ravena. Todavia, o cronista nada disto regista, alegando que a sua promoção se ficou a dever à ajuda do demónio, que evidentemente lhe ensinara as artes negras, as quais lhe permitiam descobrir tesouros escondidos "como um corvo arranca um olho a outro corvo" ([175]). Em 999, Gerberto foi eleito papa com o nome de Silvestre II. Comentadores posteriores – talvez por terem mentes fechadas, ou por representarem os seus próprios interesses adquiridos, ou por traduzirem o consenso veiculado pelo mito popular – continuaram a afirmar que, na sua capacidade de cientista, Gerberto estabelecera pactos com o diabo aquando da sua permanência em Espanha. Para estas mentes obtusas, tanto o Islão como a própria ciência são dimensões do mundo interdito dos espíritos. Um livro publicado em 1999 sobre as condições na Europa no ano 1000 ainda insinuava que Gerberto era um mágico, o que mostra como os mitos sobre os cientistas demoram a morrer.

Aristóteles chamou a atenção para o forte desejo de conhecer que todos os seres humanos possuem, e a coragem daqueles que buscam o conhecimento superará sempre aqueles que procuram restringi-lo, amaldiçoá-lo como satânico ou sistematizá-lo à força dentro de sistemas. Os reis de Castela estavam a reconquistar a Espanha aos muçulmanos. Toledo, a anterior capital, tornou-se uma cidade castelhana em 1085, no reinado de Afonso VI, que se descreve a si mesmo, com uma certa tolerância, como o "imperador das duas religiões". Os Castelhanos mantiveram e honraram o conteúdo da biblioteca da mesquita de Toledo, um acto que contrasta com a violência continuada dos cruzados e a sua destruição malévola da grande biblioteca de Ibn Ammar, em Tripoli. Os monarcas de Castela, revelando abertura de espírito (embora continuassem a ser cristãos devotos), apoiaram as descobertas intelectuais e um arcebispo castelhano, Raimundo I (1126-1151), tornou-se director de uma escola de tradutores, o mais industrioso dos quais foi Gerardo de Cremona (1113-1187), que provavelmente trabalhou de forma sistemática em cerca de 100 textos de astronomia, medicina e filosofia com alguns co-tradutores, que eram geralmente judeus baptizados. Um grande saber ficou assim disponível. As palavras que não podiam ser traduzidas permaneciam em árabe – como acontece ainda hoje com palavras como álcool, alquimia e cifra, elixir e soda (derivada do árabe *al-suda*, que significa "uma dor de cabeça excruciante") ([176]).

Adelardo de Bath (1100-1130), depois de ter estudado em Laon e Tours, dirigiu-se para Toledo, aprendeu árabe, a língua fundamental, e traduziu três obras de al-Khwarizmi: as *Tábuas Astronómicas*, a *Introdução à Arte da Astronomia* e a *Álgebra*. Esta última obra foi concebida de forma prática: o autor, da Ásia Central, escreveu o seu texto com o objectivo de expor "o que é mais fácil e mais útil na aritmética, como o que os homens pedem constantemente em casos de herança, legados, partilhas, acções litigiosas e comércio e em todas as relações uns com os outros, ou quando estão em causa medidas das terras, abertura de canais, cálculo de áreas e outros objectos de vários tipos e espécies". Em 1126, Adelardo trouxe para a Europa Ocidental a sua tradução das primeiras duas obras, bem como uma versão árabe dos *Elementos* de Euclides. Em 1130, o seu feito foi publicamente reconhecido e pagaram-lhe 4 xelins e 6 dinheiros (23 *pence*) dos rendimentos de Wiltshire. Pode parecer pouco, o equivalente a uma subvenção de cerca de 200 libras ou 300 dólares actuais. Mas uma subvenção de qualquer montante por uma realização intelectual e paga com o dinheiro de um condado inglês deve ser considerada um acto notável de generosidade pública ([177]).

Adelardo foi um homem brilhante e original, com uma mente activa, questionadora e incansável, que investigou tradições diferentes da sua em busca de soluções para os problemas do seu tempo. A imagem que tinha da natureza intrínseca da autoridade aponta para as experiências difíceis que quem procura o conhecimento tem de enfrentar. Encarava a autoridade como uma prisão, isto é, como uma limitação importante, mas que deveria ser atenuada para permitir que o âmbito da especulação e do conhecimento desenvolvesse todo o seu potencial. No caso dos fenómenos naturais, afirmou que Deus só deve ser usado como explicação quando todas as outras já foram tentadas – é uma explicação de último recurso, digamos assim. Elaborou também uma tentativa plausível de conciliação do idealismo de Platão com o empirismo de Aristóteles: como é que as pessoas e as coisas podem ser individuais, originais, únicas, dignas de admiração e, ao mesmo tempo, derivarem da matéria-prima e serem classificáveis em géneros e espécies? A sua teoria inclinou-se para o carácter variado e multifacetado de Aristóteles, embora aceitasse alguns aspectos de Platão. Afirmou que as formas universais de Platão não podiam existir, a não ser no mundo das ideias. Para si, as formas de Platão pertenciam ao mundo da arte e da imaginação. Os objectos e as pessoas individuais derivavam das formas platónicas apenas no sentido de serem criações imaginadas. A maior parte da sua natureza concreta derivava da sua história natural, como Aristóteles a concebia. Por isso, Fulano enquanto Fulano, em virtude da criação imaginativa da sua identidade, é um ser único e autoconsciente e uma pessoa totalmente acabada, ao passo que, para além disso, enquanto ser humano, é membro de uma espécie, enquanto animal, é um género subordinado, e enquanto substância, é o género mais universal ([178]).

Outro inglês que, nesta época, viajou com facilidade entre a Inglaterra e o Mediterrâneo multiétnico foi Thomas Brown. Exerceu em vários países a profissão de funcionário público, e não a de filósofo ou cientista, e sentia-se bem integrado quer na Inglaterra quer na Sicília normanda. Nasceu por volta de 1120, e em 1137 encontrou emprego como secretário em Palermo, principalmente para elaborar projectos de legislação. Em 1143, encontrava-se a trabalhar na cúria real como μαστρο θωμα του βρουνου ("mastro thoma tou brounou"), a emitir o seu veredicto sobre uma disputa de fronteiras. Em 1149, adoptou identidade islâmica como Kaid Brun, trabalhando no *diwan* (conselho do governo) com um secretário chamado Othman e apondo a sua *alama* (opinião) a uma transcrição dos registos do governo. Regressou depois a Inglaterra, aparentemente para trabalhar no Tesouro de Henrique II. Estas diferentes identidades – latina, grega, árabe – eram possíveis no século XII aos homens europeus com saber e competência, provando que, à semelhança da promoção da ciência e do bom-senso em Castela, havia uma alternativa progressiva, humana e educada à violência clérico-aristocrática exacerbada do Norte da Europa praticada nas cruzadas ([179]).

O Islão começou a ser um campo de estudo. Roberto de Ketton (no Lincolnshire) foi o primeiro europeu a traduzir o *Alcorão* (para latim) em 1143. A obra foi financiada por Pedro, *o Venerável*, abade de Cluny. A intenção parece ter sido estudar as crenças dos muçulmanos com o objectivo de criar condições para a sua eventual conversão, mas pode ter existido também uma curiosidade desinteressada nestes estudos: o despertar do interesse pelo Islão como algo que merece ser explorado por si mesmo. No contexto das relações entre cristãos e islamitas, Pedro, *o Venerável*, era apenas um dos vários cristãos meritórios da Idade Média. Procurou persuadir os muçulmanos com argumentos, e não pela espada. "Deus não a deseja de modo nenhum", afirmou ele, de forma notável, sobre a violência religiosa, o que era uma resposta tranquila ao grito de "*Deus le volt*" ouvido em Clermont ([180]).

Averróis começou a ser traduzido e as suas ideias aristotélicas foram retomadas com entusiasmo pelos pensadores europeus que aderiram ao que era novo. Por volta de 1215, Miguel Escoto (nasceu provavelmente em Balwearie, Fife; m. 1235), viajou até à Espanha e à Sicília para aprender árabe e estudar o mundo ([181]). Tinha uma inteligência notável. Em Toledo, em 1217, trabalhando aparentemente com um judeu chamado André, traduziu para latim uma obra sobre astronomia do andaluz muçulmano al-Bitruji (discípulo de Ibn Tufayl e designado nos textos latinos como Alpetragius) que carecia de mérito científico, mas que constituia uma tentativa corajosa. (Os judeus consideravam perturbadoras e emocionantes as ideias de Averróis. No século XVIII, Thomas Warton chamou a atenção para o facto de o aumento do conhecimento ter sido uma consequência benéfica da diáspora judaica.)([182]) Três anos mais tarde, Miguel Escoto traduziu a obra zoológica de Aristóteles *Historia Animalium*. Sabe-se que esteve em Bolonha em 1220 e que nos anos seguintes teve o patrocínio dos círculos papais, o que conduziu ao oferecimento do arcebispado de Cashel. Recusou-o com o fundamento de desconhecer a língua irlandesa. Viajando para a Sicília, para a esplêndida corte de Frederico II de Hohenstaufen, como astrólogo da corte (um cargo que possibilitava perspectivas mais promissoras para um escocês ambicioso do que o de arcebispo irlandês), produziu versões latinas de algumas obras de Aristóteles, algumas do árabe e outras do hebraico. De Aristóteles, traduziu o *Sobre o Céu* e pode ter vertido para latim partes da *Metafísica*. Há a certeza de ter traduzido alguns dos comentários esclarecedores e vigorosos de Averróis sobre a *Metafísica*. Miguel Escoto escreveu também uma versão em latim dos textos zoológicos de Aristóteles, o *De partibus animalium*, para satisfazer a grande curiosidade de Frederico II sobre o mundo natural. Também traduziu a *Física* de Aristóteles e o respectivo comentário de Averróis. Por vezes, as suas notas indicavam que as suas versões eram traduzidas do grego, presumivelmente para lhes conferir maior autenticidade. Por exemplo, o texto que se encontra na Biblioteca da Universidade de Cambridge tem uma linha que indica que a tradução do *De partibus animalium* é feita a partir do grego. No entanto, a análise do texto mostra que é feita a partir do árabe ([183]).

Há aqui algo de curioso. Algumas obras de Aristóteles eram conhecidas na Europa antes das traduções de Miguel Escoto em versões elaboradas provavelmente por Tiago de Veneza (*ca.* 1150) a partir do grego. Contudo, o filósofo foi considerado herético pela Igreja e proibido. (Existia desde o ano 1000 uma tradução da *Metafísica* a partir do grego.) Foi apenas depois dos trabalhos de Escoto, que produziu também versões influentes dos comentários de Averróis, que Aristóteles se tornou aceitável pela Igreja. Por outras palavras, Aristóteles necessitava de um interlocutor (que aconteceu ter sido muçulmano) antes de a sua filosofia e a sua história natural se poderem tornar aceitáveis – apesar das suas concepções sobre a mortalidade da alma e a eternidade da matéria – aos grandes doutores da Igreja Católica, cujo pensamento culminou no grande sistema de S. Tomás de Aquino. A ironia da situação pode talvez ser mais bem compreendida se nos recordarmos que pensadores como Roger Bacon e Alberto Magno basearam uma parte considerável do seu pensamento em ideias árabes e que estes progressos intelectuais ocorriam na mesma época em que, publicamente, no domínio do aqui e agora – *tode ti*, ou *haeccitas*, em termos aristotélicos –, a autoridade papal declarava que os infiéis muçulmanos deveriam ser esmagados. Roger Bacon, recorrendo a textos árabes, foi o primeiro a distinguir *mathesis e matesis*, ou seja, conhecimento e adivinhação. A Igreja Católica desenvolveu o seu pensamento filosófico com a ajuda do saber subtil e impositivo de um muçulmano, mas foi levada inflexivelmente pelo seu dogma a fazer campanha contra os povos dessa fé.

É possível que Frederico II tenha enviado Miguel a Oxford, em 1230, integrado na missão às universidades europeias destinada a divulgar o Aristóteles recentemente vertido para latim. Tal como acontecera com Gerberto, Miguel Escoto foi considerado um necromante pelos seus contemporâneos, mas não podemos omitir que ele, de facto, praticou adivinhação de uma forma estranha e algo demencial e estava longe de ser um mero investigador da verdade. Apesar de possuir uma inteligência que ajudou o mundo a dar um salto para uma nova categoria de pensamento, pertencia ao mundo medieval da magia e da estranheza. Escoto fez para si mesmo uma máscara com a forma de um elmo para proteger a cabeça do destino que adivinhara ser o seu: um golpe no crânio. No entanto, retirou-a num momento crítico e inevitável, na Igreja, por altura do momento mais sagrado da missa, a elevação da hóstia, e foi morto de imediato por um pedra que caiu. Dante colocou--o não muito longe do círculo central do Inferno. Sir Walter Scott dá dele apenas uma imagem de mágico, em *O Lai do Último Menestrel*, ignorando o seu saber e a sua elevada inteligência prática. Coleridge planeou escrever uma peça de teatro sobre a sua vida, julgando que era mais vívida e invulgar do que a de Fausto. Também via nele apenas um feiticeiro ([184]).

Outras figuras houve que introduziram conhecimentos e contribuíram para a integração do Oriente e do Ocidente. Por volta de 1180, Daniel de Morley (a actual Morley St. Botolph, uma aldeia a oeste de Wymondham, no sudeste da Grã-Bretanha) procurou escapar às proibições de Paris, julgando que esta cidade estava "dominada pela lei e ignorância pretensiosa", e, por isso, foi para Toledo, em Castela, para conhecer a filosofia e a ciência árabes. Mais ou menos pela mesma altura, uma personagem obscura conhecida como Alfredo, *o Inglês* (ou Alfredo de Shareshill, perto de Wolverhampton), traduziu do árabe o *Da Alma*, de Aristóteles, para além de outros textos de biologia pseudo--aristotélicos ([185]).

Na arena do pensamento europeu, que estava então em desenvolvimento, a argumentação forte e convincente dos averroístas latinos teve uma participação cada vez maior, contribuindo para o estabelecimento de uma linha que delimitava o medievalismo anterior e a partir da qual se podiam perspectivar os primórdios da modernidade. O seu pensador principal foi Siger de Brabante ([186]). Utilizando as teorias dos seus antecessores aristotélicos, os averroístas latinos negaram a imortalidade pessoal e um estado para além da morte. Acreditavam na eternidade do mundo, afirmando que Deus não o tinha criado por um seu decreto. Para reconciliar estas concepções com a doutrina da Igreja, os averroístas tiveram de fazer malabarismos habilidosos com ideias como a de verdade dos conceitos científicos, num mundo onde a teologia era ainda o referencial a partir do qual se determinava o pensamento aceite. (Estavam convencidos de que, independentemente do que a Igreja pudesse dizer, as ideias de Aristóteles eram verdadeiras.) Quando confrontados pelos religiosos que não estivessem convencidos, os averroístas latinos estavam dispostos a dizer: "Aristóteles? Estou apenas a relatar as suas palavras." Esta fórmula, astuciosamente pronunciada, deixou-os de fora da acusação de heresia.

Ao longo do período de 1210 a 1277, a Universidade de Paris, cuja Faculdade das Artes tinha uma elevada consideração por Aristóteles, foi abalada por divisões. Aristóteles, na interpretação de Averróis, era considerado perigoso. O seu conceito de alma mortal e a sua negação de um estado futuro provocara ondas de choque em toda a Universidade. O seu cientismo estrito era estranho ao modo de pensar da Igreja. Jacques de Vitry desencorajou a leitura de livros de filosofia natural. A Igreja baniu os textos científicos de Aristóteles em 1210 e 1215 ([187]). Foram autorizados em 1231, sendo banidos novamente em 1263. Tanto Alberto Magno como Tomás de Aquino lutaram para afirmar o primado da teologia, acusando o averroísmo de ser satânico, embora utilizassem os seus métodos. Mas Siger de Brabante mostrou um modo de avançar, apesar do estranho enviesamento do seu pensamento, como, por exemplo, a sua crença numa forma cíclica de determinismo astral (uma concepção que era popular no Oriente). Desafiou os teólogos ao afirmar que Deus ignorava os particulares e ao negar a providência divina. Siger foi condenado como averroísta em 1270, tal como o seu colega Boécio de Dácia (que acreditava que o bem supremo do homem consistia na contemplação filosófica da verdade e em viver virtuosamente segundo a luz da natureza). Ambos foram levados perante o inquisidor de França, em 1277, o ano da "Grande Condenação" na Universidade de Paris, e depois desapareceram na obscuridade, embora as suas ideias se revelassem indestrutíveis. Algumas das teses condenadas em 1277 evidenciam o poder do averroísmo latino que ajudaram a promover: "As afirmações dos teólogos baseiam-se em mitos." "Ninguém fica a saber mais por saber teologia." "Os sábios do mundo são os filósofos."([188])

Tendo ultrapassado a Grande Condenação, o averroísmo reapareceu com mais força ainda no século XIV. Dedicou-se a apresentar Aristóteles de uma forma ainda mais próxima dos seus textos do que a versão da Igreja constituída pelo escolasticismo aristotélico. A Universidade de Pádua foi fundada em 1222 como um fruto da Universidade de Bolonha. Sob o governo da família Carrara, a cidade tornou-se conhecida pelo seu humanismo cívico. A universidade redescobriu o estilo clássico e, em matéria de filosofia e de religião, em breve revelou independência de pensamento. O averroísmo popularizou-se e a partir de Pádua chegaram a Veneza e a Ferrara ideias racionalistas dirigidas contra a Igreja, criando assim alguns dos alicerces do Renascimento. Em Pádua encontramos Pedro de Abano (1253-1316), um pensador decididamente céptico, praticante de medicina e seguidor de Averróis, e também conhecido como Pedro, *o Herético*: não acreditava na providência e negava a existência do diabo. (Como astrónomo, formulou a teoria de que as estrelas se movimentam livremente no espaço, e não, como se acreditava até então, girando numa esfera ([189])). Marsílio de Pádua foi um pensador social profundo. De facto, a sua mente foi uma das mais arrojadas e originais da Alta Idade Média. O seu texto *Defensor Pacis* ("O Defensor da Paz", 1324) rejeitou por completo as pretensões papais ao poder temporal. O papado costumava considerar-se o árbitro dos governantes temporais. Pressupunha o poder de os julgar e depor quando fosse necessário. Marsílio disse que esta atitude não era legítima, porque não havia justificação para a intervenção da Igreja nos assuntos de Estado. O Estado constituía uma matéria que dizia respeito apenas ao povo. Para além disso, argumentou que o papa e o sacerdócio deveriam estar subordinados a um concílio que incluísse leigos e que tal concílio deveria superintender a administração dos sacramentos e a pregação da lei divina ([190]).

A base da sua argumentação era a sua ideia do Estado como expressão teleológica da satisfação do desejo natural do homem a uma vida suficiente. Este argumento era cuidadosamente aristotélico, sendo motivado pela separação entre o divino e o racional, que fora a contribuição específica do árabe andaluz. A tarefa do Estado era impor uma regulamentação coerciva mínima aos assuntos que ocupavam as pessoas e o próprio povo era a única fonte legítima da autoridade do Estado. Não podia haver (segundo Marsílio) nenhuma lei divina, nem nenhuma pretensão sacerdotal a uma autoridade vinda de Deus para dirigir os assuntos dos homens. Para além disso, uma vez que a pregação e os sacramentos afectavam as vidas dos homens, os leigos deveriam ter uma palavra a dizer sobre a sua administração. Com estes conceitos arrojados, o secular começou a separar-se do religioso e as almas e os corpos dos homens e das mulheres começaram a ficar libertos do mundo medieval ([191]).

O texto deste averroísta latino assumiu alguma importância na Reforma do século XVI. É possível defender a tese de que o erastianismo – a teoria de que a Igreja deve estar subordinada ao Estado –, que surgiu no mesmo século, teve aqui a sua origem e também descende de Averróis.

Pádua continuou a formar pensadores cujas mentes reflectiam a luz clara e crua de Aristóteles, em conflito com os teólogos e em contraste com o elitismo hermético de todos os tipos de platonismo. É inegável que o platonismo teve uma enorme importância durante o Renascimento e foi uma das forças que o orientaram. Parecia constituir um grande espírito de liberalidade cultural, que é difícil de entender, no entanto, por quem quer que leia as concepções de Platão sobre a arte tal como aparecem expressas na *República*. A verdade é complexa. O platonismo do Renascimento era quase sempre o neoplatonismo de Plotino, não o dos textos originais dos diálogos de Platão. O aspecto de Plotino que os pensadores e os artistas do Renascimento julgaram particularmente congenial, mesmo estimulante, foi a ideia que apresentou sobre o infinito, que não era a concepção limitada e controlada acerca da vida que encontraram em Aristóteles, mas sim a de possibilidades sem limites, tanto humanas como divinas. Esta ideia estava em sintonia com a índole do Renascimento. As perspectivas e as expectativas do neoplatonismo eram imensas e inebriavam os artistas. No entanto, até neste aspecto houve excepções, uma das quais foi Pomponazzi.

Pietro Pomponazzi (1462-1525) foi professor de Filosofia, primeiro em Pádua e depois em Bolonha. O seu tratado *Sobre a Imortalidade da Alma* (1516) provocou uma viva controvérsia, porque adoptou uma posição fortemente aristotélica, ao mesmo tempo que rejeitava as concepções de Tomás de Aquino. Posteriormente, Pomponazzi foi saudado pelo Iluminismo francês como um dos primeiros racionalistas, que ocultou o seu ateísmo para afastar a Igreja do seu rasto; porém as provas mostram que este ponto de vista é exagerado. Contudo, trata-se dum descendente genuíno de Averróis, ainda que tivesse rejeitado a concepção deste sobre a imortalidade da alma agente do mundo e a mortalidade da alma individual. Chegou à conclusão de que a imortalidade da alma não pode ser racionalmente demonstrada, podendo apenas aceitar-se como artigo de fé. Por outras palavras, estava a afastar a questão da imortalidade da alma da discussão racional e a integrá-la na fé. Tal como sucedera com Averróis, desejava ardentemente estabelecer as fronteiras entre, por um lado, e teologia e a fé e, por outro, a razão e a filosofia natural e salientava que as primeiras não deviam errar pelo domínio das segundas. Esta concepção abriu caminho ao racionalismo e à modernidade, mas não era ainda qualquer deles. Pompanazzi continuou a ter influência durante pelo menos um século. As suas obras circularam amplamente em manuscritos, e o autor apenas perdeu influência quando os aristotélicos foram suplantados por Galileu ([192]).

A influência do pensamento paduano chegou mesmo à Inglaterra. A ênfase no constitucionalismo e na rejeição do absolutismo pode ser detectada numa obra com o título apelativo de *An Exhortation to styrre all Englyshe men to the defence of their countreye* [Uma Exortação para impelir todos os Ingleses em defesa do seu país] (1539). O seu autor foi Richard Morison, que em 1550 se tornou embaixador de Henrique VIII junto de Carlos V. No início da década de 1530, já viajara para Pádua, onde estudou e desenvolveu as suas ideias. "Que coisa é mais benéfica para a vida dos homens do que a ordem política, do que a sociedade mútua dos homens, associada à justiça, à temperança, à modéstia e à liberdade honesta, cada um ajudando e confortando o outro, cada um instruindo e ensinando o outro acerca de todas as coisas, mas sobretudo no que respeita às coisas que pertencem a Deus que, como tais, mantêm esta sociedade?" O poder papal opunha-se a estas qualidades. Morison chegou mesmo a considerar que o papa era espiritualmente mais destrutivo do que os impérios islâmicos. "Os Turcos permitiram que os homens capturados na guerra conservassem a sua religião, que servissem Deus, aliás, como as leis deles pretendem. O bispo de Roma, mais cruel do que os Turcos ou os Sarracenos, não atribuiu qualquer importância à vitória deles, excepto terem posto de parte a palavra de Deus, terem expulso a religião verdadeira, terem banido totalmente Cristo."([193]).

Assim, apesar de o pensamento de Averróis ter rapidamente declinado na estima que o Ocidente tinha pelo que era islâmico, o filósofo infundiu um impulso secular radical à sociedade europeia, abrindo para o mundo pós-medieval do Renascimento, em que a sociedade humana, a ciência e a filosofia podiam ombrear com a religião em igualdade de condições. O novo ponto de vista decorria naturalmente da distinção de Averróis entre o universo conceptual da ciência e o universo conceptual do divino. Daí em diante, a religião seria, na Europa, apenas um entre muitos tópicos. Já não tinha o direito de exercer uma autoridade que tudo englobasse. Esta concepção estava no centro do pensamento de Averróis.

Dante é, sem dúvida alguma, o grande codificador e iluminador imaginativo das ideias cristãs sobre a filosofia, o direito, a metafísica e a vida do além, tal como se podem ver do ponto alto da Idade Média. No entanto, podemos detectar algumas ironias e alguns problemas na sua obra. O mais significativo é talvez o facto de *A Divina Comédia* (*ca.* 1310-1314) parecer ter parcialmente origem em diversos modelos islâmicos. A ideia de esta profunda epopeia espiritual se ter inspirado apenas na *Eneida*, na *Farsália* de Lucano e, provavelmente, numa tradução da *Odisseia*, para além de outras fontes europeias, é provavelmente questionável. A estrutura do poema e a disposição do espaço físico figurado no Inferno são notavelmente semelhantes a alguns modelos islâmicos. O Islão tem importância para *A Divina Comédia* quer em termos de estrutura, quer de conteúdo.

A posição filosófica que se pode detectar n' *A Divina Comédia* é em grande medida uma construção secular averroísta. Dante acreditava num império secular universal em que, não obstante a autoridade do imperador proviesse de Deus, a Igreja deveria desempenhar um papel secundário nos assuntos que tocam à humanidade. Como vimos, a origem da separação dos poderes encontra-se no averroísmo, onde se integrava também a crença estranha e difícil num intelecto humano agente e universal, que assemelhámos a um pão grego. Associadas, esta crença e a concepção estóico-aristotélica de que todas as pessoas são, por essência, cidadãos de uma única cidade inspiraram as ideias que estão na origem da concepção de Dante sobre um império cooperativo e benevolente. Outra ideia averroísta relevante n' *A Divina Comédia* é que, em caso de conflito, as verdades do intelecto são superiores às verdades da revelação. A filosofia de Aristóteles era superior ao milagroso. O próprio Dante coloca Averróis e Avicena no limbo – dificilmente os poria no Inferno – e, como para evidenciar o seu entusiasmo por Ibn Rushd, também colocou o provocador averroísta Siger de Brabante no Paraíso: "a luz eterna de Siger, que, quando ensinou na Rua da Palha, silogizou verdades incómodas". ([194]) O poeta colocou algumas palavras de elogio dirigidas a Siger na boca de S. Tomás de Aquino, o seu grande opositor, o que era certamente um gesto irónico apaziguador para conceder estatuto ortodoxo a um progressista heterodoxo que Dante acreditava ser dele merecedor.

A Divina Comédia também revela algumas semelhanças estruturais em relação a modelos islâmicos. Cerca de 200 anos depois da morte de Maomé, circulavam algumas versões poéticas da "Viagem Nocturna" e da "Ascensão" (em árabe, a *Isrá* e o *Mi'raj*) do Profeta. Todas elas tinham origem no versículo do *Alcorão* a que já nos referimos e que descreve as orações de Maomé em Jerusalém. No texto conhecido como Versão A do Ciclo I, o profeta adormecido é acordado por um homem que o conduz ao sopé de uma montanha. É-lhe pedido que suba, mas recusa-se a fazê-lo até que a companhia do seu guia o inspira a continuar. Sobem ambos e observam seis cenas de tortura terrível: corpos despedaçados, trespassados por setas, pendurados de cabeça para baixo. Os castigos são explicados quando o guia relata a vida dos padecentes. Prosseguem os dois e são envoltos em fumo. Ouvem sons de dor e raiva. (Dante haveria de escrever *"parole di dolore, accenti d'ira"*.) É a Geena e é-lhes dito que continuem. O cenário muda para homens em paz e crianças a brincar. Três figuras encontram-se com Maomé: Zayd ibn Haritha, um antigo escravo que se tornara filho adoptivo de Maomé e morrera na batalha de Muta, em Setembro de 629, Jaafar, o primo do profeta, que pregara o Islão na Abissínia e caíra na mesma batalha, e Abdallah, um amigo do profeta. Os três dão-lhe as boas-vindas. Por fim, Maomé olha para o céu e vê Abraão, Moisés e Jesus, perto do trono de Deus, aguardando que o Profeta do Islão se lhes junte ([195]).

Noutra versão destes ciclos de contos, Maomé é acompanhado por dois guias e viaja para contemplar visões igualmente poderosas da vida do além, mas cujas descrições são mais desenvolvidas do ponto de vista estilístico e mais próximas de Dante. Encontramos nelas o protótipo do Minos de Dante, o guarda do Inferno. Há semelhança na natureza dos castigos: um nadador num mar de sangue é o usurário, uma imagem muito semelhante à de Dante. ([196]) Outros ciclos islâmicos de lendas sagradas embelezam e enriquecem as ideias das visões da vida do além, as quais, muito claramente, eram correntes em todo o mundo islâmico.

É possível, mas não podemos afirmar mais do que isso, que Dante conhecesse uma ou mais destas lendas islâmicas, porque foram encontradas traduções (publicadas em 1949) de duas versões do *Mi'raj*, uma em latim (o *Liber scalae Machometi*) e a outra em francês arcaico (*Le Livre de l'eschiele Mahomet*). Ambas são versões de uma versão castelhana do *Mi'raj* que se perdeu e que Afonso X mandara traduzir. Este texto perdido era conhecido dos continuadores de Dante no século XIV e foi designado como "Libro della Scala" por Fazio degli Uberti e "Helmaerich" (= *al-Mi'raj*) por um pregador franciscano ([197]).

Há também um poema alegórico do século X que parece expor alguns dos detalhes a que Dante daria forma poética. É muito improvável que o poema tivesse sido um antecedente d' *A Divina Comédia*, mas podem ambos ter uma fonte comum. Abu-l-Ala al-Ma'ari (973-1057) foi um grande poeta árabe. Chamaram-lhe "o filósofo dos poetas e o poeta dos filósofos" ([198]). O seu *Risalat al-Ghufran*, ou tratado do perdão, é um ataque subtil aos moralistas que carecem de espírito de indulgência. Al-Ma'ari aponta-lhes o espírito de misericórdia de Deus. O *Risalat al-Ghufran* tem a forma de uma carta a um amigo literato, Ibn al-Qarih, de Alepo, que nos seus escritos condenara os homens de letras que viveram vidas de impiedade ou de deboche. Com a sua própria poesia voluntariamente singela, Al-Ma'ari demonstra que alguns poetas libertinos e pagãos podiam ser recebidos no Paraíso. No poema, Ibn al-Qarih é miraculosamente levado numa viagem ao Céu como recompensa pela sua atitude respeitadora e piedosa. Encontra no Céu alguns poetas, romancistas, gramáticos, críticos e filósofos, libertos dos cuidados, das agruras e dos ódios maldizentes das suas vidas, relacionando-se com amizade e conversando na paz e na harmonia de um jardim das delícias. Com cada um dos que condenara nos seus escritos o piedoso visitante discute as respectivas obras e a misericórdia divina que os conduzira ao Paraíso.

Há uma festa no Céu em que duas huris encantadoras estão de serviço. Ele elogia os seus encantos. Riem-se e dizem-lhe que ele já as conhece. "Mas vocês são as huris do céu", retorque-lhes ele. "Não, não", responde-lhe uma delas, "eu sou Hamduna de Alepo", uma mulher famosa por ser a mais feia da cidade e repudiada pelo marido (um trapeiro) por causa do seu mau hálito. "Então quem és tu?", pergunta à outra. "Eu sou Tawfiq, a mulher negra que trabalha no balcão da biblioteca de Bagdad." Ibn al-Qarih fica confuso e é informado por um anjo que passa que há huris de duas espécies, as criadas no céu e as que são levadas para o paraíso devido às suas boas acções.

O homem de letras expressa o seu desejo de visitar o Inferno. O caminho é-lhe barrado por um leão de aspecto feroz. No entanto, este é um leão especial: sendo tocado pelo espírito divino, é concedido o dom da fala ao grande felino, que explica depois que foi levado para o Paraíso (ainda que esse paraíso seja guardar a porta do Inferno) como recompensa por ter protegido um primo de Maomé numa viagem ao Egipto ([199]). O Inferno é real e há nele poetas. O espírito do perdão não alcança todos. Um dos condenados é o grande Imru' ul Qais.

Os ocupantes do Inferno vivem em celas isoladas, não existindo nada de comparável à comunidade de espíritos das regiões superiores. O viajante é tocado pela piedade. No entanto, mesmo aqui ele pode questionar os seus colegas poetas sobre passagens obscuras das suas obras.

Regressando do Inferno, o visitante encontra Adão e questiona-o sobre alguns versos em árabe que se diz ele ter escrito. Adão, com uma atitude amigável, responde que, de facto, falava árabe no Paraíso, mas que passou a falar siríaco quando foi expulso para a Terra e só reaprendeu árabe quando regressou ao Paraíso, depois de se ter arrependido. Os versos, segundo o seu conteúdo, foram compostos na Terra, por isso, tendo aparentemente esquecido o siríaco, não é capaz de ajudar o seu visitante terreno.

Então, depois de ser interpelado por serpentes encantadas num jardim mágico, Ibn al-Qarih ascende ele mesmo ao Paraíso. Recebido pelas mais amorosas huris, encontra o lugar onde moram os poetas que escreveram em metro irregular, antes de ser conduzido numa carruagem mágica a uma casa celestial que será sua para toda a eternidade.

A Divina Comédia foi escrita numa escala muito maior do que a obra de al-Ma'ari, mas há semelhanças (nomeadamente no episódio das duas mulheres) que apoiam a hipótese de que o *Risalat al-Ghufran* pode ter tido origem numa das fontes poéticas da grande obra épica de Dante.

A parceria intelectual da Idade Média entre os mundos islâmico e cristão – não se pode dizer entre o Oriente e o Ocidente, porque grande parte do pensamento islâmico surgiu em Marrocos e na Andaluzia – teve a sua conclusão, que podemos considerar algo inglória, com Raimundo Lúlio (1235-1315). Lúlio estava sobretudo determinado a converter os muçulmanos e os judeus. Em consequência da sua apologia da conversão, foram criadas cadeiras de línguas orientais nas universidades de Paris, Lovaina e Salamanca. O seu não era contudo um espírito de investigação desinteressado. Lúlio construiu um sistema metafísico-teológico insuportavelmente complexo para apoiar a sua afirmação de que havia direito a converter os que não eram cristãos, e à força, se necessário fosse. (Descartes disse com desprezo que o sistema de Lúlio ensinava a falar sem pensar de coisas que se ignoram.) ([200]) Era uma estrutura orgânica bastante diferente do sistema averroísta, em que a religião e a filosofia tinham a liberdade de seguir cada uma o seu próprio caminho. Naquela, a teologia ficava sob controlo firme. Para além disso, há nos seus escritos diversas ocorrências de fanatismo e ódio acentuados e malevolentes, que são frequentemente negligenciados pelos teóricos que defendem a grandeza do seu sistema, mas que nenhuma explicação pormenorizada, enaltecedora e semi-reverente do seu complexo sistema pode ignorar. Na sua obra *Sobre a Interpretação dos Sonhos de Jaime II de Aragão*, Lúlio observa com desgosto que todos os monarcas tinham médicos judeus e que até nos mosteiros assim era. Este sistema era abominável, disse ele, e deveria ser destruído ([201]). Os judeus, assim como os muçulmanos, tinham apenas uma opção: ser convertidos. O próprio Lúlio morreu quando pregava aos muçulmanos de Tunes. Destituído de tolerância, de espírito desinteressado e de qualquer manifestação de aristotelismo científico, devotado, pelo contrário, a uma espécie de técnico-cabalismo paranóide e inverosímil, com o seu sentido da virtude impulsionado por acessos de canto destinados a despertar a mente, não mostrou a mínima parcela daquele espírito de humildade perante o conhecimento que levara os europeus a tomar o caminho do mundo islâmico em busca da sabedoria. Lúlio teve uma morte de mártir que quase parece ter sido desejada.

*
* *

A influência exercida pelo Islão na Europa medieval foi ambivalente. Por um lado, o mundo de Santo Agostinho, centrado na fé universal, foi destruído, demonstrando o espírito averroísta e talvez como efeito deste. O Estado passou a ter o domínio dos assuntos políticos, em desfavor dos bispos. Ao delimitar áreas de influência do *regnum*, ou poder secular, e do *sacerdotium*, ou poder sacerdotal, no final da Idade Média, o averroísmo abriu o caminho para o Renascimento, embora devamos ter o cuidado de não exagerar no tema. O averroísmo, ao contrário do neoplatonismo, não era humanista nem cultural. Não há pinturas nem poemas averroístas. As suas teses restringem-se à ciência e à filosofia. A maioria dos pensadores renascentistas atacou com razão o aristotelismo e o escolasticismo. Conduzido pelo seu primeiro representante, Petrarca, optaram, pelo contrário, pelo poder imaginativo e o mistério que detectaram na concepção do mundo neoplatónica e rejeitaram o ponto de vista proto-racionalista, peculiar e fragmentado do averroísmo latino. A Academia de Florença reflecte no seu nome uma influência nitidamente platónica.

Ao nível popular, permaneceram anseios de confronto, que têm sempre quem os sustente. Na Inglaterra, Maomé (ou Mafoma, como é frequentemente chamado) era considerado, quanto muito, um cismático. No entanto, ser cismático é pouco para despertar contendas. Mais frequentemente, era integrado numa trindade de falsos deuses, ao lado de Apolo (ou Apollyon; daí o personagem de *The Pilgrim's Progress*, de Bunyan) e Termagante. Tanto Apolo como Termagante eram claramente resquícios da Antiguidade. Termagante pode ter a sua origem no francês arcaico *tervagant(e)*, derivado, por sua vez, do italiano *trivigante*, que provavelmente significava "que vagueia com três nomes", sendo estes nomes Selene (a Lua), Ártemis e Perséfone([202]).

O aparecimento de "Mafoma" como membro duma trindade dá-nos motivo para pensar. De facto, a característica fundamental do Islão é a unidade de Deus e o lado mais questionável da teologia cristã é a crença na Trindade. ("Desejava muito que o não tivéssemos", haveria de dizer sobre o credo atanasiano o arcebispo Tillotson, em 1694.) ([203]) Os muçulmanos e os judeus pensavam que os cristãos acreditavam em três deuses e eram, por isso, politeístas. Esta é a razão por que apresentar aquela primeira trindade como fazendo parte da fé islâmica dificilmente pode deixar de parecer um exemplo de transferência freudiana: lançar sobre um adversário, que pode ser uma pessoa ou um grupo, algo incómodo ou difícil para o próprio. "Eles têm um problema; não é nosso."

Contudo, por vezes, no meio do antagonismo, surge um esplendor brilhante da verdade. Apesar da afirmação de Guilherme de Malmesbury de que a principal forma de agir dos Árabes residia em "adivinhações e encantamentos" e da sua vontade de acreditar em histórias exóticas, o resumo que deu da fé islâmica é exemplar, uma frase concisa e rigorosa construída com dez palavras em latim. Depois de ter observado que os Vénedos e os Letos eram os únicos pagãos que restavam no mundo, prossegue ele: "porque os Sarracenos e os Turcos prestam culto a Deus como criador, afirmando que Maomé não é Deus, mas o seu profeta"([204]). Não poderia haver maior contraste com "Mafoma" e a *Canção de Rolando* do que esta breve síntese.

A literatura e a música medievais têm uma grande componente islâmica. Thomas Warton, na *História da Poesia Inglesa* (1774-1781, com muitas reimpressões), foi um dos primeiros a reconhecerem o impacto dos "Árabes". Warton, que descreveu os Árabes como "este povo maravilhoso"([205]), acentuou e até exagerou a participação que tiveram na restauração do saber depois da calamidade das invasões bárbaras. Pensava que a literatura árabe tivera influência na literatura europeia muito tempo antes das cruzadas: os Espanhóis, encontrando "um brilhantismo de descrições, uma variedade de imagens e uma exuberância de invenção até então desconhecidos das frias e áridas concepções do ambiente europeu, ficaram ardentemente seduzidos" e "negligenciaram completamente o estudo da língua latina". De Espanha esta literatura espalhou-se pela França e a Itália ([206]). Segundo a opinião de Warton, a ideia do amor cortês vem dos Árabes: "Esta paixão foi por eles espiritualizada com vários refinamentos metafísicos e preenchida com ideias abstractas e visionárias de perfeição e felicidade. Também nisto foram talvez influenciados pelos seus vizinhos, os Sarracenos, cuja filosofia consistia sobretudo em abstracções fantásticas."([207]) Richard Price, o editor posterior de Warton, diz estar quase certo de que a lenda de Parsifal relacionada com o Graal tinha, em parte, origem árabe. Wolfram disse que mestre Kyot (ou Guiot) descobriu um manuscrito em Toledo onde se dizia que a sua autoria era de um certo Flegetanis, cujo pai era sarraceno. Este facto motivou-o a realizar mais estudos. (Flegetanis = *al-falak ath-thani*, "o governante da segunda esfera".) Por fim, Kyot tomou conhecimento de Titurel, Amfortas, Herzelunde e Gamuret. Price concluiu que a história era em parte árabe e em parte europeia. A maior parte da cena tem lugar no Oriente e os nomes são orientais. (Parsifal viaja com Baruk – *mubarak*, "abençoado" – para Baldague, ou Baghdad, podendo trocar-se a letra "l" por "gh".) "Fala-se sempre com consideração dos Sarracenos. Os cavaleiros cristãos colocam-se sem hesitar sob a bandeira do califa. Não há qualquer traço de animosidade religiosa entre os seguidores do crescente e da cruz. Por outro lado, são claramente referidos os nomes árabes dos sete planetas"([208]).

As hipóteses de Warton têm sido frequentemente contestadas. Os opositores à ideia de transmissão de formas poéticas árabes (como o metro e a rima) para a literatura europeia salientaram que não se pode identificar o modo de transmissão usando os textos literários. No entanto, há fortes semelhanças e coincidências entre a poesia árabe da corte e a poesia provençal ([209]).

Um dos ecos literários mais estranhos na literatura inglesa diz respeito ao "gentil, perfeito cavaleiro" de Chaucer. No texto do poeta, aparece como um homem de grande humildade e de valores nobres. No entanto, o texto diz que participou no saque de Alexandria em 1365, que foi um dos episódios mais selvagens das cruzadas. Como podemos conciliar a sua conduta virtuosa e o seu estilo educadamente modesto com a sua participação nessa acção de brutalidade extrema? Não parece existir resposta. Apesar de tudo o que julgamos ter hoje em comum com os medievais, talvez haja domínios da experiência e valores que nos são totalmente estranhos. Noutra passagem dos *Contos de Cantuária* Chaucer dá-nos provas da influência exercida pela ciência e o conhecimento árabes. "O Conto do Escudeiro" é aparentado a um género de conto popular islâmico que tinha ampla divulgação: mágico, versátil e empolgante, falava de pássaros e donzelas e reis indianos, o tipo de conto que é irresistível aos leitores europeus ocidentais e que atingiu o seu ponto mais alto em *Lalla Rookh*, de Thomas Moore, e foi precursor das pantomimas de Natal. Em "O Conto do Escudeiro" há um lugar central para um espelho, com o poeta a centrar a sua atenção no artefacto, discutindo "as leis da reflexão da luz" com referências a Aristóteles e Alhazen (ibn al-Haytham) e demonstrando conhecimentos sobre as propriedades da luz.

William Langland, mais ou menos contemporâneo de Chaucer, mostrou em *Piers, o Lavrador* que – tal como Guilherme de Malmesbury – tinha uma compreensão razoável e sem preconceitos do tema básico da teologia islâmica, ou seja, que os muçulmanos acreditavam num Deus único e que este era o Deus cristão. Escreveu Langland: "porque os Sarracenos rezam todos ao mesmo Deus Omnipotente, acreditando plenamente nele e pedindo-lhe a sua graça." Afirmou que "fariseus, Sarracenos, escribas e Gregos" acreditam todos em Deus Pai. No seu entender, era responsabilidade dos cristãos levá-los gradualmente a acreditar "em Jesus Cristo, o seu único filho," e mais ainda, até que a fé cristã se lhes torne clara. Não viu, porém, que este caminho não conduzia à fé, mas sim ao maior obstáculo entre o Cristianismo e o Islão, que para os seguidores deste último a Trindade representava a divisão da divindade, assemelhando-se a politeísmo, e era, por isso, inaceitável ao nível mais profundo da sua fé ([210]).

Podemos encontrar caracterizações mais sombrias a um nível de entendimento mais popular e grosseiro do Islão e que contaminou a literatura inglesa, quer desta época, quer posterior. Em "Sir Thopas", de Chaucer, o gigante Olifaunt jura "Por Termagante" e dois séculos depois o pagão (ou infiel) de *A Rainha das Fadas*, de Spenser, "muitas vezes por Termagante e Mafoma jura". Nos mistérios do ciclo de York, o faraó diz aos seguidores para "erguerem os seus corações a Mafoma" e Herod, nas peças de Chester, ameaça destruir quem não acreditar em "santo mafoma, o nosso tão amável deus". Os autores ingleses dos ciclos de mistérios supunham sem dúvida nenhuma que eram adoradas imagens de Maomé pelos seus seguidores "pagãos". Segundo uma lenda, os ídolos do Egipto caíram com o aparecimento do menino

Jesus. Estes ídolos, devido aos anacronismos que se podem encontrar na fé e nas crenças em geral, são chamados "Maomés" ou "maumés". Na crucificação, um dos soldados diz que nem toda a "maometria" de Jesus o irá salvar ([211]).

Autores teológicos questionáveis descobriram ídolos de Maomé em Espanha e no Levante. Neste caso, o Islão seria idêntico a idolatria, apesar da oposição categórica do Islão às imagens. A terminologia do final da Idade Média ainda permanece em Shakespeare. Hamlet afirma que: "Eu mandaria chicotear esse indivíduo por exagerar no Termagante" ([212]) e Edgar, no *Rei Lear*, fala do "demónio louco Mahu", ou seja, Maomé ([213]).

Os europeus também aderiram ao estranho mito de que o caixão de ferro de Maomé estava suspenso no ar entre dois poderosos ímanes. Esta ideia nunca teve qualquer eco no Oriente e deve provavelmente a sua origem a confusões com outras histórias. (Uma lenda parecida diz-nos que o túmulo de S. Tomé, o apóstolo da Índia, permanecia suspenso entre dois magnetos enormes.) A existência do túmulo de Maomé era uma ideia generalizada e podia encontrar-se ainda na época dos Stuart no texto famoso que descreve a situação do rei Carlos I na véspera da sua execução: Εικων βασιλικη: *O Retrato de Sua Majestade Sagrada na Sua Solidão e Sofrimento* (1649). Nele podemos ler: "Porque então eles pensaram num novo modelo de soberania e realeza e propuseram-mo [...] que a majestade dos reis da Inglaterra fique suspensa a partir daqui do poder e dos privilégios das duas Casas – como o túmulo de Maomé o está por um sortilégio magnético –, evidenciando uma ideia superficial do privilégio real."([214]) A imagem é talvez adequada, mas baseia-se numa sombria lenda medieval.

Se o nome de Maomé era frequentemente objecto de abusos, o mesmo sucedia com o termo "turco". Na literatura polémica, a palavra denotava qualquer muçulmano que viesse do império turco, quer fosse árabe, albanês ou turco, e tornou-se um epíteto hostil que servia para tudo. Nas diatribes religiosas de finais do século XVI e início do século XVII, o adjectivo fazia parte do rol dos insultos. William Rainolds, um exilado católico inglês, escreveu um diálogo teológico, num volume maciço de 1000 páginas, que tinha o título de *Calvino-Turcismus, id est, Calvinisticae Perfidae cum Mahumetana Collatio* (1597) ("O Calvino-Turquismo, ou uma Comparação da Perfídia Calvinista com o Maometanismo"). Nele o autor afirmava que o calvinismo era muito pior do que o islamismo. Também acusava os calvinistas de usarem com habilidade e para os seus próprios fins a ameaça representada pelos exércitos turcos. A resposta dada pelo protestante Matthew Sutcliff tinha o título *De Turco-Papismo, hoc est De Turcorum et Papistorum adversus Christi ecclesiam et fidem Conjuratione, eorumque in religione et moribus consensiene et similitudine* (1599) ("Sobre o Turco-Papismo, ou seja, sobre a conspiração dos Turcos e dos Papistas contra a Igreja e a fé de Cristo e sobre a sua harmonia e semelhança religiosas e nos costumes"). Nenhuma destas obras diz o que quer que seja de judicioso sobre o Islão ([215]).

Em *Henrique IV*, Parte I, Falstaff compara os seus modestos feitos em combate com os do "turco Gregório", que "nunca realizou feitos de armas como eu realizei hoje" ([216]). Sir John aludia, de maneira confusa, ao dominador papa Gregório VII, que humilhara o imperador em Canossa. Um outro autor concebeu o jogo de palavras "Urbano II, o turbante segundo" para se referir ao apelo à Cruzada feito por Urbano II em 1095, o que nos parece uma consonância tola, mas que também neste caso tinha sentido na época, ao apresentar tanto o papa como os Turcos como "o outro", como "aqueles malvados" e de uma forma que era praticamente intermutável, porque, para uma mente controladora e semiparanóide que não queria, ou não podia, fazer distinções nem pensar em termos concretos, constituíam ambos um "eixo do mal" ([217]).

A construção popular de estereótipos, tal como qualquer grosseira expressão xenófoba, era uma defesa agressiva da auto-estima popular e uma afirmação farisaica. No entanto, divergia frequentemente da alta política. Ao longo dos séculos, os reis e os governos não tiveram dificuldade em estabelecer alianças com as potências "infiéis". Francisco I abriu uma "segunda frente" ao aliar-se com o Império Otomano quando estava prisioneiro do imperador Carlos V. A política inglesa no tempo da rainha Isabel I considerou os Turcos como uma quase-aliança contra a Espanha. Houve aventureiros que procuraram ter relações de comércio e diplomáticas com a Pérsia, que na época era um inimigo implacável do Império Otomano. Os preconceitos do passado foram-se esbatendo com a activa diplomacia do século XVI.

Também ocasionalmente, em conclaves intelectuais secretos, as armadilhas dos preconceitos foram sendo abandonadas. Tendo em consideração os contextos, pode encontrar-se um estudo sério das diferentes fés religiosas na obra de Jean Bodin *Colloquium Heptaplomeres* ("Simpósio dos Sete Sábios sobre os Segredos do Sublime"), de 1593, que não foi publicada até 1841 e que não foi traduzida na totalidade em edição crítica até à actualidade. Nela os contendores são um católico, um luterano, um calvinista, um judeu, um muçulmano, um teísta natural – ou seja, não dogmático – e um classicista céptico. O texto é ainda parcialmente tributário da Época Medieval, dado que leva a sério a magia e os demónios. Mostra também uma deferência inabalável pelos textos bíblicos e encara a filosofia clássica como palavras e não como métodos, como repositório de achados e não de argumentos. Para uma mente contemporânea, o *Colloquium* de Bodin é muito mais estranho do que a *República* de Platão. Ao mesmo tempo, contudo, são notáveis e avançadas para a época a equanimidade de espírito revelada nas afirmações dos diferentes crentes e a bonomia dos seus desacordos.

No contexto presente, têm um interesse particular as opiniões e crenças do muçulmano Octávio. Presumivelmente, tem este nome, e não, digamos, al-Mansur ou Abdur-Rahman, para que não se dissesse que Bodin dava voz ao outro lado. Octávio foi capturado por piratas ao largo da Sicília e comprado como escravo por um mercador sírio com quem aprendeu árabe. Na Síria, leu um livro escrito por um dominicano convertido que o conduziu ao Islão e à liberdade ([218]). Octávio ficou profundamente impressionado com as crenças monoteístas e a consciência social dos muçulmanos. Estes estão o mais afastados possível de qualquer idolatria, diz ele, prestando culto com espírito puro a um Deus único e eterno, e mostram também uma grande generosidade para com os pobres e os necessitados. Oferecem "pratos, banhos e camas exóticos" aos estrangeiros e não pedem o que quer que seja em troca, mas, pelo contrário, são eles que agradecem com as palavras "Possa ser concedido à minha alma que Deus te ama."([219]). Octávio também chama a atenção para o facto de o islamismo estar próximo do judaísmo e do teísmo natural (a crença de que Deus e a religiosidade se manifestam naturalmente, isto é, sem escrituras nem revelações). Diz que Maomé convenceu os judeus e diversas comunidades cristãs quando afirmou que Cristo não é Deus. A cristandade ariana – ou seja, esta fé, mas sem a crença na Trindade atanasiana – é, segundo afirma Octávio, a base do Islão ([220]). Ora, o arianismo foi confirmado em oito concílios da Igreja. Octávio faz citações de suras do *Alcorão* que falam da posição elevada que Jesus detem no Islão.

Bodin dá ao seu personagem muçulmano uma considerável liberdade. Não o faz usar lendas agressivas nem caracterizações negativas sobre "imposturas". O espírito que revela é de um desejo intenso e aberto de aprender e discutir. Este espírito parece resultar da própria posição de Bodin, que está mais próxima da do teísta natural e não dogmático Toralba, que afirma que qualquer religião pode ser considerada correcta, se for praticada com honestidade e procurar o bem.

Estas opiniões não eram ainda defendidas a não ser por uma pequena minoria e, aliás, se de facto o eram, faziam-no em segredo. Todavia, reflectiam-se de forma indirecta nos diplomatas e nos homens de Estado. Às massas podia dizer-se que nada mudara e os governantes reafirmavam a sua lealdade e devoção à fé, mas estas afirmações eram "*circenses*", eram actos públicos concebidos para manter o equilíbrio social, enquanto os próprios líderes se ocupavam da diplomacia global e do comércio, que têm menos em vista as crenças devotas do que os interesses do império, do Estado ou da dinastia. Nos assuntos públicos, na guerra e na diplomacia, a filiação religiosa era apenas um entre vários factores. Vendia-se bem junto das massas, mas também podia ser votada ao esquecimento.

Capítulo IV

"Guerras quase permanentes"

Depois de Nicópolis, o sultão Bajazé ficou senhor da Ásia Ocidental e da Europa Oriental. Numa atitude de grande confiança, assegurou aos prisioneiros que, como era o caso do *comte* de Nevers, podiam pagar o resgate de libertação que não esperava que eles lhe fizessem qualquer juramento de paz. Pensava que iriam reunir um exército contra ele e ficava na expectativa da continuação da guerra. Todavia, os cruzados sobreviventes mais não podiam fazer do que arrastar-se lentamente até casa. O sultão prosseguiu, conquistando a Grécia, a terra natal da sabedoria, que se tornou território em disputa entre Veneza e a Turquia, enquanto aguardava um distante renascimento helénico. Apenas Bizâncio ficava por conquistar.

Apesar da mestria do domínio do governante turco, a sua sorte iria conhecer uma inversão rápida e total. O seu império quase chegou ao ponto de ficar reduzido a nada. Partindo de uma posição em que comandava com o estalar de um chicote a vida e morte de milhares de indivíduos, o vencedor de Nicópolis, expulso do seu palácio em Bursa, foi depois obrigado a seguir o exército de um conquistador e a suportar os dolorosos rigores de um estranho séquito. O vencedor de Bajazé não foi nenhum soberano cristão. Prefigurando um conflito futuro, o verdadeiro antagonista da Turquia veio de leste.

Quase dois séculos antes, em 1220, o exército mongol de Gengis Khan – nome que significa "governante universal" – deslocara-se para ocidente desde as encostas cheias de erva, mas sem árvores e fustigadas por ventos incessantes, da sua terra natal, a sul do lago Baical, e ocupara a região de Samarcanda e Bukhara (no actual Usbequistão). Poucos anos depois este exército dominava completamente a Pérsia.

"Nem um milésimo da população conseguiu escapar", segundo afirmou um cronista da época ([221]). A velocidade, a violência e as grandes distâncias percorridas pelos Mongóis pareciam resultar de um juízo divino, e a Europa tremeu de inquietação com a sua chegada. Isso sucedeu alguns anos antes de serem aliciados para uma curta aliança táctica com os cruzados na Palestina. Matthew Paris regista que em 1238 "as pessoas da Gotlândia e da Frísia não hesitaram em vir para Yarmouth para a pesca do arenque ([222]). (Em resultado disso os arenques tornaram-se extraordinariamente baratos em Inglaterra.) Em Abril de 1241, um exército mongol destruiu em Liegnitz (a actual Legnica, na Polónia) uma força conjunta de Alemães, Austríacos, Húngaros e Polacos. Mais tarde, nesse mesmo ano, morreu o grande *khan* Ogodei, e a disputa dinástica que se seguiu na capital mongol, Caracórum, salvou a Europa de mais destruições ([223]). No entanto, o Oriente islâmico era cobiçado ainda pelos Mongóis. Os europeus que visitaram o Grande Kahn, reprimindo aparentemente recordações de Liegnitz, repararam na sua protecção aos cristãos, embora tivessem pensado que o apoio que dava a diferentes fés resultava "mais de uma superstição indiscriminada do que de uma predilecção especial"([224]). Em termos de ambição militar, os Estados islâmicos estavam geograficamente mais próximos da base mongol do que a Europa e podiam, por isso, ser mais facilmente destruídos. No século XIII, foi a Ásia islâmica, e não a Europa, que recebeu o impacto da ferocidade dos Mongóis.

Contudo, os Mongóis, governados por Ghazan Khan, converteram-se ao Islão em 1300, o que mostra como os assuntos humanos são imprevisíveis. A sua fúria destruidora curvou-se, mas não desapareceu, perante a nova fé. Por terem continuado a atacar os mamelucos do Egipto, foram considerados como potenciais cristãos, não obstante a confrontação de Liegnitz. Eduardo I enviou Geoffrey de Langley, com dois escudeiros, à corte persa dos Mongóis islâmicos. Viajando por Génova, Trebizonda e Tabriz, esta delegação inglesa ofereceu um prato de prata, roupas de pele e tapetes e regressou a casa com um leopardo numa jaula ([225]).

Ghazan Khan era um governante sistemático, culto e, na maior parte das vezes, sábio, embora tivesse mandado destruir todos os edifícios religiosos não-muçulmanos na sua capital, Qazvin. Todavia, a imagem mais poderosa dos últimos Mongóis foi transmitida por um seu primo distante. A partir de cerca de 1380, a violência conquistadora de Tamerlão – em inglês Tamerlane, ou Timur ("ferro") *the Lame* ("o coxo") – espalhou-se como uma tempestade de fogo através da Ásia. Aqui estava um conquistador que acreditava, não na governação tranquila, mas na devastação e em pirâmides de crânios. A Pérsia, o Cáucaso, a Índia, o Iraque e a Anatólia foram destruídos de uma maneira nunca vista nos anais destas terras. Em 1402, enfrentou numa batalha o sultão otomano Bajazé, o mesmo que tinha humilhado os cruzados em Nicópolis e acolhido com bonomia o ódio dos seus inimigos e que então, seis anos volvidos, estava gordo e indolente e dominado por uma avidez avassaladora pelo ouro.

A batalha deu-se em Angora, onde se dera também, sob o nome de Ancira, a vitória final de Pompeu sobre Mitridates, em 63 a. C. Tamerlão, com forças numericamente muito superiores, "com muito esforço obteve a vitória" ([226]). Parecia que a Turquia otomana fora extinta: uma dinastia que anteriormente fora poderosa jazia por terra, tal como o Ozymandias de Shelley. A descrição de Richard Knolles, escrita quando a época isabelina declinara, dando lugar à de Jaime I, brilha com uma luz fraca e fantasmagórica, embora a linguagem sombria nem sempre tenha rigor no que diz respeito aos factos:

> Olhai para Bajazé, o terror de mundo, e como ele se julgou superior à sorte, num instante e numa só batalha com o seu Estado derrubado, até descer ao mais profundo da miséria e do desespero, e isto no momento em que ele menos o esperava e mesmo quando decorria o tempo em que a sua força era maior. Passaram três dias (segundo dizem) até que se acalmasse, mas ainda procurando a morte e pedindo-a, como um homem desesperado. Tamerlão, depois de com ele ter uma vez falado, também de modo algum usou com ele de cortesia e, agindo como homem orgulhoso, ordenou que não lhe fosse dada grande importância. Aliás, para mostrar que sabia como punir os arrogantes, ordenou que lhe fossem colocadas grilhetas e correntes de ouro e assim fosse fechado numa jaula em ferro, de tal modo que pudesse ser visto de todos os lados, e assim o transportou para lá e para cá através da Ásia para que fosse escarnecido e ridicularizado pelo seu próprio povo. E para acrescer à desgraça, nos dias de festa usava-o como escabelo em que punha os pés para subir para o cavalo. Noutras ocasiões, alimentava-o com desprezo, como a um cão, com restos que caíam da sua mesa. Era um exemplo raro da inconstância das honras mundanas que aquele para cuja mente ambiciosa a Europa e a Ásia, duas partes tão grandes do

mundo, eram tão pequenas fosse agora transportado para a frente e para trás preso numa jaula de ferro como um animal perigoso. Tudo isto fez Tamerlão, não tanto por ódio ao homem, como, sobretudo, para mostrar qual era o juízo justo de Deus contra a loucura arrogante dos orgulhosos. Diz-se que Tamerlão, a quem um dos seus nobres, que devia ter coragem para lhe falar, pediu que abrandasse a severidade dirigida contra a pessoa de um tão grande príncipe, terá respondido que não usava de tal rigor contra ele como rei, mas sim para o punir como um tirano ambicioso e orgulhoso, manchado pelo sangue do seu próprio irmão ([227]).

O guerreiro mongol era agora senhor de toda a Ásia Menor, incluindo a orla do mar Egeu, com os seus entrepostos de comércio estabelecidos. Escreveu a Henrique IV da Inglaterra oferecendo-lhe a possibilidade de comerciar livremente nos seus portos. Em resposta, o monarca inglês, comunicando por intermédio dos bons ofícios de John Greenlaw, um minorita ou franciscano pregador, nascido na Inglaterra, conhecido como "arcebispo John" de Tabriz, congratulou Timur pela sua vitória. Ambos os lados continuariam a comerciar. A derrota de Bajazé foi "uma grande fonte de consolação e alegria para nós"([228]). A Inglaterra continuou a acreditar nalgum tipo de aliança com os Mongóis, supondo sem dúvida que o potentado que destronara o vencedor de Nicópolis podia ser um aliado. Tamerlão era também observado de perto por Henrique III de Castela, um daqueles monarcas estranhos e argutos que, inexplicavelmente, surgiram com uma visão própria de um homem de Estado actual, quando o centro das suas atenções era geralmente estreito e limitado. Ruy Gonzales de Clavijo foi enviado de Toledo à corte de Timur em 1403. Antes de se dirigir a Samarcanda, ele e os que o acompanhavam foram a Khoi, no Noroeste da Pérsia, onde encontraram embaixadores do Egipto, cujos presentes para Timur incluíam uma girafa.

O poder de Tamerlão sobre a Ásia Menor entrou em colapso passado meio século. A sua vitória em Angora, como a do seu quase contemporâneo Henrique V em Azincourt, não teve significado duradouro. O Império Otomano reconstituiu o seu território e, depois da sua vitória em Varna, em 1444, prosseguiu aniquilando os restos do Império Bizantino, cujo imperador, apesar dos comentários irónicos feitos por alguns autores sobre a "decadência" de Bizâncio, morreu combatendo corajosamente nas muralhas com os seus homens, sendo, por fim, impossível distinguir o seu corpo dos demais soldados gregos que morreram em defesa da sua pátria no dia fatídico de 29 de Maio de 1453.

Mesmo depois da conquista otomana de Constantinopla, tomaram-se medidas para destabilizar e mesmo esmagar o império dos Turcos. Uzun Hasan, o "longo" ou "alto" Hasan, cujo nome é recordado e transformado por Marlowe em Usumcasane, foi xá dos Akkoyunlu, ou Carneiros Brancos Turcomanos, e de facto o governante de grande parte da Pérsia. Na opinião do príncipe veneziano Caterino Zeno, era um cavalheiro agradável que sempre bebeu vinho às refeições e que gostava de se divertir de maneira simples, mas que podia ser perigoso quando demasiado embriagado. Casou com Kyra Katerina, uma senhora cristã de Trebizonda, o império do Ponto que haveria de sobreviver a Bizâncio. Era conhecida como Despina, uma versão feminina de "déspota", normalmente traduzida por "patroa", nome que pode indicar que a sua presença não era apenas diplomática nem decorativa. Hasan enviou da sua capital, Diyarbakir, uma missão diplomática a Veneza na esperança de obter uma aliança que apoiasse o emir de Karamania, a região a sul de Cónia, contra os Turcos otomanos. Veneza era profundamente antiotomana nesta altura, porque perdera o seu comércio no Mar Negro depois da conquista otomana de Constantinopla. As lealdades de Karamania vacilavam entre a Turquia e a Pérsia. O doge e os seus conselheiros procuraram que se inclinasse para o Oriente e, como medida diplomática, enviaram dois altos representantes a Diyarbakir. Um experiente agente consular veneziano forneceu armas a Uzun Hasan ([229]).

Quando as hostilidades recomeçaram em Karamania, em 1472, foi lançado um assalto conjunto do xá turcomano e da armada veneziana contra as posições turcas na região. O ataque não teve êxito – a artilharia otomana obteve a vitória –, mas as relações diplomáticas entre Veneza e Uzun Hasan ficaram fortalecidas. Numa análise retrospectiva, a aliança pouco poderia ter alcançado. As distâncias eram demasiado grandes e as perspectivas sobre o mundo eram provavelmente muito diferentes. Todavia, o compromisso reduziu a pressão otomana sobre a Europa, que estava a ser gravemente posta à prova nesta época. Algumas cortes europeias (incluindo a do papa Sisto IV) enviaram embaixadas aos Carneiros Brancos Turcomanos depois da derrota de Uzun Hasan, mas em vão, porque este morreu pouco depois, e Veneza estabeleceu a paz com o Império Otomano. Em termos culturais, os contactos entre a Sereníssima República e os Carneiros Brancos Turcomanos levaram ao estabelecimento de uma colónia de metalúrgicos persas num bairro de Veneza, donde os seus trabalhos com um acabamento de alta qualidade se espalharam pela Europa, de início para Nuremberga e Augsburgo e depois para a Inglaterra, onde o intrincado trabalho dos ourives isabelinos revela a influência dos artesãos persas([230]). As duas federações turcomanas foram destruídas pelos dinâmicos Sefévidas, os fundadores do Irão moderno, que se tornaram nos únicos reais opositores aos Otomanos numa época em que estes obtinham copiosas vitórias na Europa.

A Pérsia na sua versão moderna, o Estado cuja descendência em linha recta pode ser traçada até à República Islâmica pós-1979, foi criada no início do século XVI pelo xá Ismaíl, da família Safawi. ("Safawi" é o adjectivo de Safi, o nome de um antepassado da dinastia. O termo Pérsia "sefévida" deriva deste nome, tal como o termo inglês *"Sophy"*, do tempo de Isabel I e Jaime I, que significa xá.) (*) Ismaíl elevou o xiismo islâmico a religião do Estado, reflectindo uma veneração pelos partidários de Ali que os Persas revelavam há muito. Inflamados pela paixão da rivalidade religiosa do xiismo contra o sunismo e com a batalha de Karbala presente nos seus espíritos, tomaram armas contra os Turcos sunitas, tal como os exércitos protestantes e católicos que haveriam de dividir a Europa meio século depois. Em 1502, Ismaíl derrotou os Carneiros Brancos Turcomanos, que eram sunitas, e a partir da sua primeira capital, Tabriz, começou a formar um Estado persa baseado no Islão xiita. O xiismo tornou-se a característica distintiva do Estado e, exceptuando o reinado de Nadir Xá, tem sido o elemento-chave da continuidade da Pérsia/Irão até hoje([231]).

Ao proclamar o xiismo como religião nacional, a Pérsia governada por Ismaíl passou a ser uma entidade política, e não geográfica ([232]). Como potência xiita regional, a Pérsia viu-se envolvida em guerras constantes, ao longo do século XVI e no início do século XVII, contra duas potências sunitas vizinhas, os Usbeques a nordeste, com a sua capital em Bukhara, e os Turcos otomanos a oeste. Numa ocasião, os Tártaros da Crimeia (que eram também muçulmanos sunitas) juntaram-se a uma aliança contra a Pérsia xiita.

O antagonismo entre Turcos e Persas e os seus motivos eram conhecidos da Inglaterra de Isabel I. Um livro sobre este conflito, da

---

(*) "Sufi" em português. Em geral os dicionários de português são omissos quanto à etimologia deste vocábulo quando utilizado para designar o xá da Pérsia. José Pedro Machado diz que há divergências quanto à etimologia do termo árabe *çūfī*, de onde deriva "sufi" para designar quer um "místico muçulmano" quer também, supostamente, o xá da Pérsia. Vd. José Pedro Machado, *Dicionário Etimológico da Língua Portuguesa*, 3.ª ed., Lisboa, Livros Horizonte, 1977, vol. V. (*N. T.*)

autoria do italiano Giovanni Tommaso Minadoi, fora traduzido por Abraham Hartwell, *o Moço*, e aparecera em 1595 com o título *The History of the Warres between the Persians and the Turkes*. Minadoi conhecia o xiismo e julgou que os soldados persas eram superiores aos turcos. As hostilidades foram sintetizadas como "uma guerra não apenas longa e sangrenta, mas também muito conveniente e de grande oportunidade para a comunidade cristã, porque permitiu uma trégua aos campeões de Cristo para refrescarem e aumentarem as suas forças, que estavam bastante enfraquecidas por guerras tanto estrangeiras como civis" ([233]). O significado da guerra turco-persa para a Europa foi também assinalado pelo diplomata e erudito flamengo Ogier de Busbecq, autor de *Quatro Cartas* (de 1554-1562) que constituem um vívido comentário sobre o Império Otomano. Na sua "Segunda Epístola" observa que "é apenas a Pérsia que se interpõe entre nós e a ruína. Os Turcos cairiam de bom grado sobre nós, mas ela retém-nos. A sua guerra com eles concede-nos apenas uma pausa, não é uma salvação. Quando firmarem a paz entre si, os Turcos lançarão todo o poder do Oriente sobre nós e de que forma lhes daremos resposta tenho receio de falar."([234]) O mesmo conflito foi também referido em *Uma Breve Descrição do Mundo Inteiro*, de 1599, uma obra de George Abbot, mais tarde arcebispo de Cantuária: "Assim como os papistas e os protestantes têm opiniões divergentes sobre o mesmo Cristo, também os Turcos e os Persas as têm sobre o seu Maomé, perseguindo-se mutuamente como heréticos e com um ódio mortal. Por isso, há guerras quase contínuas a este respeito entre os Turcos e os Persas."([235]) O conflito encontra eco em Shakespeare e Milton. Em *O Mercador de Veneza* ficamos a saber que o príncipe de Marrocos, pretendente à mão de Pórcia e muçulmano sunita, tomou parte nas campanhas. Oferece uma cimitarra

>Que matou o xá e um príncipe persa
>Que venceu três batalhas ao sultão Solimão ([236])

Milton, ao descrever a fuga de Satã para o Inferno, no Livro X de *O Paraíso Perdido*, também alude às guerras turco-persas:

>Como quando o Tártaro do seu inimigo russo,
>Por Astracã, sobre as planícies cobertas de neve,
>Se retira, ou o Sufi bactriano, fugindo dos cornos
>Do crescente turco, deixa tudo devastado para além
>Do reino de Aladule, na sua retirada
>Para Tabriz ou Qazvin […] ([237])

"Aladule" era Ala al-Dawla Dhu'l-Qadar, de Erzindjan. O nome pode ser romanticamente misterioso, mas, no contexto da história da Anatólia, a pessoa era mais definida. Sendo turcomano, Dhu'l-Qadar era apoiado pelos mamelucos egípcios e um opositor constante aos governantes da Pérsia e da Turquia. O xá Ismaíl, nas suas primeiras manifestações de energia revolucionária, apoderou-se de cidades tão a ocidente como Diyarbakir e Bagdad. O sultão otomano Bajazé II, ainda pressionado pela Europa, foi forçado a pedir tréguas. A partir de uma base em Gilan, junto ao Cáspio, as conquistas do xá Ismaíl ultrapassaram em muito a Pérsia e o Cáucaso. Fez campanha em Khorasan e deteve os Usbeques ([238]). Evidenciando uma antipatia profunda pelos seus vizinhos otomanos, cujo Islão sunita era inaceitável pelo seu recente Estado xiita, procurou aliados mais a ocidente e enviou emissários ao Egipto e à Hungria. Esta confiança política e militar era uma provocação para a Turquia otomana. As acções de Ismaíl constituiam um ultraje para Selim (Yavuz – "*o Cruel*"), filho de Bajazé, que planeou o assassínio do seu próprio pai e depois se fez proclamar sultão. O seu primeiro passo foi combater o xiismo no Estado otomano, massacrando ou aprisionando 40 000 xiitas na Anatólia. Aqui o xiismo era a fé predominante e Selim considerava os seus praticantes potenciais simpatizantes internos do inimigo. Teve de enfrentar então Ismaíl no campo de batalha ([239]). Depois de ter enviado ao xá um nota diplomática redigida num estilo agressivamente bombástico, Ismaíl respondeu-lhe declarando que não buscava a guerra e sugerindo que a carta de Selim poderia ter sido redigida sob o efeito do ópio. Enviou ao secretário real uma caixa de droga para proporcionar paz e alegria. De facto, Selim fumava habitualmente um cachimbo impregnado com a infusão sublime, mas a oferta foi imprudente. As autoridades sunitas otomanas (os ulemás) agravaram a questão ao declarar que era um dever religioso matar Ismaíl. Os dois exércitos encontraram-se em Agosto de 1514 em Chaldiran, onde os Turcos registaram uma vitória decisiva. Os Persas foram amplamente derrotados e o sultão Selim entrou em triunfo em Tabriz. Ismaíl, vivo mas ferido, foi obrigado a retirar-se de Tabriz para Qazvin.

Selim, *o Cruel*, prosseguiu, esmagando a Síria e o Egipto em 1517 e criando um verdadeiro Estado-fortaleza que aterrorizou a maior parte da Europa durante mais de um século e meio; era "o terror actual do mundo", segundo as palavras célebres de Richard Knolles.

Quando na Turquia e na Pérsia apareceu a nova geração de governantes, era em ambos os impérios tão intratável e dada à guerra como as precedentes. A Ismaíl sucedeu o seu filho Tahmasp (o "xá de Bactria" de Milton, conhecido como "Shaw Thomas" nos documentos históricos ingleses) e Solimão, *o Magnífico*, é justamente conhecido como o conquistador que cercou Viena e destruiu a Hungria tal como Bajazé esmagara a Sérvia. Nem o sultão nem o xá eram minimamente conciliadores. No Império Otomano, a guerra tornou-se a profissão mais importante e o Estado transformou-se, em grande medida, num instrumento de guerra. Até à contemporaneidade, os Turcos consideravam-se a si mesmos como a *"ordu millet"*, a comunidade armada, o povo que era definido pelo estado de guerra. No início do século XX, Sir Charles Eliot escreveu: "O exército turco não é tanto uma profissão ou uma instituição necessária devido aos receios e aos objectivos do governo, ele é sobretudo um estado activo, embora bastante normal, da nação turca." ([240])

Tahmasp, resolvendo pôr em causa o desfecho de Chaldiran, encetou uma correspondência diplomática renovada com a Europa, propondo uma série de alianças com o Sacro Imperador Romano e com o rei da Hungria. O xá Ismaíl escreveu ao imperador Carlos V em 1523. Por que razão as potências cristãs não se associam para combater os Turcos, mas lutam entre si? – perguntou ele. Insistiu com Carlos V para que mobilizasse os seus exércitos e atacasse o inimigo comum ([241]). Desafiou o sultão a atacar, reocupando Tabriz. Solimão, tendo terminado a conquista de Belgrado, Tunes e Rodes, precipitou-se para leste com o seu exército, dirigindo uma campanha durante o rigoroso Inverno curdo para esmagar o seu opositor persa. Tabriz foi tomada e Bagdad também, embora não se tivessem fixado definitivamente quaisquer fronteiras. Uma outra ronda das hostilidades, em 1548, também não teve resultados definitivos, embora a cidade-fortaleza arménia de Van tenha sido integrada no império turco. Em 1555, foi estabelecida uma espécie de paz entre as duas potências islâmicas, dando início a uma trégua que durou quase 30 anos ([242]).

Talvez tenha começado neste momento o mundo moderno das relações entre "a Europa e a Médio Oriente". Mas era uma modernidade pouco familiar: não era a modernidade do Ocidente da Ásia, inteiramente representado pelo império turco, desaparecendo da vista para oriente numa espécie de miragem nebulosa, com um canto de peregrino lançado na direcção da Ásia Central. Pelo contrário, o território dos Turcos era circunscrito a leste pela Pérsia sefévida. O Império Otomano era finito, um resultado da guerra, da diplomacia e do comércio que começava a interagir com a Europa e que estava longe de ser um mundo de imagens de sonho, uma forma platónica do "outro", um espaço oriental sem fronteiras, a manifestação ilimitada de uma fé infinita.

No espaço de uma década, a Inglaterra estava activa nesta zona. Anthony Jenkinson seria talvez mais bem caracterizado como um diplomata mercenário ou flibusteiro. Em 1559, foi empregado pelo czar Ivan, *o Terrível*, como seu representante em Bukhara, a capital usbeque. (Poderíamos hoje dizer que explorava o *franchising* comercial e diplomático oferecido pelo czar.) Dois anos mais tarde, chefiou uma missão à Pérsia, agindo em nome da Inglaterra e da Rússia, começando a comerciar em Shirvan e Bacu (no actual Azerbeijão) e conseguindo chegar à capital persa ([243]). Regressou a Moscovo carregado de sedas, tapetes *kelim* coloridos e pedras preciosas para o czar e para a English Muscovy Company. A rota pelo Norte para a Pérsia não perdurou, nem para viagens de exploração nem de empreendimento, porque as tempestades e os piratas do mar Cáspio tornavam o comércio impossível. O comércio enfraqueceu, esgotou-se e, aparentemente, acabou. Mas, de repente, a energia ágil das empresas comerciais trouxe um novo vigor à região. A rota ocidental para o Irão foi súbita e brilhantemente aberta. A disposição alterou-se, os interesses mudaram e a dinastia seféyida da Pérsia, emergindo de 100 anos de guerra para uma nova era de paz e de esplendor, instituiu um Estado com autoridade, poder e a qualidade indefinível da majestade comparável ao que era tão habilmente construído na Inglaterra isabelina. Na Pérsia, houve Ingleses que desempenhariam um papel original e forte.

A cultura e o comércio persas atraíram diplomatas, comerciantes e aventureiros, mas da crescente rede europeia de alianças e hostilidades o que resultou foi que a Inglaterra não foi atraída pelo esplendor imponentemente exibido pela Pérsia, mas sim do Império Otomano, geograficamente mais próximo. Para a rainha Isabel I e a sua corte, para quem a segurança do Estado estava acima de tudo, a Turquia otomana, com o seu controlo sobre metade do Mediterrâneo, era mais importante do que a Pérsia, com as suas sedas e brocados. Nos anos incertos que precederam o envio da Invencível Armada, a Inglaterra entrou numa calma sarabanda, procurando um consórcio casto com a Turquia otomana. O momento parecia adequado para envolver o Oriente na dança comedida das nações.

Capítulo V

"A magnificência da Rainha sua Senhora"

Em 14 de Novembro de 1582, o navio-escola *Susan of London* "partiu de Blackwell com destino à cidade de Constantinopla". O mau tempo deteve-o uns dois meses ao largo da costa sul da Inglaterra. Em Janeiro, aportou a Cowes, na ilha de Wight, onde recebeu a bordo William Harborne, filho de William Harebrowne, de Great Yarmouth, em Norfolk. Harborne, um calvinista severo, fazia a sua segunda visita à capital otomana, onde estava destinado a tornar-se o primeiro embaixador da rainha Isabel I junto da corte do sultão ([244]).

A Inglaterra estava então a atingir o apogeu da sua glória isabelina, resplandecendo de cultura, cada vez mais convencida do seu papel de nação eleita, líder do protestantismo e firme opositora ao catolicismo romano. Os seus ministros mantinham um eficaz sistema de espionagem dirigido contra os aderentes a esta fé, considerando-os agentes de uma potência estrangeira. A luta da Inglaterra com a Espanha iria em breve atingir o seu auge.

A Turquia otomana, por seu lado, já tinha ultrapassado os seus tempos de máxima glória. O sol da vitória estava então em declínio. Embora houvesse ainda vitórias a concretizar no futuro, a era dos grandes triunfos de Selim, *o Cruel*, e Solimão, *o Magnífico*, terminara e os Otomanos estavam a começar a conhecer o travo amargo da derrota. O futuro dos sultões estava a ser delineado na corte, e não no exército. O conflito com a Pérsia xiita arrastava-se, apesar de alguns episódios de paz.

William Harborne fizera, em 1578, uma visita à capital otomana. Fora como negociante, empregado por Sir Edward Osborne, um importante mercador londrino, que na década anterior tinha procurado modos de expandir o comércio com o Oriente. O comércio da Inglaterra com o Levante, que florescera no curto período entre 1510 e 1534 (devido em grande parte à empresa da família Gonson), declinou em meados do século e a França assumiu uma posição dominante na região devido à sua aliança tácita com a Turquia otomana. A aliança francesa com a potência muçulmana teve origem na luta acesa entre o imperador Carlos V e Francisco I relativamente à autoridade e à independência. Em Fevereiro de 1525, Francisco I foi derrotado em Pavia pelo imperador e ficou prisioneiro em Espanha. Em grande segredo, o monarca detido mandou emissários ao sultão otomano, suplicando o auxílio confidencial do imperador. Um anel de rubis, manifestamente de proveniência francesa, foi visto no dedo do grão-vizir otomano. Mensagens secretas pediam ao sultão que ajudasse a libertar o rei francês da sua prisão madrilena e atacasse Carlos V. Solimão foi equívoco na sua resposta, mas fora iniciado um procedimento diplomático que assinalava o termo da política de confrontação ([245]).

Depois da sua libertação, Francisco I negociou privilégios extraterritoriais (ou "capitulações", cada uma das quais era referida sob um título diferente ou *capitula*) com o Império Otomano, em 1536, e cinco anos mais tarde convidou a frota otomana a ter base em Toulon. Estes acordos foram negociados entre iguais e não foram de forma alguma humilhantes para o império muçulmano. Entre as duas partes desenvolveu-se um pacto, mais do que uma aliança, em que ambas ignoravam os ditames da religião. O "cristianíssimo rei" deu início à forma contemporânea de manter relações diplomáticas, pondo de parte a noção de "infiel". Procedendo assim, o monarca francês recuperava a política de manutenção de laços a nível de embaixador que fora estabelecida entre Carlos Magno e Harun al-Rashid e abandonava a política grandiosa e mal pensada das Cruzadas. A Inglaterra empreendedora e prática que se traduzia na diplomacia de Isabel I não podia ficar à margem deste projecto e, de facto, tal atitude progressista encontrou eco na poesia da época: nenhum poeta isabelino se refere ao "infiel".

Em certos aspectos, os protestantes mantinham um relação ambígua com o Islão, o que se tornou mais um factor a pesar na atitude de intransigência face ao Império Otomano. Os reformadores eclesiásticos interpretaram por vezes o Islão e os avanços do exército turco como uma pedra de toque com que julgar o Cristianismo ou como uma metáfora do juízo de Deus, e, outras vezes, como o exercício do próprio juízo de Deus. "Nós, Maomés ocidentais", lamentava-se John Wyclif, já em 1380, ao reflectir na corrupção na Igreja ([246]).

Julgava que o Islão representava o sucesso, o requinte, a riqueza e a volúpia, enquanto o Cristianismo devia ser uma religião de pobreza e adversidade. Deixemos os prelados, dizia ele, continuar a ser "muçulmanos". Nós, os fiéis, seremos cristãos pobres e sofredores. A atitude de Lutero para com o Islão era aberta, não dogmática e flexível. Por um lado, em 1517, escreveu que era errado combater os Turcos, porque isso equivalia a disputar o juízo de Deus relativamente aos pecados dos homens. No entanto, durante o cerco de Viena de 1529, mostrou-se totalmente de acordo com o combate às forças turcas. Onde residia a diferença? Quase de certeza no facto de ultimamente o exército turco se encontrar no centro do território germânico, ao passo que doze anos antes estava ocupado com a Pérsia (^{247}). Mas mesmo então não tinha desaparecido a ideia protestante de que o exército turco era um instrumento de Deus. Muito mais tarde, em 1683, aquando do último cerco otomano a Viena, Nathaniel Mather escreveu ao seu irmão na Nova Inglaterra, dizendo que corriam rumores de que antes do Inverno os Turcos, "os executores da vingança de Deus", estariam em Roma (^{248}). A ambiguidade protestante a respeito do Islão foi útil à rainha Isabel I para apresentar propostas ao império turco.

Em paralelo, havia correntes de pensamento semiocultas. Em primeiro lugar, todos os reformadores protestantes conheciam ou tinham ouvido falar, provavelmente, do *Defensor Pacis*, de Marsílio de Pádua, o texto não platónico resumido que evidencia uma forte influência do averroísmo latino e, por isso, fica em dívida para com o filósofo islâmico andaluz (^{249}). Em segundo lugar, apesar dos avanços dos Turcos na Europa, os humanistas cristãos que foram pioneiros da geração pós-Calvino não receavam falar da principal capital islâmica como um lugar onde podiam coexistir religiões diferentes.

A teologia cristã tradicional enfrentava, nesta época, algumas questões muito radicais. De facto, havia uma questão em relação à qual o catolicismo e o calvinismo se encontravam unidos num espírito de inteligência sagrada que conduziu ao assassínio eclesiástico. O conceito de Santíssima Trindade – três pessoas num só Deus – foi objecto de análise na Europa do século XVI e não era difícil notar a tendência de favorecer o conceito unitário de Deus que caracterizava o Islão. Em 1553, Miguel Servet (Miguel Serveto y Revés), um brilhante erudito e médico espanhol que negara lúcida e convincentemente a ideia tradicional da Santíssima Trindade, foi queimado na fogueira, em Genebra, em circunstâncias particularmente cruéis, depois de um processo legal da cidade católica de Lyon e de um grotesco julgamento por heresia instigado por Calvino. Servet, que lia a Bíblia nas línguas originais e também publicou a primeira descrição da circulação pulmonar do sangue, afirmou que a Trindade não fazia parte das escrituras. Com esta afirmação, parecia que, em parte, os seus pensamentos espirituais recuavam à Espanha islâmica, como se procurasse uma espécie de unidade – ou talvez de comunidade – com os muçulmanos e os judeus do seu país natal, que poderia ser alcançada com a rejeição da fé trinitária pelos cristãos, se aqueles não tivessem sido expulsos ([250]). Servet atacou a terminologia escolástica impenetrável que os cristãos adoptaram para apoiar a estrutura das suas crenças. Nenhum dos conceitos que aquela usava – trindade, hipóstase, pessoa, essência, substância – pertencia à escritura. Servet procurou afastar as difíceis elaborações especializadas em favor de uma fé mais pessoal e, embora professasse uma profunda devoção a Jesus, ao fazê-lo detectou uma semelhança entre a sua perspectiva e a dos judeus e muçulmanos e reconheceu "quanto a tradição da Trindade fora motivo de troça por parte dos muçulmanos". Aconselhou os seus leitores a "ouvir o que Maomé diz, porque se deve confiar mais numa verdade confessada pelo inimigo do que em cem mentiras do nosso lado: Cristo é o maior dos profetas, o espírito de Deus, o poder de Deus"([251]).

A morte de Servet às mãos dos genebrinos provocou um choque profundo nos reformadores mais humanistas. Em 1554, foi impresso em Basileia um pequeno livro com uma espúria referência de impressão a Magdeburgo. Um dos autores assumiu o nome fictício de Martinus Bellius. O seu nome real era Sebastião Castellio. O livro, escrito em reacção àquela morte horrenda, intitulava-se *Sobre os Heréticos e se Devem Ser Perseguidos*. O argumento que apresentava era que nas sociedades cristãs devia haver tolerância, e não dar-se a morte. O texto era uma das primeiras alegações contra o rigorismo religioso no seio da Europa. O que tem interesse neste contexto é que um dos casos explicitamente referidos pelos autores do livro era o da situação nos territórios islâmicos: "Em Constantinopla, há Turcos, há cristãos, há também judeus, três nações muito diferentes em matéria de religião, que, no entanto, vivem pacificamente umas com as outras."([252]) Havia uma ideia no Islão que, ao que parece, tinha algo a ensinar à Europa desta época. A estrutura islâmica do *dhimmi* (palavra que significa aproximadamente "contratual"), que permitia a coexistência das diferentes comunidades de muçulmanos, judeus e cristãos, podia ter relevância para lidar com as diferenças religiosas na Europa, onde a tolerância e a coexistência ainda não eram possíveis, excepto por capricho de algum governante ou magnata. A tolerância era estranha à sociedade cristã, mas pertencia à estrutura do Islão. No próprio *Alcorão* encontramos a afirmação seguinte: "Não há imposição quanto a religião", embora pertença ao número das que têm conhecido fraca adesão (²⁵³).

Os que se opunham à Trindade encontravam-se noutro lado. Em 1569, um grupo de luteranos dissidentes de Heidelberg, liderado pelo pastor Adam Neuser, declarou que não acreditava na Trindade e colocou-se sob a protecção do sultão Selim II da Turquia. Sentenciado ao desterro, Neuser (que não era um figura heróica) acabou por se refugiar na Transilvânia, onde se converteu ao Islão (²⁵⁴).

Em geral, considera-se que o desafio mais duradouro à ortodoxia trinitária teve origem em Itália por volta do ano 1546. Diz-se que um grupo de sábios cidadãos se encontrou em Vicenza, que se encontrava sob a soberania de Veneza, determinado a separar, na religião cristã, a verdade do erro. Pressentiam uma nova atitude de racionalidade e crítica de acordo com a qual teria de ser abandonada a Trindade tal como era apresentada pelo credo atanasiano, porque se fundamentava numa fé religiosa que abandonara a razão, e a razão, diziam, era um dom de Deus. (O credo atanasiano é uma designação imprópria. O credo é uma fraude em matéria de religião, porque, na realidade, é um hino latino composto, no mínimo, um século depois da morte de Atanásio, cuja língua não era o latim.) Segundo pensavam, nos primeiros séculos da nossa era, o Cristianismo ficara sobrecarregado com ideias neoplatónicas destituídas de sentido (como as efusões palavrosas do Pseudo-Dioniso, *o Areopagita*, que escreveu por volta do ano 500 uma defesa irracional da fé que teve larga influência). Os reformistas italianos procuraram despojar a fé dos seus acréscimos e tentaram reformular as crenças essenciais de acordo com os evangelhos. O encontro das suas inteligências produziu um fundamento sólido, e os descendentes espirituais do grupo, os unitários, encontram-se hoje por todo o mundo. O seu primeiro líder foi Lelio Sozini, ou Sozzini, nascido em Siena numa família distinta de juristas, cujo nome foi latinizado para Laelius Socinus. Ele e os seus colegas resolveram romper com "a idolatria de Roma". Ao aceitarem a razão como aliada da teologia, declararam que Jesus não era uma pessoa da Divindade, mas que fora um indivíduo comum escolhido especialmente por Deus. Negaram a encarnação e viram a crucificação como uma morte horrenda e cruel, mas que só tinha significado por despertar a compaixão dos corações humanos. Rejeitaram a doutrina da expiação. Jesus foi enviado por Deus para ensinar as pessoas a viver, não para praticar um arcaico sacrifício de si próprio destinado a aplacar um deus invejoso. Consideraram que esta perspectiva era eticamente inadequada. Alguns socinianos defenderam que as orações deveriam ser dirigidas apenas a Deus, e não a Jesus ([255]).

Estas crenças, que têm semelhanças com a perspectiva islâmica sobre Jesus (embora divergindo quanto ao seu estatuto real), colocaram-nos em grave risco perante a Inquisição. Alguns encontraram um abrigo na cidade liberal e intelectual de Basileia, com a sua excelente e corajosa editora dirigida por Oporinus (Herbst). Outros dirigiram-se para o Império Otomano, acabando por ficar em Damasco. Outro grupo ainda foi para a Transilvânia, que estava na altura sob a suserania do Império Otomano, onde a tolerância estava em vias de ser garantida por lei. João Segismundo (Zapolya), da Transilvânia, que foi rei entre 1540 e 1571, foi convertido ao unitarismo pelo pregador Francisco (ou Ferenc) David, tornando-se assim o primeiro e único monarca unitarista da história. Fernando I, o imperador habsburgo, procurou esmagar a independência da Transilvânia e impor um catolicismo monolítico, mas o poder do exército otomano manteve-o na defensiva. Como uma criança de colo, João Segismundo era embalado por Solimão, *o Magnífico*. Em 1568, o rei da Transilvânia declarou que Kolozsvar (Clausenburg ou Cluj) era uma cidade totalmente unitarista ([256]).

Podemos perguntar-nos de passagem por que razão a questão da Trindade, que estivera adormecida mais de um milénio, reapareceu como problema teológico no decurso do século XVI. Faria parte de uma conspiração para minar toda a Igreja Cristã, roubando-lhe a sua crença mais talismânica, embora obscura? Estaria a Europa a ser preparada para uma conquista islâmica? Estas são especulações desassombradas, mas a verdade é provavelmente mais simples. Erasmo fora o pioneiro da Reforma e, embora tivesse continuado a ser católico e trinitário, rejeitou como inautêntico o "texto de prova do trinitarismo", I, João, 5,7. Este versículo consta da Versão Inglesa Autorizada, mas foi retirado da Versão Revista. A palavra "Trindade" não ocorre em nenhuma passagem bíblica. Por isso, para os sucessores de Erasmo, que já não dependiam da autoridade de Roma, tornou-se difícil ser trinitários, porque seriam então obrigados a acreditar e a mostrar devoção por algo que não constava do seu texto. Tal parecia ser idolatria. Os teólogos da Reforma como Calvino e Beza, que, pelo contrário, aceitaram o trinitarismo e exigiram devoção à Santíssima Trindade, deram um salto questionável na sua fé.

Em termos de educação e publicação, o grupo mais importante de antitrinitários foi o liderado por Faustus, sobrinho de Laelius Socinus, que se dirigiu em primeiro lugar para a tolerante Basileia (onde encontrou Sebastião Castellio) e depois para a Polónia, que era nesta altura o país cristão mais tolerante da Europa Central e Ocidental. Estabeleceu-se neste último país uma notável comunidade idealista de cristãos radicais, igualitários e racionais, cujo sentimento humanitário e condição intelectual floresciam em conjunto, numa sociedade tão pacífica e cooperativa como raramente se viu nos anais da humanidade. Estudiosos de todas as confissões afluíam à academia sociniana de Rakow, que chegou a ter 1000 alunos. (Tornou-se conhecida como "Atenas Sarmaciana", um tributo às suas realizações, que a maioria dos Polacos de hoje, não desejando a fama de um passado não-católico, evita cuidadosamente.) A história subsequente da comunidade e a perspectiva sociniana sobre o Islão relacionam-se mais com o fermento teológico e científico do século XVII, mas aqui basta recordar que havia homens sérios que não só questionavam a Trindade, uma questão muito importante na teologia cristã, mas introduziam racionalidade nas questões que pertenciam a esta e descobriam a tolerância dos que tinham ideias diferentes das suas.

O sucesso dos socinianos e dos seus seguidores em criar uma tradição antitrinitária ficava a dever-se à sua liderança dedicada e aos preceitos dos seus fundadores, entre os quais tinham lugar proeminente a razão e um compromisso moral progressista. Nalguns aspectos as suas doutrinas tinham semelhanças com o género de unitarismo que Maomé pregou, mas havia uma diferença importante: os seguidores de Socinus consideravam que a Bíblia, e sobretudo o Novo Testamento, era literalmente verdadeira. Eram acentuadamente biblicistas. O seu fundador chamou a atenção para as diferenças existentes entre os socinianos e os muçulmanos. A afirmação que Jesus profere no evangelho de João (20, 17) "eu subo para meu Pai e vosso Pai, meu Deus e vosso Deus" era totalmente inaceitável para um muçulmano, mas Socinus e os seus seguidores acreditavam totalmente nela ([257]). Para além disso, era inegável que a perspectiva clara e destituída de mistérios acerca dos evangelhos e a forte afirmação da unidade de Deus colocava os socinianos numa tal posição que podiam constituir uma ponte entre o Cristianismo e o Islão.

O clima intelectual era de questões difíceis a exigir respostas claras. O século XVI já não podia fazer parte do servilismo incondicional, obediente, resignado e rebaixado que existira no passado. A fé estava alerta no século XVI. Uma das componentes do socinianismo era o aristotelismo paduano, corrente intelectual que vinha do averroísmo de Siger de Brabante e, por isso, um vínculo racionalista interessante com a filosofia islâmica. Os socinianos acreditavam que as almas individuais morriam ao mesmo tempo que o corpo, como dissera Averróis. Acreditavam também que só as almas dos fiéis seriam ressuscitadas no último dia. Não havia nada de místico nem de platónico no seu pensamento, não andavam às apalpadelas à procura do Uno, nem encenavam autodramatizações introspectivas motivadas pela culpa. A sua racionalidade aberta é refrescante e saudável. Também procuravam a separação da Igreja e do Estado, como já o pretendiam os averroístas. Por outro lado, a razão talvez não fosse apenas um dom de Deus, mas a sua voz. Interpretavam as escrituras de uma maneira racionalista e não milagrosa, aproximando-se do método dos teólogos alemães do século XIX, que procuravam nas narrativas evangélicas o que realmente acontecera. Acima de tudo eram antitrinitários: viam na Trindade um inexplicável mistério, uma componente escolástica neoplatónica fora de moda, e a sua concepção do Cristianismo era que se tratava de um padrão de como viver, não de um mistério sagrado. (Como poderia Jesus Cristo ter existido como pessoa da Trindade antes do ano 1 d. C.?) Consideravam que o credo atanasiano se aproximava da ininteligibilidade. Os milagres podiam ser um desafio à razão, mas eram susceptíveis de ser compreendidos. Este credo estava totalmente para além do que tinha sentido. A determinação dos socinianos era não acreditar no que não podia ser compreendido.

Na sua fé racional, os evangelhos eram entendidos como documentos racionais. O misticismo era algo que fora introduzido na fé pelos príncipes e pelos bispos para anestesiar o sentido moral das massas e para entorpecer as suas faculdades críticas em relação às injustiças e às opressões. Os socinianos, na sua pátria polaca, eram uma luz pequena, mas clara, do Renascimento. Os paralelos unitaristas entre a sua fé e a teologia islâmica são interessantes, mas não devem ser sobrestimados. (O que é importante é a sua abertura ao ponto de vista islâmico e a sua preferência pela suserania otomana em relação aos Habsburgo, que apenas os oprimiam.) Os socinianos eram os corajosos vanguardistas do desafio protestante, dissidentes que, ao negarem a Trindade, abriam um caminho mais árduo do que os de outros reformadores. Talvez se possa distinguir alguma ansiedade trinitária nesta época se atentarmos nas designações dos Trinity Colleges fundados em Oxford (em 1555, dois anos depois do martírio de Servet), Cambridge e Dublin (em 1592, quando os socinianos polacos revelavam progressos na educação e na edição), o primeiro e o último dos quais foram fundados enfaticamente para honrar a "muito sagrada e indivisível Trindade".

*
* *

William Harborne foi enviado por Osborne e pelo seu sócio Richard Staper numa missão de prospecção comercial a Constantinopla, em 1578. Viajou pelo continente, pela mesma terra tolerante da Polónia, evitando assim tanto a armada de Veneza como a Inquisição. Passou por Lvov (Leopolis, Lemberg ou Lviv), onde vivia o seu cunhado, e por Kamaniets, hoje na Ucrânia, mas que no século XVI era uma cidade fronteiriça fortificada polaco-otomana ([258]).

Chegando a Constantinopla (a designação "Istambul" é inadequada, porque o termo não era geralmente utilizado antes de 1923) e depois de uma negociação inteligente, Harborne obteve os direitos de tráfego que ele e Sir Edward Osborne desejavam. Para tal terá tido alguma importância poder oferecer estanho e outro *matériel* de guerra aos Turcos. Não parecia errado nem incomum armar o Império Otomano islâmico, sobretudo se pudesse ser persuadido a atacar as potências católicas da Europa. O comércio e a guerra coincidiam quase totalmente. Subsequentemente, os mercadores ingleses tiveram autorização para comerciar na Turquia nas mesmas condições que os franceses e os venezianos. Depois da partida de Harborne, o embaixador francês convenceu o sultão a revogar a concessão, mas os privilégios foram em breve restituídos. A rainha Isabel I concedeu Cartas Patentes à Turkey Company (mais tarde chamada Levant Company) em Setembro de 1581, garantindo assim autoridade real às empresas de Osborne, Staper e dos seus associados no comércio com o Império Otomano.

Francis Walsingham, o principal espião da rainha Isabel, dirigiu a sua atenção igualmente para o Oriente. Num memorando intitulado "A consideracon of the Trade into Turkie" (1578) expressou a sua opinião de que o comércio com a Turquia envolvia algo mais do que comerciar produtos ingleses ([259]). A Inglaterra devia também procurar vender mercadorias otomanas na Europa. Walsingham pensou também que a armada poderia beneficiar com o comércio, porque, se este não se fizesse, a madeira dos navios podia deteriorar-se devido à sua reduzida utilização. Os obstáculos que antevia era que a França e Veneza lhe moveriam uma concorrência sem quartel e que o rei de Espanha iria criar dificuldades devido a um antagonismo hispano-turco de longa data. Walsingham antecipou que o projecto inglês encontraria oposições "quer subtis quer pela força". A subtileza significava para ele as intrigas diplomáticas, a força, o número de galés venezianas ([260]).

A solução consistia em enviar secretamente "algum homem competente" a Constantinopla "para conseguir uma conduta bastante segura". Deveriam ser escolhidos bons navios e bem tripulados para o acompanhar: "se forem postas a operar menos de vinte velas, não terão força suficiente." Havia também outras questões económicas a ter em consideração. Se os comerciantes ingleses levassem consigo demasiadas mercadorias e inundassem o mercado, os preços cairiam e os lucros sofreriam com isso. Por isso, os Ingleses deveriam actuar como agentes de promoção dos produtos de outros países vizinhos, embora Walsingham pusesse a restrição de que os custos não deveriam ultrapassar os benefícios potenciais. Preocupava-se, para além disso, em ajudar a pôr termo às guerras entre a Turquia e "o *sufi*" (o xá da Pérsia), porque prejudicavam o comércio. A Inglaterra procurava a paz entre as duas potências islâmicas, embora a política se inclinasse para o favorecimento da Turquia otomana ([261]).

O memorando de Walsingham revela uma perspectiva moderna. Também dele está ausente "o infiel". Este aspecto teria reflexos noutro domínio das relações anglo-otomanas, para além dos negócios. Ao procurarem assegurar uma aliança anglo-otomana em função da Espanha, os ministros de Isabel I reconheciam outro aspecto comum entre o protestantismo e o Islão: ambos se opunham à idolatria. A rainha não se podia desembaraçar da Trindade, mas era fácil opor-se aos ídolos romanos. O sultão Murad iniciou a correspondência, saudando assim Sua Majestade: "santíssima rainha e nobre princesa dos muito poderosos adoradores de Jesus, sapientíssima governante das causas e dos assuntos do povo e da família de Nazaré, multidão de tão amável rainha, fonte dulcíssima de nobreza e virtude, senhora e herdeira da felicidade e da glória eternas do nobre Reino de Inglaterra (onde todos procuram entrar e a que todos procuram submeter-se), desejamo-vos o mais próspero sucesso". Na apresentação dos seus cumprimentos iniciais, Sua Majestade designou-se a si mesma como "a mais invencível e muito poderosa defensora da fé cristã contra todos os géneros de idolatria"([262]). A linguagem estava pensada para impressionar o sultão otomano e para obter o seu apoio contra a Espanha. A ideia desenvolveu-se a partir de uma espécie de aliança entre a Inglaterra e o Império Otomano que se expressava negativamente em termos do ódio que ambas as suas fés votavam às imagens, embora se deva dizer que deste entendimento não resultaram quaisquer acções a nível de Estado. O paxá da capital otomana informou Pezzen, o embaixador austríaco, de que os Ingleses estavam tão próximos do Islão que tudo o que necessitavam de fazer era erguer um dedo e pronunciar a *ishad* ou confissão de fé – o que era uma frivolidade da coscuvilhice de corte em que refulgia, no entanto, um resquício de verdade ([263]). A Inglaterra ficava satisfeita por ver o Império Otomano islâmico atacar as potências católicas da Europa. Aí residia a paz dos protestantes.

A rainha Isabel pensou ser necessário declarar ao seu público que não estava a ser desleal à cristandade ao comerciar com o Grande Turco, mas a declaração era insubstancial. O mundo mudara e a Inglaterra não era a única a avaliar cada potência por aquilo com que podia contribuir para a segurança e a prosperidade. Henrique VIII tinha-se inclinado para uma política de confrontação, embora o comércio com o Oriente tivesse florescido durante o seu reinado, e ninguém acreditou que houvesse qualquer intenção piedosa aquando da sua cruzada absurda de 1511. As próprias potências católicas estavam desunidas desde a aliança informal entre o rei francês – o rei cristianíssimo – e o sultão otomano. O êxito do protestantismo fez com que partir em cruzada parecesse uma missão herdada de um passado supersticioso, uma forma de idolatria cultural e turbulenta, associada a relíquias e ossos, e nenhum monarca protestante poderia acompanhar o papa numa cruzada aventureira no estrangeiro. Em 1559, Cecil receou que o papa estivesse prestes a lançar o que foi designado como "cruzada" contra o protestantismo ([264]).

A Inglaterra não tomou parte na grande batalha naval de Lepanto, em 1571, recontro em que os Otomanos sofreram pela primeira vez uma grande derrota, embora, quando as notícias da vitória chegaram a Londres, os sinos de St. Martin-in-the-Fields tivessem tocado e a cada tocador tivessem sido pagos 7 dinheiros pelos seus serviços ([265]). Richard Knolles disse concordar com esta acção guerreira, mas a sua descrição dela não partia de nenhuma teoria das cruzadas nem de alguma escatologia bíblica, tomando sim por modelo uma passagem magnífica de Tucídides (Livro VII). O autor isabelino, como o seu predecessor ateniense, captou alguma da ambiguidade da situação:

> Diversificada e duvidosa foi toda a face da batalha: à medida que a fortuna oferecia a cada homem o seu inimigo, assim combatia ele. Consoante a disposição de cada homem lhe incutia coragem ou medo, ou defrontava mais ou menos inimigos, assim, por vezes,

havia aqui vitória e ali derrota. Muitas lutas aconteciam em vários locais que se misturavam. Algumas galés, enquanto acorriam para conter outras, eram elas mesmas contidas. Algumas, que se poderia pensar estarem a empreender uma fuga, caindo sobre esta ou aquela galé vitoriosa, capturavam-na de repente. Outras, como se não pertencessem a nenhum dos lados, deslocavam-se numa e noutra direcção entre os batéis. A sorte da batalha num lado erguia o vencido e noutro derrubava o vitorioso. Em toda a parte havia terror, erros, lamentos e confusão. Embora a fortuna ainda não tivesse determinado para que lado se inclinaria, parecia que os cristãos começavam, pouco a pouco, a afigurar-se muito superiores em coragem e força e parecia então que os Turcos mais se defendiam do que atacavam os seus inimigos ([266]).

Lepanto, a clássica Naupactus, pode ser interpretada, contudo, como um exercício retrógrado por parte da nobreza católica, talvez mesmo como o equivalente vitorioso da cruzada de Nicópolis: imponente, dramática, cheia de acção e de sentimentos exaltados, com uma grande lista de nomes e de famílias, mas carecendo de política a longo prazo, havendo terminado logo que se alcançou a vitória e tendo maior relação com as árvores genealógicas das famílias europeias do que com a construção de um sistema mediterrânico coerente. A batalha de Lepanto teve apenas uma ténue relação com o espírito de cruzada, uma vez que antes da batalha o papa escreveu ao xá da Pérsia, Tahmasp, convidando-o a participar, "mas o xá só se interessava por mulheres e por dinheiro"([267]). Uma esquadra de navios financiados por uma potência muçulmana xiita a participar numa semicruzada cristã teria sido uma novidade. Em 1573, Veneza firmou a paz com a Turquia otomana e reconheceu a conquista de Chipre pelo sultão, o que aconteceu no mesmo ano da batalha. No ano seguinte, os Turcos retomaram Tunes, de que a Espanha se tinha apoderado dois anos antes ([268]). No entanto, independentemente das consequências diplomáticas, Lepanto quebrou o feitiço da invencibilidade naval da Turquia. Deu origem a uma nova atitude na Europa e, por isso, representou um ponto de viragem ([269]).

A Europa católica, contudo, não deverá ser tida, nesta época, como uma espécie de padrão de qualidades combatentes perante o Império Otomano, arriscando a sua vida pela virtude e a defesa da cristandade. Os jesuítas garantiram rapidamente uma posição de poder na capital otomana e de pronto difundiram rumores junto das autoridades muçulmanas que iriam ser prejudiciais aos cristãos não-católicos.

A colaboração jesuíta maquiavélica e insensível com as autoridades otomanas assegurou o estrangulamento do patriarca ecuménico Cirilo Lukaris em 1638 e a partir daí os católicos quase sempre se preocuparam menos com as outras comunidades cristãs do que com os muçulmanos que detinham o poder ([270]).

Quando o *Susan* navegava para Constantinopla transportando o embaixador, o navio, necessitando de uma escala de reabastecimento, aportou a Maiorca. Aqui, o governador recebera antecipadamente informações e tentou atrair a tripulação para terra. Usando do pretexto da amizade, procurou aliciar Hosborne com a oferta de um macaco. Todavia, a conspiração falhou, apesar do empenho do governador, que, vendo que o esquema não resultava, montou canhões – "quatro ou cinco peças de bronze" – para impedir o *Susan* de deixar o porto. Porém, os marinheiros ingleses iludiram friamente os seus supostos captores e o navio prosseguiu na sua rota ([271]).

Em 22 de Março de 1583, quatro meses depois de ter deixado a Inglaterra, o navio ultrapassou Galípoli. Poucos dias mais tarde, a tripulação avistou o Castelo das Sete Torres e no dia 29 três galés escoltaram a comitiva do embaixador na sua aproximação à cidade de Constantinopla. "Então desembarcou o nosso embaixador (e descarregámos vinte e quatro peças) que foi recebido por mais de cinquenta ou sessenta homens a cavalo."([272]) Harborne chegou na Sexta-Feira Santa, uma data que indispôs quase toda a gente: ouviu-se a artilharia *feu de joie* quando o navio estava ao largo de Seraglio Point, seguindo-se trombetas e tambores. Tudo isto se passou com os cristãos ajoelhados no momento solene do serviço de Sexta-Feira Santa. O "sumptuoso festim de carnes" que se seguiu, oferecido pela embaixada, teve pouca gente, mesmo entre os Turcos. Porém, é duvidoso que o embaixador estivesse a assumir uma crítica puritana contra a data "idólatra" do calendário da Igreja, uma vez que a Sexta--Feira Santa é das escrituras ([273]). "A 9 de Abril, presenteou o grande paxá com seis tecidos, quatro bengalas de prata com um dourado duplo e uma bela peça de holanda [linho]."([274]) Entre outros presentes oferecidos ao sultão estava um "relógio avaliado em 500 libras esterlinas; sobre ele estava uma floresta de árvores de prata, entre as quais se caçavam veados com cães e com homens a cavalo a segui-los, homens extraindo água e outros carregando minério em carrinhos de mão. No cimo do relógio ficava um castelo e no castelo um moinho."([275]) O sultão ofereceu um festim à comitiva do embaixador no qual os convidados foram servidos com "arroz com vários condimentos, fritos com as formas mais delicadas e pratos adornados com elegância. Não era uma ceia com legiões satânicas, mas sim uma esplêndida recepção diplomática (²⁷⁶). Os Ingleses banqueteavam-se com os Turcos, mas na mesma altura o papa Gregório XIII repetia a velha política das cruzadas, procurando organizar uma "Santa Liga" contra o Império Otomano. A resposta das potências da Europa foi negativa. Havia dinheiro a fazer no comércio com a Turquia otomana e começavam a descobrir a satisfação de conspirar uns contra os outros, com a Turquia otomana a servir de contador nos seus subterfúgios (²⁷⁷).

O estatuto de Harborne pode entender-se, de certa forma, a partir da prática diplomática contemporânea. Agia quer como representante da sua soberana quer como agente comercial. O seu salário vinha exclusivamente da Levant Company, nada sendo pago pelo Tesouro britânico. Os embaixadores francês e veneziano viam o seu novo rival como um mero agente comercial. Claramente ofendido, Harborne ripostou num florido estilo isabelino: que era "um grande nobre, maior do que qualquer outro que ali permanecia, e mesmo que assim não fosse, não tinham o direito de atender à sua posição privada, mas apenas à magnificência da Rainha sua senhora"(²⁷⁸). Ocupou-se a estabelecer consulados em Trípoli (no actual Líbano) e no Cairo.

Ao procurar promover a posição internacional do seu país, o embaixador tentou encorajar uma atitude que conduzisse ao termo da guerra entre a Turquia e a Pérsia, de modo que a primeira pudesse centrar-se no Mediterrâneo. Trabalhou também para que terminasse a trégua de Murad III com a Espanha e o papa. A perspectiva de um pacto otomano-inglês era sedutora. Lembrou ao sultão o poderio da armada de Sir Francis Drake e, por outro lado, acentuou o facto de a rainha "não necessitar do auxílio de outros príncipes, mas ela [uma aliança] seria um grande encorajamento e contentamento para Sua Majestade, por ser mais um terror para o rei de Espanha; eles, tendo um interesse semelhante, desenvolveriam esforços similares para enfraquecer o seu poder"(²⁷⁹).

Harborne instalou uma residência oficial e as suas actividades diplomáticas quotidianas, de resultados modestos, resumiram-se à libertação do navio da companhia do apresamento pelo bei de Trípoli, na Barbaria (na actual Líbia), e a reduzir os direitos alfandegários de 5 para 3%.

Harborne reformou-se cinco anos depois e foi substituído por Sir Edward Barton, um protestante extremamente empenhado. No seu tempo, o cargo deixou de estar dependente da companhia, recebendo um salário de 500 libras do Tesouro, em parte porque aquela revelou ser uma má e irregular pagadora. Barton continuou a colocar obstáculos entre a Turquia otomana e a Espanha e, tendo terminado em 1590 uma fase da guerra com a Pérsia, procurou virar o império Turco contra todas as potências onde a fé católica fosse dominante ([280]). Combateu intensamente o catolicismo e a influência católica na Polónia e na Europa Oriental, agindo muitas vezes sem autorização do seu país e indo surpreendentemente longe nos incentivos à guerra entre a Turquia otomana e os "idólatras" católicos. As suas acções ultrapassaram a prática diplomática reconhecida, quer nessa altura, quer mais tarde. Acompanhou o exército turco em campanha à medida que avançava profundamente pela Hungria, presenciando as batalhas contra o império dos Habsburgo em Erlau (a actual Eger, na Hungria) e em Cerestes (Mezo-Keresztes) em 1596. Justificou-se com as seguintes palavras: "No meu modesto juízo, penso que em nada ofende a Deus colocar um dos seus inimigos contra o outro, o infiel contra os idólatras, com a finalidade de o povo de Deus [os protestantes] poder respirar e tornar-se mais forte enquanto estão ocupados a lutar."

Barton acompanhou os Turcos muçulmanos na campanha contra os Habsburgo cristãos com quatro cavalheiros, 12 criados, um intérprete e três guardas janízaros (todos pagos pelo Tesouro otomano), uma carruagem, 21 cavalos, 26 camelos com bagagens e os seus tratadores, talões para a comida e o vinho diários, ou seja, quase um exército dentro de um exército. Porém, não era de modo nenhum um guerreiro, porque era demasiado gordo e bastante dado à bebida (apesar do calvinismo). Levou consigo 23 membros da embaixada dos Habsburgo, que tinham estado prisioneiros durante os três anos anteriores, para serem entregues aos Austríacos e parece ter-se orgulhado de se ter oferecido como mediador em relação à Transilvânia. Todavia, reconheceu-se que se envolveu demasiado, tendo daí resultado alguma perturbação diplomática. A reputação da Inglaterra ficou abalada. Os agentes católicos em Moscovo relataram com bastante eficácia as histórias da perfídia protestante da Inglaterra, de tal modo que a rainha Isabel I se sentiu na obrigação de a enviar duas missões à capital russa para explicar a actuação do país. Na segunda, que teve lugar em 1600, Sir Richard Lee foi enviado com instruções para afirmar que os Turcos otomanos tinham ordenado a Barton para os acompanhar na campanha. O sultão tinha, de facto, "imposto" a Barton que seguisse com o exército, mas dificilmente se pode dizer que o embaixador, como mediador e ao mesmo tempo dado a promover os interesses do "povo de Deus", lhes obedeceu contra a sua vontade ([281]).

Barton faleceu de disenteria em 1597, em Constantinopla, e o seu epitáfio cita o trabalho que desempenhou ao lado do exército turco. Antes de David Urquhart não é possível encontrar um diplomata nomeado por Londres que tivesse mostrado uma devoção tão completa ao país em que fora colocado.

Alguns anos antes, aquando da Invencível Armada, os diplomatas tinham espalhado rumores sobre a coligação turco-inglesa: o embaixador veneziano em Roma relatou em 16 de Abril: "As notícias de que a frota turca irá sair este ano são confirmadas em todos os quadrantes. Diz-se que a rainha de Inglaterra mandou 500 000 coroas para Constantinopla."([282]) O embaixador veneziano em Espanha escreveu em 28 de Maio: "Inteirei-me de fonte segura que é aqui sabido que a frota turca se fará ao mar a pedido da rainha de Inglaterra [...] O embaixador inglês é visto favoravelmente na Porta e conversa frequentemente com Kapudan Paxá [almirante da frota otomana]."([283]) A espionagem falha muitas vezes – como exemplos mais recentes demonstraram –, mas os exemplos dessa época mostram a forma como a Inglaterra era vista em relação à Turquia otomana e que a diferença religiosa não era considerada relevante. Na verdade, quando, em 3 de Setembro, o papa declarou que a acção de Deus era evidente no facto de os Turcos estarem demasiado envolvidos na guerra com a Pérsia para poderem ajudar a Inglaterra, estava de facto a declarar que a Pérsia – devotada ao Islão xiita e à dinastia sefévida – era um instrumento da divindade, como esta era entendida pelos católicos ([284]). Dois anos mais tarde, quando as relações com a Espanha eram ainda difíceis, apesar da derrota da Invencível Armada, o grão-vizir Sinan Paxá (nascido na Sicília e cujo nome de nascimento era Scipione Cicala) declarou ao embaixador veneziano que a rainha da Inglaterra pedira aos Turcos o envio de 200 galés, pagando ela todas as despesas, e que planeava atacar o rei de Espanha com elas e a sua própria frota. Todavia, declarou Sua Grandeza Sinan, "nós não temos nada a fazer nessas paragens. A rainha deveria enviar a sua frota para se juntar à nossa e então algo se poderia fazer."([285])

Na Europa, a acusação de quase traição por parte da Inglaterra em relação à cristandade encontrou eco numa nota de Richard Hakluyt incluída na sua publicação das façanhas de marinheiros e comerciantes. Refugiou-se no argumento comercial, referindo "a retoma feliz e o grande aumento do nosso comércio interrompido em todo o Levante" e dando ênfase aos "grandes e bons ofícios cristãos que Sua Majestade

Sagrada, devido ao seu extraordinário favor nessa corte, tinha realizado pelo rei e pelo reino da Polónia e outros príncipes cristãos"([286]). Em face das tentativas de Barton para enfraquecer insidiosamente a Polónia, a afirmação de que a Inglaterra a auxiliara parece questionável. A unidade da cristandade era um dispositivo retórico, algo que deveria ser referido ou calado de acordo com os ditames da política ou da fantasia.

A ameaça vinda da Espanha atenuou-se, a Inglaterra sentiu-se segura e os embaixadores subsequentes agiram mais em função do comércio do que da política. O centro da intriga internacional mudou à medida que a Turquia, que já não era um império militar que despertava o terror em todos os corações europeus, assumiu a aparência de um Estado em que a sociedade, a política e o exército estagnavam e cujo governo alternava entre uma passividade imóvel e acessos súbitos de repressão.

Os embaixadores posteriores da Inglaterra Henry Lello e Sir Thomas Roe presenciaram o regular declínio da Turquia, ao mesmo tempo que as perturbações internas da dinastia no poder proporcionavam material exótico aos escritores de ficções orientais. Os embaixadores – sobretudo o veneziano, o francês e o inglês – consumiam-se em conflitos entre si, disputas que eram tão palavrosas quanto inúteis. Eram entregues enormes presentes, o instrumento invariável para lisonjear um potentado e obter favores. O sultão, por seu lado, parecia que os aceitava quase sempre como um tributo, e depois de serem oferecidos necessitavam de ser repetidos ([287]). Uma das prendas mais famosas foi o órgão de Thomas Dallam entregue ao sultão Mehmet III, em 1599. No cimo deste instrumento o construtor talhara uma obra-prima de artifício: um arbusto sagrado decorado com pássaros negros e tordos. O órgão começava por tocar automaticamente por duas vezes uma composição em cinco partes. Era apenas o prelúdio a uma mistura engenhosa de arte e habilidade: o mecanismo concebido tão habilmente fazia com que os pássaros "cantassem e batessem as suas asas"([288]).

O sultão ficou tão cativado pelo instrumento que pediu a Dallam que permanecesse em Constantinopla. Dallam, mencionando uma esposa e uns filhos inexistentes, declinou ([289]). Sua Majestade Imperial ficou impressionada também com o navio inglês *Hector*, que estava bem armado e tinha acompanhado Dallam e o órgão até Constantinopla. ("A vaidade inglesa a exibir-se", murmurou o embaixador veneziano.) No entanto, a inércia crescente do poder otomano significava que não havia diplomacia que conseguisse ser consequente. A entrega de grandes presentes sugere a lisonja a um potentado que era em grande

medida inerte e passivo, embora fosse ainda importante, assemelhando-
-se ao que se passa hoje em dia com a atenção (ou "ajuda") concedida
a governantes despóticos importantes. Um enorme sentimento de
esterilidade e de exaustão espiritual, de encadeamento de trivialidades,
acompanha os relatos destas ocasiões de lisonja de corte. Por maior
que fosse a sofisticação do órgão de Dallam, não se pode tecer outro
comentário que não seja este: "E depois?" Era uma mera frivolidade
infantil ideada para estimular as reacções entediadas e aturdidas de
uma corte decadente, um autómato destituído de afectos que reflectia a
morte interior das réplicas oficiais. Sir Thomas falaria de "um silêncio
de morte na corte"([290]). Os Ingleses continuaram a ter o seu papel na
promoção de um comércio otomano-inglês mais substancial. Por volta
de 1605, Sir Thomas Sherley tomou conhecimento de três lojas inglesas
de "armas & munições" abertas em Constantinopla. "Os ganhos são
muito elevados", escreveu Sherley acerca destes pioneiros das vendas
de armas inglesas a regimes duvidosos ([291]). O comércio francês, polaco
e veneziano igualava, ou ultrapassava mesmo, o da Inglaterra, mas
excluía o armamento.

 Sir Thomas Roe cumpriu a função de embaixador inglês enérgico e
político. Chegou a Constantinopla em 1621 e uma vez mais foi entregue
um grande presente ao sultão, desta vez dois gigantescos castiçais
"de grande valor e tão raros na sua feitura que nunca se viu nada
assim". Um tal Thomas Morley teve de estar presente quando foram
desmontados, antes do seu embarque, e também de os acompanhar na
viagem para voltar a montá-los na capital otomana. Durante algum do
tempo de serviço de Roe, o sultão foi o jovem Osman II, tendo este sido
assassinado no ano seguinte à chegada do embaixador. A diplomacia de
Roe contrastou com a de Barton, revelando imparcialidade. Enquanto
o embaixador de Isabel I associara estreitamente os seus interesses
aos do país anfitrião, Roe procurou controlar os desejos impulsivos do
sultão e desencorajá-lo de atacar a Polónia e o império dos Habsburgo.
Observou ele: "Este poderoso império ultrapassou já o seu apogeu e
está em rápido declínio [...] as galés que foram um dos pilares da sua
força e da sua grandeza estão todas apodrecidas e arruinadas e sem
esperança de reparação [...] [Os janízaros] nem são verdadeiramente
soldados, nem manifestam qualquer reverência ou receio, mas são todos
propensos a motins e à vida dissoluta."([292])

 À medida que o império abandonou a sua grandeza, também os
embaixadores perderam protagonismo. As questões locais passaram a
ser predominantes. Na época da guerra civil inglesa, teve lugar uma

série de acontecimentos divertidos quando Sir S. Crowe, um realista, foi suplantado por Sir John Bendysh, um cromwelliano. Para além disso, a vida de embaixador consistia num persistente trabalho para libertar os prisioneiros das mãos dos piratas, bem como em continuar com os Franceses e os Venezianos o verdadeiro jogo de xadrez – com os seus lances alternados – constituído pelas rivalidades entre Estados.

Entretanto, existia uma relação diplomática mais vigorosa e interessante, embora não autorizada, com a Pérsia, dado que a Turquia otomana deixava de ser uma grande potência.

Capítulo VI

O xá Abbas e os irmãos Sherley

A aposta diplomática e comercial da Inglaterra no Império Otomano contrastava com uma política rival conduzida pela facção que rodeava o conde de Essex. Como sucede frequentemente no Oriente, havia uma versão alternativa. A política de Essex consistia em ajudar a nação que era uma assumida opositora do aliado potencial da rainha Isabel I no Mediterrâneo Oriental. Essa nação não era um Estado cristão europeu, a tremer de pavor na perspectiva de um novo ataque do Crescente, mas o Estado rival da Turquia, a Pérsia.

Qualquer inglês que, no final do século XVI, pretendesse obter conhecimentos sobre a Pérsia não tinha de procurar muito longe. As grandes histórias venezianas estavam acessíveis e havia a tradução inglesa, feita por Hartwell, das guerras entre a Turquia e a Pérsia, de Minadoi, bem como a *Breve Descrição*, de George Abbot. As "Cartas" de Busbecq estavam disponíveis em latim. *O Mercador de Veneza* reflectia a antipatia existente entre Persas e Turcos.

O interesse europeu pela Pérsia havia crescido lentamente no decurso do século XVI. Inicialmente, os Portugueses obtiveram o monopólio virtual do comércio oriental ([293]), depois da conquista de Ormuz, no golfo Pérsico, em 1507, por Afonso de Albuquerque e da criação aí de um posto de comércio. Foi apenas lentamente que as outras potências desafiaram a sua posição. Em 1561, Anthony Jenkinson, agindo como diplomata *freelance*, visitou a Pérsia, descendo o Volga e atravessando um mar Cáspio furiosamente tempestuoso. Obteve uma audiência com o xá Tahmasp, antes de ser mandado embora de Tabriz no meio de uma cena de extremismo anticristão ([294]). Nesta ocasião, nem Venezianos, nem Genoveses, nem Franceses mostraram interesse em obter vantagem sobre os Ingleses.

A dinastia persa sefévida atingira o máximo do seu esplendor no reinado do xá Abbas I (1587-1629). Este monarca acentuou a majestade da Pérsia sefévida, o Estado que fora criado por Ismaíl e mantido cautelosamente pelo seu protector Tahmasp. No reinado de Abbas, a Pérsia floresceu com uma civilização comparável, segundo os seus contemporâneos, à Inglaterra de Isabel I e à corte mogol de Akbar, *o Grande*. O xá Abbas era violento e imprevisível, matando homens (incluindo o seu próprio filho) e mutilando-os em acessos súbitos de loucura. Mas, ao mesmo tempo, as artes floresciam na Pérsia, o talento natural persa para as artes visuais e para as manufacturas foi encorajado, havia habitualmente tolerância pelas minorias religiosas e foi construída em Isfahan – "meio-céu" (*nisf-i jihan*) – uma nova capital. A descrição dos Chahar Bagh ("Quatro Jardins") de Isfahan pelo Dr. John Fryer dá-nos um vislumbre da cultura dessa época: "Todo o orgulho de Spahaun se encontrava no Chaurbaug, e os grandes nobres exibiam-se, pavoneando-se com os seus séquitos, procurando avidamente cada um superar os outros em pompa e generosidade. [...] No próprio jardim, florescia uma grande variedade de árvores verdes, evolavam-se doces odores e fluíam fontes e rios transparentes, seduzindo todos os sentidos. Não era menos surpreendente o panorama arrebatador das delicadas casas de Verão em cada margem do lago, construídas com todas as condições necessárias ao entretenimento e às delícias."([295])

Abbas chegou ao trono após um período negro na história da Pérsia. À morte de Tahmasp, em 1576, seguiram-se dez anos de sectarismos e de invasões. Em 1578, deu-se uma invasão conjunta ao Estado xiita pelos Otomanos e os Tártaros da Crimeia. A certa altura, pareceu que o país se desintegraria em função das linhagens persa e turcomana. Em 1587, os Usbeques sunitas levaram a cabo uma campanha feroz contra a parte oriental da Pérsia. Ora, o jovem príncipe Abbas usava desde os 15 anos, aproximadamente, uma jóia de valor incalculável, que lhe fora dada pelos chefes xiitas da Pérsia. Naquele ano, marcharam para Qazvin e proclamaram-no xá; tinha 17 anos ([296]).

Na sua condição de fraqueza crítica, a Pérsia aceitou uma paz humilhante com os Otomanos, cedendo-lhes uma grande extensão de território fronteiriço. Abbas compreendeu que tinha de lidar em primeiro lugar com os seus feudatários locais, os Qizilbash (literalmente, "cabeças vermelhas") e libertar-se depois da ameaça usbeque. Assim, criou um corpo de tropas que apenas a si devia obediência, antes de esmagar os Usbeques. Foi apenas em 1598 que conseguiu derrotar o exército usbeque, libertando Herat, e, partindo de uma posição de força, firmou pactos com os chefes individuais ao longo da fronteira nordeste.

Foi pouco tempo depois deste auspicioso reforço do seu poder, na aurora de um período de paz e segurança, que o xá Abbas recebeu na sua cidade Qazvin, recentemente libertada, os interessantes visitantes da remota Inglaterra.

*
* *

A família Sherley talvez fosse típica da Inglaterra isabelina, ainda que os seus membros mostrassem ter as qualidades da época num grau muitíssimo elevado. Eram flibusteiros e oportunistas, dedicados à guerra, ao enriquecimento próprio, à arte e ao sectarismo em grau tão elevado quanto os maiores do seu tempo. Sir Thomas Sherley, pai de três famosos irmãos, era partidário de Robert Dudley, o conde de Leicester, que o introduziu nos assuntos de Estado. Em 1587, tornou--se responsável pelas finanças da guerra nos Países Baixos. O seu prestígio aumentou na pátria ao ser nomeado xerife do Sussex e do Surrey. Reconstruiu a casa de família em Wiston, perto de Bramber, no Sussex. Para além da sua conduta pública enérgica, a família Sherley relacionava-se com o dinheiro de uma forma que ainda superava a de muitas pessoas desta época. Períodos de grandes extravagâncias alternavam com outros da maior pobreza. Em 1588, as mercadorias de Sir Thomas foram apreendidas e em 1603, quando Jaime I estava a ser formalmente conduzido para Londres, foi preso por dívidas e mandado por alguns meses para a prisão de Fleet antes de ser libertado devido a privilégio parlamentar ([297]).

Os seus filhos procuraram fortuna nos cantos mais remotos do mundo conhecido. O mais velho, que também se chamava Thomas (1564-1630?), foi o menos interessante. De início cometeu uma ofensa ao casar com Frances Vavasour, incorrendo por isso no desagrado da rainha Isabel I (que não gostou do casamento nem apreciava a livre expressão da vontade dos seus cortesãos) e ficando por um breve período na prisão de Marshsea. Indo para o estrangeiro, procurou resolver os embaraços financeiros como corsário, ou seja, pela pirataria. Os seus sucessos iniciais tornaram-no demasiado ambicioso e num ataque a uma ilha grega (que era na altura território otomano) foi feito prisioneiro, tendo passado algum tempo numa prisão turca ([298]).

Pouco beneficiou com o seu regresso a Inglaterra, ficando preso na Torre de Londres por ter desviado de Constantinopla para Veneza e Florença o comércio da Levant Company. Quatro anos mais tarde, foi "confinado à prisão de King´s Bench" como devedor insolvente. Wiston ficou em ruínas, e Sherley, comprovando a vitória da esperança sobre a sabedoria, casou segunda vez. A sua esposa, uma viúva pobre, deu-lhe uma grande família. Continuou a ser membro do parlamento, acabando por morrer na obscuridade na ilha de Wight ([299]).

O seu irmão Anthony, que nasceu em 1565, suplantou muitos da sua idade com a sua ambição temerária, mas elegante, pondo à prova a sua sorte, até ao limite, nas cortes de todo o mundo. Era refreado por uma espécie de ausência de orientação e sofreu de um estranho tédio que parece tê-lo afectado após ter praticado uma qualquer proeza ousada ou desesperada. Era também incapaz de se contentar com o segundo lugar.

A exemplo de seu pai, prestou serviço nos Países Baixos, mas aceitou imprudentemente ser distinguido com o título de cavaleiro por Henrique IV de França. Conta-se que Isabel I, ao saber disso, se encheu de cólera e declarou: "Não hei-de ter as minhas ovelhas marcadas com um outro ferro, nem aceitarei que sigam a flauta de um pastor estranho."([300]) Anthony Sherley foi preso por pouco tempo na prisão de Fleet. A um acto imprudente seguiu-se outro: casou com Frances Vernon, prima do conde Essex – uma ligação à facção de Essex, que trazia implicitamente problemas. O casamento também não foi feliz ([301]).

Depois de uma expedição de corsário através do Atlântico, que não deu frutos, Sherley, numa tentativa desesperada de concretizar uma ideia grandiosa de acção, seguiu o conselho do conde de Essex e, em 1597, juntou-se a alguns voluntários ingleses, onde se incluía o seu irmão Robert, que tinham prometido apoio ao duque de Ferrara contra o papa. A caminho, souberam que o assunto tinha sido resolvido. Por isso, como regressava o temor de nada fazer e se infiltrava na sua alma a assustadora acédia medieval, encaminhou-se antes para Veneza, onde havia ocupação para todos ([302]).

Em Veneza, segundo o próprio relato de Sherley, recebeu um encargo surpreendente de Essex. Deveria dirigir-se para a Pérsia, o novo Estado oriental de confiança que o conde privilegiava, com um duplo objectivo: persuadir o monarca persa a estabelecer alianças com os príncipes cristãos da Europa contra a Turquia e promover o comércio entre a Inglaterra e o Oriente. A certa altura, talvez antecipando a complexidade da tarefa, Anthony Sherley converteu-se ao catolicismo romano. É difícil precisar quando, mas muito provavelmente terá sido pouco tempo depois de ter partido para a Pérsia ([303]).

Foi equipado um navio com o necessário e em Maio de 1598 Anthony Sherley partiu para a Pérsia com 24 companheiros. Entre eles estavam o seu irmão Robert, George Manwaring (o "chefe de protocolo"), Abel Pinçon (o mordomo), seis cavalheiros como assistentes, criados superiores e criados menores (alguns dos quais persas) e um intérprete, Miguel Ângelo Corrai, de Alepo. A viagem foi agitada e conflituosa. Teve lugar uma briga furiosa provocada por observações desrespeitosas feitas por elementos italianos da expedição sobre a rainha Isabel I. Foram trocados alguns golpes e ao chegarem à ilha grega de Zante Anthony e o seu grupo foram expulsos do navio e não puderam regressar a bordo. Imperturbáveis, alugaram outro navio que os levasse a Creta e depois a Chipre. Em Alexandreta, na Síria, subiram o rio Orontes para Antioquia e prosseguiram para Alepo, a cidade dos mercadores turcos. Aqui foram recebidos de forma hospitaleira e Anthony pôde pedir emprestada uma grande quantia de dinheiro. Reuniu igualmente um conjunto apropriado de ofertas para o monarca persa, incluindo peças de pano bordado a ouro e doze taças de esmeraldas. Uma novidade imprevista na estadia do grupo em Alepo foi a experiência de tomar "uma bebida a que chamam café"([304]).

Depois de alguma demora, partiram para Bira (Birejik), no Eufrates, onde embarcaram para Faluja. Aqui gastaram algum tempo numa breve visita às ruínas de Babilónia sem lhes prestarem muita atenção. Atravessando Bagdad, a sorte pareceu abandoná-los pela segunda vez, mas novamente o destino se lhes mostrou favorável. O governador da cidade confiscou-lhes todos os bens, incluindo as taças de esmeraldas (no valor de 6000 coroas). Vieram ordens da capital otomana de que o grupo devia ser preso e enviado ao sultão. No entanto, segundo o relato de Sherley, foram salvos pela engenhosa generosidade de um florentino, o Signor Speciero, que os ajudou secretamente a juntarem-se a uma caravana de peregrinos persas e deu dinheiro e prendas a Anthony para compensar as suas perdas. Manwaring afirma que o seu salvador não era florentino, mas um mercador arménio ([305]).

Partindo dissimuladamente de Bagdad, o grupo chegou a Qazvin no início de Dezembro de 1598. O xá Abbas tinha entrado triunfalmente na cidade apenas cinco meses antes. Era agora uma cidade livre, mas já não servia para capital de Sua Majestade. Já tinha decretado que Isfahan, no centro do antigo Irão, seria a jóia da dinastia sefévida, uma cidade planeada para ser mais magnificente do que qualquer outra na Europa ou na Ásia.

"Aqui, esperámos o Rei", escreveu Abel Pinçon, o mordomo. O xá Abbas foi informado da sua presença, depois "ordenou-nos que nos distanciássemos duas milhas para além dos portões da cidade para lhe prestarmos homenagem". Quando se aproximaram de Sua Majestade, ordenaram a Sherley, ao seu irmão Robert e a Pinçon que desmontassem para beijar os pés reais, "porque é assim que este príncipe costuma ser saudado". "Enquanto esticava a perna, fingia estar a olhar para outro lado durante todo este tempo." O grupo beijou devidamente a bota real e depois atravessou o campo cavalgando com rapidez, "à maneira deste país". Sua Majestade vestia uma túnica curta decorada com brocado de ouro – sem qualquer veste talar – e calções apertados. O turbante que lhe cobria a cabeça estava adornado com muitas pedras preciosas e com ricas plumagens. "Levava na sua mão um machado de guerra, brincando com ele umas vezes ao alto, outras em baixo e uma vez por outra colocando-o ao ombro com movimentos bastantes estranhos."[306]

Na procissão triunfal que se dirigiu a Qazvin exibiram-se 20 000 cabeças decapitadas de Usbeques, "o que me pareceu um espectáculo hediondo". Mais de harmonia com o carácter festivo, seguiu-se um corpo de "rapazes vestidos como mulheres, ricamente enfeitados", que dançaram desenfreadamente ao som de flautas, instrumentos de corda e tambores, acompanhando uma canção de vitória cantada por "quatro mulheres idosas". Dois homens dançaram no meio da confusão, trazendo varas donde caíam suspensos espelhos reluzentes e no fim das quais oscilavam lanternas pintadas com flores, coroas, folhas de loureiro e pássaros. Podia ver-se no meio da multidão uma trupe de cortesãs "cavalgando escarranchadas e em desordem" e gritando e desafiando como se estivessem meio loucas. Com frequência, aproximavam-se da pessoa do rei para o abraçar. Seguiram-se pajens com vinho e taças. A cavalaria flanqueou o grupo com tocadores de trombetas e de sacabuxas, usando instrumentos de dimensões extraordinárias, "que produziam um som penetrante e sincopado, que causava profundo alarme"[307].

O grupo dirigiu-se à praça principal da cidade, onde havia dois pavilhões. O xá Abbas desmontou e entrou num deles e o grupo dos europeus foi conduzido para mais longe. "Aí estava preparada uma colação de frutos, como pêras, melões, marmelos, romãs, laranjas, limões, pistácios, amêndoas e uvas, doces e vinho." Os visitantes foram levados à câmara do xá "e aí bebemos alegremente com Sua Majestade, que nos deu umas calorosas boas-vindas, mostrando por palavras e gestos que a nossa chegada lhe era muito agradável"[308].

Anthony Sherley e os seus companheiros viajaram depois para a magnificente nova capital de Abbas, Isfahan, onde as partes discutiram assuntos internacionais. Sir Anthony revelou que o propósito da sua ida à Pérsia era persuadir o xá de que seria do interesse do seu país uma aliança com as potências europeias ([309]).

Discutiram também assuntos militares. O xá falou ávida e animadamente sobre "o nosso modo de actuar nas nossas guerras, as nossas armas habituais, as comodidades e incomodidades das fortalezas, o uso da artilharia e as ordens do nosso governo". Ficou seduzido pelos livros sobre fortificações que Sherley trouxe consigo. O irmão mais novo de Anthony Sherley, que haveria de ficar na Pérsia, daria o seu contributo para a formação dos primeiros regimentos de infantaria, quando até aí as batalhas se tinham processado com cavalaria irregular e em desordem ([310]). Os resultados de Sherley foram resumidos alguns anos mais tarde, em 1624, por Samuel Purchas, que afirmou:

> O poderoso Otomano, terror do mundo cristão, tremeu com febre de Sherley e dá-nos esperança relativamente aos destinos que se aproximam. Os Persas reinantes tinham aprendido as artes da guerra e aquele que antes desconhecia o uso da artilharia tinha agora 500 peças de bronze e 6000 mosqueteiros. Por isso, os que anteriormente causavam temores aos Turcos com a espada na mão tornaram-se agora terríveis com os seus golpes à distância e as suas artes sulfurosas ([311]).

Anthony Sherley, declarando ser um enviado da rainha Isabel I, embora fosse um agente de Essex e agisse em sentido contrário à política externa da sua soberana, propôs ao xá Abbas que enviasse uma embaixada aos chefes de Estado europeus e que era conveniente ser uma delegação mista ([312]). Assim, foi reunido um grupo de 25 europeus e cinco Persas chefiado por Hussein Ali Beg. Dois frades portugueses que se encontravam ali por acaso também se lhe juntaram. No início do Verão de 1599, este grupo partiu de Isfahan com o objectivo fantástico de transformar a Europa Oriental otomana, a Anatólia, a Síria e a África num domínio partilhado pelo Cristianismo e o Islão xiita. Levaram consigo cartas oficiais para o papa, o imperador Habsburgo (Rodolfo II), os reis de França, Espanha, Escócia e Polónia, a rainha Isabel, o senhorio de Veneza e o duque de Florença. Quinze europeus, em que se incluía Robert Sherley, ficaram em Isfahan como reféns (mas eram também hóspedes bem-vindos) para garantir o regresso dos viajantes.

Não podiam passar através da Turquia otomana, embora Corrai, o intérprete, tenha conseguido habilidosamente atravessar a Anatólia para alcançar Veneza. Por isso, dirigiram-se a Moscovo, atravessando o mar Cáspio. Depois de momentosas e temerosas tempestades, durante as quais os gritos de *Agnus Dei* se fizeram ouvir a par de apelos desesperados a Ali e Maomé, chegaram a Astracã. Aqui, dirigiram--se em batéis para cinco galés, com 100 remadores cada uma, até que chegaram a Nizhni Novgorod. Partindo daqui, carregados com bagagem que continha ofertas dispendiosas, atravessaram de trenó uma ventosa Moscóvia, chegando a Moscovo em Novembro de 1599.

O grupo discutia constantemente. Um dos frades portugueses revelou-se um autêntico oportunista. Irritava os outros, gabando-se de seduzir mulheres cujas fraquezas descobria ao ouvi-las em confissão.

No Kremlin, o czar da altura era Boris Godunov. Pouco se sabe da estadia da embaixada em Moscovo durante seis meses, excepto que Boris tratou os ingleses com falta de respeito e parece tê-los mantido na prisão na maior parte do tempo. A hostilidade de Boris pode ter sido instigada por relatórios jesuítas em Moscovo, porque precisamente nesta altura os católicos estavam a espalhar com intensidade notícias da firmeza do apoio da Inglaterra à Turquia contra o império austríaco. A própria embaixada era uma coisa estranha: não era de facto uma embaixada no sentido real do termo, mas algo de intermédio entre uma delegação mista e um grupo de pressão internacional. Do grupo, os Persas eram tratados com alguma consideração. Anthony Sherley, depois da sua libertação, conseguiu escrever a Sir Robert Cecil, em Junho de 1600. A sua habilidade em escrever com palavras de timbre argênteo foi usada até ao limite, porque sabia que o objectivo central da política da rainha Isabel para o Levante era o estabelecimento de boas relações com o Império Otomano, não era conceber esquemas temerários para o derrubar mediante a acção combinada da Europa e da Pérsia. Sherley referiu a oportunidade que se oferecia de promover o estatuto dos mercadores ingleses na Pérsia. A sua explicação de continuar em direcção à Alemanha, em vez de regressar à Inglaterra, era que os seus amigos persas participantes na embaixada estavam obrigados a levar a bom termo as ordens do xá. Como remate, acrescentou com desembaraço que Boris Godunov estava à procura de um marido para a sua filha e que Sua Majestade poderia procurar em seu redor um cavalheiro adequado, "a que sua majestade poderia condescender em chamar primo", e com essa aliança estabelecer o comércio com a Índia através da Rússia ([313]).

Tecto da Capela Palatina (Palermo, Sicília), 1132, com decoração árabe em "estalactites", associada a mosaicos ornamentais bizantinos e mármore austero normando.
(Fotografia: Alinari Archives)

Igreja do Santo Sepulcro, Jerusalém, gravura de Luigi Mayer, finais do século XVIII. (*Stapleton Collection; Bridgeman Library*)

Juristas trabalhando em conjunto, embora independentemente, na Sicília normanda. Da esquerda para a direita: gregos *(notarii Greci)*, Árabes *(not [arii] Saraceni)* e Latinos *(not [arii] Latini)*, respectivamente com as barbas, turbantes e cabelos curtos que lhes eram apropriados.
(Pietro da Eboli, Liber ad Honorem Augusti, Palermo, ca. 1195-1197, Berna, Burgerbibliothek, cod. 120. II, f. 10lr)

Guilherme II da Sicília no seu leito de morte, 1189; assistido por um médico árabe *(Achim [=Hakim medic[us])* e um astrólogo igualmente árabe que observa uma estrela gigante no céu e tem um astrolábio na mão esquerda.
(Pietro da Eboli, Liber ad honorem Augusti, Palermo, cd. 1195-1197, Berma, Burgerbibliothek, cod 120. II, f. 97r)

Veado em madeira esculpida, danificado, fatimida, século XI, do tempo em que os cruzados saqueavam e colonizavam o Mediterrâneo Oriental.
(Chistie's Images)

Cofre arábico-siciliano, normando, século XII, decorado com imagens e arabescos, pintado sobre marfim.
(Staatliche Museum, Berlim. Bridgeman Library).

Miguel Servet (1151?-1153), erudito visionário, humanista cristão, descobridor da pequena circulação, apoiante da crença num Deus único, não dividido em três pessoas; queimado na fogueira em Genebra, em 27 de Outubro de 1553, por negar a Trindade.
(De Alexander Ross, Pansebeia, *edição de 1664; colecção privada).*

Edward Pocoke (1606-1691), primeiro professor laudiano de Árabe da Universidade de Oxford, contrário aos mitos obscurantistas, entusiasta do saber e da poesia árabes. Imagem de Silvester Harding; da edição de 1806 da *Specimen Historiae Arabum*. *(Colecção privada).*

Sir Anthony Sherley, retrato gravado, 1612, holandês.
(De Samuel Chew, The Crescent and the Rose, *Oxford University Press, 1937).*

Lady Mary Wortley Montagu, atribuído a Jonathan Richardson. *(Bridgeman Library).*

Frontispício de *Hayy ibn Yaqzan*, de Ibn Tufayl, na edição latino-árabe de Pococke, 1671: assinatura do possuidor, James Harris de Salisbúria, linguista teórico dedicado à cultura islâmica, amigo e libretista de G. F. Handel, correspondente de Henry Fielding. *(Colecção privada).*

Hayy e Asal, dois contemplativos racionais, entrando numa mesquita de estilo Queen Anne, estranhamente decorada com estátuas de Avicena e Averróis; encimada com a legenda "D. O. M." *(Deo Optimo Maximo - a Deus, o Melhor e o Maior)*, uma inovação adequada a cristãos e muçulmanos: frontispício da edição de 1708 da tradução de Simon Ockley do original de ibn Tufayl. O texto na base pode ser traduzido como "Porque as coisas invisíveis de Deus tornam-se manifestas com a criação do mundo".
(Colecção privada).

"Uma curva difícil da passagem de Shipka": legenda contemporânea de um episódio (a norte de Plovdiv, Bulgária) da guerra russo-turca de 1877.
(Colecção privada).

O cerco de Viena, em 1683, a partir de uma imagem de Ortelius. (*Reprodução do século XVIII; colecção privada*).

Sir Robert Cecil deixou bem claro quais os pontos de vista da sua soberana numa carta dirigida a Robert Lelo, o embaixador inglês em Constantinopla. "Posto isto, o desagrado anterior de Sua Majestade para com ele aumentou."([314])

Uma vez livres, viajaram para norte, para Arcangel (que então se chamava S. Nicolau) e tomaram um navio para o porto alemão de Emden, onde chegaram em Agosto de 1600. Atravessaram a Saxónia em direcção a Leipzig. Em Praga, foram recebidos pelo imperador Rodolfo, que ordenou uma recepção de 300 cidadãos a cavalo e 15 carruagens, "honrosa no mais alto grau". Houve conversações sobre comércio e armamento, mas não se chegou a nenhuma conclusão, porque o estatuto da embaixada não era claro e também porque Sir Anthony tinha uma natureza difícil, "irascível, opiniosa, truculenta e turbulenta"([315]).

O grupo prosseguiu para Munique, Innsbruck, Mântua, Siena e Roma. Em Siena, o conflito entre os Persas e os europeus estalou de novo. Os Persas diziam que deviam ser entregues ao papa 32 caixas de presentes, uma "oferta de elevado significado". Todavia, tais caixas não existiam. Sir Anthony vendera-as ou trocara o seu conteúdo por outras coisas no decurso da viagem. O cardeal enviado pelo papa para preparar a entrada do grupo em Roma foi obrigado a servir de mediador e a acalmar os ânimos ([316]).

Em Abril de 1601, os embaixadores fizeram uma entrada de Estado em Roma, onde foram alojados com estilo num palácio. Todavia, as aspirações de grandeza ficaram frustradas devido às discussões constantes entre Sir Anthony Sherley e Hussein Ali Beg. Chegaram a vias de facto, por causa da questão das precedências, um pouco antes da sua soberba entrada na cidade santa, como ficara planeado ([317]). O papa Clemente VIII sentiu-se obrigado a conceder--lhes audiências em dias separados. O inglês foi recebido em primeiro lugar. Sherley, revelando ser um mestre em mentir de forma oportunista, declarou que, no que respeitava ao xá Abbas, Deus tinha "tocado tanto o coração do seu senhor que ele e todo o seu reino poderiam ser convertidos"([318]).

Enquanto estava em Roma, o grupo também encontrou Will Kemp, o principal dançarino e comediante isabelino. O encontro proporcionou o ponto de partida duma cena duma peça de teatro sobre os Sherley escrita por John Day e outros, intitulada *The Travails of the Three English Brothers*. (John Day fora estudante no Caius College, em Cambridge, mas fora expulso por ter roubado um livro.) Algumas cenas revelam a existência de uma certa familiaridade entre Anthony Sherley e Kemp.

Sherley ficou ao corrente dos rumores acerca do teatro londrino. É possível que Will Kemp e ele tivessem laços familiares, porque o nome de solteira da mãe de Sherley era Kempe. O conhecimento entre Sherley e Kemp constituiu a base de uma fantasia concebida pelo reverendo F. Scott Surtees, que afirmou em 1888 que Anthony Sherley escrevera as peças de Shakespeare. Contudo, é realmente possível que notícias sobre as actividades de Sherley estejam por trás de uma observação de Fabiano em *Noite de Reis* (1602): "Não cederei a minha parte nesta zombaria por uma pensão de milhares paga pelo sufi!"([319])

Nesta altura, a fortuna de Sherley, longe de mostrar sinais de que recebia uma pensão, estava a diminuir. O papa Clemente VIII não se deixou impressionar por ele, e Sherley em breve teve de deixar Roma. Os rumores circulavam à sua volta: "Um dia o dinheiro falta-lhe e noutro abunda." "Fez com que muitos perdessem muito dinheiro e as lamentações fazem-se ouvir em alta voz." Mandado embora pelo papa, foi obrigado a assumir o papel de espião, mantendo-se um passo à frente dos agentes do império turco, o poder contra o qual tinha conspirado. Nunca regressou à Pérsia. Nas cidades italianas foi tocado pelo infortúnio. Foi atirado de uma ponte em Veneza. Acreditava ser o alvo de Thomas Wilson, o agente da rainha Isabel I em Roma. Uma enorme embaixada comercial oficial da Pérsia foi recebida com grande pompa em Veneza, em Março de 1603, minando completamente o estatuto e a credibilidade de Sherley: foi preso. "Atingi o ponto limite", disse ele ([320]).

No entanto, a sorte melhorou um pouco com a ascensão ao trono de Jaime I. O monarca Stuart não tinha tempo para se ocupar da Turquia otomana e revelou alguma simpatia por Anthony Sherley, embora Cecil lhe aconselhasse cautela. O inglês obteve uma licença "para permanecer além dos mares". Manifestamente, não lhe foi permitido regressar à Inglaterra. Não tinha paz e o novo período de peregrinação ficou assinalado pela dura expulsão final do território de Veneza, formalizada em Dezembro de 1604. Depois de uma estadia em Marrocos, onde durante dois anos a política local lhe forneceu campo de aplicação para os seus talentos conspirativos, transferiu-se para Espanha e o trajecto da sua vida torna-se difícil de seguir. A mistura de oportunismo, fanfarronice e fantasia fica cada vez mais emaranhada à medida que perde substância. Discutiu com o seu irmão Robert em 1611. Caindo em grande pobreza, ainda conseguiu envolver-se em conjuras e planos em meados da década de 20 do século XVII. A última referência a ele ainda em vida é de 1636, após o que se perde o seu rasto ([321]).

Robert Sherley ficou como refém na Pérsia, em 1599. Tinha à volta de 20 anos e, sendo refém inglês, tinha de se comportar com tacto e discrição. Porém, em 1601 houve uma oportunidade de revelar o seu valor. Nesse ano, o xá Abbas voltou a entrar em guerra com os Turcos otomanos, quando as relações dos Ingleses com o sultão eram mais cordiais. Os Persas obtiveram uma vitória decisiva e num dos seus recontros – uma batalha pela cidade santa xiita de Karbala – Robert Sherley foi ferido. Em breve Robert estava a comandar a defesa duma posição fortificada que dominava a estrada desde o Leste da Pérsia até Isfahan. Robert também casou com uma nobre circassiana, Teresa Sanpsonia, que era parente de uma das mulheres do xá. Thomas Fuller disse dela que "tinha mais ébano do que marfim na sua tez. No entanto, era bastante amável e muito corajosa". O retrato dela feito por Van Dyck quase não dá razão ao comentário sobre o ébano, mas revela a sua vitalidade e o seu estilo ([322]).

Robert não teve notícias do seu irmão nem da delegação da embaixada durante anos. O xá Abbas mostrou paciência para com estes reféns bem-nascidos, apesar de não retirar nenhum benefício da embaixada conjunta. Robert dirigiu cartas angustiadas ao irmão: "Quase já não penso em obter qualquer ajuda para a minha libertação deste país" (1605), "Irmão, por amor de Deus, ou faz, ou não prometas nada!" (1606) ([323]).

Porém, foi por essa altura que a sorte mudou. Um grupo de missionários carmelitas chegou a Isfahan e o xá mostrou interesse por eles. A natureza precisa da atitude do xá Abbas para com o Cristianismo é controversa, mas neste caso mostrou o seu favor, permitindo a construção de uma igreja de Jesus e Maria em Isfahan. Astutamente, Robert Sherley e a mulher conseguiram entrar para a Igreja Católica Romana ([324]).

Então, como se tivesse sido tocado por um talismã, Robert Sherley obteve uma nomeação magnífica. Seria o embaixador de Sua Majestade o xá nas cortes da Europa, um belo posto para um flibusteiro inglês. Ao contrário do intento do seu irmão, a tarefa de Robert era mais limitada e objectiva e, não fazendo parte de uma delegação, estaria livre das loucuras e vaidades dos outros, ainda que fosse para realizar as suas.

O xá Abbas entregou a Robert as cartas adequadas. Para Jaime I, o xá fazia notar que os carmelitas "trataram connosco, em nome dos Príncipes Cristãos, que o Turco deveria ser atacado de diversas formas, para que, por fim, seja totalmente aniquilado, nós deste lado e eles [ou seja, os Príncipes Cristãos] do outro. Por nossa parte, não deixámos de fazer o que nos cabia e agora estamos novamente prontos com um exército poderoso. Desse lado, que pode trazer-lhe mais prejuízo se for atacado, referimo-nos até ao presente às vossas melhores deliberações. Mas agora escrevemos-lhes para que venham por duas rotas, quer dizer, por Alepo e por outra qualquer, consoante lhes for mais conveniente, e nós dirigir-nos-emos para Diarbeca e Natólia. Determinamos assim (com a ajuda de Deus) arruiná-lo e apagar o seu nome para que as fronteiras cristãs e as nossas se possam unir e como vizinhos possamos fazer crescer a nossa amizade"([325]).

Robert Sherley deixou a Pérsia em 12 de Fevereiro de 1608, segundo diz Thomas Glover. Este, como embaixador em Constantinopla, ia vigiando os passos de Sherley no interesse da Levant Company, porque, apesar da mudança de política em relação à Turquia provocada pela ascensão de Jaime I ao trono, as realidades comerciais anglo-levantinas ditavam uma atitude hostil para com os projectos dirigidos contra os Turcos, como sucedia com os dos Sherley ([326]).

Robert atravessou o mar Cáspio, como o irmão e o seu grupo haviam feito nove anos atrás, depois passaram pelo Sul da Rússia até Cracóvia, a capital da Polónia. Um panfleto estranho de Thomas Middleton, o dramaturgo (autor de *Women Beware Women*), oferece-nos uma descrição completa das actividades de Robert desde a sua recepção pelo rei Segismundo III. Middleton designou o embaixador como Mercúrio, o mensageiro dos deuses. A própria Pérsia aparecia como o grande império da Antiguidade e da Antiguidade Tardia, o que permitiu noutro lado um disfarce ficcional adequado para o império do xá Abbas ([327]).

Seguindo novamente a rota do seu irmão, em Praga visitou o imperador. Aqui havia grandeza, estima e lisonja. Rodolfo concedeu o grau de cavaleiro ao enviado, mas nada de concreto foi alcançado. Apesar do seu claro desígnio, a embaixada de Robert estava cada vez mais a parecer-se com a do irmão. Prosseguindo para Florença, impressionou todos pela qualidade e o colorido fantásticos das sedas persas que usava, mas, acrescentou o enviado veneziano num aparte, "ele consegue as coisas, mas não paga."([328])

Conseguiu realizar uma entrada deslumbrante em Roma, em Setembro de 1609, acompanhado por um grupo de 18 elementos, oito dos quais usavam turbantes como ele próprio. Em contraste com a discussão do seu irmão acerca das precedências, Sir Robert introduziu-se sem se fazer notar, tendo o seu caminho facilitado pelo sucesso dos carmelitas na Pérsia. Sua Santidade recebeu-o na Sala da Assinatura na presença de 12 cardeais. Sir Robert provocou vários murmúrios entre os observadores do Vaticano ao aparecer em trajos orientais e com o seu turbante adornado com um crucifixo, turbante que retirou na presença do papa, cujo pé beijou. O turbante adornado com o crucifixo não foi esquecido tão depressa. Sir Robert Sherley pertencia ao Oriente ou ao Ocidente? Era um deles ou um dos nossos? Seria um traidor cultural ([329])?

Foi esboçado o plano habitual de aliança entre a Pérsia e a Europa contra a Turquia. Tudo se passou da forma mais amigável, trocaram--se cartas e foi concedida uma bênção apostólica. No dia seguinte, Sir Robert foi ver os arredores da cidade santa, mas não se negociou nada digno de nota. A nova embaixada estava a esgotar-se. O irmão mais novo viajou também para Espanha ([330]). Os seus planos mudaram, deixando de se centrar no pensamento estratégico internacional e passando a dedicar-se à questão mais humilde de regular o comércio da Pérsia com a Espanha através de Ormuz. As negociações foram frustradas pelo rei de Espanha, por isso Robert virou a sua atenção para o seu soberano natural, o rei Jaime I. Anthony, vivendo em Madrid quase na pobreza e proibido de regressar a Inglaterra, irritou-se com o seu irmão por planear fazê-lo e procurou convencer o ministro espanhol a impedi-lo. Robert teve receio de que fossem exercidas violências e comunicou a sua apreensão ao agente inglês, Francis Cottington, que lhe acalmou os nervos e lhe garantiu que era possível sair secretamente de Espanha. O momento de inquietação passou e em Junho de 1611 Sir Robert Sherley deixou o país em direcção à Inglaterra ([331]).

Como seria Robert Sherley recebido na pátria? Ele era um enviado de uma potência estrangeira e devido à sua ligação com o irmão poderia ser considerado um fora-da-lei. Todavia, tinha ajudado a enfraquecer a ameaça turca sobre a Europa. Isso tinha-lhe granjeado alguma popularidade. Por causa das conquistas persas, Sir William Alexander, o conde de Stirling, haveria de escrever no seu extenso *Doomesday*: "Entre Turcos e Cristãos agora não soam as trombetas"([332]). Qualquer que fosse a deslealdade que os Sherley tivessem praticado para com o seu monarca e o comércio do seu país, no contexto mais amplo do futuro da Europa eles tinham conseguido algum alívio relativamente a um temido invasor de leste, cujo ataque final a Viena estava ainda por acontecer. O Império Otomano poderia ter sido o aliado não referido da Inglaterra contra a Espanha, todavia, nas mãos de sultões competentes ou de astutos grão-vizires, era uma ameaça para toda a Europa. Se a Inglaterra se visse a si mesma apenas como uma ilha, Sherley seria considerado traidor, mas se se considerasse parte da Europa, o seu papel seria tido como benéfico.

Os planos de Robert Sherley para uma aliança persa não foram levados a sério em Inglaterra, embora se tivesse manifestado interesse no comércio com a Pérsia. O inglês de turbante esperou uma convocatória da parte do rei, permanecendo em Wiston, a casa de onde saíra ainda jovem, doze anos antes, e que estava então arruinada e a desagregar-se. Os seus ocupantes, para quem o mundo, ao tempo de Isabel I, parecia tão cheio de oportunidades, estavam agora meio mortos, na prisão ou na pobreza. O seu pai estava vivo, mas cheio de dívidas. Thomas, o filho homónimo, que estivera na prisão na Turquia e na Inglaterra, estava também sem dinheiro. Anthony Sherley vivia numa obscuridade amaldiçoada em Madrid. No entanto, o exotismo da mulher circassiana de Robert Sherley veio alimentar os mexericos, as piadas e os dramaturgos.

Obteve finalmente uma audiência com o rei Jaime I em Hampton Court, em 1 de Outubro de 1611 ([333]). Robert Sherley deitou-se no chão em frente do seu legítimo soberano e pediu perdão por ter aceite um cargo de um soberano estrangeiro. Jaime I foi indulgente e perdoou. Antes de decorrer a audiência, diz-se que havia preocupação quanto à vestimenta diplomática. Ninguém sabe se Robert Sherley usou o seu traje e o seu turbante ou se se vestiu como um europeu. Parece provável que Jaime I lhe tenha autorizado a que se vestisse como um oriental, na condição de tirar o turbante no momento crítico. Desta forma, as sensibilidades orientais e ocidentais ficariam satisfeitas e a questão da traição cultural seria torneada.

Robert permaneceu cerca de 18 meses em Inglaterra. Teve dificuldades, mas teve também a alegria de Teresa ter dado à luz um filho. Henrique, príncipe de Gales, concordou em ser o padrinho, e Robert, em sua honra, deu ao filho o nome de Henrique. Robert escreveu ao príncipe no seu estilo próprio, complicado e iletrado:

> Muito ilustre Príncipe. As grandes honras e favores que Vossa Alteza teve a amabilidade de usar comigo levaram-me a escrever estas poucas linhas para suplicar a Vossa Alteza para baptizar um filho que Deus me deu. Vossa Alteza com isso fará feliz o vosso servo, cuja única aspiração é prestar a Vossa Alteza algum serviço importante, digno da estima do vosso principesco ânimo. Não tenho a pena de Cícero, mas não queria ter a intenção de dizer a Vossa Alteza altos elogios que se dizem em nações estrangeiras

e a Príncipes poderosos. Digo para mim que o vosso espírito tão altamente nascido irá ser famoso nesta época de grandes ambições dos Príncipes. Para além disso, serei sempre o mais humilde e obediente servo de Vossa Alteza.

Robert Sherley ([334])

Os seus contactos de negócios em Londres foram infrutíferos. O principal problema era a importação de seda da Pérsia. A seda era um monopólio real e detinha uma grande importância. Havia três possibilidades. Uma era manter o comércio pela sua rota actual, através de território otomano (uma rota que proporcionava lucros elevados à Levant Company). As outras duas eram, ou desviá-lo pela rota do mar Cáspio e do rio Volga através da Rússia, ou pelo Sul, através do golfo Pérsico, o oceano Índico e contornando a África. Esta terceira opção, enviando a seda através de território que era controlado pelos Portugueses, só seria praticável se fosse possível assinar um tratado com a Espanha ([335]).

A rota através da Rússia e do mar Cáspio não era bem vista pelos mercadores. Tiveram lugar negociações complexas, com a participação de Sir Thomas Roe, antigo embaixador em Constantinopla. A opinião de Roe sobre Sherley era que "é tão desonesto quanto subtil". Todavia, estas ideias só podiam ser o resultado dos preconceitos de alguém cuja tarefa fora estabelecer boas relações com a Turquia e que tinha de enfrentar quem se empenhava em contrariar semelhante pacto. As negociações terminaram de maneira algo abrupta e, para surpresa de negociadores experimentados como Roe, com os Portugueses a serem expulsos de Ormuz, em 1622, devido a um ataque naval inglês, que iniciava assim 350 anos de controlo, ou semicontrolo, britânico no golfo Pérsico ([336]).

Os esforços de Robert para interessar os mercadores pelas sedas persas também falharam. Consideraram que o produto não tinha a qualidade exigível. O agente inglês em Espanha fez saber que alguns dos antigos amigos espanhóis de Robert propendiam naquela altura "a dar-lhe o nome de Intrujão e de Falsificador". Dizia-se que distribuía indulgências papais ([337]).

Ainda tinha a consideração e a amizade de Jaime I. Sua Majestade, sem interesse pelo comércio com a Turquia, levou a sério o oferecimento feito pelo xá Abbas do direito de os navios ingleses entrarem nos portos persas se acontecesse um novo conflito com a Espanha.

Robert regressou de barco à Pérsia em Janeiro de 1613. A longa viagem pouco dava que contar, e o grupo desembarcou finalmente em Lari Bandar, na foz do Indo. Tiveram uma recepção hostil por parte dos colonos portugueses, que estavam na sua última década de supremacia comercial. Viajando para Surat, foram amavelmente recebidos pelo grão-mogol Jahangir. Jahangir tentou convencer Sherley a deixar o emprego do xá e ofereceu-lhe um elevado salário para que trabalhasse para si, mas Sir Robert recusou. Partiu com prendas de elefantes e "uma enormíssima quantidade de moedas"([338]). Respeitosamente, Sir Robert deu os elefantes ao xá Abbas.

O xá Abbas ainda depositava alguma confiança no seu embaixador, apesar de este pouco ter a mostrar em resultado dos seus esforços. Por isso, não havia outra alternativa que não fosse enviá-lo novamente à Europa para tentar realizar o objectivo de uma aliança.

Só ouvimos falar de Robert Sherley já em Madrid, em 1617, onde permaneceu cinco anos. Francis Cottington observou: "Os dois irmãos estão muito zangados." Entretanto, a East India Company ficou seriamente interessada no comércio da Pérsia. Um dos seus agentes, Richard Steele, tivera conversações com Sherley, em Isfahan, em 1615, e agora outros dois agentes estavam em conversações com o xá na ausência de Sherley. As suas negociações eram contrariadas pelos Portugueses, mas como estavam prestes a ser afastados de cena, as suas objecções não tinham peso.

Sir Robert e Lady Sherley vaguearam novamente pela Europa, como celebridades a envelhecer, hoje em Roma, amanhã em Londres. John Chamberlain comentou em Janeiro de 1624 que "Sir Robert Sherley, com a sua mulher persa, está novamente próximo de nós, abandonou as ilusões, penso eu, porque não consigo perceber onde andou todo este tempo"([339]). Foi novamente recebido em audiência por Jaime I e novamente o turbante constituiu um problema: retirá-lo seria uma ofensa ao xá e não o retirar constituiria uma ofensa a Sua Majestade. Há provas de um compromisso. Sir Finnett afirmou que Sherley retirou o turbante, depositou-o aos pés do rei e voltou a colocá-lo. Também se curvou até abaixo, tocando primeiro o chão com a mão direita e depois com a cabeça ([340]).

As conversações, que eram então apenas de natureza comercial, parecem terem registado progressos, mas naufragaram porque a Levant Company e a East India Company não queriam reduzir o comércio com a Turquia nem formar uma companhia para a Pérsia.

Dificuldades, cautelas: o caminho de Robert Sherley era tão pedregoso quanto um trilho na província de Khorasan. Nesta altura ficou em ruínas. Jaime I faleceu e as negociações findaram, embora Sherley tivesse conseguido novamente uma audiência com Carlos I para algumas "palavras de cumprimentos de condolências". Porém, depois disso a sua vida transformou-se numa farsa cruel. Apareceu em Londres um embaixador persa rival, alegadamente enviado pelo xá Abbas, mas de facto designado "pelas intrigas da East India Company"([341]). O seu nome era Naqd Ali Beg e através dele a Companhia esforçou-se com determinação impiedosa por desacreditar Sherley. A sua direcção apoiou entusiasticamente Naqd Ali. Sir Robert, fazendo apelo a toda a dignidade que podia ter nestas circunstâncias humilhantes, visitou-o e submeteu-se-lhe, acreditando que era um verdadeiro enviado do xá. Quando Sherley se aproximou dele, Naqd Ali "arrancou-lhe subitamente as cartas, rasgou-as, e golpeou-o na face com o punho". Robert Sherley, demasiado educado para responder, ficou abalado com a experiência ([342]).

Houve escândalo na corte. Mais tarde, quando Naqd Ali foi admitido perante o rei, comportou-se arrogante e insolentemente com Carlos I, quase não se curvando, e virando-lhe as costas quando foi dispensado ([343]).

Os Lordes em Conselho foram obrigados a devolver ambos os enviados à Pérsia, para que o xá revelasse qual era o falso. Ao mesmo tempo, foi enviado a Isfahan um embaixador inglês, Sir Dodmore Cotton, escoltado por Thomas Herbert. Os dois enviados persas rivais não podiam viajar juntos, por isso, supervisionados pela East India Company, partiram dois navios, um novo, o *Mary*, que foi facultado a Naqd Ali, enquanto Sherley e Cotton foram obrigados a atravessar os mares num navio mais velho, o *Star*, em acomodações que foram descritas como "casotas de cães". Foi concedida uma verba para vinho a Naqd Ali, mas não a Sherley e Cotton. Deste modo, os comerciantes das Índias Orientais vingavam-se dos irmãos Sherley ([344]). A longa e entediante viagem terminou com o desembarque em Swally, perto de Surat, onde os acontecimentos tiveram mais uma reviravolta dramática: Naqd Ali suicidou-se ao tomar uma dose excessiva de ópio com receio de confessar na presença do xá a fraude cometida pela Companhia ([345]).

O próprio Sherley chegou junto do xá, que estava no seu retiro de Verão, em meados de 1628. Já não era o jovem rei visionário de trinta anos atrás, mas um tirano brutal a envelhecer, que assassinara o seu filho mais velho e cegara o mais novo. Sherley trazia uma carta de Carlos I que explicava o embaraço diplomático e que revelava evidente simpatia para com Robert Sherley, mas um agente da corte mostrou-o apenas brevemente ao xá e depois ocultou-a. A suspeita recaía novamente sobre a mão ardilosa da East India Company. O resultado foi que o xá Abbas se virou súbita e enraivecidamente para Sir Robert, ordenando-lhe "que partisse do seu reino, por ser velho e incómodo". Foi um golpe esmagador e confirma em muito a avaliação que Sir Thomas Roe fez do xá Abbas: "A tendência do rei é ser muito familiar com estranhos se tiverem dinheiro. Para o obter, nenhum homem lhe pode escapar. Depois de os ter espoliado, mostra não os conhecer"([346]).

Robert Sherley ficou destroçado pela ordem do xá e duas semanas mais tarde morreu em Qazvin, ironicamente, o cenário do primeiro grande encontro entre o xá Abbas e os irmãos Sherley, em 1599. Thomas Herbert redigiu um epitáfio:

> Ele foi o maior viajante do seu tempo e nenhum homem comeu mais sal do que ele, nenhum experimentou mais as mudanças da sorte. Tinha o coração mais livre de todos os homens: a sua paciência era mais filosófica do que o seu intelecto, tendo pouco conhecimento das Musas. Muitas cidades viu, muitos montes subiu e muitas águas saboreou. E todavia, Atenas, o Parnaso, Hipocrene eram-lhe desconhecidos, porque as suas ideias dispunham-no a outros empreendimentos: saboreou variados favores principescos [...] e do monarca persa se enriqueceu com muitos serviços meritórios, mas obteve menos [...] quando mais merecia e mais esperava. Incluam-me entre os que lhe prestam homenagem, e este mesmo quer nela os troféus engrinaldados e os hieróglifos de honra para ilustrar o seu miserável sepulcro (a sua virtude pode enfrentar esses pavões de vaidade, *Facta ducis vivunt* [os actos do grande homem vivem] até que outro o faça melhor). Aceitem esta *Ultima amoris expressio* da parte de quem durante tanto tempo com ele viajou, que tanto a ele honrou.
>
> Depois de trabalhos em terra e muitas tempestades no mar,
> Como repouso do idoso Sherley este montículo irá ficar.
> Ele bem viu armas, homens e estranhos costumes
> Em muitas terras. Desejar o mesmo é o que nos une.
> Mas o rumo mudou quando aguardava, bem cumprido
> O mandato, que o tirano persa fosse servido.

Quando vivente, não tinha onde repousar o olhar
Quem sob esta porta está. Vejam as Fortunas troçar!
Com que tristes pensamentos o espírito do homem tanto tempo
/ se espera envolver,
E não com as suas, mas com as perdas dos outros aprender ([347]).

As vidas de Anthony e Robert Sherley teriam algum sentido ou significado mais fundo, para além das características reconhecidas de espírito de flibusteiro, oportunismo grosseiro e uma capacidade inesgotável de jogar com o destino?

Os seus esforços não conseguiram dar origem a uma política inglesa para a Pérsia. Neste campo, foram os princípios de Isabel I que vingaram. A Inglaterra nunca julgou proveitoso nem oportuno ser amiga da Pérsia, excepto apenas marginalmente. Nunca houve nada de essencial nas relações anglo-persas como havia nas relações anglo-turcas.

Todavia, no mundo mais vasto da diplomacia europeia, houve alguns momentos breves em que a sua associação com a Pérsia reduziu a ameaça otomana à Europa. Os Sherley podem ter sido maus Ingleses, mas foram bons europeus, razão pela qual a Inglaterra também deveria ficar agradecida.

Havia uma atracção romântica pelo Oriente? Os irmãos Sherley terão sido os primeiros ingleses a ser atraídos pelo Oriente, pelos apelos de uma paisagem rude e inesquecível e de uma cultura antiga e auto-suficiente? É duvidoso. Não havia nada de sonhador nem de arrebatado nas atitudes de qualquer dos irmãos. As suas vidas e a sua correspondência dão a impressão de exercerem uma tarefa que a si mesmos impuseram e com uma determinação e uma habilidade que lhes eram peculiares. Anthony Sherley acreditou que encontrara um nicho do mercado na diplomacia internacional e procurou ocupá-lo. O seu irmão acompanhou-o, mas, sendo mais novo e tendo passado mais tempo na Pérsia, cresceu o suficiente para se revelar mais concentrado no seu objectivo e, de alguma forma, menos desonesto que o seu irmão, embora também fosse capaz de enganos. Os irmãos Sherley não foram mais do que diplomatas *freelance*, movimentando-se bem no palco do mundo, mas possuindo o mais novo um pouco mais de convicção interior. Robert Sherley, para além de reestruturar o exército persa e com isso enfraquecer a capacidade turca de se arriscar numa guerra contra a Europa, era também um homem de dois mundos, um fiel servidor do xá e um homem cuja deferência para com o seu soberano natural era também honrosa. Provou que se podia estar bem integrado no Oriente e no Ocidente e que a angústia da traição cultural apenas constitui problema para os que só possuem experiência de uma cultura – ou de nenhuma.

A ideia de uma aliança efectiva entre a Pérsia e a Europa para esmagar a Turquia era irrealizável e os líderes mundiais com quem os irmãos falaram compreenderam isso. Se os Sherley se tivessem limitado a reorganizar o exército persa e a melhorar a qualidade do comércio da Pérsia, talvez tivessem alcançado mais. A impaciência, o tédio e um traço de loucura ambiciosa levaram-nos a procurar o que estava fora do seu alcance e a atracção pelas grandes alianças induziu-os a conceber fantasias. Afinal, apesar das grandes distâncias e das enormes ambições, deixaram pouca obra feita e não há nada de romântico nas suas carreiras. As areias do deserto sepultaram o que alcançaram. Não há poesia nas suas vidas, excepto a das inconstâncias da fortuna. Talvez tenham experimentado efemeramente a ebriedade do Oriente que atrai os espíritos selvagens, mas é mais provável que, para além do fulgor da aventura, houvesse neles apenas a tentação de enriquecimento próprio.

Capítulo VII

O ensino sob os Stuart e o aperfeiçoamento da razão humana

Apesar da persistência das invectivas medievais em Inglaterra, o mundo islâmico começou a ser entendido de maneira não polémica no final do século XVI e no início do século XVII. George Abbot, que foi mais tarde arcebispo de Cantuária, introduziu um elemento de racionalidade ao comparar as diferenças entre sunitas e xiitas com as existentes entre "papistas e protestantes"(348). Outros começaram também a conceder à razão a sua parte na matéria

Os elementos do clero, que constituíam a classe educada, estavam em condições de ser dos primeiros a falar com propriedade da história oriental e das crenças dessa região do mundo. Naturalmente, muitos deles estavam sobretudo preocupados em refutar os "erros" do Islão. A refutação – ou, mais propriamente, a confutação – do *Alcorão* era o princípio orientador de Sir Thomas Adams quando patrocinou uma cadeira de Estudos Árabes em Cambridge, em 1632 (349). Abraham Wheelock, o primeiro titular do cargo (para o qual foi em grande parte o responsável pela obtenção de fundos), era um dedicado confutador. Mas a Igreja, para além de ser um domínio de polemistas e propagandistas, acolhia também estudiosos honestos. Alguns ministros tinham uma mente relativamente aberta em relação aos temas orientais e ao Islão, ao passo que outros manifestavam apenas curiosidade

Outro aspecto que despertou o interesse do clero pelo Oriente foi a sua importância linguística. Os cristãos de todas as orientações necessitavam de melhorar o rigor dos textos bíblicos e era reconhecido que algumas versões árabes tinham importância textual. O melhor texto do *Diatessaron* de Taciano, uma primeira síntese dos quatro evangelhos, estava escrito em árabe. Esta era também uma língua semítica viva e alguns textos bíblicos em árabe muitas vezes esclareciam versões siríacas anteriores. Esclarecia também o hebraico do Antigo Testamento. Quando no início do século XIII começou a ser escrita esquemática e sistematicamente a gramática hebraica (por David Kimche, ou Qimhi), o seu modelo foi a gramática árabe ([350]). Para se saber correctamente o hebraico era necessário estudar árabe. Era requerido também algum conhecimento de aramaico – a língua que Jesus falava e que se fala ainda hoje em alguns poucos lugares do Levante. Algumas partes do Antigo Testamento estão escritas, não em hebraico, mas em aramaico (conhecido então como caldeu). O trecho mais importante do Antigo Testamento escrito nessa língua é uma passagem do livro de Daniel (de 2, 4 a 7, 28). O texto começa com um discurso de um grupo de Caldeus apresentado na sua própria língua. Embora o texto acabe por reverter para o hebraico, o aramaico, depois do discurso dos caldeus, não é abandonado durante alguns capítulos. É como se um escriba algo sonolento tivesse entrado num caminho fácil enquanto usava o aramaico, que dominava bem, e se tivesse esquecido de regressar à língua oficial. No livro de Esdras há duas passagens em aramaico. No livro de Jeremias há um versículo escrito na mesma língua. As paráfrases bíblicas conhecidas como *targuns* eram escritas em aramaico. Daí a necessidade de conhecer a língua. No entanto, embora os estudiosos sérios reconhecessem que, para resolver algumas questões textuais bíblicas, era necessário estudar outras línguas para além do hebraico, alguns críticos, sobretudo os devotos fundamentalistas como John Owen, pensavam que todo o estudo crítico da Bíblia era errado por princípio, porque punha em causa a natureza providencial do texto e levantava dúvidas sobre a sua origem divina.

Pensava-se que o árabe era uma espécie de complemento mais recente do hebraico. Este era considerado o patriarca das línguas e o primeiro tema de estudo dos investigadores sérios da Bíblia. O aramaico, que também era uma língua semítica, era, por assim dizer, o filho mais velho da sua família linguística, uma vez que tinha expressão na Bíblia. O árabe era um filho mais pequeno. Os estudiosos da história da linguagem, como John Selden, também encontraram nesta lugar para o fenício. Investigações linguísticas posteriores mostraram as falhas desta classificação. Ninguém conhecia o acádio, uma língua semítica aparentada, e o fenício escrito é anterior ao hebraico. Mas a classificação concedia uma posição aos estudos árabes. Por outro lado, o árabe tinha um grande valor prático, porque desde o século IX fora uma língua da ciência, da matemática e da astronomia e era utilizado também no comércio e na diplomacia desde as ilhas Canárias até ao Extremo Oriente. As oportunidades oferecidas pela Levant Company conferiram-lhe um aspecto prático.

Lancelot Andrewes, mais tarde bispo de Winchester, foi um homem de grande saber e vastos horizontes. Em 1576 dominava 15 línguas, incluindo o hebraico e o árabe, e embora nenhuma das suas obras nesta última tivesse sobrevivido, apoiou os esforços de estudiosos posteriores. Por volta de 1585, mas talvez mais cedo, encomendou a feitura de um dicionário árabe e dez anos depois foram entregues as primeiras páginas. Andrewes correspondia-se com eruditos de toda a Europa e em particular com os da Holanda. Reconhecia nos estudos orientais um real valor, e o mesmo se passava com um dos seus correspondentes, o grande académico francês da Universidade de Leiden J. J. Scaliger. Este, numa carta de 1607, acentuou a importância de estudar o árabe. Andrewes, devido à sua compreensão da importância dos estudos orientais, acrescentou-lhes uma dimensão eclesiástica viva que ia além da preparação de textos ou do antagonismo polémico. Começou a ponderar a possibilidade de construir uma ligação entre o anglicanismo e a ortodoxia oriental. A força desta ideia foi crescendo e esta alcançaria a sua forma definitiva nas décadas seguintes ([351]).

O princípio orientador era redescobrir uma tradição autêntica da Igreja Inglesa moderada. A Igreja Anglicana transformar-se-ia então no núcleo de uma igreja centrista mundial que lideraria a reunificação da Igreja Cristã. A unidade da Igreja era uma miragem que se esfumava na Europa continental, onde as partes se estavam a afastar para posições cada vez mais extremadas: os católicos, depois do Concílio de Trento, adoptaram uma posição de isolamento autoritário e intransigente, e os calvinistas, tendo assassinado Miguel Servet, estavam igualmente convencidos da correcção divina da sua teologia. No anglicanismo, o partido da Alta Igreja procurava redescobrir as tradições que relacionariam a Igreja de Inglaterra com as raízes primitivas do Cristianismo. Os que sentiam necessidade da tradição no que dizia respeito à Igreja procuravam uma base segura para a moderação, a tolerância e a sabedoria. Os ingleses como Andrewes (ou os irlandeses como James Ussher) olharam para o Oriente, procurando ideais partilhados nos textos dos Padres patrísticos gregos dos primeiros tempos. Procuravam ligações possíveis não apenas com a Igreja Ortodoxa sedeada em Constantinopla, mas também com o cristianismo árabe e aramaico. De um certo número de autores gregos apenas havia textos em tradução árabe, e a teologia dos cristãos árabes da região da Síria e do Líbano não parecia estar maculada nem pela superstição, por um lado, nem pelo sectarismo, por outro. William Bedwell, o "pai dos Estudos Árabes" em Inglaterra, que estudou em Leiden, afirmou o seguinte: "Os textos dos Árabes nada dizem sobre o purgatório, sobre o sacrifício ímpio da missa, sobre a primazia de Pedro e dos apóstolos, sobre a justificação pelo mérito [...] A superstição e mesmo a suspeição estão muito afastadas daqui"([352]).

A ideia de Andrewes de se criarem laços entre as Igrejas Anglicana e Ortodoxa Oriental foi retomada e desenvolvida por William Laud, que, juntamente com o seu soberano Carlos I, era um proponente empenhado da ideia de propinquidade e talvez, em última instância, de intercomunhão com a Igreja Ortodoxa. O rei e o bispo compreendiam o princípio que Andrewes defendia: a Igreja da Inglaterra deveria fazer parte da Igreja mundial e não permanecer apenas uma Igreja reformada local e individual. Era o vaso sagrado que continha "mais verdade" (para usar uma expressão de Rose Macaulay) no seu interior. Laud procurou traçar uma via litúrgica que evitasse os extremos. A sua teologia tinha localizado a origem, a autenticidade interior, da Igreja de Inglaterra na pregação de Santo Agostinho de Cantuária e dos primeiros arcebispos da primeira sé inglesa e, talvez, na primitiva Igreja celta, e não na vida nem nos exemplos de Thomas Cranmer. Laud olhava agora para a Igreja grega, separada de Roma desde o cisma oriental de 1054, como um aliado teológico antigo e natural que não estava esquecido. Roma, que tinha afastado a Igreja Anglicana como cismática, poderia ser vista, se se privilegiasse uma união ortodoxo-anglicana, como sendo ela mesma a vítima do cisma. Estabeleceram-se contactos com Cirilo Lukaris, o patriarca ecuménico de Constantinopla, uma figura complexa que acabou por ser vítima duma conspiração triste e terrível. Foi um homem com uma visão nova e impulsiva que (independentemente da sua teologia, porque sobre a vida deste clérigo oriental invulgar pesam alegações de documentos forjados) procurou firmar contactos teológicos ousados com o mundo cristão mais alargado ([353]).

Em 1624, um erudito alemão errante apareceu em Oxford, a cidade a que Laud se devotara. Matthias Pasor escapara às devastações da Guerra dos Trinta Anos, fugindo da grande cidade universitária alemã de Heidelberg para Leiden, primeiro, e atravessando o mar, depois, encontrando uma trégua intelectual ao longo das margens do Ísis e do Cherwell. Como era característico dos eruditos desta época, era um homem de muitos saberes, sendo linguista (ensinou hebraico), matemático e filósofo. Não era o primeiro estudioso de Oriente a aparecer em Oxford: o erudito copta Joseph Abudacnus (Ysuf abu Dhaqan) permaneceu ali no breve período de 1610 a 1613. Contudo, a impressão que Pasor deixou na Universidade foi mais profunda e duradoura. Para além disso, gostava de explorar novos campos e alguns meses mais tarde foi para Paris para estudar aramaico e árabe com um libanês maronita chamado Gabriel Sionita, ou Jibril al-Sahyuni. Cerca de um ano mais tarde, regressou a Oxford, para ser leitor de hebraico no New College, onde se começava a ensinar quatro línguas orientais. Não escreveu qualquer livro, porque, em primeiro lugar, já se tinham escrito bons livros em número suficiente e não queria sobrecarregar os seus alunos com mais estudos, e, em segundo lugar, para que os livreiros não tivessem de se arriscar a ter prejuízos por sua causa. Parece que se tornou novamente errante e em 1629 trocou Oxford pela Holanda para assumir as funções de professor de Filosofia e Matemática na Universidade de Groningen ([354]).

A prática de académicos como Pasor pode ser posta em paralelo com a abordagem do Oriente por parte de Lancelot Andrewes e William Laud. O seu trabalho consistia em fazer uma revolução discreta que pudesse conduzir a uma aprendizagem séria e a um conhecimento rigoroso, e não a polémicas estrénuas e a antagonismos absurdos. A nova atitude teve ressonância na escrita de alguns poetas. Um deles foi Sir William Alexander, o conde de Stirling, que fora tutor de Henrique, o príncipe de Gales (o jovem padrinho, tristemente falecido, do filho de Robert Sherley, Henrique), e que já encontrámos a escrever sobre a paz trazida à Europa com o termo das hostilidades por parte dos Otomanos. O seu extenso poema *Doomesday* (1614-1637) já foi avaliado por um crítico como um "vasto atoleiro de [...] de epopeia sagrada e monótona" em que "brilham algumas flores". Neste contexto, é notável que tenha apresentado aos seus leitores um dístico que dizia

> A praga espiritual que envenena muitas terras
> Não é o Turco, nem Maomé, o seu santo ([355]).

Stirling via o anticristo na Igreja e na comunidade, e não fora delas. Recusou ver o mau como sendo o outro, aquela coisa ali, a imagem projectada, o objecto da transferência. Observou-o no seu próprio grupo. Isto representava um afastamento em relaçã à atitude medieval. Apesar da sua verbosidade, Stirling ajudou a encorajar um novo modo de conhecimento e de compreensão com base empírica.

Em Oxford, um dos estudantes mais dotados de Matthias Pasor foi Edward Pococke. Nasceu em 1604 em Oxford, onde o seu pai foi professor do Magdalen College. Frequentou a escola em Thame e obteve depois uma bolsa para o Corpus Christi College. Para além do latim, do grego e do hebraico habituais, aprendeu algum árabe com Pasor. Aprofundou o estudo do árabe por volta de 1628 com William Bedwell, em Tottenham. Foi ordenado em 1629 e em breve se empenhava em novos estudos bíblicos. O seu trabalho chamou a atenção do académico holandês G. J. Vossius, que lhe deu a oportunidade de publicar pela primeira vez ([356]).

Como todo o linguista consciencioso, Pococke chegou à conclusão de que tinha de aprofundar a sua experiência neste campo. Conseguiu ser nomeado de capelão dos "mercadores turcos"(*), em Alepo, na Síria. Permaneceu nesta cidade entre 1630 e 1634 ([357]). Alepo era um centro de negócios e de saber e os alepinos ainda hoje se orgulham do seu bom-senso. Têm um ditado, *"el-Halabi chelebi"* – o alepino é um cavalheiro. Pococke encontrou-se com alguns Árabes por quem tinha apreço e que eram atraídos pela sua personalidade humana e inteligente. Um deles foi o seu professor de árabe islâmico, o seu "velho xeque" Fathallah, que "não duvidava de que não deixaria de se encontrar com ele no paraíso", segundo soube por intermédio de um conhecido comum ([358]). A sua situação permitiu-lhe obter um amplo conhecimento da língua, embora tivesse saudades de casa, afirmando que "o meu único lenitivo é a recordação dos meus amigos [...] Penso que quem esteve alguma vez fora de Inglaterra, se regressar a casa, não será fácil de convencer a deixá-la novamente." ([359]) Não obstante, como contou o cônsul inglês ao grande jurista (e arabista) John Selden, Pococke tinha "feito do árabe a sua amante" e a dedicação que lhe votava era grande. Para além de alcançar proficiência linguística, também conseguiu ir adquirindo uma bela colecção de manuscritos, que estão hoje depositados na Bodleian Library ([360]).

Foi como comprador de manuscritos, enquanto trabalhava em Alepo, que Pococke atraiu a atenção de William Laud, que era então bispo de Londres. Teve um grande poder e exerceu uma grande influência em conjunto com Carlos I. Apesar de acreditar que a Igreja anglicana deveria ser moderada na sua teologia, impôs a ortodoxia religiosa com

---

(*) Designação dos mercadores que comerciavam entre o Mediterrâneo Oriental, então sob domínio turco, e a Inglaterra. (*N. T.*)

severidade e rigor, até na fronteira da brutalidade. Tinha uma grande paixão pelo desenvolvimento dos seus conhecimentos e era obcecado pelo coleccionismo. A Universidade de Oxford, de que fora chanceler desde 1630, ganhou em magnificência sob a sua tutela. Enriqueceu o seu velho St. John's College com o esplendor renascentista do Canterbury Quadrangle. Laud compreendeu a necessidade de uma boa biblioteca universitária e de uma editora competente. Dos 1300 manuscritos que doou à Bodleian Library, cerca de um quarto era constituído por exemplares orientais. Ninguém sabe o que motivou Laud para a sua fascinação pelo Oriente. Tal como alguns ingleses mais próximos de nós, talvez se sentisse misteriosamente atraído pela sua história e pela sua cultura e que o seu canto de sereia era irresistível. Talvez a maneira como via o destino do cristianismo anglicano, que deveria ser encorajado a entrar numa forma de associação com a Igreja Ortodoxa Oriental, o tivesse levado a reflectir sobre o Oriente e a acreditar que a grande questão e o grande desafio teriam de ser ali solucionados. Ansiava por manuscritos, aplicando uma espécie de imposto de manuscrito sobre os navios que operavam para a Levant Company. Foi recompensado com inúmeros textos e moedas orientais por parte do capelão-erudito e exultava com o entusiasmo da posse característico do coleccionador ávido. Quando Laud pensou criar uma cátedra de árabe em Oxford em 1634, foi natural que tivesse oferecido o cargo a Edward Pococke ([361]).

Pococke tomou posse do cargo em 1636. Para os realistas e, de facto, para quase todos os que tivessem o sentido da história, este foi um ano com uma força emotiva bastante estranha, que ainda hoje pode tomar conta das imaginações, como a recordação de um perfeito fim--de-semana de Verão saboreado num jardim recatado. Foi o ponto alto do reinado de Carlos I. O país estava em paz e era próspero. Em Agosto desse ano, Laud, enquanto chanceler da Universidade, convidou Sua Majestade para um festival em Oxford durante todo um fim-de-semana e com tantas delícias quantas podiam ser oferecidas pela cidade do saber. Num dos jardins privados de Christ Church, Laud acompanhou o rei e a rainha a várias representações dramáticas, uma das quais foi uma peça de tema oriental escrita por William Cartwright e intitulada *O Escravo Real*. O cenário foi desenhado por Inigo Jones e a música composta por Henry Lawes.

A acção da peça de Cartwright passa-se na Pérsia antiga e na Efésia (na parte ocidental da Turquia actual). Éfeso fora conquistada pela Pérsia. O rei persa Arsâmenes escolhe um homem entre os cativos efésios, decretando que será o rei durante três dias,

ficando investido com a majestade da monarquia e sendo-lhe conce-
-didos os seus privilégios ilimitados, antes de lhe ser cerimonialmente
dada a morte. Acontece, no entanto, que o prisioneiro escolhido,
Cratander, era um filósofo de inclinação estóica e espírito nobre,
completamente diferente dos outros cativos, que eram uns tontos mal
cheirosos. (O papel de prisioneiro-rei foi desempenhado por Richard
Busby, que se tornou famoso mais tarde como mestre da Westminster
School, onde John Locke e John Dryden foram alunos distintos ([362]).
O próprio Busby haveria de introduzir aulas de árabe no currículo escolar
e parece ter escrito, mas não publicado, uma gramática desta língua.
Surgiu um dito acerca dos alunos na década de 50 do século XVII:
"Qui puer huc Anglus venerat, exit Arabs" – o rapaz que aqui entrar inglês
sairá árabe.) ([363]) Enquanto rei, Cratander actua com uma abnegação
nobre e modesta. A música é silenciada, as cortesãs dispensadas.
Os prisioneiros seus companheiros amotinam-se e conspiram para
assassinar o seu rei de três dias, mas ele consegue frustrar a conspiração.
É-lhe oferecida a oportunidade de fugir da Pérsia, mas recusa, chamando
a atenção para o juramento que prestou e para o seu dever. A rainha persa
fica cada vez mais fascinada pela sua elevada nobreza. O momento da
execução de Cratander aproxima-se. É conduzido ao Templo do Sol.
Os sacerdotes preparam-se para o sacrificar, mas o Sol entra em eclipse e
um aguaceiro extingue os fogos do sacrifício. Os céus estão claramente
descontentes com a perspectiva da morte de um homem de tal nobreza.
É poupado e nomeado sátrapa dos Efésios, aos quais, por sua vez, é
concedida alguma autonomia no império persa ([364]).

Esta fábula, que se centra nas noções de realeza, autoridade,
juramento e dever cumprido mesmo até à morte, deveria ter inflamado
a imaginação de todos os presentes. Exerce uma grande atracção sobre
a sensibilidade histórica de hoje. Ficamos cativados por pormenores
como a mudança de decisão por parte do rei e a sua demonstração de
clemência e flexibilidade. A ideia de um actor a desempenhar o papel
de um rei que enfrenta a morte, perante um rei cujo destino mortal
sabemos qual foi contém um grande potencial mítico. Em Janeiro de
1649, Busby era um mestre em oração apenas a duzentos passos do
local da cena melancólica.

Há um outro aspecto deste episódio que se relaciona com a realidade
oriental. Por vezes, nesta época, a Pérsia sefévida podia alimentar
crenças tão supersticiosas como as que eram correntes no tempo de
Heródoto. O Islão xiita não destruíra a camada mais funda das crenças
populares. Em 1591, os astrólogos do xá Abbas disseram-lhe que

seria extremamente funesto para ele continuar no trono nessa altura. Teria de efectuar uma abdicação temporária para evitar uma ameaça sem nome. Foi o que fez. Um não muçulmano, provavelmente um cristão nestoriano chamado Yusufi, foi proclamado rei em seu lugar. Yusuf foi coroado rei e durante três dias dispôs de todos os poderes e privilégios da realeza. Depois, foi-lhe retirado o trono e morto e o xá Abbas retomou o seu reinado. Nesta época, os factos históricos eram menos contemporizadores do que as fábulas dramáticas. É legítimo avançar a hipótese de que, devido à presença dos Sherley e de outros ingleses na corte do xá Abbas, este episódio acabou por ser divulgado e chegou finalmente ao conhecimento dos dramaturgos londrinos, como terá sido o caso de Cartwright ([365]).

No mês da representação da peça em Christ Church, Pococke tomou posse do seu cargo como professor laudiano ([366]). Apenas chegou até nós um fragmento da sua conferência inaugural. Não trata de questões teológicas problemáticas nem de crítica textual, mas das "honras notáveis" concedidas aos poetas pelos Árabes antigos ([367]). Estudou também alguns dos provérbios de Ali, o genro de Maomé. (Dois exemplos: "A oportunidade é rápida a fugir, mas lenta a regressar" "Os homens assemelham-se mais à época em que vivem do que aos seus próprios pais.") ([368]) O cargo de professor implicava dar uma aula de uma hora todas as quartas-feiras às 9 da manhã, na Quaresma e nas férias, e todos os estudantes eram obrigados a frequentá-las, sob pena de multa. (Actualmente, este horário não pode deixar de parecer estranho.)

Apesar do cuidado e da atenção que Laud prodigalizou à sua universidade, parece que a sua opinião sobre o futuro da cátedra de Árabe não era definitiva, porque logo que nomeou Pococke para o lugar enviou-o novamente para o Oriente para mais estudos e para recolher mais manuscritos. Pode ter acontecido que Laud tivesse sido aliciado por John Greaves, membro do Merton College e também professor de geometria no Gresham College de Londres, para adquirir mais manuscritos. Ou talvez um plano que foi discutido para Pococke escrever uma história do Oriente, a dedicar a Laud, a qual necessitava de mais estudos no local, fosse uma tentação demasiado grande para que o destinatário da dedicatória lhe resistisse ([369]).

Procockedirigiu-se a Constantinopla na companhia de John Greaves. O irmão mais novo deste, Thomas, que aprendera árabe com Pocoke, ficou como professor substituto na sua ausência. Durante três anos os dois residiram na capital otomana, ficando na casa do embaixador inglês, Sir Peter Wych. Pococke estabeleceu aqui uma forte amizade com o enigmático Cirilo Lukaris. Estava presente na famosa ocasião em que o patriarca veio à capela da embaixada inglesa para baptizar o filho bebé do embaixador, de quem o patriarca foi padrinho e a quem se chamou Cirilo em sua honra. Este acontecimento parece ter constituído o embrião do desejado entendimento entre as Igrejas Anglicana e Ortodoxa. Pococke também se tornou amigo de Jacob Romano, um judeu otomano notável e erudito, que lhe despertou o interesse pelo judeo-arábico, ou seja, pelo árabe escrito com caracteres hebraicos, e pelo pensamento de Maimónides. É também possível que tenha levado Pococke a interessar-se por um importante romance filosófico árabe que haveria de traduzir mais tarde. Mas em comparação com Alepo, a capital otomana era um vazio intelectual. Pococke estava desapontado por quase não encontrar Turcos cultos. Tinha esperança de visitar o monte Atos, mas a execução peremptória do patriarca Cirilo anulou a possibilidade da expedição e pôs termo a todas as conversações para estabelecer relações mais estreitas entre as duas Igrejas ([370]).

Pococke ainda permanecia em território do Império Otomano em 1640. A situação na Inglaterra inclinava-se para a guerra civil. Em Março, Charles Fettiplace, um velho amigo da família em Oxfordshire, incitou-o a regressar à Inglaterra enquanto Laud o podia ajudar. Adiou o regresso até Agosto e depois deslocou-se lentamente através da Europa, parando para discutir com Hugo Grócio uma tradução para árabe, que estava a preparar, da obra deste intitulada *Sobre a Verdade da Religião Cristã* ([371]). Pococke admirava este livro, que reunia tantas das suas próprias crenças. A sua versão em árabe apareceu em 1660 com financiamento de Robert Boyle. Grócio escreveu sobre o Islão de uma forma que indicava que não se sentia ameaçado por ele, ainda que o seu livro tivesse sido concebido para promover a conversão ao Cristianismo. Afirmava que "por justa permissão de Deus, Maomé plantou na Arábia uma nova religião"([372]). Grócio pensava que os teólogos tinham destruído a unidade e a possibilidade de aceder ao Cristianismo. Os textos dele ignoravam a Trindade, o grande obstáculo entre o Cristianismo e os outros monoteísmos. Também afirmou que a razão e o cepticismo eram ingredientes importantes e até fundamentais da fé cristã ([373]).

Estas concepções estavam a ser desenvolvidas, nesta altura, em Inglaterra, por Lord Falkland e o Grande Círculo de Tew. (Abraham Cowley, que era membro do círculo, escreveu um famoso soneto à Razão e noutro poema reconheceu a dívida que existia em relação ao Islão por ter transmitido os textos de Aristóteles.) John Aubrey chamou a Falkland "o primeiro sociniano" na Inglaterra, apontando a sua predilecção pela razão e a sensação e a rejeição dos mistérios incompreensíveis como a Trindade. (Em que medida seria realmente um seguidor das ideias de Socinus é duvidoso.)([374]) No seu *Discourse of Infallibility*, uma disputa de tipo medieval entre um católico e um protestante racional com uma estrutura semelhante à obra de Chillingworth *The Religion of Protestants*, que não foi publicada antes de 1645, mas circulava como manuscrito no seu tempo, Falkland declara audaciosamente: "Por minha parte, confesso não só que sou um antitrinitário, mas um turco [isto é, um muçulmano], porque me parece em todo o caso haver mais razão para tal do que para o contrário, e o mesmo se deveria passar consigo. De facto, a pretendida infalibilidade da sua Igreja [romana] já não poderia aspirar à sua adesão se V. reconhecesse que há razões para acreditar que é falível, como deveria reconhecer se, depois de ponderadas, parecesse que há mais razões a pender para o lado dos adversários dela."([375])

Edward Pococke, estando fora do país, nunca pertenceu ao Grande Círculo de Tew, mas as ideias expressas pelos seus membros eram muito semelhantes às suas. Também ele defendia que o caminho a seguir pela fé deveria ser o da sua conciliação com a razão e o conhecimento, num espírito de fraternidade. Grócio, Pococke, Boyle, Falkland e Cowley entendiam todos a fé num contexto mais vasto, isto é, no que era formado pela ciência emergente e por um mundo onde não só havia muitas fés, mas também muita gente que podia ser boa independentemente daquela a que aderia. Acreditavam que era possível tornar acessíveis, compreensíveis, os diversos aspectos da fé, mesmo que isso significasse abandonar a linguagem e os mistérios teológicos.

Pococke regressou à Inglaterra em 1641, nas vésperas da guerra civil. O arcebispo Laud fora acusado e estava preso na Torre de Londres. Pococke insistiu em ver o seu patrono, que fora tão poderoso, mas estava agora "encerrado na prisão, aí aguardando as consequências mais amargas da malícia dos seus inimigos e da loucura do povo"([376]). O visitante conseguiu entregar uma mensagem de Grócio incitando-o a fugir. Todavia, Laud, que tinha então 70 anos, declinou a oferta, fazendo notar que se fugisse para França tal seria uma confirmação das suspeitas dos seus inimigos de que era papista em segredo e se fosse para a Holanda seria vítima dos puritanos. Da sua prisão, Laud foi ainda capaz de um gesto magnânimo: atribuiu fundos à cátedra de Árabe que havia fundado, garantindo-lhe assim o futuro. Foram consignadas rendas de terras em Berkshire que proporcionavam um financiamento perpétuo. Entregou também mais manuscritos à Bodleian Library ([377]).

No decurso da guerra civil, Pococke foi afectado devido às suas ligações com Laud. Prudentemente, procurou a sua subsistência na província, a alguma distância dos círculos perigosos da cidade universitária. Em 1643, a sua faculdade em Oxford concedeu-lhe a reitoria de Childrey, uma aldeia que ficava a cerca de uma milha a oeste de Wantage, e aí cumpriu os seus deveres de clérigo sem que qualquer elemento do seu rebanho tivesse dado conta da sua craveira. "O nosso vigário é um tal Sr. Pococke, um homem honesto e simples, mas, senhor [...] ele não é nenhum latinista", dizia um dos seus paroquianos ([378]). Oxford conservou a sua posição de capital realista até 1646, embora tivesse sido ocupada por forças do Parlamento durante o mês de Setembro de 1642. Como cidade com guarnição militar e tendo o aspecto de um aquartelamento, não era favorável ao trabalho sério e continuado. As simpatias de Pococke eram indubitavelmente realistas, mas a sua verdadeira lealdade era para com o estudo Poucas visitas fez à cidade, preferindo trabalhar sem impedimentos na aldeia. No entanto, teve complicações com o Parlamento, que lhe retirou o pagamento que lhe era devido como professor e confiscou a propriedade que Laud designara para financiar a cadeira de Árabe ([379]). Nem todos os paroquianos lhe tinham afecto e respeito. Embora reconhecessem que cumpria os seus deveres com consciência e devoção, foi criticado por carecer do fervor e do entusiasmo característicos da época. A sua pregação foi censurada pela ausência de "acções espaventosas"([380]). Parece que não tinha tempo para aquele zelo hipócrita e servil a que se dá o nome de "unção". Foi alvo de alguns do seu rebanho. Nestes tempos agrestes, recordava a humanidade do povo da Síria e da Turquia, onde as suas conversas sobre temas sagrados levaram pessoas que não eram cristãs a prestar-lhe as suas homenagens ([381]).

Pococke encontrou um espírito afim em John Selden, outro homem que possuía um saber considerável sobre o Oriente (embora estivesse menos bem informado do que Pococke) e era um distinto advogado parlamentar. Era alguém que poderia parecer um opositor político. Todavia, Selden tinha uma grande simpatia humana e era dotado com o que o seu adversário político Clarendon chamou "capacidades e excelências maravilhosas e prodigiosas". Grócio, que divergia dele em matéria de direito, também o elogiou, chamando-lhe "a glória da nação inglesa" ([382]). Pococke e Selden eram de facto amigos dedicados, com o primeiro a corrigir o árabe fragmentado do segundo e este a apoiá-

-lo quando os seus colegas parlamentares deram mostras de fanatismo. Selden mostrou interesse pelo árabe logo em 1614. A sua obra mais volumosa, um estudo comparativo original e mesmo brilhante das crenças pré-cristãs e dos cultos de fertilidade da Síria (*De Diis Syris*, 1617, muitas vezes reimpresso), utilizou fontes árabes, tal como sucedeu com o seu estudo incompleto de 1642 sobre Eutíquio, patriarca de Alexandria do século X. Este último trabalho foi concluído por Pococke na década seguinte e seria alvo de uma crítica demolidora da parte de Gibbon, que dele disse que era "uma edição pomposa de uma obra anódina, traduzida por Pococke para contentar os preconceitos presbiterianos do seu amigo Selden".

Selden, o advogado parlamentar, e Gerard Langbaine, director do Queen's College, asseguraram que as terras que permitiriam financiar a cátedra laudiana seriam restituídas. Entretanto, o fermento das ideias características da época passou directamente para a obra de Pococke. Começou a trabalhar na tradução de um texto árabe do século XII que provavelmente encontrou em Constantinopla e era dedicado a uma questão tão relevante no século XVII como no da sua feitura: a autoridade da razão contra a revelação. Algumas páginas da tradução inglesa deste texto datam do ano em que o seu patrono, o arcebispo Laud, foi executado na Torre de Londres.

À medida que as forças do Parlamento se preparavam para expulsar o rei do seu quartel-general em Oxford também as condições se tornavam cada vez mais perigosas para Pococke. Os soldados estavam aquartelados na sua reitoria aldeã, uma provação ainda maior por ter casado em 1646 com Mary Burdett, "uma senhora muito prudente e virtuosa"[383]. O professor foi declarado "maligno", uma palavra frequentemente utilizada neste tempo e que tinha uma conotação sinistra de totalitarismo. Isto foi intolerável aos seus amigos, que intervieram junto do general Fairfax, do que resultou ter sido deixado sossegado.

A nomeação de "Visitadores" parlamentares para "reformar" Oxford e procurar os "malignos" tornava claro que a pressão iria continuar. Parece que Pococke lidou com as suas visitas não comparecendo muitas vezes às suas intimações e limitando-se apenas a responder afirmativamente à pergunta: "Submete-se à autoridade do Parlamento nesta visita?"[384]. Aparentemente a sua situação melhorou quando em 1648 foi nomeado pelo rei, que estava então preso no castelo de Carisbrooke, para ser o novo professor Regius de Hebraico, com um canonicato em Christ Church. Mas seria prudente aceitar uma posição conferida por um rei que estava prisioneiro, mesmo se ninguém a não ser Sua Majestade o podia fazer? John Selden, na qualidade de representante do seu burgo no Parlamento ou de regulador da universidade convenceu o seu comité a subscrever a nomeação. A posição de Pococke estava segura por enquanto, mesmo se lhe foi recusada a nomeação eclesiástica.

Os Visitadores parlamentares assumiram plenamente as suas tarefas em Oxford, examinando meticulosamente o ensino e averiguando a sua correcção de acordo com o espírito do tempo ([385]). Depois da execução do rei, a situação tornou-se mais precária, não obstante a ajuda contínua de Selden e de John Greaves, que continuava a apoiá--lo, apesar de ter perdido o cargo de professor de Astronomia e ter sido banido da cidade. Pococke continuou a jogar ao gato e ao rato com as autoridades, não assinando um "compromisso" de 1649 (um juramento de lealdade à República Inglesa, abjurando o rei e a Câmara dos Lordes). O comité regulador parece ter ficado irresoluto durante algum tempo. Pococke declarou que "Aprendi, e fiz disso um princípio inalterável da minha alma, a manter a paz, tanto quanto de mim dependa, com todos os homens, a reverenciar e a obedecer devidamente aos poderes superiores e a evitar tudo o que seja estranho à minha profissão e aos meus estudos. No entanto, fazer algo que afecte, ainda que minimamente, a tranquilidade da minha consciência seria mais gravoso do que a perda, não só dos meus bens, mas até da minha vida"([386]). O comité regressou no ano seguinte como que revigorado. Em Dezembro de 1650, expulsou Pococke de Christ Church e realizou uma votação para fazer o mesmo em relação aos seus cargos de professor. A sua sorte parecia ter acabado.

Todavia, a universidade abandonou a sua perseguição, reconhecendo o que significaria a perda de Pococke. Ele era um dos seus grandes valores, mas a sua expulsão devia-se quase exclusivamente ao facto de não se conformar com as posições que eram correntes. Foi feita em seu apoio uma petição pelo vice-chanceler e muitos directores de faculdade. Foi fortemente secundada por Selden e nela era requerida que "a última votação, no que respeitava ao Árabe, pelo menos," deveria ser suspensa, uma vez que Pococke era "uma grande personalidade desta universidade". Quase todos os seus signatários eram homens que tinham sido nomeados pelos Visitadores parlamentares ([387]). As autoridades cederam e Pococke manteve os professorados de Árabe e Hebraico até à Restauração.

No meio das incertezas da expulsão, Pococke ainda foi capaz de produzir uma obra-prima de erudição sobre o Próximo Oriente. Em 1650, apareceu a sua *Specimen Historiae Arabum* ("Uma Parcela da

História dos Árabes"), a tradução de parte de uma obra sobre as dinastias da história árabe, da autoria do bispo sírio do século XII Abulfaraj, também era conhecido como Bar Hebraeus ([388]). Pococke havia estudado este texto durante mais de uma década. A obra publicada foi dedicada a John Selden e a dedicatória foi feita no estilo das obras árabes, não com uma inscrição lapidar a seguir à página do título, mas com uma declaração modesta no fim do prefácio. O mais notável neste volume não era tanto a edição crítica do texto (que cobria apenas 15 páginas de árabe, face a um igual número de páginas da tradução latina), mas as notas de Pococke, que, pela primeira vez, exploravam de forma séria e racional, em 357 páginas, a história, a literatura e a cultura islâmicas (e pré-islâmicas). Como seria óbvio, o seu texto ilibava os Árabes da acusação medieval de idolatria; Pococke incluía apenas as crenças e os deveres dos muçulmanos ([389]). Nas palavras do especialista contemporâneo do islamismo P. M. Holt: "Profundamente eruditas quanto ao conteúdo e incontroversas no tom, as notas de Pococke mostram como o estudo académico do Islão abandonava as distorções polémicas medievais."([390]) Durante cerca de 200 anos o seu texto permaneceu uma obra europeia crucial para o estudo sério da história islâmica.

Pococke termina a sua obra com uma citação bíblica reveladora. Depois de salientar que qualquer que seja a nossa opinião sobre a sua religião, os Árabes não eram de modo nenhum, em termos de sabedoria humana, inferiores aos seus leitores em flexibilidade mental ou perspicácia, conclui com um versículo – apresentado naturalmente no grego original – da *Epístola aos Romanos* (11, 20) que a Bíblia do rei Jaime traduz assim: "Não sejas orgulhoso, mas teme."([391]) Hoje o significado é mais bem traduzido por: «Não sejas arrogante, mas permanece no temor». É como se o professor laudiano tivesse olhado para o passado (e possivelmente entrevisto os séculos futuros de arrogância condescendente lançada sobre o Islão e os Árabes) e avisasse quem quer que pudesse ler o seu texto para procurar conhecer e mostrar alguma humildade perante uma grande cultura. O aviso de Pococke é tão relevante hoje como era em 1650.

As controvérsias daquele tempo reflectem-se no texto. Entre os puritanos prevalecia a ideia de que não era correcto conhecer bem muitas línguas, o que resultava do ponto de vista de que demasiado conhecimento linguístico, ou demasiado conhecimento em geral, podia levar a perder a fé. Pococke não acreditava em nada disto. Ao escrever sobre os Abássidas, comentou:

O primeiro a mostrar que era um dos que amavam as nobres artes foi o seu segundo líder Abu Jaafar al-Mansur, que à sua competência em Direito, onde se distinguia, acrescentava o estudo da Filosofia e, acima de tudo, da Astronomia. Mas foi o seu sétimo chefe, al-Mamun, que elevou estas disciplinas às alturas que vieram a atingir. Com a sua dedicação apaixonada a estas matérias e prestando-lhes as devidas honras, foi ele quem recolheu nas bibliotecas reais, mediante os esforços de emissários, os escritos mais importantes da Grécia para poder analisá-los na sua própria casa e aliciou tradutores experimentados para os verter na língua árabe, mediante a oferta de recompensas. Exortava outros a lê-los e acompanhava as investigações dos homens sábios, dando as suas próprias contribuições entusiásticas. Em suma, não deixou pedra por virar com a sua promoção de todas as belas-artes. Foram esforços dignos de um príncipe! Deste modo, o conhecimento acerca delas espalhou-se em pouco tempo de este a oeste, aonde quer que a língua árabe tivesse chegado e a sua religião tivesse sido espalhada pela espada (392).

As notas de Pococke sobre as seitas islâmicas e as suas disputas doutrinais podiam ser lidas por qualquer leitor cuidadoso, por serem relevantes para as discussões correntes na Inglaterra sobre a autoridade religiosa e o estatuto dos textos sagrados. Pococke cita também o ortodoxo e dedicado comentador islâmico al-Ghazali em relação às concepções questionáveis de alguns entusiastas sufis místicos, que deixaram de cultivar o solo por, segundo diziam, terem atingido uma união mística com Deus (393). A tradução desta passagem por Simon Okley em 1708 evidencia a relevância das paixões nesta época. "As pessoas chegam a um tal estádio (*de loucura, podem estar certos,*) que alegam uma união com Deus, uma visão dele sem a interposição de qualquer véu e falar com ele [...] relatos que ocasionaram grandes males entre o povo comum. Alguns camponeses, deixando de lado a sua agricultura, alegaram as mesmas coisas. É que aos homens agrada naturalmente este tipo de relatos, porque lhes dá a oportunidade de esquecerem as suas tarefas e também porque lhes promete uma mente pura e alcançar estádios e dons estranhos. Assim, os que a natureza fez mais estúpidos e desgraçados podem alegar fazer o mesmo e têm nas suas bocas essas palavras falsas e enganosas. E se alguém negar o que dizem, respondem imediatamente que esta incredulidade decorre do conhecimento e da lógica e que o conhecimento é um véu e que a lógica resulta do cérebro, mas que as coisas que afirmam apenas são descobertas interiormente pela luz da verdade."([394])

Na paróquia surgiram novos problemas. Membros extremistas da congregação de Childrey tentaram que Pococke fosse expulso mediante a aplicação de uma nova lei que afastava "os ministros ignorantes, escandalosos, incapazes e negligentes". O caso prosseguiu durante alguns meses em Abingdon. Foi novamente salvo por colegas, independentemente das suas próprias facções. O Dr. John Owen, vice-chanceler puritano, avisou os comissários do "desprezo e das críticas infinitas que certamente recairiam sobre eles quando se dissesse que tinham expulso um homem por ser incapaz, mas que todos os sábios, não só da Inglaterra mas de toda a Europa, admiravam precisamente pelo seu vasto conhecimento e pelas suas extraordinárias obras"([395]). A acusação foi abandonada. Uma vez mais o saber e a amizade dissiparam as nuvens do ódio ideológico e do fanatismo popular.

Um outro livro em que ele e o seu filho estavam a trabalhar foi também relevante, umas vezes directa e outras indirectamente, para as disputas e conflitos que ocorreram em meados e finais do século XVII. Foi o romance filosófico para que Jacob Romano pode ter chamado a atenção e de que foram traduzidas algumas páginas em 1645. (Fora traduzido para o hebraico por Moisés de Narbonne em 1349.) O texto completo só foi publicado em 1671, mais de uma década depois da Restauração ([396]). Mesmo então apenas apareceu em árabe e latim. Pococke supervisionou o trabalho, atribuindo grande parte da tradução ao seu filho, Edward Pococke Júnior, na Christ Church, o qual permanece de certo modo na sombra do pai. O próprio texto era da autoria de Ibn Tufayl e intitula-se *Hayy ibn Yaqzan* ("o Vivo, filho do Vigilante"). Ibn Tufayl nasceu em Guadix (Wadi Ash, um dos poucos lugares da Europa onde é possível ao viajante actual encontrar alojamento numa gruta), na Andaluzia, e chegou a ser o médico principal da corte almóada do sultão Yusuf, em Marraquexe. Contribuiu para que Ibn Rushd (Averróis) fosse admitido na corte e para a promoção da sua obra. Morreu com idade avançada, em 1189. Ibn Tufayl foi considerado um pensador neoplatónico, e o título da obra, que implica um intelecto agente que deriva de uma entidade superior, navega nas águas doces do neoplatonismo. No livro, o "Vivo", a Alma, é o fruto da Mente ou Inteligência que não dorme e ambos encontram a sua derradeira morada no Uno, a derradeira unidade de todas as coisas. No texto de Ibn Tufayl, o herói insiste em mostrar que as suas observações o conduzem ao Uno.

Todavia, o conteúdo de *Hayy ibn Yaqzan* abandona o cântico nocturno e perfumado da metafísica neoplatónica especulativa para se virar para o pensamento prático de Aristóteles, ao estabelecer um programa de observações e descrições e de aprendizagem com os erros. Encontramos aqui algo que se aproxima do método científico. Edward Pococke – o mais velho, talvez – deu à tradução que foi publicada um título completamente diferente do que a obra tinha no original árabe. Chamou-lhe *Philosophus Autodidactus*, o filósofo autodidacta (ou "o amante da sabedoria que é um autodidacta"), um título que parece anunciar o novo mundo de John Locke, a filosofia empírica, que confia nos nossos próprios sentidos e nos nossos próprios eus (e não na autoridade dos outros), que assumem a responsabilidade pelas nossas próprias vidas, afastando-se das complexidades decrépitas da escolástica e das obscuridades transmitidas pelo passado. O título só por si indica a ascensão do autodidacta, o banimento das classes e hierarquias e a difusão do conhecimento por todos. No *Philosophus Autodidactus* mostra-se como a mente humana chega às suas ideias a partir da observação e da reflexão, e não a partir de qualquer faculdade inata. Como notou no seu prefácio Simon Ockley – o primeiro a traduzir a obra directamente do árabe –, a finalidade desta era "mostrar como as capacidades humanas, se forem correctamente aplicadas, podem atingir o conhecimento das coisas naturais sem nenhum auxílio exterior" ([397]). A partir deste ponto, ou seja, depois de o mundo natural ter sido compreendido correctamente, dirigimo-nos, segundo o autor, para as coisas sobrenaturais.

Na sua atitude para com o divino, o *Philosophus Autodidactus* era uma provocação, porque o texto de Ibn Tufayl tornava claro que qualquer um poderia chegar ao conhecimento de Deus e harmonizar-se com o mundo natural sem a intervenção de autoridades superiores. Não havia necessidade de comentadores da lei sagrada, milagres, revelações, santos, hierarquias, bispos, clero, sacramentos, cerimónias, livros sagrados ou lei sagrada. A razão e a reflexão eram suficientes para conduzir a humanidade ao conhecimento do mundo natural e ao conhecimento de Deus. Tudo isto era brilhantemente subversivo. Não surpreende que os quacres se tivessem apropriado do *Philosophus Autodidactus* e que George Keith, um dos seus líderes, fosse o primeiro (em 1674) a traduzi-la para inglês a partir da versão latina de Pococke.

Vale a pena abordar *O Filósofo Autodidacta* com maior detalhe, dadas as suas implicações filosóficas, bem como a influência que a história nele contada teve. Para além disso, esta história possui um certo encanto (apesar de alguns momentos questionáveis). Ockley completou em 1708 a sua tradução do texto árabe e é desta versão que faremos as citações.

Somos transportados para uma ilha no oceano Índico onde se encontra uma criança sozinha. (A criança selvagem, filha da natureza, era um conceito destinado a constituir uma preocupação relevante do século XVIII. *Hayy ibn Yaqzan*, a história de uma criança selvagem que não era um animal, contém uma das primeiras explicações do desenvolvimento das crianças e influenciou o *Emílio* de Rousseau.) Como é que ela chegou à ilha? Ibn Tufayl apresenta duas explicações possíveis, que fazem recordar o embaraço dual "era e não era" com que começam alguns contos de fadas. Uma delas é que pode ter nascido por geração espontânea, devido à localização da ilha junto do Equador e à fermentação fortuita de "uma certa massa de terra". Segue-se uma descrição fantástica que evoca uma alquimia estranha e complexa, cheia de efervescências prodigiosas da crusta terrestre, que George Keith, o tradutor quacre, afastou por ser um "relato meramente fabuloso". Narra como surgiu uma bolha, dividida interiormente por uma fina película, estando uma parte "cheia com uma substância espirituosa e aérea". Desta bolha acabou por surgir um bebé. (É possível estabelecer aqui um paralelo curioso com a parte final da obra de Bernard Shaw *Back to Methuselah*.) Esta explicação estranha e quase alquímica pode ter sido concebida para manter o leitor alerta, mas serviu também para descrever as funções dalguns dos órgãos do corpo e tentava explicar a crença de que Deus, como uma espécie de físico primitivo, criou o homem à sua imagem ([398]). A outra explicação, que para nós é racional, é que, depois de uma questão conjugal numa família de elevada estirpe (como a que ocorre entre Leontes e Hermíone, em *Conto de Inverno*), o fruto recém-nascido do casal desavindo foi expulso da comunidade para outra praia ou para uma sepultura de água, lançado às ondas numa pequena caixa de madeira (ou numa "arca"), para procurar a sua fortuna e ir ao encontro do seu destino aonde quer que a Senhora Sorte o pudesse levar.

A fortuna foi, nesta ocorrência, benévola: a "arca" com a sua pequena carga foi depositada nessa mesma noite na ilha vizinha, num "bosque pequeno e sombrio, com densas árvores, onde ficou ao abrigo do vento e do sol. Com a maré baixa, a arca ali ficou e o vento ergueu um monte de areia entre a arca e o mar, que foi suficiente para o defender de qualquer perigo resultante de outra enchente."([399])

As madeiras da caixa ficaram frouxas com as ondas. O rapaz tinha fome e chorava. Nesse momento, andava por ali uma corça em busca das suas crias (que tinham sido devoradas por uma águia) e, ouvindo a voz, aproximou-se da arca e nela bateu repetidamente com os seus cascos. Descobriu-o então. "Logo que o viu, sentiu o mesmo afecto natural que sentiria se fosse seu próprio filho, amamentou-o e tomou conta dele." A corça "vivia numa pastagem suculenta, pelo que estava gorda e tinha uma tal quantidade de leite que conseguiu facilmente sustentar a criança. Tomou cuidadosamente conta dela e nunca a deixava, excepto quando a fome a obrigava. O rapaz cresceu tão habituado a ela que, se permanecia afastada um pouco mais tempo do que era habitual, chorava tristemente e ela, logo que o ouvia, regressava de imediato e a correr. Para além de tudo isto, ele gozava da felicidade de não ter predadores em toda a ilha"([400]).

Aprendeu a andar e apareceram-lhe os dentes.

> Seguia sempre a corça. Esta revelava por ele toda a ternura que se pode imaginar. Costumava levá-lo a lugares onde cresciam árvores de fruto e alimentava-o com os frutos mais maduros e saborosos que caíam delas. Para as nozes e semelhantes, costumava parti-las com os dentes, dando-lhe o miolo. Para além disso, amamentava-o tantas vezes quantas ele desejava e, quando tinha sede, mostrava-lhe o caminho que conduzia à água. Se o Sol aquecesse demasiado e o queimasse, fazia-lhe sombra. Se tinha frio, aconchegava-o e mantinha-o quente. Quando a noite descia, levava-o de volta ao seu primitivo lugar e cobria-o em parte com o seu corpo e em parte com as penas que tinham sido deixadas na arca [...]"([401])

Os dois juntos deambulavam com um rebanho de veados e o rapaz aprendeu a imitar as suas vozes e os sons dos pássaros e outros animais. Aprendeu a distinguir entre os diferentes apelos dos veados: quando necessitavam de ajuda, quando chamavam pelos respectivos machos ou fêmeas, quando emitiam sinais que indicavam se estavam próximos ou distantes, porque (acrescenta Ibn Tufayl) "deve saber-se que os animais selvagens têm sons diferentes para expressar coisas diferentes."([402]) "Deste modo, estabeleceu uma tal relação com as bestas selvagens que estas não o temiam, nem ele a elas."([403])

Em breve observava outras diferenças, como os animais terem defesas próprias, ao passo que ele estava nu e indefeso e era lento e fraco em comparação com eles. Em qualquer conflito, era ele que levava a pior. Viu que era diferente das crias suas amigas ([404]).

Estas cresciam rapidamente, tornavam-se vigorosas e rápidas e tinham chifres. Para responder aos apelos da natureza, tinham glândulas sob as caudas e as suas partes privadas estavam menos expostas do que as suas.

Era diferente e desesperava com tal diferença, tendo agora sete anos. Por isso, arrancou as folhas de uma árvore para se cobrir à frente e atrás e aprendeu a usar um ramo de árvore para se defender e atacar. Notou também que os outros animais evitavam as criaturas mortas. Por isso, quando se cruzou com uma águia morta, retirou-lhe as penas e envolveu-se na sua pele. Esta manteve-o quente e afastou os outros animais, à excepção da "corça, a sua ama, que nunca o abandonava, nem ele a ela. Quando ela envelheceu e ficou fraca, costumava conduzi--la onde havia o melhor alimento e colhia os melhores frutos que lhe dava a comer"(405).

A corça foi enfraquecendo cada vez mais, acabando por morrer. "Quando o rapaz a viu neste estado, esteve prestes a morrer de desgosto. Chamou-a com a mesma voz a que ela lhe respondia e fez tanto barulho quanto pôde, mas ela não fez qualquer movimento, não houve qualquer alteração." Não possuía o conceito de morte como fim. Ibn Tufayl frisa que ele procurava "a parte que pudesse estar defeituosa para que a pudesse remover e ela pudesse voltar ao seu estado anterior de vida e vigor"(406).

Tratou depois do seu cadáver de uma forma que parece ser desrespeitosa e não filial, mas que tinha sentido do ponto de vista aristotélico da sensação e da percepção, que para nós é primitivo, e que o autor apresenta. Reparou que se ele fechasse os olhos, imobilizasse as orelhas e parasse as narinas, os sentidos da vista, do ouvido e do olfacto teriam cessado também. Não havia qualquer problema com a corça morta. Não concluiu (como nós) que a sensação tinha terminado para ela e que os olhos, as orelhas e as narinas estavam necessariamente ligados ao processo da sensação. Para ele, a verdadeira conexão entre a coisa sentida e a pessoa que a sente reside na profundidade do corpo: "a parte desafectada está no peito."

Deste modo, em busca da chave da vida, cortou e abriu o corpo dela, aprendendo assim por si mesmo uma lição de anatonomia, descobrindo os pulmões e o coração. Quando chegou a uma das cavidades junto ao coração, pensou ter encontrado o centro da sensação. Esta crença, por estranha que pareça, não era mais estranha do que a afirmação de Descartes de que a glândula pineal era a sede da alma, que era activada por um fluxo de espíritos animais.

O rapaz reflectiu sobre a sua mãe adoptiva que partira, a corça morta. Como é que a existência estava relacionada com a corporalidade? Por que razão o Ser abandona o corpo ([407])? O Ser tinha-a deixado e tudo o que restava era corpo. Agora que o Ser desaparecera, era preciso tomar uma decisão quanto ao destino da carcaça. Observou uma luta entre dois corvos em que, quando um deles foi morto, o outro fez uma cova para o seu cadáver. Este gesto ensinou-o a fazer o mesmo para a mãe.

O jovem foi assolado por uma crise de identidade: os outros veados eram semelhantes à sua mãe, por isso ficou na companhia deles, ao mesmo tempo que ia procurando à sua volta para ver se encontrava algo um pouco mais parecido consigo. As outras criaturas tinham por companhia criaturas semelhantes, por que razão não se passava o mesmo consigo?

Eclodiu um incêndio na ilha. A ignorância fez com que se dirigisse na sua direcção e, quando estendeu a mão para ele, ficou gravemente queimado. Apanhou um pau e levou-o a arder para o seu abrigo, onde lhe deu luz e calor. Ao verificar que as chamas subiam, concluiu que o fogo era uma substância celestial. Aprendeu a alimentar o fogo algumas vezes com rapidez, outras lentamente. Uma vez pôs nele algum peixe e "assim que cheirou o vapor, o seu apetite cresceu, pelo que tinha uma mente para ter o gosto deles"([408]).

O fogo era quente; a sua mãe tinha sido quente. Por isso, concluiu que partilhavam a mesma substância. Uma experiência algo bárbara confirmou a sua opinião ([409]). "O vapor húmido" passou a ser considerado a chave da existência. Com a sua partida, seguia-se a morte.

As suas investigações naturalistas levaram-no a observar a ordem, a situação e a extensão aproximada do reino animal e a compreender como os animais se relacionavam entre si. Mas a sua classificação era de um tipo muito rudimentar e, na verdade, não correspondia aos factos. Apesar de salientar a variedade do reino animal, pensou que este era o "Uno" relativamente aos espíritos animais que estavam disseminados pelos corações de todas as criaturas. ("Uno" refere-se a um ponto neoplatónico de convergência, embora se possa interpretar como significando uma comunidade única de que todos os indivíduos são membros.) De facto, havia apenas um espírito animal. Este, quando entrava em contacto com o olho, fazia com que ocorresse a visão, e o mesmo se passava com o ouvido, o olfacto, etc. Os nervos dirigiam os espíritos animais para qualquer parte do corpo onde fosse necessário e quando os espíritos animais já não podiam chegar a alguma parte do corpo, a acção cessava ([410]).

O jovem atingiu 21 anos. Fez vestuário e sapatos e aprendeu a construir uma casa, observando as andorinhas a fazer os seus ninhos. Fez um depósito e domesticou aves de rapina para caçar. Aprendeu por si mesmo a montar os cavalos cujo estado selvagem domou ([411]).

Meditando filosoficamente, explorou a natureza das coisas (ou "corpos", na terminologia aristotélica): as diferentes espécies de animais, plantas e minerais e os diversos tipos de pedras, a terra, a água, as exalações, o gelo, a neve, o granizo, o fumo, a geada, as chamas e o calor, ou seja, uma lista de coisas de alguma forma indiscriminada donde concluiu que a pluralidade é a sua essência, mas que, ao mesmo tempo, contam como "Uno". (O texto parece tentar esforçadamente perguntar: o que têm as coisas em comum e o que as distingue? No entanto, o desejo de fazer comentários filosóficos contradiz uma classificação séria.) O facto de os animais terem em comum a sensação e a nutrição e a capacidade de se movimentar como quiserem sugeria-lhe uma unidade subjacente, provando o "Uno" neoplatónico. ("Pensou que todos os géneros de criaturas vivas constituíam uma unidade.") ([412]) O mesmo acontecia com as plantas, bem como com os animais e as plantas em conjunto. Os corpos inanimados também eram considerados como "um", "embora multiplicados e diversos sob alguns aspectos".

Experimentou com o peso e a leveza e o calor e o frio. "Viu que a água se dissipava em vapores e que os vapores voltavam a condensar-se em água, e que as coisas que se queimavam se transformavam em carvão, brasas, chamas e fumo, e que se este, na sua ascensão, fosse detido por um arco de pedra ou algo semelhante, se condensava ali e era como outras substâncias vulgares da terra." Segue-se uma discussão sobre o corpo e a forma. A capacidade de mudança que os corpos têm levou-o a pensar em dois tipos de alma (ou "princípios animantes"): para os animais, a alma sensível, para as plantas, a alma vegetativa ([413]). Reflectiu sobre os conceitos de corpo e de extensão e verificou que os objectos materiais necessitavam de algo que os tivesse feito ([414]). Eles eram "devedores de uma causa eficiente". (Em termos aristotélicos, uma causa eficiente é algo que provoca um efeito, mas que não se relaciona com a finalidade ou fim que reside na coisa.) Os seus pensamentos começaram a voltar-se para a ideia de um agente voluntário e não sujeito à corrupção física.

Interrompe então o fluxo dos seus pensamentos para dirigir a mente para as estrelas, que supõe serem em número finito, e não infinito, observando que "a ideia de um corpo infinito era absurda e impossível". As suas especulações dirigem-se para o mundo em geral.

"Interrogou-se sobre se existiria no tempo depois de ter deixado de ser e se teria chegado a ser vindo de nada ou se teria existido desde toda a eternidade"([415]). Esta última hipótese era problemática, porque a existência infinita parecia "defrontar-se com não menos dificuldades do que a extensão infinita". No entanto, o mundo não poderia ter sido "feito de novo, a menos que se supusesse que haveria tempo antes dele; todavia, o tempo era uma daquelas coisas que pertenciam ao mundo e era inseparável dele e, por isso, não se podia supor que o mundo era posterior ao tempo." O tempo inter-relacionava-se com o universo físico. Não havia tempo sem existência física.

A partir da ideia de coisa criada compreendeu que era necessário haver um criador. O agente que criou o mundo deve ser "tal que não pode ser apreendido pelos sentidos", porque, se pudesse sê-lo, seria corpo e, se fosse corpo, faria já parte do mundo, o que conduziria a uma regressão infinita ([416]). Chegou assim à ideia de Deus, infinitamente poderoso, que criou o céu, a terra e as estrelas, "um agente voluntário de perfeição infinita". Partindo da variedade dos animais, concluiu que o criador era "supereminentemente generoso e excedentemente gracioso"([417]). Ele, enquanto perfeito, deu-nos a ideia de imperfeição. Com a idade de 35 anos, Hayy ibn Yaqzan, apenas por um processo de raciocínio dedutivo, chegara ao conhecimento de Deus: um ser absoluto de existência necessária. Para o pensador, a perfeição e a felicidade residem na contemplação deste ser ([418]). Concluiu também que a sua própria alma era imortal ("que a sua essência real não podia ser dissolvida"), porque fora por seu intermédio que apreendera esse Ser Absoluto de existência necessária ([419]). Apenas a humanidade era capaz de conhecer este ser ([420]).

Reflectindo acerca de si mesmo, concluiu que era em parte um animal selvagem, em parte um espelho dos corpos celestes e em parte uma semelhança do ser necessariamente auto-existente ([421]). Resolveu explorar melhor esta semelhança, comendo e bebendo com austeridade apenas o que era preciso para a sua sobrevivência ([422]).

Surgiu um problema. Como iria comer, se o consumo das plantas e dos animais (criados pelo ser necessariamente auto-existente) afectaria a perfeição deles e "os privaria do fim para que foram criados"? Era um modo de agir que estaria "em oposição ao agir do Ser Supremo" e ao proceder assim iria contra o seu próprio desejo de proximidade em relação a esse ser? Seria preferível abster-se totalmente de comer? "Isso não resultaria [...] de dois males resolveu escolher o menor e fazer o que estava menos em oposição ao Criador." De acordo com estas ideias orientadoras, decidiu comer apenas a polpa dos frutos maduros e conservar as sementes. A sua regra era colher apenas as plantas "de que havia maior abundância e que cresciam mais rapidamente" e "não retirar nada pelas raízes, nem desperdiçar as sementes. Se nenhuma destas coisas pudesse ser efectuada, apropriar-se-ia de alguma criatura viva ou comeria ovos, mas quando capturava animais, escolhia aqueles de que havia maior abundância, para não destruir completamente nenhuma espécie."([423])

O fundamental para a sua existência fora realizado: construíra um abrigo e planeara uma alimentação que era ética e ecologicamente fundada. Isto reflectia a sua semelhança em relação aos animais, no quadro do seu conhecimento do ser necessariamente auto-existente. Procurou então imitar as estrelas sob um triplo aspecto, ou seja, agir sem ter em vista apenas as suas circunstâncias imediatas. Facilitaria o crescimento das plantas, transplantando as que estavam situadas demasiado próximas umas das outras ou privadas de sol e regaria as plantas em risco de secar. No reino animal, salvaria os animais que fossem caçados, os "presos nalguma armadilha", qualquer um que fosse "picado por espinhos, ao qual algo entrasse nos olhos ou nas orelhas e o magoasse, ou que tivesse fome ou sede". Se uma corrente ficasse obstruída, impedindo assim o acesso à água por parte de plantas e animais, cuidaria de remover a obstrução ([424]). A inspiração para esta dimensão da existência, altruísta e atenta ao ambiente, resultava, evidentemente, de uma primeira imitação dos céus.

A segunda imitação consistia em manter-se "livre de qualquer tipo de sujidade ou imundície", lavando-se, mantendo limpos as unhas, os dentes e as partes secretas do seu corpo, aplicando ervas suaves e perfumando-se com "odores". Deveria manter asseado o seu vestuário e mudá-lo com frequência, "pelo que todo ele estava extremamente limpo e bem cheiroso" ([425]). É difícil evitar comparar a sua atitude em relação ao asseio com as críticas de Jacques de Vitry, que ameaçavam com o Inferno os cruzados seus contemporâneos que tomavam banho, ou seja, com a ideia do cardeal francês de que a falta de asseio era quase uma atitude religiosa. Hayy também fazia exercício, andando ao redor da ilha. (Esta ideia foi ridicularizada por Pope de uma forma divertida; vd. *infra*.)

A terceira categoria de imitação das estrelas resultou da contemplação do ser necessariamente auto-existente e significou um determinado afastamento do mundo material da sensação, uma separação do mundano, indo para uma gruta, onde se poderia concentrar plenamente nos atributos do ser. Com exercícios espirituais rigorosos, afastou todos os pensamentos e aspectos da vida quotidiana ([426]).

Esta imitação associou-se a outra, final, quando descobriu de que maneira era semelhante a Deus. Começou a pensar que "aquele que possui o conhecimento desta essência possui a própria essência"([427]). Sentiu que possuía uma parte de Deus. Todavia, esta conclusão foi afastada por ser uma ilusão arrogante. Era ilusória, porque utilizava ainda as categorias dos objectos sensíveis, que eram irrelevantes no contexto do divino. Tentou dar ao leitor alguma ideia da contemplação de Deus, depois de afirmar asperamente: "E agora não esperem que eu dê uma descrição daquilo que o coração do homem não pode conceber." Esforçou-se por dar um significado à sua contemplação: é "como a imagem do Sol que aparece num espelho bem polido, que nem é o Sol nem o espelho, e no entanto não é distinto deles"([428]). Outros espelhos podem reflectir esta essência quando se desce a escala do ser até ao mundo mais baixo da sensação. Esta mesma imagem estava impregnada de neoplatonismo. Os seus exercícios espirituais levaram-no a permanecer por períodos cada vez mais longos num estado de exaltação interior. O próprio Deus era multiplicidade e singularidade. Era este o significado da sua conclusão paradoxal anteriormente expressa acerca do "Uno" e do "múltiplo" no mundo natural.

Recebeu então um visitante de uma ilha vizinha ([429]). Nela vivia uma seita de excelsos filósofos, cujos nobres ideais os levaram a ser conhecidos do rei e dos seus súbditos. Havia dois membros da seita que eram particularmente notáveis: Asal (ou Absal) e Salaman. Asal era um místico, Salaman tinha uma mentalidade mais terrena. O temperamento de Asal era reservado e contemplativo, ao passo que Salaman preferia conversar. Os dois tinham-se afastado um do outro. Asal, tendo ouvido falar da ilha de Hayy, resolveu aí procurar asilo. Foi aparelhado um navio e depois de chegar continuou os seus exercícios espirituais, conversando com Deus duma forma que lhe deu "o maior prazer que se possa imaginar e a mais completa tranquilidade de espírito". Durante algum tempo, nem Hayy nem Asal souberam da existência do outro. Por fim, avistaram-se. Asal conjecturou que Hayy era alguém em busca do espiritual, mas Hayy não podia imaginar o que era o seu visitante, sendo tão diferente de todas as criaturas que já vira ([430]).

Aproximaram-se cautelosamente um do outro, com Asal a guardar distâncias em relação a Hayy, cujo longo cabelo o fazia parecer um profeta incivilizado. Asal entrou em pânico, mas Hayy era mais rápido e mais forte e conseguiu apanhar o seu visitante, o qual, mantido preso por aquela figura despenteada, mas não negligente consigo mesma, "começou a aplacá-lo, batendo-lhe".

Hayy não podia compreender o uso que Asal fazia das palavras. Por sua vez, tratou Asal como um animal imprevisível: "bateu-lhe na cabeça e de ambos os lados do pescoço". Por fim, a ansiedade de Asal acalmou-se.

Asal, que era fluente em muitas línguas, tentou falar a Hayy em todas as que conhecia. De nada serviu, embora Hayy compreendesse que Asal tinha boas intenções para consigo. O visitante fez sinais a Hayy para comer alguma da comida que tinha trazido. Hayy assim fez e depois de uma crise de consciência por quebrar os votos de contemplação, desenvolveu-se uma amizade entre ambos.

Asal ensinou-o a falar, fazendo uso de definições ostensivas: "em primeiro lugar, mostrando-lhe coisas, pronunciando os seus nomes, repetindo-os com frequência e persuadindo-o a dizê-los, o que ele fez, aplicando cada palavra à coisa significada, até que lhe ensinou todos os nomes, e de tal forma o foi aperfeiçoando gradualmente que sabia falar passado muito pouco tempo" ([431]).

Asal interrogou Hayy sobre as suas origens, de que nada sabia, e depois sobre o seu modo de vida. Asal estava espantado com a profundidade do seu conhecimento espiritual e ficou convencido de que o que Hayy descobrira por um processo de raciocínio dedutivo era a efectiva lei de Deus tal como estava estabelecida no *Alcorão*. Olhou para o seu anfitrião com admiração e respeito.

Hayy interrogou Asal sobre a sua própria vida. Asal descreveu a sua ilha, a seita, a fé islâmica e a mensagem de Maomé, que Hayy reconheceu estar toda de acordo com as suas próprias conclusões. Aceitou também as observâncias externas do Islão (a oração, a esmola, o jejum e a peregrinação). No entanto, perguntava-se por que razão Maomé usara parábolas para descrever os temas sagrados e ficou também confuso por não haver maior interdição quanto à obtenção de riquezas e ao consumo excessivo de comida, coisas que desviavam a mente do caminho de Deus. Os apetrechos da vida social também lhe pareciam sem sentido. Ibn Tufayl diz que Hayy acreditava que todos os homens estavam dotados com uma disposição simples e directa e com uma compreensão penetrante. "Desconhecia como eram lentos e estúpidos, como eram imprudentes e inconstantes nas suas resoluções, de tal modo que eram como animais selvagens, ou melhor, tendiam a perder-se no caminho." Hayy sentiu que era seu dever ir visitar a humanidade e quando um barco aportou à ilha, embarcaram para a outra onde Asal nascera ([432]).

Ao desembarcar, os amigos de Asal rodearam-nos em grande número e ouviram a história de Hayy. Começou a ensinar a seita sobre o modo de abordar as coisas superiores. Mas logo que "começou a elevar um pouco o seu discurso acima das coisas exteriores", os seus ouvintes perderam o interesse e começaram a ficar secretamente irritados com ele (embora ainda se comportassem de maneira educada). Procuravam o conhecimento da verdade pelo caminho corrente, como todas as outras pessoas faziam. Em breve desesperava de lhes ensinar o que quer que fosse, porque não desejavam acolher o que tinha para lhes dizer. O mesmo se passava com o resto da humanidade: "o desejo de obter mais mantinha-os ocupados até irem para as suas sepulturas". Argumentar com eles apenas os tornava mais obstinados ([433]). O seu nível de iluminação permanecia universalmente baixo. Só desejavam novidades.

Por isso, enviou uma mensagem a Salaman e aos seus amigos, pedindo desculpa pelo seu magnânimo discurso. Disse que as pessoas estavam correctas ao permanecer na sua concepção da lei e em manter o cumprimento dos ritos exteriores da religião. Mantenham a fé dos vossos pais e não tentem nada de verdadeiramente novo, foi o seu conselho, que era bastante semelhante ao conselho de Espinosa à sua senhoria. "É que tanto ele como o seu amigo Asal sabiam que este género de homens afáveis, mas fracos, não tinham no mundo outro caminho para escapar senão este, e que se fossem elevados acima de tudo isto até a especulações não-habituais, seria pior para eles, pois não seriam capazes de atingir o nível dos bem-aventurados, mas flutuariam, seriam atirados para cima e para baixo e acabariam por ter um mau fim." No seu estado presente, seriam felizes e nada de mal lhes aconteceria. Por isso, seria melhor que permanecessem assim ([434]). Por esta razão, saindo de barco, Hayy ibn Yaqzan e o seu amigo Asal abandonaram o mundo da humanidade para continuar a sua contemplação. "Hai Ebn Yokdhan procurou chegar a esta nobre posição pelos mesmos meios pelos quais em primeiro lugar procurara, até a reencontrar. Asal seguiu os seus passos até se aproximar dele, ou melhor, embora o pretendesse, aproximou-se pouco. E assim continuaram servindo Deus na sua ilha, até que faleceram."([435]) Dois filósofos naturais, sendo o primeiro um homem de espírito e o outro mais dado ao mundano, encontraram assim a harmonia com o mundo e o seu princípio director, e entre ambos.

Assim termina a fábula do Vivo, filho do Desperto, renascido em 1671 como filósofo autodidacta, apontando para uma nova época intelectual de observação e de confiança em si mesmo. Mas antes de olharmos para a recepção da tradução de Pococke, é preciso atentarmos brevemente nas origens desta fábula.

Há aspectos de *Hayy ibn Yaqzan* que remontam bem atrás, até ao mundo medieval. Pensava-se que o original da história, escrito em grego e conhecido como *Barlaão e Josafat*, fora escrito por S. João Damasceno no seu mosteiro na Palestina. Mas não há dúvida de que a história vem mais de leste, tendo começado como uma parábola da iluminação do Bodisatva ou Buda-eleito.

Uma versão árabe anterior de *Hayy ibn Yaqzan* pode ser encontrada na história georgiana do século IX sobre Barlaão e Josafat, um romance conhecido como *Balavariani* ou *Sabedoria de Balahvar*. (Outra versão árabe da mesma data, aproximadamente, é conhecida como *Livro de Bilawhar e Budhasaf*.) A história georgiana, por sua vez, tem origem na Índia, onde representava uma versão da educação do Buda Gautama, o príncipe Bodisatva, no seu caminho para a iluminação. Quando Gautama nasceu milagrosamente, tendo por pais o rei Suddhodana e a rainha Maya, os astrólogos predisseram que renunciaria ao mundo. O rei seu pai fez tudo o que estava ao seu alcance para impedir que se tornasse voluntariamente num eremita, mas ele, em todo o caso, acabou por tomar conhecimento do sofrimento do mundo e, ao mesmo tempo, soube como superá-lo. Era uma história de iluminação. Há elementos budistas que permanecem nitidamente na versão georgiana. Nesta última, nasce milagrosamente um filho ao rei Abenes, que não até aí não tivera nehum, e é-lhe dado o nome de Iodasaph, ou Budhasaf. Quando nasce, um astrólogo prevê que será grande, mas não no contexto materialista do mundo dos dons reais reais, das frivolidades da corte e dos excessos abafadores. O rei Abenes tenta contrariar esta previsão, fazendo-o crescer apenas num mundo de luxo, satisfazendo indevidamente todos os caprichos do rapaz e furtando-o à realidade e à dor crua da vida quotidiana. Iodasaph, apesar disso, fica a conhecer o que é o sofrimento e a morte. O rei explode de raiva, tendo fracassado em pôr o seu filho ao abrigo do lado sombrio da vida. Então um eremita chamado Balahvar chega do Ceilão (Sri Lanka ou Sarandib) para revelar a Iodasaph o caminho da salvação eterna, que consiste na renúncia. (Aqui a versão georgiana abunda em noções de doutrina e prática cristãs.) O rei Abenes, uma figura do género de Salaman, sobrecarregado com o aparato tradicional da realeza, é deixado numa frustração materialista no continente e no fim da história Iodasaph-Asal vai partilhar uma vida de renúncia e de santidade com Balahvar-Hayy. Há quem defenda que a versão georgiana exerceu alguma influência sobre os albigenses. Barlaão e Iodasaph têm também um destino teológico mais convencional: são hoje venerados como santos nos calendários das Igrejas Católica e Ortodoxa ([436]).

Nenhuma das versões anteriores tem a qualidade única da versão de Ibn Tufayl, que consiste no carácter reflexivo e no combate racional de Hayy. Aqui reside a originalidade do filósofo islâmico, que usa apenas os traços de uma história antiga para apresentar as suas próprias teses. Cerca de sessenta anos antes de Ibn Tufayl, Avicena escrevera um diálogo intitulado *História de Hayy ibn Yaqzan*, que contém algumas passagens surpreendentes e belas, mas que apresenta uma perspectiva filosófica tão obscura que destrói os prazeres ocasionais do texto, por no seu todo estar sobrecarregado de abstracções neoplatónicas e fúteis.

Por mais significativos que fossem os seus antecedentes, pode dizer-se que os efeitos do *Philosophus Autodidactus* foram maiores. Os quacres e os deístas ganharam força para as suas posições com a fábula de Ibn Tufayl. Com o seu acentuar da capacidade da razão humana e a sua rejeição da autoridade tradicional, não é difícil reconhecer que é revolucionária, mesmo se a natureza exacta da sua revolução parece escapar-nos.

Parte do carácter inusitado da fábula parece derivar da concepção que tem acerca do homem, que é originalmente igual aos animais. Não é tanto um senhor da criação, mas uma criatura que pode ser ensinada por veados e pássaros e dos quais era, em certa medida – pelo menos de início –, o companheiro mais próximo, partilhando a sua vida. À partida Hayy não é semelhante a Deus ou feito à sua imagem. Ele não é criado por um raio de luz que tivesse emanado da mão de Deus. Só no fim do seu percurso ele caminha com o divino. Foi necessário um grande lapso de tempo, repleto de tentativas e erros, para que se tornasse em algo parecido com uma imagem do seu Criador.

Talvez parte da sua herança ambígua esteja implícita na própria obra. Embora imbuído da tradição escolástica aristotélica que era corrente no mundo islâmico, tradição essa que encerrava um apelo à autoridade e à aceitação inquestionada dos métodos de pensamento do passado ("a matéria é o princípio da potência e a forma, o princípio do acto"), *Hayy ibn Yaqzan* é, todavia, um texto que nega a autoridade da autoridade, colocando a razão e a reflexão no lugar que aquela ocupava. A posição de autoridade era um tema conhecido da década de 70 do século XVII, estando a filosofia, a ciência, o governo e a religião à procura de novas bases racionais. Em apoio da fé anglicana, Simon Ockley pensou que deveria tornar claro num apêndice à sua tradução que no texto não havia nada de herético ou que tendesse para o "entusiasmo". Contudo, os minoritários do ponto de vista religioso julgaram que o *Philosophus Autodidactus* apoiava os seus pontos de vista dissidentes e, de facto, parece seguro que o texto encorajava ainda mais a diversidade dos debates religiosos na Inglaterra de finais do século XVII. Pode defender-se hoje uma interpretação do texto em que este surge como uma primeira afirmação do ponto de vista dos que dizem ser religiosos, mas preferem estar separados da religião organizada. O povo inglês, antiautoritário por instinto em matéria de fé, apreciando a dissidência, preferindo a harmonia natural de um coro polifónico da madrugada à nota única e cinzenta da obediência, prudentemente teimoso quando lhe dizem para alinhar nalguma crença, demasiado sensível ao território remoto e inexplorado da fé e recusando habitualmente ir à procura dos atractivos temerários do "nascido de novo", encontrou por um breve período no filósofo árabe autodidacta um espírito afim ao seu.

Capítulo VIII

O Islão e a Europa no século XVIII

Durante a Commonwealth, Edward Pococke não deixou de ser professor, apesar do peso do trabalho da sua paróquia. Organizou uma edição de Maimónides, em árabe escrito com caracteres hebraicos, e trabalhou na finalização do texto de Selden sobre o patriarca de Alexandria, que receberia mais tarde uma crítica demolidora da parte de Gibbon. A sua principal ocupação era trabalhar na "English Polyglot", a edição da Bíblia em nove línguas e seis volumes, publicada pelo realista Brian Walton, em 1657, sob a protecção do próprio Cromwell, que isentou de direitos o papel importado usado na sua edição. Pococke contribuiu com uma longa nota sobre versões árabes do Pentateuco. Num contraste total, publicou em 1659 um panfleto intitulado *The Nature of the drink Kauhi, or Coffe, and the Berry of which it is made. Described by an Arabian Physitian*. Os textos árabe e inglês foram publicados em páginas opostas:

> Quando está seco e devidamente fervido, alivia a ebulição do sangue, é bom contra a varíola e o sarampo e as borbulhas vermelhas. Porém, causa dores de cabeça com vertigens e muita perda de equilíbrio, ocasionalmente insónias e hemorróidas, acalma o desejo sexual e por vezes provoca melancolia. Quem o beber para ter mais ânimo, para discutir na ociosidade e para as outras propriedades que mencionámos deve usar muitas doçarias com ele e óleo de pistácios e manteiga. Alguns bebem-no com leite, mas isso é errado, porque pode causar lepra ([437]).

Por altura da Restauração, Edward Pococke ofereceu ao rei Carlos II os versos celebradores de Oxford e conseguiu residência oficial na Christ Church, tendo tido os seus aposentos em Balliol durante a República. Deixou a reitoria de Childrey, mas não antes de ter plantado um cedro no seu jardim a partir de uma semente colhida na Síria e que mais tarde se tornou uma árvore magnífica. Depois de traduzir para árabe o livro de Grócio *Sobre a Verdade da Religião Cristã*, em 1661, fez publicar uma edição (com tradução latina) de um poema árabe do século XIII, da autoria de Hussein ibn Ali, o *Lamiyyat al-Ajam* ("The Traveller's L-verses"), conhecido também como *Carmen Tograi* ("The Song of the Tughra"), um texto edificante e moral considerado adequado aos estudantes ([438]).

Como prefácio ao conceituado poema, Pococke acrescenta um ensaio vívido, impetuoso e cheio de entusiasmo sobre a poesia e a língua árabes. Esta língua, diz ele, é notável pela sua expressividade e grande clareza. Pode expressar clara e sucintamente uma ideia, ao mesmo tempo que evidencia elegância e suavidade, quando outras línguas exigiriam penosos circunlóquios. O falante cuidadoso do árabe trabalha-o como se fosse um artífice com os seus utensílios. A língua possui um grande número de sinónimos: 500 termos para "leão", 200 para "serpente". "Calamidade" pode ser expressa de 400 formas. A própria lista das palavras pode ser uma calamidade ([439])!

Pococke fala da explosão de alegria que se daria numa família do mundo pré-islâmico com a descoberta de um talento poético: todos se apressariam a congratular a tribo dele e as mulheres tocariam tambores e celebrariam como se tomassem parte numa procissão matrimonial ([440]). A criação de artefactos linguísticos era considerada um feito de primeira grandeza. A linguagem clara e pura era apreciada acima de tudo o mais. A rivalidade era intensa. Depois do predomínio da espada entre os Árabes – Pococke era sempre severo nas suas referências às conquistas islâmicas –, surgiram na corte dos Abássidas a poesia, a retórica, a filosofia e a medicina. Como fizera no seu livro anterior, destaca especialmente o governo do sétimo califa, al-Mamun, "que era ardente na sua busca destes nobres estudos e lhes tributava as honras devidas; atingiram um tal apogeu que regiões anteriormente consideradas bárbaras eram agora o único mercado das *belles-lettres*"([441]). Uma linguagem que pertencera antes ao domínio da teologia e da poesia era agora essencial a todos os que aspiravam a um saber mais elevado, e os Árabes não ficavam a dever nada aos Gregos em aplicação e rigor. Pococke cita o seu contemporâneo Henry Savile ao dizer que "as capacidades práticas dos Árabes ultrapassam as dos Gregos de inúmeras formas" e John Bainbridge aplaude a competência astronómica dos orientais. Sabemos comparativamente pouco sobre os filósofos árabes, porque temos tradutores medíocres ([442]). Agora era a vez de os poetas e de os amantes da linguagem "abrirem para si mesmos os portões dos belos jardins dos Árabes e colherem as suas flores de refinadas fragrâncias"([443]).

Pococke também ridicularizou os mitos de tipo medieval, como, por exemplo, que o túmulo de Maomé estava suspenso no ar por grandes magnetos e que a palavra "sarraceno" significava descendente de Sara. (Trata-se duma versão do nome de uma tribo beduína do Sinai, que mais tarde acabou por denotar todos os Árabes.) No domínio da teologia, a língua árabe é importante para o estudo dos escritos rabínicos sobre o Antigo Testamento ([444]). A gramática e a poesia hebraicas são retiradas dos Árabes, afirma Pococke. São úteis as versões árabes da Bíblia inteira, porque esta era a língua de significativas comunidades cristãs primitivas. Pococke conclui o seu belo panegírico salientando quanto trabalho está por fazer para revelar as qualidades da língua árabe e da civilização que ela engloba.

Este tributo vívido e instintivamente caloroso à linguagem e à poesia tem sido escassamente referido. Edward Said, no seu livro *Orientalism*, afasta a obra de Pococke (cujo nome escreve mal) e as de outros pioneiros dos estudos islâmicos e do Médio Oriente, por serem "demasiado estritamente gramaticais, lexicográficas, geográficas, etc."([445]). Só poderíamos desejar que a obra de Said tivesse metade do carácter vívido, aberto, sensível, discriminativo e claro e integrasse tanto conhecimento verdadeiro, reflectindo com rigor as fontes originais, como a de Pococke.

Dois anos mais tarde, Pococke organizou uma edição completa do texto histórico em que se baseiam as notas de 1650. Os investigadores europeus tinham agora em seu poder uma história razoavelmente completa e objectiva dos povos islâmicos. Pococke morreu em 1691, em Oxford, com idade avançada e cheio de honras, sendo talvez o maior académico desta época. Talvez pudesse ter sido nomeado bispo, como desejou. No entanto, amava o saber e odiava o espírito de facção e o seu temperamento não era dado a emitir opiniões pessoais. Apreciava as pessoas que o rodeavam pelos seus conhecimentos e a sua amizade, e não pela ortodoxia da sua fé. A sua paixão por fazer crescer plantas revela-se uma vez mais na figueira – *Arbor Pocockiana* – que se sabe ter crescido dois séculos mais tarde num dos vários jardins privados de

Christ Church. (Pode ter sido a primeira a ser cultivada em Inglaterra.) Há ainda um belo plátano com uma idade considerável no "Jardim de Pococke".

O *Philosophus Autodidactus*, em que pai e filho trabalharam, apareceu em 1671. Constituiu um enriquecimento original do alimento intelectual daquela época. Pope admirava-o e Gibbon conhecia-o. Mas um mistério que permanece por solucionar é a sua possível influência em Locke e se terá contribuido de alguma forma para a elaboração do *Ensaio sobre o Entendimento Humano* (1690), texto que constitui a pedra angular da primeira tradição filosófica britânica, o empirismo, que foi praticado, entre outros, por Berkeley, Hume, Mill, Russell e Ayer, e que se fundamenta, como o seu nome sugere, numa ideia central, o conhecimento obtido mediante a experiência.

Em 1671, ano da publicação do *Philosophus Autodidactus*, Locke começou a analisar a natureza do entendimento humano, tendo--se dedicado até então aos assuntos públicos e à filosofia política. Nesse ano, Locke teve um encontro com "cinco ou seis" amigos na Exeter House, no Strand (Londres), para discutir temas que diziam respeito ao conhecimento e à sua aquisição. Em 17 de Julho, nas *Philosophical Transactions of the Royal Society*, Henry Oldenburg, secretário da sociedade, apresentou uma análise da tradução de Pococke ([446]). É improvável que esta recensão tenha escapado a Locke. É possível que as novas ideias sobre a natureza da razão e o testemunho dos sentidos na aquisição de conhecimento se tenham encontrado na mesma altura e no mesmo lugar apenas fortuitamente. Embora "não provado", é, porém, mais provável que o *Philosophus Autodidactus* tenha exercido uma influência subtil na orientação do pensamento de Locke quando estava a preparar o *Ensaio*. Por isso, há alguma probabilidade de o pensamento de Ibn Tufayl ter tido algum papel na formação da tradição do empirismo britânico e na criação do mundo britânico moderno iniciado por Locke e pelos *whigs*.

Há naturalmente grandes discrepâncias entre o método de Ibn Tufayl e o de Locke. Hayy ibn Yaqzan concebe a percepção de uma maneira escolástica desconcertantemente complexa. Revela também ausência de rigor e concede apenas um pequeno lugar, embora real, à experimentação científica. Mas se um dos pés está assente no passado, o outro está a tentar encontrar o chão firme do futuro. À razão e à reflexão, que são qualidades lockeanas, são atribuídos lugares centrais no texto árabe.

A semelhança mais importante reside na convicção de que o conhecimento se constrói pouco a pouco por associação de ideias. Esta é uma das concepções centrais de Locke. A mente que conhece não salta simplesmente para o mundo carregada de verdades primeiras e universais. Ela começa como uma *tabula rasa* (uma tábua rasa). O aspecto fundamental do método de Locke (que se aproxima do de Ibn Tufayl) era examinar as origens das ideias e de que formas o entendimento acaba cheio delas.

Há passagens no *Hayy* que revelam a existência de mais semelhanças metodológicas com o *Ensaio* de Locke. Tal como o herói andaluz baseou o seu conhecimento nos seus sentidos e construiu o seu conhecimento do mundo de maneira gradual, Locke também escreveu (por exemplo): "Todos aqueles pensamentos sublimes que se elevam acima das nuvens e chegam às alturas do próprio céu erguem-se e encontram aqui o seu suporte. Em toda aquela grande extensão em que a mente vagueia naquelas remotas especulações com que pode parecer elevar-se, não ultrapassa minimamente as ideias que a sensação ou a reflexão lhe ofereceram à sua contemplação"([447]). Ambos os autores concordam que usamos inevitavelmente a razão, mesmo quando nos envolvemos em assuntos espirituais, dado que a razão é usada até na decisão de aceitar a revelação como verdadeira. Há pormenores que se encontram em Locke e são um eco de Hayy: "Se uma colónia de crianças pequenas fosse instalada numa ilha onde não houvesse fogo, certamente não teriam dele qualquer noção nem nome para lhe dar"([448]). Noutras passagens, o texto de Ibn Tufayl é consonante com a filosofia de Locke, sobretudo na noção de que não há ideias inatas no ser humano. Locke faz notar como a criança adquire as ideias: "É *gradualmente* que ela fica com elas dotado"([449]). O hábito de reflectir que Hayy apresenta encontra eco em Locke. Este, tal como aquele, não afirma que o conhecimento é produzido apenas pelos sentidos. Sabemos o que sabemos, porque também neste caso aplicamos a razão ao que nos entra pelos sentidos. O método árabe de observação era o de Locke, e o mesmo se passa com a vontade de o filósofo estabelecer compromissos quando a adesão estrita à teoria levaria ao absurdo. (Por exemplo, Hayy decidiu não passar fome em prejuízo da causa de permitir às plantas e aos animais realizar todo o seu potencial.)

Contudo, não existe qualquer referência que nos permita afirmar que Locke leu a tradução de Pococke e a biblioteca do filósofo não tem nenhuma cópia dela. No entanto, seria incorrer numa enorme fraude sustentar que Locke desconhecia o *Philosophus Autodidactus*, porque ele e Pococke se moviam em círculos semelhantes. Locke era amigo íntimo de ambos os Pococke, pai e filho, e prestou um tributo caloroso ao mais velho quando este morreu em 1691. Teria conhecido o professor laudiano (que era mais velho vinte e oito anos) em Christ Church, nos anos seguintes a 1660, quando Pococke regressou à faculdade e Locke foi um visitante bastante frequente durante cinco anos. Locke disse do seu colega mais velho: "Não conheço mais ninguém na universidade que eu consultasse mais prontamente."([450]) Pococke, acrescentou o filósofo, "mostrava muitas vezes o silêncio de um aprendiz, quando tinha o conhecimento de um mestre"([451]). Locke deixou Oxford em 1665 para trabalhar para o seu patrono, o primeiro conde de Shaftesbury, mas ainda regressou ocasionalmente. Foi também tutor do jovem Pococke, que foi estudante universitário em Christ Church de 1662 a 1665. Pococke Júnior obteria o seu MA em 1668, o ano em que, muito provavelmente, teria começado a trabalhar na tradução do *Hayy ibn Yaqzan* ([452]).

A tradução dos Pococke tornou-se rapidamente um sucesso de vendas na Europa. Em Paris, Francis Vernon, irmão do secretário de Estado inglês James Vernon, agia como embaixador cultural e não conseguia satisfazer a procura. Todos os professores da Sorbonne procuravam exemplares. Deu o último a Christian Huygens, o matemático e astrónomo holandês que fora feito membro da Royal Society dez anos antes e se tinha instalado então em França. A obra foi traduzida para holandês em 1672. Na Inglaterra, a versão de George Keith, de 1674, foi a primeira de três traduções inglesas no período 1674-1708. (A segunda versão inglesa, concluída por George Ashwell em 1686, foi um exemplo raro e convincente de pastoral espiritual inglesa, estando impregnada dum êxtase calmo, com passagens que faziam recordar Thomas Traherne. A linguagem de Ashwell está atenta às qualidades rústicas do inglês, fazendo recordar a pintura de um paisagista inglês.) As traduções alemãs apareceram em 1726 e 1783, à última das quais, efectuada por J. G. Eichhorn, foi dado o título significativo de *Der Naturmensch*. Os Franceses, depois do entusiasmo inicial, parecem ter ficado cansados da obra. Não foi traduzida até à época contemporânea e o próprio Voltaire expressou uma grande antipatia por ela ("um absurdo de princípio a fim") ([453]). No entanto, dado que uma parte do projecto de Voltaire era acentuar o abismo entre a filosofia medieval e a razão científica, era improvável que um texto de século XII o atraísse ([454]).

Alexander Pope foi atraído por alguns aspectos deste romance filosófico. Um comentador contemporâneo, Shelly Ekhtiar, sugeriu que o isolamento de Pope como católico num país protestante conduziu à sua identificação com o solitário Hayy na sua ilha. O *Ensaio sobre o Homem* contém uma passagem que se refere jocosamente a algumas das qualidades mais obsessivas de Hayy:

Vai, eleva-te com Platão à empírea esfera,
Ao bem primeiro, o mais perfeito e mais justo,
Ou vai pelo círculo confuso que os seus adeptos seguiram,
E, desertando do sentido, chama, imitando Deus,
Como os sacerdotes orientais em círculos vertiginosos correm
E voltam as cabeças para imitar o Sol.
Vai, ensina a Eterna Sabedoria a governar –
Depois cai em ti, e vê a tua figura de louco ([455])!

Os "círculos vertiginosos" de Hayy causam talvez alguma perplexidade, mas o movimento circular era um tópico favorito dos Árabes, remontando talvez a ideias que se encontram no *Timeu* de Platão ([456]). Nesta obra, o conceito de momento estava ausente e, por isso, nela considerava-se que o movimento só era possível por acção de um movimento circular perpétuo. A ideia pode reflectir a circularidade dos corpos celestes. Talvez haja uma referência ao andar em círculo que faz parte do ritual *haj*. A circularidade já aparecera como um dos aspectos do averroísmo de Siger de Brabante. O movimento em círculo é uma característica comum dos rituais e pode representar um arquétipo mais vasto da fé ou da vida. Os ingleses medievais gostavam de procissões, para as quais as grandes igrejas, como a de Blythburgh, eram apropriadas. Hoje, gostamos de andar ou praticar *jogging* à volta do parque mais próximo. Talvez haja uma parte de nós que ignore o conceito de momento. Acreditamos subliminarmente que, se pararmos, tudo parará.

Pope também assinalou a passagem do texto de Ibn Tufayl que fazia apelo ao tratamento humano dos animais. Observa o poeta: "recordo--me de um autor árabe que escreveu um tratado a mostrar até que ponto um homem que supostamente subsistira numa ilha deserta pôde atingir o conhecimento da filosofia e da virtude sem qualquer instrução nem tendo visto qualquer outro homem, mas apenas usando a luz pura da natureza. Uma das primeiras coisas que [Ibn Tufayl] faz que ele [Hayy] note é a benevolência universal da natureza na protecção e na conservação das suas criaturas. O primeiro acto virtuoso que julga que o seu filósofo autodidacta iria fazer, ao imitá-la, seria por certo aliviar e ajudar nas suas necessidades e aflições todos os animais que encontrava à sua volta." A "benevolência universal da natureza" era um pouco optimista, mas não podemos pôr em dúvida o significado do texto de Ibn Tufayl ao reforçar a campanha corajosa e solitária de Pope contra os hábitos de crueldade para com os animais que eram então prevalecentes [457].

Algumas imitações atestam a fama breve do *Hayy ibn Yaqzan*. Uma delas teve por título *History of Josephus, an Indian Prince* (1696). Uma *History of Autonous*, de autor anónimo, foi apresentada ao público em 1736. Na sua autobiografia, Edward Gibbon recorda que John Kirkby, o seu tutor em Putney, escreveu em 1745 um livro intitulado *The Life of Automathes* (o autodidacta), que "aspira à honra de ser ficção filosófica [...] É a história de um jovem, filho de um exilado que naufragou, que vive numa ilha deserta desde a infância até à idade adulta. Uma corça serve-lhe de ama, herda uma casa de campo com muitos instrumentos úteis e curiosos [...]" Authomates tornou-se um "filósofo autodidacta, mas mudo, que investigou com êxito a sua própria mente, o mundo natural, as ciências abstractas e os grandes princípios da moral e da religião". Todavia, "o autor não tem o mérito da invenção, porque misturou a história de Robinson Crusoe com o romance árabe de Hai Ebn Yokhdan, que pode ter lido na versão latina de Pocock."[458] O próprio Gibbon era um grande admirador da obra do Pococke mais velho e utilizou-a abundantemente em *Declínio e Queda do Império Romano*.

Especula-se sobre se *Robinson Crusoe* (1719) foi influenciado por *Hayy ibn Yaqzan*, mas há pouca coisa que permita relacioná-los, excepto talvez a ideia de um homem que cuida de si mesmo. Como Gibbon salientou, podemos associá-los, mas não coincidem. O romance de Defoe é mais bem trabalhado, mais literário e mais interessante, mas carece da dimensão filosófica de *Hayy* e o sentido de uma ligação profunda entre a reflexão e o desenvolvimento da consciência. Podemos dizer, todavia, que *Hayy ibn Yaqzan* é a primeira obra de ficção sobre uma "ilha deserta".

*
* *

Apesar do entusiasmo manifestado em relação a *Hayy ibn Yaqzan* entre cerca de 1680 e 1710 e do interesse "arábico" de filósofos, "filósofos naturais" (designação dos cientistas) e teólogos dissidentes, praticamente todo o interesse sério pelo Oriente desapareceu desde então. Os textos árabes foram tidos em alto conceito por matemáticos, astrónomos e físicos quando se deu início à busca do conhecimento científico, mas com o notável aparecimento de Newton, Locke e Boyle o significado do Oriente diminuiu. A própria religião sofreu uma transformação. Os conflitos do século XVII apaziguaram-se com a Revolução Gloriosa de 1688 e a chegada dos *whigs*. Por isso a natureza e a origem dos textos sagrados já não eram assuntos que tivessem importância de monta. A angústia religiosa desapareceu. No momento em que o conforto dos cafés substituía os conflitos religiosos, eram poucos os que se preocupavam com as línguas orientais. William Warburton, bispo de Gloucester e editor literário de Pope, era um sociável cultor da ironia que não tinha tempo para estudos que versassem sobre o que era estrangeiro. No trajecto entre a fé e a moda, os temas orientais foram em grande parte abandonados.

Alguns permaneceram fiéis à investigação e deram continuidade à tradição e aos padrões de Edward Pococke. Foram excepções, porque as condições educacionais encontradas em Oxford ao tempo da juventude de Gibbon, mergulhada em "aborrecidas e profundas libações", se tornaram a norma. Simon Ockley, competente, mas desamparado em Cambridge, foi um dos últimos verdadeiros investigadores dedicados ao Oriente. No entanto, a sua incapacidade para gerir os assuntos particulares levaram-no à prisão por dívidas, em Cambridge, e, em consequência disso, a uma morte prematura, mas não sem que antes tivesse realizado a primeira tradução de Ibn Tufayl do árabe para o inglês e escrito uma *History of the Saracens*, obra notável e séria em dois volumes, embora com alguns erros, que foi utilizada por Gibbon. Na opinião de Ockley, os Árabes devolveram à Europa "coisas de necessidade universal, o temor de Deus, a disciplina dos nossos apetites, a economia prudente, a decência e a sobriedade no comportamento"([459]).

Outro autor entendido que escreveu com clareza e objectividade sobre o Islão foi o Dr. Henry Stubbe (ou Stubbes). Durante a guerra civil, serviu na Escócia, no exército do Parlamento, embora em 1660 jurasse fidelidade à monarquia. Teve a infelicidade de possuir um temperamento quezilento e rancoroso, guardando ressentimentos durante décadas. A sua obra não foi publicada em vida por receio dos censores e devido à sua própria dissidência política. Durante a década de 70 do século XVII, escreveu um texto sobre "O Nascimento e o Progresso do Maometanismo", o qual, apesar de só ter sido publicado em 1911, ganhou fama clandestina, circulando como manuscrito.

As próprias perspectivas religiosas de Stubbe afastavam-se cautelosamente da ortodoxia trinitária, favorecendo uma compreensão de Jesus não como pessoa imbuída de espírito divino e a quem se deviam dirigir as orações, mas sim – à maneira dos primeiros cristãos, como já vimos – enquanto Messias, cuja segunda vinda restabeleceria a paz e a verdade universais. Como argumentou, só mais tarde se passou a rezar a Jesus e este foi visto como filho de Deus. A fé no Espírito Santo como sendo Deus surgiu ainda mais tarde. A concepção de Stubbe sobre Jesus aproximava-se da islâmica, onde era visto como um profeta – o maior a seguir a Maomé –, nascido de uma virgem, mas não divino ([460]).

Enriquecidas, fortalecidas e definidas, estas eram concepções bastante semelhantes às dos socinianos, que haviam sido dispersos pelos jesuítas a partir da sua comunidade cooperativa na Polónia. Vimos como houve opositores à crença na Trindade que fugiram para Basileia, a Polónia e a Holanda; Fautus Socinus pensou que era prudente estabelecer a sua comunidade de crentes racionais na tolerante Polónia. Fixaram-se em Rakow (a nordeste de Cracóvia), tendo sido publicado um resumo das suas crenças na *Confissão de Rakow* (1605). (Um edição posterior foi enviada por eles para Londres com uma dedicatória a Jaime I, procurando o apoio do monarca protestante, esforço em que não tiveram êxito.) Floresceu na Polónia uma bela civilização sociniana, com as suas 300 igrejas e uma academia com alunos enviados por famílias de toda a Europa, incluindo católicas. Na verdade, pode ser dito que o crescimento do socinianismo na Europa Central, que era dominante no que era conhecido como Igreja Menor da Polónia, corresponde a uma das poucas vezes em que a humanidade cultivou um Jardim do Éden, criando uma sociedade de trabalho, igualdade, educação, progresso, ausência de classes, harmonia humana, tolerância, socialismo cristão e paz, tendo perdurado até 1638, quando começou a destruição da comunidade pelos jesuítas ([461]).

Por volta de 1660, os socinianos foram finalmente expulsos da Polónia, sendo obrigados a sair devido ao zelo da Igreja Católica. Por isso, a maioria deles viajou em carros de bois 460 quilómetros na direcção sudeste, para Kolozsvar ou Clausenburg (actualmente Cluj, na Roménia), na Transilvânia, onde os antitrinitários eram há oito décadas uma comunidade importante. No início do século XVII, a Transilvânia alcançou uma posição única sob o mando do calvinista Gabor Bethlen. Durante a Guerra dos Trinta Anos, a Transilvânia protestante, sob suserania otomana e opondo-se aos Habsburgo católicos, era uma das poucas regiões da Europa continental onde sobrevivia a religião reformada. Gabor Bethlen dispunha de um exército por cortesia do sultão otomano Ahmed I. É inegável que a sobrevivência de comunidades minoritárias na Transilvânia se tornou possível por estarem fora do alcance do imperador Habsburgo.

Os paralelos teológicos entre o socinianismo e o Islão não escaparam a alguns pensadores. Em meados do século XVI, nas décadas que se seguiram ao ressurgimento da crença antitrinitária, tais concepções espalharam-se amplamente pela Europa, o que foi facilitado pela aceitação do racionalismo e da revolução científica por parte dos socinianos, evidenciada na sua oposição à doutrina "incompreensível" da Trindade. As sementes lançadas pelos dissidentes radicais deram fruto. Todavia, a sua sobrevivência foi dificultada tanto pelo sucesso da Contra-Reforma como pela determinação dos reformadores (liderados por Calvino) em conservar a fórmula da Trindade.

Em Inglaterra, nos reinados de Isabel I e de Jaime I, os dissidentes da Igreja Anglicana tornaram claro que não acreditavam na Trindade. Estas concepções foram duramente suprimidas pelos dois monarcas. Os que as defendiam foram executados, embora Jaime I, "politicamente, preferisse que os hereticos [...] definhassem em silêncio e em privado na prisão, em vez de lhes conceder a graça e de divertir os outros com a solenidade da sua execução"(462). Parece que as concepções teóricas sistemáticas antitrinitárias dos socinianos chegaram à Inglaterra na década de 40 do século XVII (provavelmente na sequência da dispersão da comunidade a partir da sua pátria, a Polónia, por parte dos jesuítas). Esta teologia acabou por ser identificada com John Bidle, um professor de Gloucestershire.

Na Inglaterra, Bidle, um radical antitrinitário, atacou nessa década de 40 a linguagem das "triunidades, co-essencialidades, modalidades, gerações eternas, processões eternas, encarnações, uniões hipostáticas e termos monstruosos semelhantes, mais apropriados a prestidigitadores do que a cristãos"(463). Bidle verificou que era impossível pensar com clareza acerca da fé na ausência de uma linguagem clara. Na sua assumida afirmação da unidade de Deus, opôs-se firmemente à doutrina da Trindade e, com uma teimosia caracteristicamente inglesa, recusou aceitar que um magistrado pudesse determinar a sua crença religiosa. Bidle ensinou também ao seu aluno Thomas Firmin que as esmolas dadas aos pobres não eram suficientes: deve realizar-se inquéritos pessoais sobre a sua condição e levar a cabo medidas económicas eficazes para acabar com a sua miséria. "Esta foi uma das lições do Sr. Bidle: que é um dever, não apenas aliviar, mas visitar os doentes e os pobres, porque são assim encorajados e confortados e ficamos a saber qual é a natureza e o grau das suas dificuldades."([464]) A conexão manifesta entre a caridade prática activa e o unitarismo, que abandonava o domínio da metafísica especulativa, introvertida e preocupada consigo mesma e o neoplatonismo sonhador, revelava-se claramente na vida de Bidle.

O socinianismo foi acusado de conduzir ao deísmo. Ambos negavam a magia e os mistérios. Mas o deísmo (que analisaremos depois) não considerava as escrituras como sagradas. Via o cristianismo como uma fé entre outras. Os socinianos eram piedosos e conhecedores e amavam o evangelho. Opunham-se pessoalmente a que a fé se reduzisse a um cepticismo prático. Todavia, na sua oposição aos mistérios, ambos partilhavam uma mesma perspectiva e olhavam com algum favor para a clareza e a simplicidade da teologia do Islão. O Islão continuava a ser um tema vivo entre os pensadores e ainda não tinha sido dominado, na república das letras, pelo sentimento da superioridade "ocidental".

A primeira tradução inglesa do *Alcorão* apareceu em 1649 e foi reimpressa em 1688. Uma vez que o Islão é ele mesmo fortemente antitrinitário, é provável que a disponibilidade do texto tenha dado algum ímpeto à propagação do cepticismo a respeito da Trindade nas últimas décadas do século XVII. (Em Inglaterra não se encontra a palavra *"Unitarian"* antes de 1682.) Os sentimentos deístas aparecem ocasionalmente no *Alcorão*, sobretudo na sura 2, traduzida (incorrectamente) para inglês como segue: "Todos os que acreditarem[,] cristãos, judeus e samaritanos, como os que acreditarem em Deus no dia do juízo e fizerem boas obras serão recompensados pelo seu Senhor e serão libertos do medo e da aflição no dia da ressurreição."([465]) Apenas alguns poucos ingleses se tornaram muçulmanos, mas a resistência à ideia de um Deus uno e trino continuou, e este sentimento encontrou neste texto um foco. A versão de 1649 foi feita a partir do francês e é muito imperfeita, mas as suas palavras forneceram uma linguagem significativa e apropriada para ir ao encontro do divino:

> Onde quer que estejas, quer ensines o que está no *Alcorão* ou trabalhes, Eu estou sempre presente; nada do que está nos céus ou na Terra se furta ao teu Senhor; seja grande ou pequeno, tudo está escrito no livro inteligível que explica todas as coisas. Não é preciso haver receio para os que se recomendam a si mesmos a Deus; estarão isentos das penas do Inferno. Os verdadeiros crentes que têm o seu temor perante os seus olhos não sofrerão tormentos no outro mundo. É-lhes dito na Terra que terão todo o

contentamento. A palavra de Deus não admite mudança. Gozarão da perfeição da felicidade no Paraíso. Não te aflijas por causa das palavras do ímpio. A virtude procede de Deus; ele compreende e conhece todas as coisas. Tudo o que está nos céus e na Terra lhe pertence: os que veneram ídolos não seguem senão as suas próprias opiniões e são mentirosos. Deus criou a noite para o repouso e o dia para o trabalho. Quem ouve a sua palavra encontra nela as marcas da sua omnipotência. Disseram: acreditas que Deus teve um Filho? Deus seja louvado, ele é imensamente rico e não teve necessidade de qualquer pessoa ([466]).

Estas são palavras de conforto religioso e, embora careçam da majestade da Bíblia de Jaime I, abordam a unidade do Ser Supremo com autêntica ressonância religiosa.

Os teologicamente ortodoxos voltaram a defender a ideia da Trindade. Edward Stillingfleet (bispo de Worcester) e Charles Leslie encontravam-se entre os seus mais firmes defensores. Mas o que é interessante verificar é que o *Discourse in Vindication of the Trinity* (1697), de Stillinfleet, escrito contra os socinianos e o *Ensaio* de Locke, que marcou uma época, foi o último impulso da filosofia aristotélica. Foi uma expressão de escolasticismo que pretendia opor-se à nova filosofia antimetafísica do empirismo, em que ideias como "substância" estavam na defensiva. Stillingfleet ansiava por conferir legitimidade à pesada terminologia do passado. Todavia, John Locke (e, arrisquemos dizê-lo, John Bidle) tinha-a rejeitado por ser destituída de sentido.

Os socinianos eram por vezes suspeitosamente vistos como muçulmanos disfarçados. Um certo número de livros de advertência, teologicamente ortodoxos e com títulos como *Historical and Critical Reflections on Mahometanism and Socinianism* revelam a existência de receios quanto à convergência das duas teologias. O socinianismo poderia ser o cavalo de Tróia para a entrada dos Turcos na Europa. Havia de facto alguma semelhança entre o Islão e o socinianismo, mas sem qualquer maquinação sinistra. Richard Baxter, o prolífico autor puritano, resumiu a situação do seu ponto de vista teológico. No seu livro *Cure of Church Divisions*, de 1670, classificou os socinianos como "maometanos, que confessam ser Cristo um grande Mestre, mas negam que seja o Sacerdote, bem como o seu sacrifício pelo pecado"([467]). A Baxter escapa o aspecto essencial, mas referido pelos próprios socinianos: que havia passagens nos evangelhos que se referiam à ida de Jesus para o Pai e que nenhum muçulmano aceitaria.

No entanto, tal como no século VII Maomé procurou arrancar ao monoteísmo as excrescências supersticiosas, também então, dez séculos mais tarde, os socinianos assumiram uma posição que era sensivelmente a mesma. Ora, por muito que o movimento tenha sido suprimido ou demonizado, cresceu o número dos seus aderentes, como Henry Stubbe, se bem que o temperamento irascível, conflituoso e pretensioso deste último estivesse em contradição com a atitude optimista, prática e científica que a sua fé livre deu aos unitários. Stubbe haveria de se ter sentido deslocado na comunidade sem classes e de trabalho cooperativo estabelecida em Rakow.

Um aspecto extraordinariamente coincidente entre o socinianismo – que começava então a ser chamado unitarismo – e o Islão aconteceu em Agosto de 1682. Um embaixador do sultanato de Marrocos, Ahmed ben Ahmed, chegou a Londres em Janeiro desse ano com o propósito de negociar o estatuto de Tânger. (No decorrer das negociações ofereceu dois leões a Carlos II. Era também uma figura popular e tinha-se tornado membro da jovem Royal Society.) [468] Quando a sua missão se aproximava do fim, dois ministros unitários proeminentes abordaram Sua Excelência e ofereceram-lhe uma "Epístola Dedicatória"[469]. As partes foram apresentadas formalmente uma à outra por Sir Charles Cotterell, o mestre-de-cerimónias de Carlos II. O documento – que era de facto uma exposição ou manifesto – formalizava os pontos de acordo considerados básicos, e mesmo fundamentais, entre o unitarismo e o Islão. O texto invocava como pano de fundo uma discussão anterior acerca das posições teológicas dos cristãos e dos muçulmanos que ocorrera em 1610. Os participantes de então foram um embaixador de Marrocos, Ahmed ben Abdallah, um protestante holandês (o conde Maurício) e um católico português (D. Manuel, que se intitulou príncipe de Portugal). Depois desse encontro, o marroquino escreveu a apresentar os seus pontos de vista aos cristãos. Consistiam na concepção muçulmana habitual da singularidade de Deus, que atribui, porém, lugares especiais a Jesus e a Maria. A discussão foi conduzida com um espírito racional de seriedade e amizade. Pareceu uma base auspiciosa para um novo encontro [470].

A Epístola Dedicatória voltava a acentuar a crença num "Deus soberano único, em que não havia distinção ou pluralidade de pessoas". A finalidade parece ter sido "formar uma aliança com o príncipe maometano para uma propagação mais eficaz dos princípios unitários"[471]. Os seus apresentadores queixaram-se da "cruel severidade" do clero [472] e sugeriram a protecção do sultão de Marrocos.

Os unitários expressaram o desejo de registar "em que artigos nós, cristãos unitários por excelência, concordamos efectivamente convosco, maometanos". Acentuavam que em alguns aspectos importantes "se aproximavam mais" do Islão do que dos seus confrades cristãos ([473]). Eles e os muçulmanos lutavam para proclamar a fé no único e supremo Deus, sem personalidades nem pluralidades. Depois de relatarem a história da fé unitária, expunham a realidade contemporânea da dispersão dos não trinitários por todo o mundo. O único lugar onde não os havia em grande número era na Europa Ocidental e do Norte "devido à inumanidade do clero". A delegação ofereceu alguns livros – o unitarismo é uma fé muito instruída e de muitas leituras –, pedindo desculpa pela "singeleza filosófica e pela liberdade que fazem parte da nossa profissão", mas oferecendo-os não obstante ([474]). A concluir a sua declaração, centravam-se no seu internacionalismo e nos aspectos práticos e optimistas da religião. Os unitários preferiram dar ênfase à dignidade e ao valor da humanidade e nunca atribuíram muita importância ao "homem caído", nem se alongaram sobre o "pecado", e muito menos sobre o "pecado original". O seu projecto era "uma união com toda a humanidade" e o núcleo da sua fé residia na "harmónica e relativa rectidão [...] colocada na razão do homem"([475]).

Apesar das boas intenções, a Epístola Dedicatória não foi aceite. Criticava a religião tal como era praticada e entendida nos países islâmicos. A oferta dos unitários para "descobrir em vós" os "pontos fracos que se encontram na base da vossa religião" – os antitrinitários acreditaram sempre que se devia ir direito ao assunto – conduziu à rejeição do documento na sua integralidade. Por uma razão qualquer, talvez porque a discussão tivesse lugar num fórum público, e embora em 1610 tivesse sido aceite discutir abertamente matérias teológicas sensíveis, agora os limites haviam sido ultrapassados.

Houve alguma legislação que deu um impulso – embora apenas simbólico, e não efectivo – aos unitários ingleses. Foi aprovada em 1689 a Lei da Tolerância, que, embora os excluísse especificamente, lhes fez pensar que podia não estar muito longe a concessão de liberdade à sua fé proibida. A Lei dos Conventículos tinha estatuído que se podiam reunir apenas obedecendo a severas restrições. Desde 1691 que fora impresso um grande número de panfletos unitários, a maior parte deles anonimamente, e todos financiados por um antigo aluno de Bidle, o esforçado e rico filantropo Thomas Firmin, um homem que não merece o esquecimento a que foi votado.

Os unitários continuaram a manter ideias despreconceituosas sobre o Islão. Stephen Nye, autor de *A Brief History of Unitarianism*, escreveu sobre a necessidade de purgar o Cristianismo das suas doutrinas contraditórias e impossíveis ([476]). Olhe-se, disse ele, para o terreno que o Cristianismo já perdeu para o Islão. Segundo "diversos historiadores", o próprio intuito de Maomé de "ser ele mesmo um profeta" visava apenas "restaurar a crença na unidade de Deus, que naquela época tinha sido extirpada dos cristãos orientais pelas doutrinas da Trindade e da Encarnação". Escreveu Nye:

> Eles dirão que Maomé não afirmava que a sua religião deveria ser considerada nova, mas apenas a reposição da verdadeira intenção da religião cristã. Dirão também que os muçulmanos instruídos se consideram a si mesmos os verdadeiros discípulos do Messias ou Cristo. Alegarão, por isso, que os cristãos são apóstatas em relação às partes mais essenciais da doutrina do Messias, como, por exemplo, a unidade de Deus e que deve ser venerado sem imagens nem figuras, em espírito e verdade. Mas independentemente do desígnio de Maomé, é certo que o Maometanismo tem ganho mais aderentes e prevalecido em mais países do que hoje acontece com o Cristianismo. Mais do que isso, suplantou o Cristianismo em grande parte da Europa, na maior parte da Ásia e em toda a África romana, não pela força e pela espada, pois os maometanos concedem liberdade de religião aos territórios conquistados aos cristãos, mas com aquela verdade singular do *Alcorão*, a unidade de Deus.

Nye prosseguiu, afirmando que a naturalidade da crença na unidade de Deus e a "inconsistência irreconciliável" dela com a crença na Trindade tornavam para sempre impossível reintegrar os muçulmanos, sejam Turcos, Mouros ou Persas. A Trindade bloqueará perpetuamente as tentativas de converter os muçulmanos ou os judeus. Estes povos pensam que todos os cristãos têm de acreditar na Trindade "e concluem daí que o Cristianismo moderno não é preferível ao paganismo ou às religiões que não sejam o judaísmo ou o islamismo".

Outra perspectiva despreconceituosa sobre o Islão foi a de Arthur Bury, reitor do Exeter College, em Oxford. Em 1690, publicou um panfleto intitulado *The Naked Gospel*, uma tentativa de reduzir a fé cristã ao seu essencial, retirando-lhe os acréscimos escolásticos e neoplatónicos. Não encontrou nele lugar para a Trindade nem para o culto das imagens, chamando ao primeiro politeísmo e ao segundo idolatria. A sua atitude para com o Islão era, pelo contrário, empenhada. Embora crítico de Maomé, disse que o profeta "professava todos os artigos da fé cristã"([477]). Fez notar que Maomé não pensava ser um apóstata, mas um reformador, e foi-lhe dada "a oportunidade e o encorajamento" para ser um reformador dos "Doutores cristãos", os contenciosos e obscuros Padres da Igreja que juntaram especulações filosóficas à simplicidade do evangelho e que deixaram um legado, não de amor, paz e alegria, mas de ódio, tribulações e conflitos. Para Bury, a razão era a voz de Deus ([478]).

Em Oxford, era então concedido ao Islão que tivesse ouvintes. Faltavam 80 anos para Gibbon apresentar a sua famosa ironia de que se os muçulmanos não tivessem sido derrotados na batalha de Tours, "a interpretação do *Alcorão* seria agora ensinada nas escolas de Oxford e os seus alunos haveriam de afirmar com vigor a santidade e a verdade da revelação de Maomé a um povo de circuncisos"([479]). A resposta oficial que Oxford deu a Bury foi violenta. O visitador, que era o bispo de Exeter, foi convocado e alojado em Christ Church. Declarou que iria realizar uma visita de inspecção ao Exeter College e iria comparecer numa manhã de Verão, conduzindo o processo com vestes eclesiásticas solenes. Os portões de Exeter fecharam-se com estrondo na sua cara. Após uma resistência simbólica, interveio e declarou que Bury estava demitido e excomungado da Igreja de Inglaterra por desobediência escandalosa. Bury foi também multado em 500 libras. O panfleto foi queimado no Pátio das Escolas, o que significou, evidentemente, uma maior circulação das suas duas reimpressões ([480]).

A questão de *The Naked Gospel* levou John Locke a publicar (anonimamente, porque Locke era sempre cauteloso) o seu último livro, *The Reasonableness of Christianity* ([481]). As ideias de Bury quanto a despojar a fé das suas crenças desnecessárias eram inteiramente ao gosto de Locke. A este propósito, Locke aventou também a ideia de que, nos primeiros séculos da nossa era, o Cristianismo se tinha extraviado num dédalo de "concepções erradas e de ritos inventados" e que só nessa altura a "parte racional e pensante da humanidade" descobriu o "Deus único, supremo e invisível", mas foi obrigada a manter estas crenças escondidas dos padres, "esses guardiães desconfiados dos seus próprios credos e invenções lucrativas". A razão nunca alcançou a autoridade necessária para falar à multidão. O evangelho de Jesus era acerca do Deus único e invisível. A crença num Deus único generalizou-se desde então a todo o mundo. E continua Locke: "Porque é ainda à luz que o

Messias trouxe consigo ao mundo que devem ser atribuídos por nós o reconhecimento e a fé num Deus único que a religião maometana derivou e retirou dela"([482]). Por outras palavras, o monoteísmo islâmico desenvolveu-se a partir do evangelho cristão. O que ambos ensinam é o mesmo e único Deus. Locke, que nunca se referiu à Trindade em qualquer dos seus textos, dizia aqui que o Islão é, de facto, um primo do nosso próprio sistema de crenças e da nossa própria cultura e a sua perspectiva acerca do divino é semelhante à do Cristianismo. Não é necessário haver oposição. Todos acreditamos aproximadamente nas mesmas coisas. Estamos todos do mesmo lado.

A atitude positiva de Locke para com o Islão sugere uma ideia interessante. Dado que as ideias de Locke foram um factor importante na formulação da constituição americana, poder dizer-se que há uma dimensão islâmica neste importante documento? Talvez se possa argumentar que os Estados Unidos da América são, no seu âmago, se não um Estado islâmico, pelo menos um Estado com uma dimensão islâmica.

Na década entre 1690 e 1700, as crenças trinitárias da Igreja de Inglaterra foram constantemente atacadas e quase desapareceram. Nem Tillotson nem Tenison, arcebispos de Cantuária, tinham por elas qualquer consideração. Mas os trinitários ortodoxos ofereceram uma forte resistência. Charles Leslie, um tradicionalista ortodoxo combativo e um opositor mais subtil do que Stillingfleet, divulgou a Epístola Dedicatória unitária, publicando-a na totalidade em 1708. Atacou sem descanso os seus proponentes. Não podia tolerar o seu racionalismo e a sua rejeição dos mistérios teológicos. Em *The Socinian Controversy Discuss'd*, afirmou que os muçulmanos tinham "exactamente os dogmas socinianos" e que, na realidade, Maomé "era muito menos escandaloso e heterodoxo do que Ebion e Teodosiano [judeus da Antiguidade Tardia que tinham concepções unitárias] e essa corrente de heréticos [...] Maomé é mais cristão do que estes e um unitário evidente, mas estes não são tão bem conhecidos no mundo de hoje como Maomé [...] E tal como Maomé aperfeiçoou o arianismo, também os socinianos foram mais além do *Alcorão*, ao desprezarem Cristo, como mostrei, rebaixando-o e fazendo dele apenas um homem, e ainda mais do que o *Alcorão* havia feito."([483])

Leslie afirmava assim que os socinianos estavam realmente mais afastados do Cristianismo do que os muçulmanos. Num livro posterior repetiu a afirmação: os unitários eram "muito mais maometanos do que cristãos"([484]). Ninguém podia negar que os unitários viam Jesus de uma forma que estava mais próxima da dos muçulmanos, mas para Leslie os unitários eram mais perversos, não tanto por terem deixado de considerar Jesus como uma pessoa da Trindade, mas por terem vindo da sua própria cultura. A questão era de traição cultural. Como sucedera no caso de Richard Sherley, a questão da sua fidelidade ao Oriente ou ao Ocidente permanecia como pano de fundo, mas os unitários, com o seu desdém pelos espectáculos ornamentados, nunca se teriam vestido com fantasias orientais parecidas com as do emissário do xá Abbas. Embora fossem legatários de mais de mais de mil anos de cultura trinitária europeia, acabaram por repudiar a Trindade. O Islão, pelo contrário, parecia a Leslie uma espécie de heresia cristã primitiva (a perspectiva dos estudiosos sírios da época) e por isso o seu ponto de vista teológico não era tão chocante. E estava muito afastado.

Com a sua determinação de contestar o trinitarismo anti-racional e as estranhas justificações encontradas para ele no credo atanasiano e nas divagações do Pseudo-Dioniso, *o Areopagita*, os unitários introduziram a racionalidade lockeana na religião. A fé precisava de ser libertada do escolasticismo e das suas fórmulas fúteis, como a astronomia e a mecânica tinham sido libertadas por Galileu e Newton. Os deístas deram um passo mais e afastaram completamente a fé e, certamente, o entusiasmo da religião. Edward Herbert, Lord Herbert de Cherbury (1583-1648) estabeleceu os fundamentos do deísmo com o seu ensaio de religião comparada *De Religione Gentilium* (publicado postumamente e no estrangeiro em 1663) ([485]). Identificou as características comuns – tal como as conjecturou – a todas as religiões: crença em Deus e seu culto, aspiração à virtude e à piedade e crença num "estado futuro". Quando a categorização objectiva das religiões efectuada por Herbert se encontrou com as ideias de Descartes e de Newton e quando as implicações da revolução científica foram compreendidas, ainda que parcialmente, nasceu a fé racional e alheia ao entusiasmo do deísmo. Onde se encontrava a ruptura? Os unitários, para além de acreditarem nos evangelhos, eram optimistas espirituais, tentando trazer à luz o que a humanidade possui de bom, qualidade que encontrou expressão na sua procura posterior de reformas legislativas e no seu envolvimento na campanha pela abolição da escravatura. Pelo contrário, os olhos dos deístas estavam fixados na abóbada deprimente do pessimismo existencial.

Para os deístas, o mundo era já velho, era uma flor tardia, outonal, talvez aprazível, mas definitivamente incapaz de aperfeiçoamento, e o seu criador não era um ser activo e interessado, envolvido perpétua e permanentemente com a sua criação, mas uma espécie de divindade ausente, que dera corda à máquina da natureza e depois a deixara funcionar sem vigilância, recusando voltar a interessar-se pelo estado do universo: era um *deus absconditus*. O deísmo é a fé filosófica da gestão do final do jogo, não uma relação com um Deus que ama. A crença dos deístas era reforçada ao observarem os males das guerras de religião. Para além disso, distanciavam-se das múltiplas seitas dadas a disputas, que eram dirigidas não por homens semelhantes a Cristo, mas por polemistas intransigentes. Desejavam viver apenas à luz da natureza. A virtude não era praticada para evitar uma punição no além, mas porque era o que se deveria civilizadamente fazer, conduzindo a uma sociedade mais digna e melhor. Não era necessário o culto, nem a autopunição que parecia acompanhar a fé. A providência divina não podia ser compatível com a lógica ou os factos científicos e em termos humanos era irreconciliável com os desastres naturais como o grande terramoto de Lisboa de 1755.

O deísmo gozava de popularidade em diversas classes. Por um lado, era uma fé própria de cavalheiros e mesmo aristocrática Henry St. John, o visconde de Bolingbroke, escreveu textos deístas volumosos –, mas também encontrou acolhimento em dissidentes da IgrejaInglesa e da Igreja Escocesa e em católicos que rejeitaram o seu sistema de fé. Entre estes homens, cujos nomes estão hoje maioritariamente esquecidos e não sendo nenhum deles figura de destaque, incluem-se John Toland, Anthony Collins, Charles Blount, Matthew Tindal e Thomas Chubb. Lady Mary Wortley Montagu escreveu de maneira inesquecível sobre o deísmo e o seu significado no Islão.

Toland, um irlandês com uma inteligência combativa – cujo livro mais bem conhecido, o *Christianity Not Mysterious*, foi queimado em Dublin, em 1697, pelo carrasco público –, tentou aplicar à história do evangelho um método crítico e comparativo, embora dificilmente possuísse os materiais ou o temperamento para o aplicar. Sendo desde a infância um católico de Derry, levou a vida selvagem e turbulenta de um homem movido apenas pela dissidência. Declarou que o Cristianismo não poderia ser "misterioso" (quer dizer, não poderia ter dogmas ininteligíveis), porque desse modo ofenderia a razão e, como dissera John Locke: "Quem afasta a razão para dar lugar à revelação extingue a luz de ambas e faz quase o mesmo que se convencesse um homem a arrancar os olhos para captar melhor com um telescópio a luz remota de uma estrela invisível". O livro de Toland pode ter sido uma tentativa dissimulada de mostrar a falsidade da religião em tudo o que fosse além da crença nalgum ser supremo e da vontade de fazer o bem, uma vez que os mistérios em matéria de religião eram, e continuam a ser, tão ao gosto popular. Se o misterioso e o mágico forem excluídos da religião, não resta muito para além dos ensinamentos éticos e da herança cultural. O livro teve depois muitas edições. As suas obras posteriores revelavam o desejo de estabelecer a unidade entre as fés monoteístas. Não tinha preconceitos contra o Islão. O seu último livro foi o projecto de uma religião formada com fragmentos de todas as fés, o tipo de ideal de crê-em-tudo-e-em-nada por que anseiam os devotos angustiados e de espírito aberto da nossa própria época (uma colectânea útil de textos históricos do tipo *Pensamento do Dia*!)

A obra mais audaciosa de Toland – se de facto era dele – foi a *Carta de um Médico Árabe*, de 1706, alegadamente dirigida a um professor Universitário de Halle, na Saxónia. Foi uma resposta às críticas europeias típicas endereçadas a Maomé e ao Islão de que a sua fé era disseminada pela força das armas, que Maomé tivera demasiadas mulheres para ser um verdadeiro chefe religioso e que as sensualidades oferecidas no Paraíso eram repelentes no domínio da religião.

A resposta é clara e bem argumentada. Maomé apenas usou as armas para recuperar Meca. Se Alexandre, *o Grande*, César, Guilherme, *o Conquistador*, e Luís *le Grand* podem ser considerados grandes homens, por que não Maomé? O imperador Constantino aboliu o paganismo pela força e o comportamento dos cristãos na noite de S. Bartolomeu mostrou que o Cristianismo não é uma religião pacífica. Para além disso, "os cristãos não fazem senão perseguir onde quer que o poder do clero prevaleça sobre o dos magistrados"([486]). Sobre as relações com o sexo feminino, o autor cita muitos exemplos de casamentos múltiplos no Antigo Testamento, como, por exemplo, David e Salomão. Quanto à questão do paraíso sensual, Toland acentua que a ressurreição será do corpo e que não há nada de vil em comer e beber e em propagar a nossa espécie. (O autor cita mesmo estatísticas de saúde pública para apoiar a sua afirmação.) Quanto ao sexo no Paraíso, a sua negação embaraçada era devida ao recato exagerado em relação ao sexo, que, na realidade, era um apetite normal e saudável. Aliás, sem sexo a humanidade extingue-se. Adão e Eva praticaram-no no Jardim do Éden. Toland prossegue, citando as opiniões da mística flamenga Antoinette Bourignon (1616-1680), que afirma que "haverá propagação eterna da humanidade no céu [...] o apologista dela, muito sabedor e piedoso, acredita que os anjos abençoados multiplicam constantemente a sua espécie e continuarão a fazê-lo para sempre"([487]). (Talvez seja instrutivo recordar que as ideias de Antoinette Bourignon tiveram alguma influência no clero calvinista da Escócia. De facto, foi introduzida uma fórmula para a sua admissão que exigia a abjuração das doutrinas da profetiza flamenga.)

O alegado médico árabe continua: "É verdade, ambos divergem de nós na maneira de se propagarem, porque imaginam que se efectua por um acto puro de amor divino, sem qualquer mistura de sexos, o que é uma mera fantasia de que não podemos ter qualquer ideia, ao passo que nós pensamos que será pela união dos sexos, o que agrada à ordem e à constituição das coisas e sobre a qual todos os homens podem ter uma ideia muito clara e distinta".

Uma ideia clara e distinta: esta é a expressão-chave, que revela que o autor foi um seguidor de John Locke. Um teste central para a validade das ideias no *Ensaio* é que sejam "claras e distintas".

Os devotos tradicionais execravam Toland pela sua impiedade, mas este ganhou uma grande popularidade, quer no país, quer no estrangeiro. Quando Lady Mary Wortley Montagu estava a residir em Belgrado em casa de um efêndi turco bem-educado, este perguntou-lhe, "entre outras coisas, «Como *esteve* o Sr. Toland?»". Toland despertou interesse entre os muçulmanos e os cristãos, entusiasmando aqueles para quem a velha estreiteza sectária era demasiado intolerante e mesquinha. A sua mente fértil e inconstante estava orientada para o horizonte de uma fé globalizada em que um texto sagrado seria visto como uma alegoria e a virtude seria praticada pelo seu próprio bem ([488]).

Um tema comum aos socinianos e aos deístas é o que podemos designar como genealogia do monoteísmo: o Cristianismo surgira para refinar o paganismo antigo e o Islão desenvolvera-se para purgar o Cristianismo das suas corrupções. (Uma corrente de pensamento mais radical entre os deístas levou-os a antecipar o ateísmo científico.) Podemos ver o processo a decorrer no início do século XVIII. Há mesmo uma alusão em *The Naked Gospel* de Bury. Toland e Thomas Chubb continuaram fiéis a uma certa crença num poder superior. O título do livro de Toland, *Christianity Not Mysterious,* faz eco do livro de Locke, *The Reasonableness of Christianity*. Chubb, escrevendo alguns anos mais tarde, questionava-se sobre "se a revelação de Maomé tinha origem divina ou não. Parece ser uma pretensão [ou seja, uma tese] plausível, decorrente das circunstâncias das coisas nessa altura, atribuir-lhe carácter divino". Noutro lado escreveu: "quanto à ausência de milagres relativamente à revelação de Maomé, não me parece que constitua uma prova para negar que a revelação era divina ([489])". O autor deísta afasta o popular ponto de vista cristão de que a religião, devido à sua própria natureza, estava cheia de milagres e maravilhas. Para os deístas calmos e não-fanáticos, um verdadeiro Deus era um Deus racional e Universal, não um prestidigitador que conquistasse as massas com truques de magia.

Anthony Collins e, em certa medida, Lord Bolingbroke estavam quase a transpor a fronteira para a descrença total dos livres-pensadores. Henry St. John, visconde de Bolingbroke, o secretário de Estado que era partidário de Jaime II e fugiu para França e que era o mais ousado dos deístas, combinou a ideia da genealogia do monoteísmo com um ataque à ideia da Trindade. Afirmou que "A doutrina da Trindade dá aos maometanos razão para afirmarem que a revelação que Maomé transmitiu era necessária para estabelecer a unidade do Ser Supremo contra o politeísmo que o Cristianismo introduziu, tal como os cristãos devem insistir em que a revelação que Cristo transmitiu alguns séculos antes foi necessária para estabelecer a unidade de Deus contra o politeísmo pagão ([490])". Neste caso, tal com em Chubb, era atribuída às fés monoteístas uma genealogia, mas outros textos incisivos e desvalorizadores de Lord Bolingbroke sobre a religião levam-nos a perguntar se ele, no fundo, não desejaria que acabassem todas as fés. Pensava que a Igreja estabelecida era necessária no interesse do Estado e para segurança da moral pública, mas não que as doutrinas dela fossem verdadeiras, nem necessárias para assegurar a sua moral pessoal.

A atitude teológica que tendia a ver o Islão como uma alternativa racional ao Cristianismo trinitário levou à publicação de uma obra ferozmente polémica pelo Dr. Humphrey Prideaux. Prideaux foi um orientalista de Oxford que, discordando da discussão livre e aberta da vida universitária, abandonou Christ Church e os seus modos frouxos e complacentes, deixando para trás a impiedade da vida académica para, como deão de Norwich, ir eliminar os anátemas dos púlpitos de uma congregação dócil. A sua obra de 1697 *The True Nature of Imposture Fully Display'd in the Life of Mahomet* não teve necessidade de se esconder dos censores. Era uma compilação pungente e polémica das traduções orientais e das investigações de outros, carecendo de mérito como obra original e partilhando características comuns com as demonizações do Islão do final da Idade Média. Passadas algumas décadas, os seus erros haviam sido apontados. Na Westminster School, Prideaux foi aluno de Richard Busby, homem de elevados padrões e arabista, mas não há continuidade dos padrões de Busby na obra do aluno.

Prideaux era um apoiante enérgico do Cristianismo tradicional. O prefácio de *The True Nature* mostra que o seu ataque ao Islão se integrava no seu ataque ao deísmo "ímpio". Em 1697, era já claro que os deístas estavam a mostrar simpatia para com o Islão e o seu profeta, e Prideaux, neste prefácio, ataca incessantemente a sua fé. Tal como Leslie, estava escandalizado com os ataques à Trindade (sobretudo com os de Charles Blount). A sua cólera era também dirigida contra os avanços registados pela religião "natural" (ou seja, não milagrosa) e lançava veneno contra os deístas epicuristas, que, segundo dizia, "não permitem outro argumento que o chicote e o látego para os convencer dessas afirmações absurdas e ímpias; portanto, não merecem ser tratados de outra forma. Para além disso, se querem saber qual é a verdadeira razão que induziu os ateus a negar a existência de um Deus e os deístas a negar o seu governo sobre nós, é poderem abandonar-se, sem receio de um julgamento futuro, a todos esses gozos bestiais da luxúria e da sensualidade que os seus corações corrompidos os fazem perseguir. Por isso, por não ser a razão do homem, mas o apetite brutal da besta que os faz ser o que são, não merecem que os tratemos de outra forma. Por esta razão, como não é para eles que escrevo, desejo que fique claro que não tenho nada que ver com eles"([491]). Prideaux era evidentemente alguém que não iria permitir que a investigação objectiva perturbasse uma moral de mármore, embora fosse notório que a sua posição moral era um hedonismo epicurista, dado que avaliava as acções morais, não pela sua bondade intrínseca, mas apenas pela quantidade de prazer que iriam proporcionar no além ao seu autor.

Também defendeu o ponto de vista de que a mensagem de Maomé era uma fraude engenhosamente construída, quando seria mais razoável reconhecer a sinceridade frequentemente desesperada do profeta. O ponto de vista mais persistente ao longo do século XVII e no início do século XVIII era ser a fé do Islão uma impostura. Outros autores mais moderados (porque Prideaux detestava o Islão e não concebia que se pudesse ser objectivo em relação a ele) consideravam que "impostura" e "impostor" eram palavras utilizadas como baluartes para manter afastados os que procuravam heresias, ao passo que os seus utilizadores poderia estar a indicar que essa fé era algo mais do que falsidade e fraude. Um estudo de 1705 sobre a teologia islâmica, da autoria do académico holandês Adriaan Reland, afirma que esta fé é uma "impostura", mas a própria lucidez cautelosa do autor contribui em muito para contrariar tal ponto de vista. De facto, o livro foi atacado por alguns teólogos por ser demasiado objectivo e insuficientemente polémico ([492]).

No entanto, nesta época, em que medida é que a crença do próprio Islão era deísta? Os muçulmanos defendiam uma fé filosófica e um universo que funcionava como um relógio, sendo presidido por uma divindade ausente, ou estariam eles cheios daquele entusiasmo exaltado que é próprio do fundamentalismo apocalíptico? Lady Mary Wortley Montagu, que se tinha apercebido da ânsia por notícias em relação a Toland, era dos deístas ingleses mais esclarecidos e atentos. À medida que viajava pelo Império Otomano, captou ecos de conflitos na pátria e foi suficientemente perspicaz para se aperceber das semelhanças entre o Islão e as seitas do Cristianismo como eram entendidas pelo povo e entre a essência do Islão e a essência do Cristianismo como eram compreendidas pelos "filósofos". Lady Mary foi elogiada pelo impacto das suas *Turkish Letters* na cena literária inglesa, mas prestou-se menos atenção às suas ideias sobre o Islão. Nas décadas de 80 e 90 do século passado a sua reputação foi alvo de críticas "literárias" muito violentas e estranhas que estão em completa contradição com os resultados que alcançou.

Em 1716, o marido de Lady Mary, Edward Wortley Montagu, foi nomeado embaixador em Constantinopla. Lady Mary viajou nesse Inverno, chegando a Belgrado, que estava em poder dos Otomanos, em Fevereiro de 1717. O anfitrião do embaixador era um efêndi educado, Achmet [Ahmet] Bey, o mesmo que perguntou por Toland. Informou Lady Mary sobre as instituições, a cultura e a religião do império. Em matéria de religião, revelou-lhe que os Turcos educados e esclarecidos acreditavam, não numa fé literal, palavra por palavra, mas no seu calmo deísmo. O motivo para introduzir superstições e revelações na religião, assegurou ele à nobre senhora, foi a conquista do povo ignorante. Os pontos de vista de Ahmet Bey evidenciavam algumas semelhanças com os dos mutazilitas de 900 anos atrás, que oscilavam entre a crença e a descrença. O *Alcorão*, afirmou ele, continha apenas a moralidade mais pura transmitida na melhor das linguagens. A Lady Mary agradou deparar com tais concepções racionais, que se conformavam com as suas próprias ideias sensatas e destituidas de fundamentalismo ([493]).

Chegou a Adrianópolis (Edirne) em Abril, deixando-nos as suas impressões acerca dos Albaneses (conhecidos como Arnavuts): "Estes povos, vivendo entre cristãos e maometanos e não sendo dotados para as controvérsias, dizem que são totalmente incapazes de dizer qual é a melhor religião, mas para se assegurarem de que não rejeitam completamente a verdade, seguem muito prudentemente as duas. Vão às mesquitas à sexta-feira e à igreja ao domingo, dizendo em sua defesa que estão certos de ir beneficiar da protecção do verdadeiro profeta no Dia do Juízo, embora neste mundo sejam incapazes de determinar quem ele é"([494]).

Parecia que a religião na Albânia e na Sérvia era, em geral, ou matéria de questiúnculas de tipo tribal, ou uma espécie de apólice de seguro para a diversidade das fés. Um homem prudente manter-se-ia silencioso se fosse confrontado com algo que sugerisse a existência de uma contradição. Para as poucas almas cultas que lá havia, a fé era a universalidade pacífica do deísmo, que poderia surgir como o moderador essencial entre todas as fés e que era capaz de provar ser mediador até ao ponto de desaparecer por completo.

Lady Mary também conhecia a diversidade de escolas de interpretação que havia no Islão e que estava na origem da multiplicidade deste em matéria de fé. Viu que o Islão era múltiplo, e não uno: havia Islões, e não o Islão. "O Maometanismo está dividido em tantas seitas quanto o Cristianismo e a sua instituição original está também negligenciada e obscurecida pelas interpretações. Não posso deixar de reflectir aqui na inclinação natural da humanidade para fabricar mistérios e novidades. A zeidi, a kadari, a jabari, etc. [trata-se de escolas de interpretação corânicas] fazem-me recordar a católica, a luterana, a calvinista, etc. e são igualmente fanáticas na sua rivalidade. Mas a opinião que prevalece, se se procurar nos segredos dos efêndis, é o simples deísmo, mas este fica resguardado do povo, que se diverte com mil ideias diferentes de acordo com os interesses dos seus pregadores"([495]).

As observações de Lady Mary não são de um triunfalismo cristão desdenhoso nem uma tentativa para erguer o Islão acima dos seus próprios limites. É apenas uma perspectiva comparativa bem informada e céptica acerca das fés. Era razoável e sensato procurar encontrar paralelos entre o Cristianismo e o Islão, sobretudo quando coincidem ao serem comparados numa atmosfera de serena reflexão filosófica. Os dotados de entendimento podiam remover as superstições e os mistérios da religião e, desse modo, as verdades do universo ficariam claras.

Lady Mary foi também uma pioneira da inoculação da varíola, uma prática que observou em Adrianópolis quando se dirigia para o posto de embaixador do marido. Fez inocular o filho em Fevereiro de 1718. Parece que a embaixada proporcionava uma assistência médica excelente. De facto, Maitland, o médico da embaixada, e o Dr. Emanuel Timoni, o cirurgião, prestavam cuidados médicos que se aproximavam, de certo modo, dos padrões hoje correntes. Lady Mary tornar-se-ia uma apoiante fervorosa da inoculação depois de regressar à Inglaterra ([496]).

*
* *

No mundo académico arredado das universidades sonolentas saiu em 1734 uma bela tradução do *Alcorão*, obra de George Sale, que trabalhava para a Sociedade para a Promoção do Conhecimento Cristão (SPCC). Sale não nutria pelo Islão nem pelo seu profeta uma admiração sem reservas, todavia, em relação ao politeísmo e à superstição da Arábia pré-islâmica, chamou a atenção para o facto de Maomé ter seguido "o exemplo dos legisladores mais famosos, os quais não instituíram leis que seriam as melhores em si mesmas, mas sim as que os seus povos respectivos podiam melhor acolher". Sale também reconheceu a "conduta sábia e a grande prudência" de Maomé, bem como a sua caridade, a qual, segundo um historiador árabe, fazia com que em casa raramente houvesse dinheiro, porque ele o dava todo. No entanto, Sale ainda concordava com a ideia de que "Maomé fingira ser um profeta enviado por Deus", que era a perspectiva ortodoxa nesta época ([497]). A tradução de Sale foi muito apreciada e a sua fé cristã passou a ser olhada com suspeição. Gibbon, para além de se lhe referir como "o nosso honesto e conhecedor tradutor", descreveu-o como "meio muçulmano", o que constituía, provavelmente, um aparte irónico do historiador, motivado pelo rigor da investigação de Sale, que quase convidava a acreditar no Islão. Depois da sua notável tradução, Sale foi de facto suspenso dos seus deveres religiosos na SPCC. O Discurso Preliminar, brilhante e original, que serve de introdução à sua versão, e que foi elogiada por Gibbon por ser "conhecedora e racional", olhava para o Islão com aquela seriedade e competência académicas que eram habitualmente apanágio dos eruditos quando olhavam para a política e a sociedade da Grécia e da Roma antigas.

Sale olhava para o Islão como um estudioso nosso contemporâneo. Os deístas sentiam-se atraídos para o Islão devido à sua posição racional antitrinitária e à ausência de milagres. Os filósofos políticos admiravam o Islão por não ter sacerdócio. Em França, a vida de Maomé chegou a ser vista em certos círculos como um ideal do Iluminismo. O *comte* Henri de Boulainvilliers levou ao extremo este sentimento na sua *Vie de Mahomed*, de 1730, na qual o profeta islâmico, comparado a "um herói da mais sublime coragem"([498]), era visto como uma grande figura do palco da história, com um génio completamente desinteressado que era afim do que de melhor houve na Roma republicana. O Islão, segundo o conde, era "o sistema de uma religião despida de toda a controvérsia e que, não propondo nenhum mistério que violentasse a razão, levou a imaginação dos homens a dar-se por satisfeita com uma oração invariavelmente simples, não obstante as paixões furiosas e o zelo cego que tão frequentemente os fazem ficar fora de si"([499]). Para Boulainvilliers, a fé de Maomé "parece ter sido o resultado de uma longa e profunda meditação sobre a natureza das coisas e sobre a reconciliação dos objectos da religião com a razão, a qual deve sempre testar as coisas apresentadas ao entendimento"([500]). Gibbon reconheceu que Boulainvilliers "revela um forte entendimento, no meio de uma nuvem de ignorância e preconceitos". No entanto, incluiu o frio Prideaux no mesmo círculo que o entusiasta Boulainvilliers, comentando que "o desejo adverso de detectar impostores ou heróis corrompeu demasiadas vezes o saber do doutor e o talento do conde"([501]).

O próprio Gibbon e alguns historiadores deste tempo admiravam Abulfeda, ou Ismaíl ibn Muhammad Abu l-Fida, príncipe de Hama (1273-1331). Foi um geógrafo e historiador notável e bastante preciso e as suas obras vinham sendo traduzidas para latim desde 1650. Em 1723, o seu texto sobre a vida de Maomé foi impresso em Oxford (por John Gagnier) e mais tarde, em 1754, os seus *Annales Muslemici* foram traduzidos por J. J. Reiske e impressos em Leipzig. Gibbon escreveu sobre "Abulfeda, cujo testemunho considero ser o mais conveniente e digno de crédito"([502]).

Voltaire, outro deísta, tinha uma atitude mais complexa para com o Islão e Maomé do que a de Boulainvilliers. Recusou dar largas a qualquer coisa que se assemelhasse ao entusiasmo deste. Na verdade, era sob muitos aspectos bastante negativo (embora interessante nessa atitude) em relação ao profeta do Islão, que não considerava que fosse aquele impostor correntemente referido pelos cristãos, mas sim um oportunista, e que era certamente menos impostor do que a maioria dos cristãos. A tragédia *Maomé*, que teve a primeira representação em 1741, é habitualmente considerada a sua melhor peça. Embora o título completo dela seja *Maomé ou o Fanatismo* (mas este subtítulo não aparece na edição de 1742), a peça não é acerca do fanatismo no sentido contemporâneo. Não há orações devotas, rezas cansativas, nem automortificações entediantes. Estas qualidades foram adicionadas pelos tradutores ingleses de Voltaire (sobretudo pelo reverendo James Miller, cuja edição inglesa de 1745 lhe acrescenta passagens de um fanatismo totalmente espúrio e que não se encontram no original, como, por exemplo, uma expostulação do *Alcorão* como instrumento de chicanice profética). O texto de Voltaire ocupa-se de política, de ideologia e de ambições pessoais num contexto de crença. Parece que os públicos ingleses, atrasados no entendimento da política e da ideologia, se contentaram que esta peça fosse apresentada como uma condenação virtuosa da fraude religiosa ([503]).

Esta obra dramática de Voltaire tem certamente problemas internos: a estrutura da peça é exagerada e algo estática. Todavia, está escrita numa linguagem vívida e fluente, desperta para as tendências profundas da acção humana.

O enredo foi totalmente imaginado por Voltaire, não tendo relação com os acontecimentos reais da vida de Maomé, que eram bem conhecidos em 1740. O Maomé imaginado por Voltaire é uma criação quase completamente imaginária, bastante afastada do Maomé profeta. A peça opõe a família de Maomé à de Zopire (= Zubayr, que na realidade foi um dos primeiros convertidos do profeta). Zopire, acreditando que Maomé provocara a morte da sua família, matou o filho deste, cujo nome não é referido. Os filhos de Zopire há muito perdidos, Palmira, uma rapariga escrava, e Seide (Zaid), que encontramos como refém, foram trazidos secretamente por Maomé e na ignorância de serem irmãos. Estão apaixonados, mas Maomé tem planos para Palmira. A causa do profeta avança por toda a Arábia. Maomé chega a Meca, alegadamente para negociar, mas, na realidade, com duas intenções relacionadas: convencer Seide a assassinar Zopire e depois matar Seide para ficar com Palmira. Seide, devotado à causa do profeta, concorda em levar acabo o assassinato, acreditando que este acto é um dever religioso e a maneira de chegar ao coração de Palmira. Logo depois de ter limpo o sangue da sua faca, reconhece que matou o seu próprio pai e tenta virar o exército contra Maomé. Mas este momento de lucidez é breve, porque havia sido envenenado. Maomé declara que a subsequente morte de Seide é um sinal da sua própria missão divina. No momento em que toda a Arábia o saúda como seu chefe profético, Palmira suicida-se com um punhal.

O próprio Voltaire resumiu assim a essência do enredo: "É acerca de um homem jovem que nasceu dotado de virtudes, mas que, seduzido pelo fanatismo, mata um velho que o ama, pensando assim servir Deus, tornando-se parricida sem o saber. É acerca também de um impostor que ordena este assassinato e que, como recompensa, promete ao assassino um [acto de] incesto" ([504]). Os cristãos combativos gostaram disto. O papa Bento XIV, a quem foi dedicada, leu esta *"bellissima tragedia" "con sommo piacere"* (com o maior prazer) ([505]). Os críticos abalizados estavam menos seguros. Lord Chesterfield, que assistiu a uma representação em Bruxelas, disse numa carta que "percebeu em pouco tempo que ele [Voltaire] visava Jesus com a personagem de Maomé". Sua Senhoria queixou-se da "peralvilhice, dos erros e da impertinência dos autores"([506]).

Um agradável defensor inglês da história e da literatura árabes, ainda que menos conhecido, foi James Harris (1709-1780). Era neto do segundo conde de Shaftesbury, de cuja educação ficou encarregado John Locke. Homem sociável, que, no entanto, teve uma vida retirada à sombra da catedral de Salisbúria, correspondeu-se permanentemente com Henry Fielding. A sua maior coroa de glória foi o livro *Hermes*, dedicado à possibilidade de uma gramática universal. No seu livro póstumo *Philological Inquires* (1781) consagrou três capítulos às questões do Médio Oriente escritos com espírito aberto e generosidade. O seu livro não evidencia nenhuma daquela arrogância ou superioridade que se encontra nos textos ingleses posteriores nem daqueles sentimentos de piedade convencionais e mornos de Samuel Johnson. Harris admirava a obra de Pococke, que utilizava de parceria com Abu l-Fida como suas fontes principais. Também teceu palavras de elogio a *Hayy ibn Yaqzan*, de Ibn Tufayl ("essa elegante ficção sobre o filósofo autodidacta") ([507]). Na própria cópia de Harris do texto bilingue (árabe e latino), de 1671, escreveu a nota "*Liber lectu vere dignus*" (um livro que verdadeiramente vale a pena ler).

Para homens e mulheres de mentes lúcidas e flexíveis, o Islão enquadrava-se na paisagem espiritual desenganada e não dada a milagres do século XVIII, que contrastava com as guerras religiosas e a queima de bruxas na fogueira da época anterior, quando a Europa se permitiu ser conduzida por uma fé fanática de consequências mortíferas. A percepção dos efeitos terríveis do fanatismo subjaz ao cepticismo de Edward Gibbon em relação à religião. A sua frieza para com tal entusiasmo pode ser explicada pela recordação dos actos dos devotos.

A atitude de Gibbon para com o Islão e o seu profeta é complexa: tal como em relação ao Cristianismo, era céptico e irreligioso, mas também generoso, e ficava feliz por reconhecer a grandeza de espírito. Elogiou as qualidades cívicas que o profeta árabe encorajou, salientando que, apesar de ter despertado o espírito guerreiro no seu povo, lhe impôs restrições e que o seu sistema de crença era o "credo racional da unidade e das perfeições de Deus" ([508]). "Nenhum maometano cedeu à tentação de reduzir o objecto da sua fé e da sua devoção ao nível dos sentidos e da imaginação do homem. Acredito num Deus e em Maomé, o apóstolo de Deus, eis a simples e invariável profissão de fé do Islão. A imagem intelectual da divindade nunca foi diminuída por qualquer ídolo visível. As honras do profeta nunca ultrapassaram a medida da virtude humana e os seus preceitos de vida limitaram a gratidão dos seus discípulos às fronteiras da razão e da religião."([509])

Quanto ao legado de Maomé, se Gibbon pôs em dúvida o universal, pôs em destaque o particular, dado que o profeta "soprou sobre os fiéis o espírito da caridade e da amizade, recomendou a prática das virtudes sociais e controlou com as suas leis a sede de vingança e a opressão das viúvas e dos órfãos". Está cheia de ironia – de uma ironia política local – a vaga de entusiasmo que conduziu as tribos para fora da Arábia.

> Se o impulso tivesse sido menos poderoso, a Arábia, livre no interior e formidável no exterior, poderia ter florescido sob o poder dos seus sucessivos monarcas. A sua soberania perdeu-se com a dimensão e a rapidez das suas conquistas. As colónias da nação espalhavam-se de leste a oeste e o seu sangue misturou--se com o dos seus convertidos e cativos. Depois do reinado dos três califas, o trono foi transportado de Medina para o vale de Damasco e as margens do Tigre. As cidades santas foram violadas pela guerra ímpia. A Arábia foi governada pelo ceptro do súbdito, talvez de um estrangeiro, e os Beduínos do deserto, despertando do seu sonho de dominação, retomaram a sua velha e solitária independência ([510]).

Gibbon leu o *Alcorão* na tradução de Sale e viu-o como "um testemunho glorioso da unidade de Deus. O profeta de Meca rejeitou o culto dos ídolos e dos homens, das estrelas e dos planetas, de acordo com o princípio racional de que tudo o que se ergue tem de descer, tudo o que nasce tem de morrer, tudo o que é corruptível tem de entrar em declínio e perecer. Quanto ao Autor do universo, o seu entusiasmo racional afirmava e adorava um ser infinito e eterno, sem forma nem lugar, sem descendência nem semelhança, presente nos nossos pensamentos mais secretos, existindo por necessidade da sua própria natureza e retirando de si todas as perfeições morais e intelectuais". Esta passagem mostra que Gibbon compreendeu verdadeiramente a religião, apesar do seu cepticismo quanto aos cultos sacrificiais, aos fetiches privados e à teologia da qual nada se podia retirar com sentido ([511]).

O historiador pensou também o Islão com uma profundidade que era maior do que a se lhe atribui habitualmente. A ideia bastante divulgada de que apenas o utilizou como um bastão para zurzir o Cristianismo e a prática cristã não pode ser sustentada, embora também o tivesse feito. Gibbon olhou seriamente para a estrutura da fé nos próprios termos desta, observando que o facto de não possuir uma casta sacerdotal lhe permitiu permanecer virtualmente inalterável desde as suas origens. (Pelo contrário, "Se os apóstolos cristãos S. Pedro e S. Paulo pudessem regressar ao Vaticano, seria provável que perguntassem pela divindade a que é prestado culto com ritos tão misteriosos nesse templo magnífico."(^{512}) Os laços criados pelo Islão despertaram as virtudes cívicas.

Todavia, ao nível individual, havia perigos: advertiu "como a consciência podia ficar entorpecida num estado misto e intermédio entre a auto-ilusão e a fraude voluntária"(^{513}). Talvez Gibbon aludisse aqui à possibilidade de o Islão não levar os seus adeptos a esforçar-se mais e sim a acreditar que, tendo-lhes sido concedida a revelação final e completa, eram superiores e mesmo inatingíveis, padecendo assim de uma crença inquestionável semelhante à que levou à queda dos cruzados, a de que estavam certos, que Deus estava do seu lado e que os que se lhe opunham constituíam uma aliança dissonante de bárbaros palradores e ímpios: o lado sombra de si mesmos.

O historiador confrontou-se em várias frentes com preconceitos contra o Islão. Acentuou que, "não obstante um preconceito vulgar, as portas do céu abrir-se-ão para ambos os sexos"(^{514}). De uma forma menos emotiva do que Antoinette Bourignon e John Toland, não se embaraçou com a ideia de haver sexo no Paraíso quando a presença das huris de olhos negros levou os teólogos cristãos a ridicularizá-la e aliciou alguns escritores imaginativos a especular sobre uma mistura rica e túrbida do físico e do espiritual. Gibbon faz com que o tema tenha sentido. Uma crença cristã que é central, então como hoje, é a ressurreição do corpo. A ideia é repetida sempre que é dito o credo dos apóstolos: não a ressurreição da alma, mas a do corpo. Esta é uma antiga crença cristã muito importante para S. Paulo. A ideia faz parte também da crença islâmica. Gibbon apresenta a tese de que a ressurreição do corpo estaria incompleta sem a ressurreição dos órgãos sexuais e da sua função. Os cristãos preferem antecipar uma espécie de ressurreição de eunucos, mas isso é apenas o resultado da afectação de virtude e da negação geral da função sexual que caracterizou o Cristianismo. Gibbon reconheceu que o Islão vira que a ressurreição do corpo seria completa e que, em consequência, um instinto corporal onde estaria presente o desejo necessitaria de ser satisfeito. Daí as huris. Adianta ainda que a razão para apenas se falar dos desejos dos homens e para não serem reconhecidos os anseios do sexo feminino foi a de não provocar o ciúme masculino. Este argumento é manifestamente frágil. Mas é claro que Gibbon reconhece, em geral, a tentativa de o Islão acolher a ressurreição do corpo, em contraste com a atitude mais habitual de evitar o problema ([515]).

Gibbon ocupou-se com seriedade da história comum, porque ela faz parte da experiência histórica ordinária. Nem é particularmente adulador nem especialmente depreciativo. A Arábia nunca afectou as suas capacidades. Na sua obra, percebeu a dinâmica da ascensão e queda das suas dinastias com a mesma aplicação racional que utilizou com os dos outros poderes de que se ocupou. Não há condescendência nem desprezo e neste aspecto estava avançado em relação aos tempos mais recentes, em que muitos escritores dedicados à história e uma grande variedade de viajantes reflectem nas suas obras atitudes colonialistas arraigadas. O estudo de Gibbon respira o ar da equanimidade de espírito que existe entre os povos sobre que escreve. Isso fica a dever-se em parte à obra de Simon Ockley, em parte a Sale, em parte ainda às investigações incorporadas na magnífica *Bibliothèque orientale* (1697), de Herberlot, e mesmo, ocasionalmente, a entusiastas como o *comte* de Boulainvilliers. Neste quadro, aparece destacada entre todas a obra *Specimen Historiae Arabum*, de Edward Pococke, o padrão essencial do estudo e da isenção. "Consultem, leiam cuidadosamente e estudem o *Specimen* [...]!", ordenava ele zombeteiramente, como se marcasse um trabalho de casa. O respeito que Gibbon nutria pelo humano, inteligente e não-triunfalista Pococke era forte e surge com frequência em *Declínio e Queda do Império Romano*.

O impacto da literatura islâmica nas letras europeias foi mais ambíguo do que o legado do "carácter árabe" no domínio da investigação. Apenas na Alemanha a força e a subtileza da literatura oriental foram plenamente reconhecidas – nas obras de August von Platen e Eduard Mörike e em *West-Östlicher Divan*, de Goethe, a maior de todas, poemas cuja lucidez, calma e paixão racional parecem assinalar uma grande libertação interior do mais livre dos poetas, uma prefiguração de um certo tipo de literatura internacional. Von Hammer-Purgstall, o historiador do Império Otomano, iniciou Goethe na literatura islâmica e o efeito foi um extraordinário surto de capacidade criativa, levando à criação de alguns dos maiores poemas de todas as línguas. Para os que afirmam que a poesia traduzida é apenas uma versificação vazia, o exemplo das traduções de von Hammer-Purgstall e o efeito que tiveram em Goethe devem ser um enigma.

Para a maioria das pessoas, no entanto, o Oriente trivializou-se a seguir à publicação d' *As Mil e Uma Noites*, em França, em 1704, que introduziu na imaginação europeia um quadro fantasmagórico de sultões e génios, ladrões e mágicos, mormaços e esplendores, com que o Oriente se tornou para todos, excepto os que sabiam discernir, igual em toda a sua extensão, em detrimento da sua razão, do seu realismo, do seu poder e da sua paixão. Na Grã-Bretanha, o entusiasmo absorvente por *As Mil e Uma Noites* atingiu um ponto alto com a *Lallah Rookh*, de Thomas Moore (de 1817 e que hoje quase não é lida, mas foi popular então, tendo proporcionado o texto para *Das Paradies und die Peri*, de Schumann). Anteriormente a obra havia sido utilizada de forma ferozmente subversiva por William Beckford, que combinou a fantasia oriental com o terror gótico para criar *Vathek* (1774), que despertou interesse na época, mas que dificilmente será hoje levado a sério (e quase não merece o esforço). Permanece um mistério por que razão um texto de menor qualidade teve um impacto muito maior do que a melhor literatura oriental. Só podemos estar agradecidos por Goethe saber reconhecer a diferença.

Um inglês que minimizou o fantástico e o lúrido nas suas augustas versões inglesas da poesia oriental foi o grande conhecedor Sir William Jones (1746-1794), que foi obrigado a tornar-se advogado, porque o saber e a poesia não são financeiramente recompensadores. Chegou a pensar candidatar-se ao Parlamento, todavia, sendo demasiado liberal, mesmo para o círculo da Universidade de Oxford, retirou-se antes da votação. Empregou os últimos dez anos da sua vida como juiz em Calcutá, mas a literatura continuou a ser a sua maior paixão. (Sabia perfeitamente 13 línguas e tinha uma fluência razoável em mais 28.) Como funcionário público, era destituído da superioridade cheia de amor-próprio e da arrogância extravagante e sarcástica que caracterizam muitas vezes os procônsules imperiais. O seu liberalismo levou-o a expressar verbalmente o seu apoio à Revolução Americana. Revelou também uma simpatia instintiva pelos animais e detestava os desportos sangrentos ([516]).

As suas traduções incluem obras vertidas do árabe, do persa, do turco e do hindi. Goethe escreveu sobre Sir William (nas notas a *West-Östlicher Divan*): "As qualidades deste homem são reconhecidas em todo o mundo e por isso tudo o que posso fazer é confessar em termos gerais que há muito tempo procuro utilizar a sua obra."([517]) Jones escreveu também *pastiches* eruditos de poesia oriental de um género que se podia facilmente imaginar trivial ou aborrecido. Porém, nas suas mãos constituem poemas de valor. Foi o primeiro a fazer, a partir do árabe, versões em prosa das Sete Odes, poemas que datam, provavelmente, da Arábia pré-islâmica. (São conhecidas como *Muallakat*, o que significa, provavelmente, "poemas suspensos", porque, segundo se disse, estavam suspensos de um edifício público – talvez sagrado – como inspiração e desafio.) A sua publicação mostrou como a poesia é fulcral para os povos árabes e iniciou também a controvérsia sobre a data efectiva das Sete Odes, que alguns acreditavam não ser pré-islâmica.

Os *Poems Consisting Chiefly of Translations from the Asiatick Languages* (1772), de Sir William Jones, constituíram uma porta de entrada do público literato no Oriente. Os versos que criou eram traduções indirectas das línguas orientais – reelaborações de originais orientais no estilo vítreo e suave de Pope. Típico de um homem com o temperamento liberal de Jones, as suas versões nem criavam nem favoreciam de modo nenhum estereótipos europeus sobre o Oriente. Jones ansiava por ampliar, e não por fechar, o conhecimento dos seus leitores relativamente às coisas do Oriente e as oportunidades de experiência emocional. A ideia radicava-se no Oriente – no Oriente Oriente, e não no Oriente Ocidente. É possível dizer que a linguagem popeana dociliza o conteúdo, domestica-o e torna-o inglês, prende-o numa rede e solta-o como uma galinha num relvado que tivesse sido artisticamente concebido por Capability Brown. Todavia, isso seria ignorar os aspectos claramente orientais do conteúdo dos versos.

Neste volume podemos seleccionar algumas linhas de "Solima: Uma Écloga Árabe", uma ode em louvor de uma princesa árabe que construíra um caravançarai com jardins agradáveis para refrigério de viajantes e peregrinos, um acto de munificência que não era invulgar na Ásia. O que aqui é surpreendentemente brilhante é tratar-se duma ode árabe dedicada a uma mulher e, como tal, não se ocupar de guerras, honras, cavalos, incursões, justiças cruéis, sangue derramado nas areias ou destruições (todas aquelas coisas que arabistas britânicos de uma geração posterior – o género de pessoas que se reunia à volta do mito de T. E. Lawrence – apreciavam e que poderíamos descrever como "beduínos ingleses" e que viam o Médio Oriente como uma espécie de escola pública antiga alargada), mas sim com a caridade e a generosidade femininas. Esta passagem segue de muito perto o original árabe:

Quando, tremendo, o peregrino vagueia de medo gelado
Pelos desertos sem pistas e pelas matas enleado,
Como um dragão, abrem as trevas as asas envolventes

E aves da morte entoam fatais cantos tristes
E vapores lançam uma palidez terrível, enquanto,
Arrepiante, o horror clama em cada golpe de vento.
Ela, de noite uma radiosa lua, de dia um sol, que a mágoa
Dele, com torrentes duma luz explosiva, apazigua,
Lança pela sombra oscilante o seu celeste raio
E cobre de flores que despontam o seu caminho solitário ([518]).

Mas a fraqueza do Islão deu origem sobretudo a uma literatura onde as *turcqueries* não eram mais do que um adorno cultural. *Die Entführung aus dem Serail* [*O Rapto do Serralho*] de Mozart, é talvez o exemplo mais conhecido. Na obra, embora o paxá (que é um dos personagens) seja corajoso, autodisciplinado e de espírito elevado, um governante--filósofo ideal do Iluminismo, Osmin, o baixo matreiro, é esperto, habilidoso e cruel, mas cómico. O quarteto de europeus é formado por aqueles com quem o público se pode mais facilmente identificar, porque apresentam as características da sociedade conhecida, mesmo (ou sobretudo) quando são maquinadores e snobes. Mozart foi também um homem com as crenças do seu tempo e a maçonaria deísta foi fulcral na sua atitude para com a vida. Na sua penúltima ópera, podemos ouvir como a Trindade do Pai, do Filho e do Espírito Santo – que aparecera ocasionalmente, em alternativa, como trindade neoplatónica do Uno, da Mente e da Alma – termina nas três notas em bemol da armação de clave da abertura de *A Flauta Mágica*, notas que constituem também a tonalidade principal desta. Aqui as coisas incompreensíveis tornaram--se e compreensíveis.

A partir do final do século XVIII, o Islão e as nações islâmicas chamaram a atenção da Europa por causa do seu potencial comercial, colonial e de guerra. A situação era muito diferente da de cem anos atrás quando (em 1683) Kara Mustafá foi derrotado nas colinas de Kahlenberg, mesmo às portas de Viena. Esta tentativa exagerada de recriar os dias dos sultões conquistadores revelou-se ilusória. A Europa mostrou que era de facto capaz de enfrentar uma força invasora. Desde então, a Turquia otomana foi enfraquecendo. A sua população tendia a acreditar que o seu império não podia ser aperfeiçoado, porque fora aprovado por Deus. Mas os janízaros demonstraram uma oposição violenta, o exército era uma sombra, a situação política não era susceptível de ser mudada, o seu sistema legal estava a desfazer-se e os povos de todas as comunidades estavam degradados pela pobreza e a ignorância. No entanto, a situação geográfica e as possibilidades de a Turquia ser colonizada levaram as potências europeias a interessar-se por ela. A figura do barão de Tott é um exemplo. Escrevendo em 1784, fez notar com ênfase que as fortificações defensivas temporárias do império estavam a ficar arruinadas e que o seu sistema político era despótico ([519]). Ao mesmo tempo, a intenção real do barão em permanecer no Mediterrâneo Oriental era espiar o território a favor do rei de França e verificar se as províncias eram adequadas ao estabelecimento de futuras colónias francesas.

Contudo, nem mesmo o barão de Tott – e outros nessa altura – antecipou de que modo a fraqueza do império haveria de atrair o interesse das grandes potências ao longo do século seguinte e como ele se tornaria num receptáculo solícito dos seus ciúmes e ansiedades diplomáticas, acelerando assim as tendências internas para a sonolência e a passividade. O colonialismo teria de esperar um século.

A passividade dificilmente poderia contrastar mais com o entusiasmo intelectual que uma fé mitigada soube criar em duas conjunturas críticas da civilização islâmica: o período das traduções, quando os califas eram mutazilitas, e durante a explosão intelectual da Espanha islâmica. Os dois períodos foram breves, o primeiro foi encerrado pela ortodoxia religiosa e o segundo pela reacção política, mas ambos foram suficientemente intensos para dar origem a textos que alteraram a condição da Europa. O Império Otomano, que nunca se interessou pela especulação intelectual, de início ensinou, todavia, a tolerância à Europa: a Cidade otomana de Salonica recebeu os judeus andaluzes depois de terem sido expulsos por Fernando e Isabel e foi na Transilvânia, sob suserania otomana, que o Edicto de Torda, a primeira lei de tolerância religiosa europeia, foi proclamado em 1568. Depois do choque provocado pela morte de Servet na fogueira, em Genebra, os reformadores religiosos compassivos olharam para a cidade de Constantinopla, que era otomana, como um exemplo que mostrava como era possível a convivência das diferenças. Todavia, esta condição não foi duradoura e o Estado otomano passou a significar opressão, exercendo-a com maior peso sobre as minorias. As suas punições eram particularmente cruéis. Nada de interesse para o espírito foi por ela produzido. Mas quando o exército já não pôde defender satisfatoriamente as fronteiras, a sua situação geográfica peculiar ficou sob o olhar atento dos países poderosos, que, para a defenderem do colapso, a encheram de esteróides diplomáticos durante um século.

Capítulo IX

Fortunas otomanas: colapso militar, salvação diplomática

O fracasso dos Turcos em conquistar Viena, em 1683, foi apenas um episódio num processo e num conflito que se vinha arrastando entre a Áustria dos Habsburgo e a Turquia otomana. Já em S. Gotardo, em 1664, os Turcos tinham experimentado o travo da derrota às mãos dos Austríacos, uma derrota no campo de batalha que pôs fim a um longo período em que foram invencíveis, tal como Lepanto pôs termo à sua "supremacia naval"([520]). Quando em 1669 os Otomanos obtiveram uma vitória surpreendente sobre a França e a Áustria num recontro naval em Creta e conquistaram a ilha, o seu êxito ficou a dever-se menos às suas próprias proezas do que às tácticas insensatas dos europeus. Os Turcos intervieram na Podólia, em 1672, quando os Cossacos se ergueram em revolta contra a Polónia, legitimando assim o princípio da intervenção nos assuntos de outras potências e que tantos problemas haveria de trazer ao Império Otomano nos seus anos de declínio ([521]). Nesta região (que é hoje a Ucrânia), originou-se uma situação complexa entre os Otomanos, os Polacos e os Russos. Os Otomanos saíram vitoriosos em 1676 e ficaram com o controlo da Podólia. (Foi através da sua principal cidade, Kamaniets, que William Harborne entrou na Turquia.) Para além disso, o chefe polaco João Sobieski (que mais tarde foi rei) havia sido derrotado, apesar da sua vitória sobre os Turcos em Khotyn (ou Chocim) três anos antes ([522]).

Nesta época, os sultões otomanos dificilmente exercem qualquer função. O poder fora deixado nas mãos dos grão-vizires e o império tinha a sorte de ter uma dinastia de albaneses competentes, os Köprülü, que transmitiram a subtil arte da direcção do Estado de um para outro e cuja perda se fez sentir muito quando o cargo passou para um genro Köprülü, o agressivo e guerreiro grão-vizir Kara Mustafá.

O seu aparecimento significou uma política de investida, embora tivesse sido derrotado logo de início no Danúbio. Em 1683 surgiu uma oportunidade: os Húngaros, sob o comando do conde Emmerich Tekeli (Imre Thököli), revoltaram-se contra os seus suseranos Habsburgo, que tinham instigado um reino de terror contra eles, e Kara Mustafá avançou em direcção a Viena. Os Austríacos eram inferiores em número. Contudo, os Otomanos atrasaram-se fatalmente, permitindo que os Austríacos pedissem a ajuda de João Sobieski e da sua valente cavalaria polaca. A aliança entre Austríacos e Polacos funcionou com uma facilidade quase milagrosa e os invasores otomanos foram completamente derrotados em Kahlenberg, uma cadeia de montanhas donde se avista Viena. Kara Mustafá foi derrubado e decapitado. Nos anos seguintes os Austríacos vangloriaram-se da sua vitória ([523]).

Ao mesmo tempo, os Venezianos, dirigidos pelo comandante Francesco Morosini, obstinado, mas competente, combateram os Turcos no território que é hoje a Grécia. No decurso de uma das campanhas, os Turcos dispararam sobre o Pártenon, utilizado pelos Venezianos como depósito de pólvora, causando-lhe danos irreparáveis e quase o destruindo. O poder veneziano suplantou o otomano, mas para os próprios Gregos os novos senhores eram tão opressivos e mesquinhos como os antigos. Não havia qualquer diferença. A opressão era igual, fosse cristã ou muçulmana ([524]). Os reveses otomanos continuaram até ao fim do século XVII, apenas compensados com uma derrota dos Polacos e o rechaço do exército russo na Crimeia. Na década de 90 mais derrotas catastróficas aguardariam os Otomanos, culminando no desastre no rio Theiss, em 1697. Foi convocada para Karlowitz (hoje Sremski Karlovci, na Sérvia) uma conferência de paz e o tratado que se lhe seguiu reconheceu pela primeira vez que todas as potências europeias tinham interesses quanto ao futuro do Império Otomano ([525]). A Turquia imperial foi despojada de grandes áreas do seu território. O império militarizado dos Otomanos já não era um leão conquistador que impunha temor rugindo na Europa Central. Fora sobriamente enjaulado em Karlowitz e os tratados subsequentes de Passarowitz, Kutchuk--Kainardji, Adrianópolis e Berlim confirmaram a sua domesticação.

Apesar da presença dos Köprülü, o império continuou o seu declínio. Os defeitos do sistema eram demasiado grandes. Estes tinham a suas raízes em dois elementos: os janízaros, um corpo militar semelhante (pelo menos na sua capacidade de causar perturbações) aos *streltsy* na Rússia, que Pedro, *o Grande*, executou em 1698, e o domínio das autoridades religiosas, os ulemás. Devemos dizer que em certo momento do início do império os janízaros e os ulemás eram forças que favoreciam o poder e a sua coerência. Deram ao império um sentimento de segurança e de orientação. Todavia, instrumentos de poder que funcionam numa dada fase podem falhar noutra. As estruturas revolucionárias que inspiraram o povo podem parecer vazias, impeditivas e reaccionárias a uma geração posterior. O mesmo aconteceu com o sistema otomano de enclausurar o sucessor imperial numa gaiola: pode ter impedido as rivalidades e as facções, mas levaram ao colapso mental e à incompetência do reinado do futuro sultão engaiolado(*). No entanto, devemos notar que os Köprülüs agiram com tolerância para com os não-muçulmanos do império, dando a este uma coesão e uma unidade que poderia ter estado ausente sob o mando de um guerreiro intolerante e fanático.

Em 1696, Pedro, *o Grande*, à segunda tentativa, apoderou-se da fortaleza turca de Azov. Foi forçado a devolvê-la 15 anos mais tarde, mas a sua conquista era um sinal do avanço para sul do Império Russo e do momento dinâmico da sua luta contra a Turquia otomana. Apesar da conquista do forte pelo czar, a impressão que ficou da sua experiência perante os Turcos otomanos foi de um grande fracasso. Em 1711, os Turcos registaram uma vitória memorável sobre os Russos no rio Prut, hoje na fronteira entre a Roménia e a Moldóvia. Aqui o exército russo ficou próximo da destruição total. Conta a lenda que a salvação veio da actuação engenhosa da mulher do czar, Catarina, que estava com ele na campanha. Diz-se que juntou todo o dinheiro que pôde, despojando-se das suas jóias, e subornou o grão-vizir para que encetasse negociações. A alternativa era a rendição incondicional. Pedro, *o Grande*, saiu com dificuldade das negociações e nunca mais recuperou a confiança quanto a envolvimentos com o Império Otomano. Perdeu Azov e toda a sua frota e pouco faltou para assistir à derrocada completa de todo o seu projecto ([526]). Por esta altura, os Turcos registaram progressos na sua situação. Conquistaram o Peloponeso ("a Moreia") e a Albânia, para além de terem recuperado Azov. Chegaram a acordo com os Russos para a divisão do antigo território persa. Todavia, no centro da Europa, frente aos Austríacos comandados pelo talentoso e invencível príncipe Eugénio de Sabóia, que revelara a sua têmpera no cerco a Viena, apenas tiveram perdas.

(*) Os futuros sultões ficavam confinados a uma parte do palácio que em turco era denominada *kafes* ("gaiola"). (*N. T.*)

Era uma época de mudanças na Europa. Apesar da derrota da Rússia no Prut, este país começava a substituir a Áustria como o adversário mais poderoso dos Otomanos. Este facto era importante por duas razões: em primeiro lugar, a Rússia era ortodoxa, como os Gregos, os Eslavos e os Búlgaros, que se encontravam sob controlo otomano; em segundo lugar, havia na Rússia um sentimento antiturco muito forte, entre outras razões porque os Turcos faziam recordar aos Russos os Tártaros que sujeitaram a sua terra e o seu povo entre os séculos XIV e XVI.

Em 1715, o Império Otomano retomou o conflito com a República de Veneza. Corinto foi cercada e conquistada pelos Otomanos (dando origem ao poema de Byron *The Siege of Corinth*, mas não à ópera de Rossini com o mesmo nome) e o Peloponeso foi invadido. Os Gregos não mostraram inclinação para ir em auxílio dos seus suseranos cristãos venezianos, que os tratavam como servos. Em resposta, a Áustria reiniciou a guerra com a Turquia e em Peterwardein, na Hungria – hoje na Sérvia –, Eugénio de Sabóia voltou a derrotar os Turcos, mas tratou--se duma vitória com custos elevados. Em Belgrado, no ano seguinte, o mesmo comandante registou a sua vitória mais assombrosa contra um imenso exército otomano, cujo líder cometeu o erro fatal de hesitar antes da batalha ([527]). Belgrado passou para os Austríacos, embora os Turcos reconquistassem a cidade 22 anos mais tarde.

Com o Tratado de Passarowitz (Pozarevac), em 1718, a Áustria obteve ganhos consideráveis, Veneza registou perdas e a Turquia ficou intranquila. Os resquícios de temor da Europa perante os exércitos turcos e toda a ideia de ameaça militar que estes representavam em relação ao Ocidente desapareceram. De facto, ficaram desorientados. A grande fatia do Centro-Leste da Europa conhecida como Hungria estava agora livre dos Turcos, mas o imperador Habsburgo, tal como o doge veneziano, era visto com ambiguidade ou mesmo com hostilidade, porque o poder imperial austríaco pouco menos tirânico era do que o otomano ([528]). A paz reinou na região até 1730. No Leste, a Turquia tentou tirar vantagem da revolução na Pérsia – onde uma dinastia afegã assumiu o poder durante um breve período – para conquistar a totalidade do que é hoje conhecido como Sul do Cáucaso (Transcaucásia) e assumir o controlo nominal da maior parte da região. Porém, as milícias locais (incluindo algumas constituídas por Arménios e organizadas pelos *meliks*, ou senhores feudais arménios locais, que eram particularmente eficazes em Halidsor, no Sul da Arménia) evitaram que os Turcos assumissem formalmente a posse dos seus ganhos obtidos pelo tratado. Pedro, *o Grande*, ameaçado pela possibilidade de uma aliança otomano-afegã, invadiu o Norte da Pérsia em 1722 e apoderou-se de Derbent, no mar Cáspio. Por pouco tempo, os Turcos obtiverem uma espécie de controlo ineficaz de Ierevan e de Tbilissi, mas esses ganhos foram anulados por Nadir Xá quando subiu ao poder na Pérsia, em 1736 ([529]).

A Turquia otomana estava profundamente enfraquecida na década de 30 do século XVIII e a ascensão de Nadir Xá significou a obtenção de ganhos pela Pérsia através de tratados. A Rússia voltou a atacar o Império Otomano no reinado da imperatriz Ana, e o hábil marechal Münnich apoderou-se das fortalezas de Ochakov e Perekov, na Crimeia. Na Europa, os Otomanos obtiveram um sucesso limitado. Apesar da decrepitude política dos Otomanos, os Austríacos eram nesta altura ainda mais incompetentes e dois generais gabarolas e estúpidos conseguiram perder Belgrado, com a consequência de grande parte da Sérvia e da Bósnia ter regressado ao controlo otomano. Os Russos tinham obtido vitórias em 1738-1739, mas foram esvaziadas com o falhanço dos ineptos Austríacos. Todas as conquistas de Ana e de Münnich na Crimeia e na Moldávia tiveram de ser restituídas. A Turquia otomana terminou o ano de 1739 numa posição inesperadamente vitoriosa. A paz instalou-se novamente e a região assim permaneceu até 1762. Neste ano a imperatriz Catarina assumiu o trono russo e começou a desenhar-se um novo sistema de alianças complexo. A Rússia procurou obter ganhos à custa da Turquia e da Polónia. A Prússia, governada por Frederico, *o Grande*, que anteriormente era contra a Rússia, formalizava agora com ela relações por tratado. A Áustria de Maria Teresa juntou-se ao conluio contra a Polónia e a Turquia. A Rússia de Catarina prosseguiu a sua política, impondo a primeira partilha da Polónia e alimentando revoltas na Crimeia, na Grécia, no Montenegro e na Geórgia ([530]).

Houve uma aliança interessante, pouco habitual e de que não se fala, entre a Grã-Bretanha e a Rússia, em 1770, no momento em que esta obteve a sua primeira vitória, numa batalha naval, sobre os Otomanos. Constituiu a primeira demonstração do grande projecto oriental de Catarina, que se pode sintetizar em dois pontos: a destruição do Império Otomano e a reconstituição do Império de Bizâncio. Foram enviados emissários a todas as partes da Grécia. Foi preparado um levantamento sob o comando supremo de Alexis Orlov, irmão do que então era seu amante. Mas o comando efectivo da frota encontrava-se nas mãos do almirante John Elphinston, acompanhado por alguns outros oficiais britânicos. O levantamento iniciou-se na Moreia. Embora tivesse falhado e muitos insurrectos gregos tivessem sido mortos, a frota derrotou os Otomanos em Quios (então conhecida como Scio) e o almirante Elphinston bloqueou os navios sobreviventes no porto de Cheshme, no território da Anatólia. O tenente Dugdale comandou um brulote contra eles, o qual pôs em chamas toda a restante frota turca. Depois os Otomanos conseguiram obter uma espécie de vitória que veio equilibrar a situação ([531]).

A diplomacia nunca foi clara na região e assim continuou indubitavelmente a partir de 1780. O triângulo político existente entre a Grã-Bretanha, o Império Otomano e a Rússia era frequentemente reformulado de acordo com o que se entendia serem as ideias dominantes que se iam sucedendo: a atitude da França, a compreensão do Islão, a segurança imperial, a percepção da natureza da Rússia.

Charles James Fox via a Rússia como um aliado, ou, pelo menos, como um potencial aliado, contra a França ([532]). Era subdesenvolvida e, com uma liderança razoável, podia tornar-se num parceiro ideal da Grã--Bretanha. Contudo, havia um problema: Catarina, *a Grande*, mostrava-se indiferente. A Inglaterra não conseguia suscitar o seu interesse. A Grã-Bretanha atrasava-se como parceiro comercial. Ao mesmo tempo, Catarina conduzia uma política de conquista do Império Otomano que desagradava a Pitt.

Alertadas pela política impetuosa de Catarina para sul, as potências europeias começaram a explorar ideias de apropriação dos territórios do Império Turco. Mesmo depois das grandes perdas dos últimos 150 anos, era ainda demasiado extenso e estava gravemente enfraquecido do ponto de vista interno. Depois da batalha naval de 1770, a Rússia obteve novas vitórias em 1774. Nesta altura, pelos termos do tratado de Kutchuk-Kainardji ("pequena fonte"), uma aldeia que pertence actualmente à Roménia, a Rússia obteve alguns direitos pouco claros de intervir a favor dos cristãos ortodoxos do Império Otomano e de os representar ([533]). A Rússia podia também supervisionar a construção de igrejas em toda a Turquia e permitir que os peregrinos russos viajassem até à Terra Santa. O esquema era uma extensão do acordo de extraterritorialidade firmado entre Solimão, *o Magnífico*, e Francisco I, em 1535. Não havia nele nada de aviltante para ambas as partes. No entanto, 250 anos passados as condições eram diferentes e a posição legal do Império Otomano perante os seus próprios cidadãos apresentava uma falha susceptível de causar um grande dano.

Por um lado, o império era uma entidade autónoma, com poder próprio, com uma autoridade que podia dirigir as suas províncias por intermédio de governadores, tal como sucedia noutros impérios.

A maioria dos sultões, excepto Mahmud II, "o sultão reformador", era fraca e ineficaz, talvez auxiliada por poderosos grão-vizires, mas deixando a administração das províncias a paxás distantes, aos quais pouco era exigido, para além da entrega de um rendimento de impostos considerado suficiente e o envio de recrutas para o exército. Por outro lado, podiam ser demitidos pelo sultão. Este dispunha do veto final. Contudo, o último sultão em funções no império otomano, Abdulhamid II, que governou entre 1876 e 1909, preferiu ser rigidamente centralista. A sua autoridade sobrepunha-se à protecção que as potências exteriores poderiam pensar oferecer às comunidades não-muçulmanas. Tais comunidades eram constituídas por cidadãos do império, não dessas potências. Por isso, a "protecção" que estas garantiam às minorias acabou por ser ilusória e deixou as populações cristãs em pior situação do que se não lha tivessem oferecido.

Em 1783, o conde Potemkin anexou a Crimeia à Rússia. Nenhuma das outras potências foi consultada previamente e nenhuma objectou depois. De facto, Fox, o primeiro-ministro britânico nessa altura, aprovou totalmente a acção. Em 1787, a própria imperatriz Catarina, na companhia do imperador José II, desceu o Dniepre até à Crimeia numa teatral celebração ao estilo das fantasias e do esplendor das mil e uma noites ([534]). Foi aclamada como uma nova Cleópatra: o seu progresso faz recordar inevitavelmente a cena magnífica de Shakespeare em que "A barca em que estava sentada, como um trono brunido / Ardia na água". As relações diplomáticas com a Áustria foram harmonizadas com delicadeza, ao passo que as estabelecidas com a Grã-Bretanha e a Prússia se tornaram turvas. As potências que mais ansiavam por ver o declínio da Turquia otomana eram as que se sentavam na barca imperial. Nesse mesmo ano, formaram um plano para a esmagar e restabelecer o predomínio do Cristianismo ortodoxo em Constantinopla. Havia ecos de Bizâncio nos nomes absolutamente não russos, mas gregos, que Catarina deu às novas cidades da Crimeia, nomes que ressoavam como sinos de um campanário ortodoxo antigo e que indicavam quais eram as suas ambições: Odessa, Simferopol, Eupatória, Sebastopol, Mariupol. O seu segundo neto teve o nome de Constantino e andava sempre vestido como um grego.

Contudo, a combinação não aconteceu como estava previsto. O imperador austríaco pertencia ao Iluminismo, era bem-intencionado e amigo e patrono de Mozart. Em 1788, declarou guerra à Turquia por uma razão aparentemente menor. Na ocasião, a Rússia não podia participar em nenhum pretendido movimento de tenaz, uma vez que estava ocupada com a Suécia. José II liderou o combate – podemos ouvir as trombetas e os tambores de *Non più andrai* – e foi catastroficamente derrotado perto de Lugosch, para onde se dirigira em socorro de Wartensleben, um dos seus generais. À frente de 80 000 homens, o imperador entrou em pânico e na confusão subsequente a infantaria confundiu a sua própria artilharia em retirada com os invasores turcos e formou em quadrados. Nesta carnificina, 10 000 Austríacos foram mortos pelos seus próprios soldados. José nunca mais reassumiu o comando da batalha, atribuindo-o ao marechal Laudohn (ou seja, Loudon, de ascendência escocesa) e ao príncipe Coburg. Em seguida, os Austríacos reassumiram alguma iniciativa, cooperando eficazmente com as forças russas de Alexandre Suvorov. José II morreu em 1790 e o seu sucessor, embora prosseguisse a guerra contra a Turquia, desembaraçou-se da aliança com a Rússia ([535]).

A guerra continuou a ser ferozmente conduzida entre os impérios do Norte e do Sul. No entanto, como a Áustria dos Habsburgo estava a demonstrar incompetência, no mesmo ano de 1788, o general russo Suvorov, um "veterano pequeno e engelhado que comia pão com os soldados [e] os surpreendia ao amanhecer cantando como os galos"([536]), tomou o forte de Ochakov a uma força de 5000 janízaros otomanos. A comunidade internacional não se moveu nem sequer para apresentar um ténue protesto. Em Dezembro de 1790, os Russos, comandados por Suvorov, apoderaram-se da fortaleza de Izmail, no Danúbio, com um assalto brutal e selvagem, mas eficaz. As ordens que Suvorov recebeu diziam: "conquiste Izmail a qualquer custo"([537]). A batalha foi intensa e brilhantemente descrita pelos versos de Byron. A perda de Izmail – os Turcos chamavam-lhe *Ordukalesi*, fortaleza armada – marcou a primeira fase do fim do poder otomano ao longo do Danúbio.

William Pitt, em parte devido a assuntos que não se relacionavam com a Rússia nem com a Turquia, foi o único a expressar a sua oposição à predominância daquela. As ambições de Catarina revelavam uma excessiva confiança. Pitt resolveu contrariar a expansão da Rússia para sul e aliar-se à Turquia otomana. O seu objectivo apresentava algumas semelhanças com a política inglesa de 200 anos atrás, quando a corte de Isabel I, com receio da Espanha, ignorou as diferenças entre muçulmanos e cristãos no interesse da política de Estado. A acção de Pitt foi conduzida de acordo com a nova política de esferas de influência e o conceito de "equilíbrio de poder", que eram entusiasticamente defendidos em certos círculos, mas desvalorizados por Richard Cobden como uma "inutilidade sem sentido" (este conceito perdeu certamente actualidade no mundo unipolar pós-1991). O primeiro-ministro britânico, vendo que a política internacional era uma luta sangrenta de muitas forças para chegar ao cimo, reconheceu que a Turquia otomana tinha um lugar nas suas preocupações. A rainha Isabel I pensara de forma semelhante.

Pitt tentou que a Rússia saísse de Ochakov e a devolvesse à Turquia, apesar do torpor diplomático durante a sua tomada pela Rússia. O seu objectivo era manter a posição do Império Otomano: "Qualquer tendência para entregar o poder desse império [otomano] a uma Europa instável e precária" será "altamente prejudicial aos nossos interesses", afirmou ele ([538]). O contexto vigente era de uma aliança defensiva com a Prússia, mas o princípio tinha, sem dúvida, carácter geral, pelo menos no entender do primeiro-ministro. Declarou que a sua ambição era "devolver a tranquilidade à Europa numa base segura e duradoura"([539]). Assim, projectou enviar a frota britânica para o Mar Negro com o intuito de manter afastada a marinha russa, embora seja difícil de entender o que tal presença poderia ali fazer, à excepção de desencadear uma guerra na Europa. Num excelente debate parlamentar, em 29 de Março de 1791, Fox, o seu grande opositor, afirmou que "era uma novidade ouvir falar da grandeza da Rússia na Câmara dos Comuns britânica como se fosse algo a temer"([540]). Edmund Burke, que, tal como Pitt, pertencia aos *whigs*, acrescentou também que "considerar o império turco como tendo algo que ver com o equilíbrio de poderes na Europa era uma novidade", acrescentando: "não gosto nada desta anticruzada". A sua posição era de um conservador contrário à guerra ([541]). Para se oporem aos argumentos incisivos contra a guerra por parte de Fox e de Burke e seus associados, Pitt e o governo dispunham de poucas respostas eficazes.

Pitt tentou manter a sua posição e regressou mais tarde ao assunto quando recordou à Câmara dos Comuns que fora Montesquieu "quem melhor compreendera a questão [e quem] declarara expressamente que o império turco, embora apresentasse muitos sintomas de decadência, haveria de durar muito mais do que em geral se imaginava, porque quando algum ataque alarmante lhe fosse dirigido, as potências marítimas da Europa sentiriam ser do seu interesse ir imediatamente em sua ajuda e salvá-lo do perigo"([542]). Esta observação foi confirmada pela longa sobrevivência do império, se bem que precária, durante mais 126 anos.

A posição do governo foi apoiada também por um elemento de pura russofobia. Esta foi manifestada por Lord Belgrave (que mais tarde seria o primeiro marquês de Westminster) noutro debate posterior, entendendo as intenções russas como Disraeli haveria de entender a potência do Norte cerca de 80 anos depois e, aliás, também como os *tories* do Grupo do Suez viram a Rússia soviética em meados da década de 50 do século passado. O avanço da Rússia, declarou ele de modo rebuscado, iria alarmar qualquer potência marítima. "Logo que os Russos passem os Dardanelos, juntar-se-lhes-ão os traiçoeiros Gregos e onde é que irão parar com as suas vitórias só Deus sabe. Podem atacar o Baixo Egipto e, apoderando-se de Alexandria, restaurar o comércio dessa cidade outrora poderosa [...] que daria à Rússia uma supremacia completa no Mediterrâneo e a transformaria, enquanto potência comercial e marítima, numa rival formidável da Inglaterra."([543]) Embora Pitt tenha ganho o debate inicial por 228 votos contra 135, nenhuma esquadra britânica de vasos de guerra foi enviada para o Mar Negro. O primeiro-ministro sabia que, embora tivesse ganho na votação, perdera na argumentação. O país estava contra ele. O seu governo cairia se insistisse na sua ideia. Decorreriam ainda mais 60 anos até que a opinião pública britânica pudesse ser persuadida a enviar um auxílio militar significativo à Turquia otomana.

Entretanto, a Rússia e a Turquia, sem se perturbarem com a exuberância belicosa de Pitt, assinaram um tratado em Jassy (a actual Iasi, na Roménia), em 1792, alegadamente "para uma paz perpétua". O tratado assegurou à Rússia a fronteira do Dniestre e a posse de Ochakov ([544]).

Com a entrada em cena de Napoleão, o tratado de Campoformio (de 1797) aboliu a República de Veneza, acabando com o seu domínio nas ilhas jónicas (Corfu e as ilhas vizinhas) e reordenando-as como República Septinsular, sob protectorado francês (e depois britânico). A nova designação enquadrava-se bem na fidelidade natural dos Gregos ao republicanismo, e não à monarquia. Porém, as ambições de Napoleão estavam dirigidas mais para leste e tinham muito mais substância ([545]).

Em 1798, Napoleão chegou ao Egipto. Agora o Islão era obrigado a enfrentar a modernidade. Desde as últimas cruzadas do século XIII – com as suas castas de visionários cristãos agressivamente religiosos, servindo-se do fogo, da espada e do caos em Damieta e Alexandria – que o Egipto não se confrontava com uma tal força vinda da Europa Ocidental. No entanto, o soldado corso trouxe consigo a racionalidade e não a religião. Respeitaria o Islão. Contudo, foi um momento não auspicioso para o mundo islâmico. A Grã-Bretanha forçou-o porém a sair com grande eficiência. O Império Otomano arrastava-se enfraquecido, evidenciando todos os erros que o barão de Tott havia notavelmente enumerado no seu livro publicado em 1785. Sob muitos aspectos, era ainda medieval, mas continuava a acreditar que fora tocado por Deus e era guiado por ele. No entanto, as fortificações haviam sido abandonadas ainda antes da sua conclusão, prevalecendo uma atmosfera de relaxada inépcia. O conservadorismo tinha-se transformado em fossilização. As perspectivas para um império destes, carecendo de qualquer dinamismo interno, não podiam ser boas.

A estadia de Napoleão no Egipto foi breve, sendo expulso primeiro por Nelson em Aboukir Bay e depois em Acre por um exército britânico. Se ali esteve pela luz da ciência e da humanidade ou pela grandeza do império é uma questão que ficará para sempre em aberto. Porém, enquanto lá permaneceu com os seus sábios e filósofos, mostrou ao Egipto um caminho para a modernidade. A *Description de l'Egypte* é um monumento de racionalidade e bom senso, um guia sensato e lúcido dedicado a milénios de história ([546]).

O antagonismo real da Pérsia em relação à Turquia há muito que tinha desaparecido e Isfahan estava agora refém das suas fraquezas. A Pérsia fora recentemente devastada por um brutal eunuco afegão chamado Agha Mohammed, que saqueara Tbilissi em 1795, acontecimento que levou a que a Rússia fosse convidada a entrar na Geórgia (um convite negado pelos nacionalistas), fortalecendo a sua presença no Cáucaso e no Noroeste da Pérsia. Os muçulmanos indianos estavam a ser atraídos para o círculo da Grã-Bretanha e acabariam transformados em súbditos da coroa britânica. Tendo expulso Napoleão, a Grã-Bretanha interveio em 1801 para voltar a impor o poder otomano sobre o Egipto. A aliança britânica com a Turquia otomana reluziu com esta acção. Porém, deve ser encarada mais como um gesto contra a França e contra o republicanismo do que como um apoio ao Islão otomano.

*
* *

A melhor maneira de perspectivar o mundo islâmico no início do século XIX é talvez dizendo que estava a sofrer mudanças sob três aspectos. Em primeiro lugar, várias nacionalidades, na maioria cristãs, atravessavam um processo de descolonização face aos impérios islâmicos e preparavam-se para formar Estados-nação. Os principados da Moldávia e da Valáquia (que mais tarde formariam a maior parte da Roménia), a Sérvia, a Grécia, a Bulgária e, no início do século XX, a Albânia, empreenderam um longo processo de descolonização e as suas independências ou semi-independências aconteceram frequentemente depois de terem sido colocadas sob o controlo de outra potência imperial. Encontraram a liberdade quando apareceram Estados capazes de dar voz aos interesses dos seus membros e viram ser expulsas as satrapias imperiais de carácter militar e burocrático, dirigidas por funcionários opressores que controlavam os aldeãos para seu próprio enriquecimento. No Cáucaso, a Geórgia, para escapar às explosões de violência da Pérsia, que não eram características desta, foi obrigada a procurar a protecção da Rússia, o que significou o fim da sua monarquia. A Arménia tornou-se também parte da Rússia, constituindo o seu "distrito arménio" (1828-1840). Nestes casos, as nacionalidades limitaram-se a mudar de hegemonia, antes de obterem a independência no século seguinte ([547]).

Em segundo lugar, as potências europeias, em parte invejosas umas das outras e em parte movidas pelo seu próprio desejo de maior controlo imperial, procuraram ganhar ascendente e "esferas de influência" no enfraquecido mundo islâmico. A França impôs a sua autoridade no Magrebe e introduziu-se no Líbano; a Grã-Bretanha fez sentir a sua presença no Golfo Pérsico e, depois de uma luta que se prolongou para além da derrota de Napoleão, suplantou a França no Egipto. A Itália tardou a envolver-se, apoderando-se da Líbia em 1911. As potências apresentaram longas e pomposas justificações para o seu envolvimento, mas em todos os casos o motivo era virtualmente o mesmo: avidez de concessões, mercados e matérias-primas, o alargamento da esfera de influência estratégica e comercial e a criação de uma série de bases militares seguras.

Entretanto, iam ocorrendo mudanças no próprio mundo islâmico, quase sempre bastante lentas. O sultão reformador Mahmud II eliminou os janízaros e centralizou a administração. Todavia, estas acções conduziram à ignorância das prioridades locais das províncias e muitos não-muçulmanos foram obrigados a suportar uma dupla tributação, em primeiro lugar, pelos seus senhores tradicionais e, em segundo, pelas novas autoridades centrais. O sultão remodelou o exército, mas este fracassou ao enfrentar a poderosa e bem conduzida invasão egípcia contra a Síria e a Anatólia. Nos anos seguintes, os documentos que davam corpo à reforma otomana, o *Hatti-Sherif* ("edicto nobre") *do Jardim das Rosas*, de 1839, e o *Hatti Humayun*, não foram totalmente eliminados pelas potências europeias para que o Império Otomano fosse bem-vindo na sociedade das nações – havia aspirações genuínas de reforma por parte dos Otomanos –, todavia, na sua maior parte, não tinham credibilidade nem tiveram consequências para além da capital e das grandes cidades como Esmirna (Izmir). Por isso, a acusação de mera fachada para agradar aos embaixadores não pode ser totalmente rejeitada ([548]).

Quanto à fé, havia poucas alterações no Islão semicrente e estaticista da capital otomana. Os sucessivos sultões do século XIX divergiam apenas nos seus graus de mundanidade. O último sultão que teve algum protagonismo, Abdulhamid II, não deu provas de acreditar em qualquer dos princípios da fé islâmica de que era líder, embora se apegasse ao absolutismo que a sua posição lhe garantia.

Havia distúrbios na Península Arábica profunda. No ano de 1741, deu-se na Arábia a primeira pregação de Muhammad ibn Abdul Wahhab. Em 1804, os seus seguidores, os puritanos wahabitas, obtiveram o controlo dos lugares santos islâmicos e expulsaram os tolerantes otomanos, seus guardiães até então. Foi expulso um regime laxo, flexível e não fanático para dar lugar à crença rigorosa na versão hanbalista, estrita, do Islão, que atribuiu um lugar central à devoção literal e às punições. O novo regime constituiu também um acto de rebelião contra o sultão otomano, que pediu a Muhammad Ali para acabar com a revolta. Em 1812, Ibrahim, o filho de Muhammad Ali, conquistou Medina e depois Jedá em nome dos Otomanos. O Estado saudita foi destruído em 1818. Durante um breve período, a Arábia regressou a uma versão menos extrema da fé islâmica. Todavia, nessa altura o wahabismo reagrupou-se no interior, em Riade, em 1846, sob a liderança de Faiçal al-Saud. Nas décadas seguintes, os wahabitas, representados pela família Saud, alargaram gradualmente o seu poder. O favorecimento do Islão severo por parte do sultão Abdulhamid II durante o período 1876-1908 foi mais uma ajuda em seu favor ([549]).

A atitude dos europeus perante a tomada da Arábia pelos wahabitas continua a ser um enigma. Os observadores descreveram esta última em termos do regresso do Islão às suas raízes autênticas. Considerou-se que o Islão assumiu completamente a sua própria identidade ao tornar-se duro e inflexível e ficando em harmonia com a vida no deserto. O deserto foi considerado o berço do monoteísmo intransigente, uma perspectiva que é contrariada pela realidade do politeísmo amante do prazer da Meca pré-islâmica. Os extremos da ausência de misericórdia e da recusa de compromissos atraíram sempre um certo tipo de ocidentais. Os ocidentais sentiam-se exaltados com as espadas cortantes de aço temperado e apreciavam a ideia de sangue inocentemente derramado nas areias do deserto.

Porém, haveria algo no Islão que exigisse que a fé se tornasse austera e estranha aos compromissos? O Islão tinha sido o Islão quando fora a fé mutazilita e sábia da corte abássida de al-Mamun, que traduzira Aristóteles e impusera a dúvida e o cepticismo. O Islão também fora ele mesmo quando Lady Mary Wortley Montagu discutira a teologia deísta e descrente com o seu anfitrião turco em Belgrado. A fé fora e continuara a ser igualmente autêntica quando, na Pérsia, foi associada à arte e ao misticismo. A ideia de que só foi autêntica quando se mostrou dura, intransigente, motivada pelo deserto, sangrenta, ignorante e alheia às belas-artes constituiu, em grande medida, uma fantasia masculina e militar ocidental. A fantasia ficou a dever-se à ignorância das passagens do *Alcorão* que falam de compromisso, de tolerância e de paz e centrou-se, por sua vez, apenas nos textos guerreiros. Seria o mesmo que qualificar de inautêntico o Cristianismo que se apresentasse diferentemente do que nos aparece como prática mortificadora e austera dos eremitas do deserto egípcio, ou incompleto o judaísmo que não observasse completamente os detalhes mais ínfimos dos 613 preceitos da *Torá*. A afirmação de Lord Cromer era: "o Islão não pode ser reformado, ou seja, o Islão reformado já não é o Islão, é outra coisa. Não podemos dizer por enquanto o que virá a ser por fim"([550]). Trata-se, certamente, de uma fantasia contrária à história, que ignora tanto os Abássidas mutazilitas, que apoiaram a tradução de Aristóteles, como as irmandades sufis do Islão popular praticado na Anatólia, no Irão e no subcontinente indiano ([551]).

O tópico político em que mais evidentemente se insistia no Império Otomano durante o primeiro terço do século XIX era o da descolonização da Europa Oriental. A componente mais famosa desta descolonização era a luta pela independência da Grécia ([552]). As potências europeias estavam aqui seriamente envolvidas. Porém, a ajuda que prestavam à Grécia não era dada por razões de devoção, religiosa ou de cruzada. Os aventureiros, e por vezes os governos, não eram motivados pelo facto de os Gregos serem um povo cristão, como afirmaram S. J. e E. K. Shaw, historiadores da Turquia. Pelo contrário, a independência da Grécia representava a liberdade e a libertação. O auxílio prestado a uma Grécia livre podia ser interpretado como uma homenagem à criação e ao desenvolvimento dessas ideias fundamentais pelos Gregos, as quais distanciaram, e estavam ainda a distanciar, a própria Europa do absolutismo clerical e imperial, conduzindo-a em direcção às liberdades e aos direitos democráticos. O ideal helénico era indissociável da liberdade, ainda que a realidade da Grécia contemporânea fosse muito mais problemática. Aliás, os Gregos antigos mostraram poder ser tão tirânicos e gostar tanto da tirania como qualquer outro povo. Todavia, no âmago do legado quase imperceptivelmente transmitido pelo mundo antigo reside um foco de liberdade, de abertura e de civilização, envolvido numa linguagem magnificente e numa arte soberba. A ária pura e divina com que Prometeu celebra a sua própria liberdade espiritual – que ele sente, apesar dos combates quase mortais com as divindades opressoras do terror oficial – fez-se ouvir nas vozes do coro do primeiro acto da ópera *Fidélio*, de Beethoven, precisamente vinte anos antes de a Grécia conseguir a sua liberdade. Se a liberdade é, em parte, uma ideia romântica (embora seja também uma ideia muito importante e que requer muitas medidas de ordem prática), a libertação da Grécia representa o auge de uma série de acontecimentos em que o romantismo desempenhou um papel importante. O envolvimento de Byron e de Shelley, que eram ambos ateus, mostra como a religião e o sentimento religioso contavam pouco. O próprio Byron, com a sua dedicação à liberdade da Itália, em primeiro lugar, e da Grécia, depois, revelou simpatia para com o Islão e os povos islâmicos, a qual ficou expressa tanto na sua admiração por Ali Paxá, de Janina, como na sua irritação irónica e complexa contra o tratamento dado aos Turcos por parte dos Russos em Izmail, brilhantemente descrito nos cantos VI-VIII de *Don Juan*. Esta simpatia é ignorada pela maioria das explicações avançadas acerca do poeta e da sua atitude para com a independência da Grécia. Neste grande poema, o afecto de Byron por Leila, a órfã turca "sem lar, sem casa, sem amparo", salva da carnificina de Izmail, é retratada de um forma vívida e inesquecível ([553]).

No entanto, a liberdade era perigosa. O duque de Wellington opunha-se fortemente à libertação da Grécia e manifestou-se contra ela. Preferia que esse país continuasse sem liberdade, com o povo ainda dominado pelo despotismo turco. Wellington teria reenviado os prisioneiros para a sua triste masmorra. Descreveu de forma infame a batalha de Navarino, na qual a Grécia obteve a sua liberdade perdida para o sultão Bajazé, como um "acontecimento calamitoso". Contrariando o clamor idealista dos filo-helénicos, declarou rudemente que a Turquia era "o nosso antigo aliado". (Parece referir-se à semialiança entre a rainha Isabel I e o sultão.) Wellington não era motivado por uma admiração pessoal pela tirania, mas pelo receio do desaparecimento da ideia de propriedade – a que se refere como "mudanças de posse" –, que ocorria quando uma nação era libertada do poder de um império. Para o Duque de Ferro, a propriedade tinha uma importância extrema. Pode ter receado pelas terras que possuía na Irlanda, porque os métodos gregos de autodeterminação podiam ser imitados pelos Irlandeses. Para Sua Graça, a liberdade era um termo moralmente relativo. A propriedade vinha em primeiro lugar e a religião não tinha nenhum ([554]).

Os Britânicos, de quem se pensa com frequência serem calmos, fleumáticos e pragmáticos, evidenciaram uma mutabilidade inconstantemente romântica no que respeita à liberdade das nações, tendo umas vezes apoiado os regimes duros ou cruéis e outras opondo-se encarnecidamente contra eles. No século XIX, a natureza do mundo e dos impérios era tal que o apoio a uma "nação que sofresse" subjugada pelo "pé infame" e dominador de um império podia ser interpretado como apoio ao regime repressivo, intolerante e igualmente duro do império vizinho. Ao longo do século XIX, a maioria do povo britânico opôs-se sobretudo ao autoritarismo e à autocracia do Império Russo. A sua russofobia, bastante generalizada, mas não total, foi abraçada pela rainha Vitória. O sentimento criou laços fortes entre a monarca e o seu povo. A liberdade da Polónia tornou-se um tema central em muitos círculos liberais e menos liberais da sociedade britânica. A Rússia era considerada o principal opressor e como estava quase sempre em conflito com a Turquia, os campeões da liberdade polaca, conhecedores da defesa deste país, evitavam referir-se à natureza opressiva e, por vezes, brutal do Império Otomano, centrando-se, em vez disso, nos crimes da Rússia. Só no final do século, quando a Turquia ultrapassou claramente a Rússia na dimensão do seu despotismo, houve alguma mudança de opinião. Na maioria dos círculos, era permitido falar da fraqueza otomana, não do mau governo otomano.

Apesar da aparente sonolência da vida política no Império Otomano nesta época, os acontecimentos no Mediterrâneo Oriental eram dirigidos por uma nova força, subsequente à expulsão de Napoleão. No Egipto, a Grã-Bretanha tinha de facto expulso os Franceses e reinstalara a autoridade do Império Otomano. No entanto, a Grã-Bretanha não estava plenamente convencida dos méritos do poder otomano – nem, na realidade, os próprios Otomanos – e, em vez disso, transferiu o seu apoio para a autoridade local (embora estrangeira) dos governadores mamelucos, que eram os que mais se aparentavam a uma classe superior. A Grã-Bretanha, apoiando assim um cavalo coxo por razões de classe, iria procurar mais tarde, nos anos em que governou o Egipto, que se atenuassem os efeitos da sua autoridade.

A França, apesar de expulsa, deixou um legado de energia política no Egipto. Napoleão pode ter sido afastado, mas o seu espírito permanecia.

A ocupação pela França sugeria que, mediante um estímulo cuidadoso e inteligente, a vitalidade, a modernidade e a modernização podiam fazer parte da sociedade islâmica e que a imagem ocidental do torpor "oriental" era uma fantasia sem sentido. Um dos homens que combateram os Franceses nos exércitos otomanos foi um mercador de tabaco albanês chamado Mehemet Ali. (O seu nome é mais comummente arabizado como Muhammad Ali.) ([555]) Napoleão destruíra temporariamente a política corrupta e venal dos mamelucos, que tinham sido apoiados pelo major Missett, um agente britânico ([556]). Os mamelucos, de língua turca, mantiveram-se no poder, porque tinham licença de Constantinopla para o exercer. Os governantes otomanos da capital declararam que os mamelucos podiam fazer o que quisessem com os camponeses – não havia limites para a extorsão nem a corrupção –, desde que pagassem o tributo anual ao Império Turco.

Muhammad Ali, em vez de regressar à Albânia, permaneceu no Egipto, revelando uma habilidade para a política e para a intriga que em 1805 o levou ao governo e, seis anos mais tarde, a assumir a autoridade total. Tendo dado início à modernização do país, decidiu mudar de lado e trabalhar com os seus antigos inimigos franceses. A França revolucionária era um Estado moderno e simpático, pensava ele. Porém, o consequente aumento do poder francês no Egipto foi visto pela Grã-Bretanha como um puro ataque aos seus interesses mundiais essenciais, quer dizer, ao seu domínio imperial. A Grã-Bretanha censurava habitualmente as outras potências, sobretudo a França e a Rússia, por desestabilizarem os acontecimentos mundiais, ao mesmo tempo que prosseguia a sua política de canhoeira como se fosse pura e legítima. Manifesta-se aqui uma certa fantasia paranóica de procurar alcançar o domínio mundial, mas sem o conseguir totalmente. A Grã-Bretanha ocupou Alexandria em Março de 1807 e pensou em apoderar-se do delta do Nilo. Revelando falta de visão política, a Grã-Bretanha continuou a aliar-se aos exploradores mamelucos, sobreviventes arrogantes que contrastavam com a modernidade progressiva de Muhammad Ali. (Os Britânicos continuaram a acreditar que partilhavam com os mamelucos um certo estilo, enquanto Muhammad Ali era apenas um comerciante que subira na vida à custa do seu próprio esforço.) Contudo, aquela classe era demasiada fraca para ser esbulhada. Em Outubro desse ano, Lord Castlereagh foi confrontado com a ruína da sua política insensata, inócua e pretensiosa ([557]).

Trabalhando com os seus antigos adversários franceses, Muhammad Ali construiu um exército e uma marinha de guerra e começou a criar uma economia moderna. Estabeleceu também a imprensa. Concordou com o pedido do sultão otomano para agir contra o Estado wahabita, criado pela família Saud na Arábia. Conquistou também o Sudão e, por intermédio do seu filho Ibrahim, concedeu apoio militar aos Otomanos contra os insurrectos helénicos na guerra da independência grega. Mas Ibrahim não ficou satisfeito com a recompensa oferecida pelo sultão turco e partiu para uma campanha de grandes conquistas através da Síria e da Anatólia. À medida que as suas forças conquistavam vilas e cidades, parecia que o Egipto acabaria por esmagar o Império Otomano. Em 1831-1832, conquistou toda a Síria, chegando a Adana, derrotando completamente o sultão em Cónia e deixando-o sem exército. Novo avanço levou o exército de Ibrahim até Kutahya, na Anatólia Ocidental, a cerca de 100 milhas de Constantinopla. O sultão otomano vencido pediu ajuda à Grã-Bretanha, mas esta foi-lhe recusada. Sem aliados, virou-se para a Rússia, parecendo "um homem que em vias de afogar se agarrava a uma serpente", como se disse na época: o czar obteve habilidosamente uma espécie de protectorado sobre a Turquia pelo tratado de Unkiar Skelesi ([558]). Este facto não foi tão absurdo e sem sentido como alguns comentadores o consideraram, centrando-se nos aspectos exteriores da situação, ou seja, o facto de a Rússia e a Turquia serem "inimigos hereditários". Os inimigos hereditários podem dar, por vezes, bons aliados, como a Segunda Guerra Mundial mostrou. A ideia de "inimigo hereditário" é quase sempre mal aplicada. Um aspecto que a Rússia e a Turquia otomana partilhavam em 1833 era o facto de serem ambas impérios absolutistas e detestarem qualquer forma de populismo e mais ainda toda e qualquer espécie de autodeterminação ou de libertação nacional, como a que se podia ver na Grécia. Também nenhuma delas tinha interesse em que a sua população tivesse acesso à educação e prosperasse. Odiavam as primeiras eflorescências da liberdade e tomavam medidas para as congelar num tenebroso Inverno.

Com a sua retaguarda fortalecida pela aliança russa, o sultão Mahmud II pensou que tinha agora a sua oportunidade contra o Egipto. Ardia em desejos de vingança pela vitória de Ibrahim na Síria e resolveu enviar uma força expedicionária para esmagar as pretensões dos seus correligionários muçulmanos. O poder egípcio não era popular na Síria, por ser opressivo e cruel. Todavia, o segundo exército otomano não teve mais êxito do que o primeiro e, no Verão de 1839, foi compreensivelmente desbaratado em Nisibis, o mesmo local do desastre dos Persas contra os Romanos, em 350, numa batalha em que um desvio do Tigre provocou areias movediças que arrastaram lenta, mas inexoravelmente, um contingente de elefantes para a morte. O colapso do exército otomano no mesmo local, cerca de quinze séculos depois, levou à deserção de toda a armada otomana para o Egipto. O seu motivo foi a traição ou terá havido alguma consideração de fé devota? Disse-se que o almirante terá pensado que Constantinopla fora vendida aos russos e era agora uma cidade infiel. Entretanto, o sultão Mahmud morria. "Em três semanas a Turquia perdeu o exército, o sultão e a marinha de guerra", afirmou um diplomata ([559]). O Estado otomano parecia estar a desaparecer com a mesma inevitabilidade lenta e gravitacional que os elefantes da Pérsia foram sugados pela lama da Mesopotâmia.

As potências da Europa, todavia, tinham ideias diferentes a respeito do futuro das terras turcas: a Grã-Bretanha apoiou o debilitado Império Otomano, enquanto a França defendeu a ideia de uma dinastia forte no Egipto. A primeira parece não ter visto que, embora fosse possível impor a sua vontade sobre um Estado disposto a demonstrar obediência, a debilidade extrema traz consigo a administração desordenada, violenta e caótica, o que pode acarretar mais dificuldades para a presumível mestria na condução de marionetas por parte da potência superior. Foi oferecido o governo hereditário do Egipto a Muhammad Ali, na condição de as suas tropas abandonarem a Síria. Recusou. Uma frota britânica, representando as intenções conjuntas da Áustria, da Rússia e da Grã-Bretanha (mas não da França), surgiu ao largo da costa da Palestina em 1841. Bombardeou os fortes de Acre e Beirute e em seguida ameaçou Alexandria. Muhammad Ali capitulou. Abandonou a Síria e devolveu a armada otomana, que recebeu um novo *kapudan* paxá (almirante da frota) na pessoa de um britânico infiel, o capitão B. W. Walker (que não é parente do autor deste livro). A nomeação do inglês refuta um dos axiomas que se costumam divulgar sobre a política muçulmana, ou seja, que nenhum infiel pode chefiar uma força muçulmana. O almirante foi conhecido primeiramente como Walker Bey e mais tarde como Yaver (que significa ajudante-de-campo) Paxá, um título pouco significativo para alguém que resgatara toda a marinha de guerra otomana ([560]). O título de Paxá Hereditário da Armada Otomana passou para os descendentes de Walker. É possível que os Otomanos tenham manifestado para com os Britânicos infiéis uma tolerância superior à que revelaram para com os seus outros aliados e que tenham confiado mais na Grã-Bretanha do que em qualquer outra potência. Talvez tenham visto a Grã-Bretanha como uma potência realmente muçulmana, porque havia um aspecto manifestamente islâmico nos reinados de Guilherme IV e da rainha Vitória.

A crise foi afastada, mas a situação do Império Otomano tornou-se mais perigosa. A pressão russa continuou e o czar tentou impor a sua autoridade ao proteger os direitos religiosos da comunidade ortodoxa. Era motivado também pelo mesmo espírito do avanço para sul, império contra império, que inspirara Catarina, *a Grande*.

Mais para norte, no Mar Negro, ocorreu uma outra confrontação ainda mais estranha, que teria conduzido a Grã-Bretanha e a Rússia ao conflito se Palmerston não tivesse agido com circunspecção.

A guerra de independência da Grécia tinha reunido em redor da sua causa homens muito diversos. Foi uma grande manifestação de protesto, representada por diversas nacionalidades. Um destes homens que serviram com distinção, tendo sido ferido na batalha de Anfissa (Salona), ao largo da ilha de Eubeia, foi David Urquhart, um escocês capaz, mas excêntrico. Nascido em Braelangwell, Cromarty, em 1805, foi encorajado a viajar até ao Oriente por Jeremy Bentham. Em 1828-1829, combateu a armada otomana ao lado dos Gregos e em Maio de 1830 trabalhou no traçado da fronteira do novo Estado grego. Foi então que, devido a uma estranha alquimia, deixou de ser um dedicado promotor da liberdade helénica e passou a apoiar o profundo conservadorismo do Império Otomano. Depois de estar ligado aos dissidentes que constituíram os apoiantes da guerra de independência dos Gregos, passava agora a fazer parte do sistema instituído, mas de uma forma que haveria de se exacerbar, chegando ao extremismo e à excentricidade. De início tudo correu bem. Os seus relatórios chegaram até ao rei Guilherme IV, que reconheceu a sua clareza e lucidez. Em Novembro de 1831, foi nomeado para um cargo diplomático em Constantinopla, na dependência de Stratford Canning e agindo como agente confidencial do embaixador. O seu apoio sincero ao Império Otomano parece ter sido causado por uma espécie de sentimento místico de união com este. Depois dum breve regresso à Inglaterra, o rei e o primeiro-ministro enviaram de novo oficialmente Urquhart ao Oriente como viajante comercial, levando consigo "amostras das manufacturas britânicas", mas talvez fosse enviado como espião. Regressou à capital otomana em Dezembro de 1833 ([561]).

No Verão seguinte viajou pelo território a norte do Mar Negro, que pertencia então à Rússia, depois do tratado de Adrianópolis (1829), embora não fosse assim especificado. A situação dos Circassianos ao longo desta costa a sul da actual Chechénia parece ter aprofundado o sentimento íntimo e dramático que Urquhart tinha do seu destino entre os povos do Oriente, embora nesta fase expressasse menos uma ligação à Turquia e mais um poderoso ódio em relação à Rússia, um "ódio sagrado", tal era a sua intensidade. A Rússia passou a ser para ele uma potência satânica, uma encarnação do mal mais profundo. Era visível uma dimensão pessoal: as suas palavras sobre a Rússia só em parte diziam respeito ao que ia sucedendo diariamente, parecendo relacionar-se sobretudo com um poderoso e simbólico mundo interior.

Nas praias a norte do Mar Negro, viu os habitantes circassianos rejeitar os termos do tratado de Adrianópolis, recusando fazer parte do Império Russo. Urquhart encorajou-os. Desembarcou em Anapa e aí os Circassianos, com o seu líder escocês, tornaram pública uma declaração de independência. O homem de Braelangwell desenhou-lhes uma bandeira. Palmerston hesitou em oferecer apoio ao seu diplomata visionário, mas depois sugeriu-lhe o posto de cônsul-geral em Constantinopla. Urquhart recusou a oferta, acreditando que o centro da luta feroz entre a Turquia e a Rússia, luta que considerava ser travada entre as potências da luz e das trevas, se encontrava em Londres. Londres era a central eléctrica das maquinações políticas e o centro da conjura. Foi ali que o destino dos impérios difíceis de manipular foi decidido, por muito que os povos respectivos pudessem ter acreditado que controlavam os seus próprios assuntos. Urquhart regressou a Londres no início de 1835. Mergulhou na agitação e na propaganda, produzindo artigos vívidos e ricos em conspirações para a sua publicação, *The Portfolio* ([562]).

Apesar de acreditar na importância da agitação em Londres, Urquhart partiu pela terceira vez para o Oriente em 1836 como primeiro secretário da embaixada britânica em Constantinopla. Foi uma nomeação desastrosa. Parece que Urquhart se deixou possuir pela fantasia. Ignorou a embaixada britânica e transformou-se, para além do razoável, num nativo. Adoptando vestuário oriental, viveu como um turco numa pequena casa perto da embaixada, sentando-se acocorado em tapetes, abandonando o uso de mobílias por serem uma inautenticidade europeia, fumando narguilé. Tornou-se conhecido popularmente como Daoud Bey. Não há dúvida de que não cumpria as suas funções na embaixada. As ordens dos seus superiores políticos não eram tidas em conta. Entendia que era a si próprio que cabia formular a política ([563]).

A medida política mais notável de que se encarregou foi posta em prática em Novembro de 1836. Nesse mês, ele e um colega tentaram provocar uma crise grave entre a Grã-Bretanha e a Rússia. Fretaram uma escuna, a *Vixen*, à firma de George Bell, em Constantinopla, carregaram-na de sal e enviaram-na através do Mar Negro para o porto de Sudjuk-kale, que, desde 1829, se encontrava na posse da Rússia. A proposta aparente de Urquhart era comerciar com os Circassianos, mas a sua real intenção era que o navio fosse confiscado pelos Russos, criando assim um incidente diplomático entre a Grã-Bretanha e a Rússia, que, com alguma sorte, conduziria à guerra.

Como seria de esperar, os Russos confiscaram a *Vixen*. Os chauvinistas britânicos – os jingoístas, embora ainda não fossem conhecidos assim – exigiram que se desse ordem à frota para se dirigir para o Mar Negro e apelaram ruidosamente a um ataque à Rússia. (Por enquanto, o plano decorria como Urquhart previra.) Mas Palmerston não se deixou levar a agir, recusando alinhar no jogo. Declarou que o porto era russo *de facto* e *de jure*. O problema acabou pacificamente com a *Vixen* a ser devolvida a Constantinopla ([564]).

Palmerston afirmou de mau humor que o episódio havia sido criado por um funcionário governamental. O primeiro-ministro não esperara que diplomatas britânicos se comportassem como marginais místicos e promotores de guerras. Por outro lado, o aborrecimento obsessivo da campanha continuada do diplomata contra o primeiro-ministro (que mais tarde tentou acusar de alta traição como agente pago pela Rússia) confirmou o que este pensava daquele. Urquhart foi demitido do cargo e mandado embora. O seu patrono real, Guilherme IV, falecia pouco depois.

Urquhart agiu de certo modo como uma variação do espírito de Byron. Se a Grécia podia recuperar a sua liberdade em relação à Turquia otomana, por que razão a Circássia haveria de ser deixada sob o domínio do império estrangeiro da Rússia? Por que razão os Circassianos, ou os Chechenos, não haveriam de ser livres? Havia aqui, de facto, uma grave questão, como acontecimentos futuros iriam provar. Um espírito mais circunspecto poderia ter encontrado maneira de apoiar de forma prática e inteligente os Circassianos, aconselhando-os a reforçar a sua cultura e identidade para que pudessem apresentar uma exigência inequívoca de ser ouvidos como nação. Porém, do extremismo e da presunção maníaca de Urquhart resultou que a sua aventura naval não passou de uma farsa irracional. É claro que em 1827 a batalha de Navarino havia contribuído para libertar a Grécia, mas fora formada uma aliança entre os actores discordantes que eram a Grã-Bretanha, a Rússia e a França. Urquhart nada fez para ajudar a forjar uma aliança semelhante. O seu único apoio foi a sua propaganda irracional. Alimentou esperanças de que a sua provocação conduzisse à guerra. No âmago do projecto de libertação de Byron e dos seus colegas, semioculto naqueles espíritos vivos e arrojados, havia um cálculo frio. Urquhart foi incapaz de manifestar um tal espírito. Também, ao contrário de Byron, não tinha sentido de humor e nunca poderia reconhecer como eram absurdos os seus actos. Levava-se terrivelmente a sério e, por isso, não passava afinal dum importuno. As alusões de Byron a uma mortalidade falível estavam ausentes de Urquhart. Talvez seja justo dizer que enquanto a subtileza e a boa índole bem-humorada de Byron ajudaram imensamente os Gregos, a paranóia mal-humorada e o ódio primário de Urquhart à Rússia não ajudaram em nada os Circassianos.

Urquhart permaneceu apegado às suas ideias, uma mistura curiosa de perspicácia comercial, capacidade de ver para além do horizonte e extremismo político: era uma espécie de viajante comercial com olho de lince. A campanha de propaganda a favor dos Circassianos e contra a Rússia continuou através da Grã-Bretanha. Falando em Glasgow, em 1838, num jantar oferecido pela comunidade comercial da cidade, descreveu a bandeira que desenhou para os Circassianos e recordou a cor que escolhera: "Verde, a cor que reveste as suas montanhas e alude à fé de Meca, foi a que escolhi. Nela coloquei um punhado de setas, as suas armas características, e uma coroa de estrelas, para que nos seus acampamentos nocturnos possam associar a sua independência às obras do seu Criador e às glórias dos céus. Esta linguagem, que, através dos olhos, fala à inteligência do coração, foi entendida. Um grito de unidade ergueu-se no Euxino e espalhou-se pelo Cáspio: nascera uma nova nação. Ainda que um novo mundo não tivesse surgido, era criado um novo povo para mudar os destinos do antigo. Esse povo é o porteiro da Ásia e o campeão da Europa." Com palavras que evocam vagamente a retórica de Pitt, Urquhart falou de destino. Parece que se identificava com aqueles homens e mulheres de fé (fossem cristãos ou muçulmanos) que afirmavam ser impossível estarem errados e que os seus pensamentos e aspirações emergiam em consonância com a voz de Deus, ou do Destino, ou uma semelhante figura da necessidade. O mundo de *Greenmantle* não parece estar muito distante ([565]).

O advogado edimburguês Joseph Hume, muito conhecido como radical, respondeu a Urquhart e brindou ao sultão Mahmud, "o aliado comercial da Grã-Bretanha", referindo-se de passagem ao "resultado desastroso de Navarino". A libertação da Grécia parece ter provocado ressentimentos entre os homens de negócios radicais escoceses, embora tivessem já passado dez anos, pois teve um efeito restritivo sobre o seu comércio com a Turquia. A libertação das nações importava menos do que os seus lucros comerciais. Este era certamente um radicalismo curioso.

Urquhart pode ter sido extremista, mas não esteve só. Sir John MacNeill, membro de uma missão militar britânica à Pérsia, em 1834, escreveu também em 1838 acerca da ameaça da Rússia ao comércio com a Turquia: "A cada movimento, ela [a Rússia] ameaça interromper a única linha de comunicação através da qual manufacturas britânicas no valor de um milhão e meio de libras são movimentadas todos os anos pela Turquia até à Pérsia. Já avançou até nove milhas desta rota e até cerca de noventa de Trebizonda, o porto donde chega [...] Ela é a nossa rival na Pérsia [...] ela tem de fazer parar o comércio de trânsito através da Geórgia, porque este interfere com o seu comércio exclusivo no Mar Cáspio"([566]).

A discussão do assunto não se restringiu a estes intervenientes. Houve vozes vindas do mundo comercial que se opuseram ao apoio à Turquia. Os negócios apenas não eram uma base suficiente para conceder ou para negar o apoio ao império oriental. Uma réplica enérgica veio do industrial têxtil Richard Cobden, um radical. O seu panfleto *Russia: by a Manchester Manufacturer*, também de 1838, rejeitava a Turquia otomana. A Rússia, na opinião de Cobden, era "incomensuravelmente superior em termos de leis e instituições". Também a Pérsia era preferível à Turquia, pois tinha feito "alguns avanços na ciência". O que tinha a Turquia para oferecer, para além da decadência que resultava do "cruel despotismo militar absoluto" do seu governo ([567])? Os radicais ingleses revelaram uma maior coerência dos que os seus homólogos escoceses. Cobden e o seu colega radical John Bright foram quase as únicas figuras políticas britânicas a opor-se à guerra da Crimeia. Em quase todos os seus discursos de 1853-1854 atacaram sem cessar a posição de Palmerston. Esta era a verdadeira voz do radicalismo, que privilegiava as estruturas políticas, a guerra e os direitos humanos.

Nesta altura, a questão da religião estava praticamente ausente. O Partido da Alta Igreja recuperá-la-ia em 1876-1877 em relação à Bulgária, mas que a maioria dos europeus era cristã e a maioria dos asiáticos muçulmana eram questões que o materialismo da época tinha ultrapassado pacificamente. Quase ninguém pensava em termos de categorias religiosas quando se tratava de assuntos mundiais. Os que apoiavam a Turquia otomana faziam-no por razões comerciais e de estratégia, que tinham sido importantes no século XVI e regressavam nesta altura como temas dominantes. Os que se opunham à Turquia faziam-no, como vimos no caso de Cobden, por causa do seu despotismo militar, e não da sua religião predominante. (Edmund Burke foi talvez o último britânico a opor-se à política pró-otomana por desaprovar o

Islão. Não haveria de se sentir bem na Grã-Bretanha no tempo da rainha Vitória.) Nem os imperialistas nem os radicais se preocupavam com o facto de a Turquia e a Pérsia serem islâmicas. A questão não tinha qualquer relevância.

A guerra da Crimeia foi muitíssimo popular na Grã-Bretanha. Mesmo antes de o país ter entrado no conflito, as massas fervilhavam por uma guerra contra a Rússia. Charles Greville anotou no seu diário: "A Câmara dos Comuns e o país mostram-se tão excessivamente inclinados para a guerra que estão dispostos a sacrificar qualquer número de homens e a fazer qualquer despesa; a única coisa que temem é que o governo não peça o suficiente [...] É repugnante ouvir todos, e ver todos os autores, a rivalizar entre si nos elogios a Stratford Canning, que foi a principal causa da guerra"([568]). Cobden e Bright continuaram a ser praticamente as únicas figuras públicas a mostrar uma oposição de princípio à guerra. Cobden declarou que era uma guerra em que a Grã-Bretanha tinha um déspota como seu inimigo, um déspota como seu aliado e um déspota como seu cliente ([569]). Mais típicos eram os sentimentos de Charles Kingsley, clérigo anglicano e proponente do Cristianismo muscular(*) nas escolas públicas (*). Os seus antecedentes eram constituídos por uma família proprietária de escravos estabelecida nas Índias Ocidentais. Kingsley juntou-se às tropas britânicas que lutaram ao lado dos Turcos, exaltando o seu orgulho ao assegurar-lhes que "estão certamente a trabalhar para Deus"([570]). O seu apoio aos Turcos contrastava bastante com o que era dado pela Alta Igreja anglicana às nacionalidades cristãs que continuavam sob o poder otomano e que se tornaria comum cerca de vinte anos mais tarde. Era também diametralmente oposto ao apoio ateu dado por Byron e Shelley aos Gregos que na década de 20 do século XIX procuravam a liberdade. Para Kingsley, apesar do seu estatuto de clérigo, a religião cristã fora elevada aos céus do poder imperial e do triunfalismo político. O imperialismo vitoriano era a nova religião e, por isso, a política britânica estava correcta e era "cristã", ainda que o aliado fosse muçulmano e o adversário cristão. "Trabalhar para Deus" não significava o empenhamento num novo combate de cruzada contra os infiéis, porque os soldados britânicos na Crimeia estavam do mesmo lado que eles. Significava, para os que tinham a mentalidade de Kingsley, lutar de todo o coração em apoio do Império Britânico, que

---

(*) O Cristianismo muscular é o compromisso em promover a saúde e a virilidade dos rapazes e dos homens enquanto características que definem o homem cristão. Foi defendido pelos ministros protestantes da Inglaterra e dos Estados Unidos da América de meados do século XIX até às duas primeiras décadas do século XX (*N.T.*)

consideravam ser a encarnação do Cristianismo e de todas as virtudes públicas. "Provámos que demos o nosso coração a uma causa, nós ainda somos nobres", dizia Tennyson no seu poema *Maud*, explicitando uma misteriosa teoria íntima das qualidades imperiais britânicas, encontrando uma voz para se colocar à altura dos feitos audaciosos do poder imperial em todo o mundo, ignorando os pormenores específicos dos conflitos regionais e todas as questões que pudessem relacionar-se com alguma religião em particular e atendendo apenas à coragem e à virtude de combater pelo Império Britânico da rainha Vitória.

Depois da guerra da Crimeia, o Império Otomano tornou-se membro do sistema de Estados europeus conhecido como Concerto da Europa. No fim da guerra, o império controlava ainda os seus vários territórios. Era um doente a quem se propocionara um alívio temporário. Foi-lhe concedido um empréstimo inicial de 3 milhões de libras (a 6% de juro) pela Grã-Bretanha e avalizado pelo governo britânico. Outros empréstimos fizeram subir o total até aos 191 milhões de libras, com juros de 12 ou 13%, porque a Turquia otomana era considerada de elevado risco. Noventa por cento deste dinheiro foi esbanjado pelos destinatários em frivolidades e em projectos de prestígio ([571]). Os esforços diplomáticos conduziram à neutralização do Mar Negro. Não eram ali permitidos navios de guerra, mesmo que fossem da Turquia ou da Rússia. Alguns comentadores afirmaram que, como os empréstimos foram emitidos em Londres e beneficiaram do apoio do governo, a Turquia otomana tinha-se tornado, de facto, num protectorado britânico.

O sistema instituído depois da guerra da Crimeia desfez-se passados 14 anos. A Rússia denunciou as cláusulas respeitantes ao Mar Negro em 1871. A Turquia otomana não mostrava vontade nem capacidade de se reformar. Não foi concedida uma efectiva igualdade aos não-muçulmanos, excepto nalgumas vilas e cidades a ocidente onde residiam europeus. A sociedade otomana tornara-se rígida. As tentativas recentes de mostrar que nela havia de facto vida ignoraram as relações entre os falantes do turco e as outras nacionalidades e as incapacidades jurídicas suportadas pelas comunidades não-muçulmanas. Nos campos, tudo continuava como sempre tinha sido. Os cristãos eram mantidos firmemente no seu lugar. Como infiéis, todo o recurso efectivo à lei lhes estava vedado. O entusiasmo da Grã-Bretanha pela sua aliança com a Turquia otomana, que remontava ao Pitt, *o Jovem* e podia mesmo ser encontrado em Isabel I, mostrava sinais de esfriamento. Poderia realmente justificar-se uma aliança com a Rússia quando o fim de tal aliança era um tal despotismo? Para além disso, o Império Turco não estava em condições de satisfazer o pagamento dos empréstimos e suspendeu-os totalmente em 1875. O Estado otomano, depois de ter gasto o dinheiro de forma irresponsável em palácios e outros luxos para os sultões, declarou-se em bancarrota ([572]). O entusiasmo pelas coisas turcas diminuiu na Grã-Bretanha (sobretudo depois da suspensão do pagamento dos juros a taxas tão elevadas) e em breve estaria limitado aos militares, aos imperialistas assumidos e à rainha.

No próprio Império Otomano, mudaram as aspirações das comunidades não-turcas. Perante o exemplo da libertação da Grécia, algumas delas começaram a procurar as respectivas liberdades nacionais. A Sérvia tinha alcançado uma certa liberdade em 1804, mas os Otomanos continuaram a manter alguma autoridade. A libertação ainda não havia sido alcançada. As nações balcânicas de língua eslava começaram a olhar para a Rússia de Alexandre II, cujo discurso deixava transparecer alguma liberdade. O Império Russo estava à procura de águas mais quentes do que o Norte gelado para o crescimento da sua armada, mas o movimento para sul coincidiu com o anseio dos povos eslavos do Império Otomano para que terminasse a tirania de Constantinopla e por um acordo político de um género novo e menos discriminatório ([573]).

Houve uma crise no Império Otomano nos anos que se seguiram a 1875. Os camponeses da Bósnia-Herzegovina revoltaram-se e os cônsules estrangeiros foram assassinados pela multidão em Salonica. O ministro austro-húngaro dos Negócios Estrangeiros, o conde Andrassy, propôs numa nota um sistema equilibrado de governo para as províncias. A Grã-Bretanha opôs-se de início a esta medida e, mesmo depois de a ter aceite, recusou-se a tentar persuadir os Otomanos a pô-la em prática. A crise continuou com uma série de manifestações (não eram levantamentos armados) na Bulgária, em Abril de 1876, que foram brutalmente esmagadas. Trinta e sete aldeias da região de Batak foram destruídas e os seus habitantes passados a fio de espada. Foram praticados actos horríveis. O massacre geral foi conduzido pelos irregulares otomanos ou *bashibozuks*. Infelizmente para os Turcos, um representante do jornal inglês *Daily News* (precursor do *News Chronicle*) entrou na região e descreveu expressivamente os resultados do massacre ([574]).

Em Londres, Disraeli tratou o assunto na Câmara dos Comuns com uma frivolidade que era perigosa, mas foi finalmente obrigado por força das exigências populares a enviar um comissário para fazer um inquérito sério. Walter Baring foi enviado a partir da embaixada britânica e o seu relatório, publicado em Setembro de 1876, foi equilibrado e implacável. O relatório de Baring convenceu Gladstone a entrar na controvérsia, o que fez com a publicação de um panfleto sobre as atrocidades na Bulgária. Este panfleto, ponderado, detalhado e bem argumentado (embora dele só se citem as expressões retóricas), resumiu o choque sentido pelos Britânicos perante a conduta dos seus aliados otomanos e interrogava-se sobre a natureza de futuras alianças. Apesar do favoritismo manifestado pelos Britânicos para com o Império Turco ao longo de 80 anos (sentimentos que se desenvolveram desde Pitt até Wellington e depois até Palmerston, tendo os Otomanos sido considerados como uma protecção contra a Rússia, sua rival imperial, que, alegadamente, estava pronta a precipitar-se pelas planícies da Índia), era muito forte a ideia de que havia agora algo de profundamente errado na política relativa aos Otomanos. Não se tratava maioritariamente dum movimento anti-islâmico, porque o povo britânico apoiou o Império Otomano na Crimeia e mesmo antes, e embora se lhe juntassem nesta altura clérigos extremamente islamofóbicos. Tratava-se sim da repulsa contra métodos de uma brutalidade extrema, da hostilidade contra uma imensidão de matanças oficiais apresentadas pela primeira vez nas mesas dos Britânicos pela imprensa popular. A pressão que foi exercida pelas potências europeias na conferência de Constantinopla de Dezembro de 1876 impeliu os Turcos a proclamarem uma constituição liberal e "iluminada". Este instrumento foi abandonado passados alguns meses, quando viram que os estrangeiros estavam de costas voltadas ([575]).

A Rússia, percebendo a inutilidade de esperar por reformas genuínas da parte dos Otomanos e pelo termo das matanças promovidas pelo Estado, resolveu intervir, o que fez em Abril de 1877 com uma declaração de guerra à Turquia. A Grã-Bretanha chegou quase a intervir na guerra ao lado da Turquia, opção que contava com o apoio firme de Disraeli e da rainha Vitória. Nenhum deles percebeu a nova atitude de repugnância contra os massacres nem a energia moral empenhada que os relatórios do *Daily News* evidenciavam. A rainha desprezava os cristãos orientais, fossem russos, gregos ou búlgaros, e talvez chegasse ao ponto de os detestar. (A campanha de apoio aos Búlgaros assassinados foi, escreveu ela, "sentimentalismo lamecha por um povo que dificilmente merece a designação de cristão".) ([576]) Depois da sua viagem a Constantinopla e ao Levante, em 1831-1832, Disraeli tornou-se ao longo da sua vida um admirador dos modos de actuar dos Turcos. Aos apoiantes mais ardentes da Turquia eram atribuídos postos diplomáticos importantes. Sir Henry Elliott, o embaixador britânico em Constantinopla no ano de 1876, escreveu em tons vibrantes sobre a loucura que era apoiar nações contrárias à Turquia. Sir Henry Layard sucedeu-lhe como embaixador. Defendeu estrenuamente os interesses da Turquia imperial, apresentando-os como quase coincidentes com os da Grã-Bretanha imperial ([577]). (A rainha Vitória haveria de se queixar da quase traição dos que se indignavam com o apoio dado ao Império Otomano e em 1877 ameaçou abdicar, a menos que o governo britânico apoiasse com maior determinação os objectivos de guerra da Turquia otomana.) A força do Império Britânico mantinha-se pronta para a acção ao lado da Turquia. Algumas caricaturas de página inteira no *Punch* mostram John Bull oferecendo uma grande quantidade de compromissos adocicados de apoio ao Império Otomano, muitas vezes apresentado como patético, decrépito, exausto e digno de dó, apesar do horror e da desumanidade dos seus métodos de governo.

A Grã-Bretanha não foi em auxílio do império oriental. Um certo pessimismo rodeou as declarações de Disraeli, no final de 1877, à medida que assistia à sucessão de fracassos da Turquia na sua guerra contra a Rússia. Todos os planos de reforma falharam. O sistema estava morto. Todas as antigas salvaguardas se revelaram ilusórias. Disraeli ficou gasto e doente e o seu ânimo só redespertou com a incapacidade dos Russos para se apoderarem de Plevna ([578]). Quando esta caiu, uma parte do sistema político britânico pareceu tomado de uma espécie de loucura. Lord Derby, que nunca se vendera ao projecto turco e era detestado pela rainha Vitória, demitiu-se. As janelas de Gladstone foram partidas por rufiões "patriotas". A frota britânica foi enviada para Constantinopla, mas muitos perguntavam-se o que poderia ela fazer. Tentar combater o exército russo era como uma baleia desafiar um urso. Parecia inevitável uma guerra anglo-russa. Em Inglaterra, foram convocados os reservistas do exército. A nomeação de Lord Salisbury para ministro dos Negócios Estrangeiros trouxe consigo alguma estabilidade.

A oposição sincera de Gladstone aos Otomanos assombrava Disraeli. Gladstone não desprezava, nem podia desprezar, os cristãos orientais, como sucedia com a rainha Vitória e naquele que era seu primeiro-ministro desde 1874. As crenças da Alta Igreja anglicana que Gladstone partilhava estavam na origem do seu sincero respeito pelos cristãos do Oriente, ao contrário do que sucedia com a sua soberana e o seu rival. Para si, a Igreja Anglicana a que pertencia era uma instituição divina que devia ser posta ao abrigo das mudanças políticas, não era um órgão do Estado concebido de forma estreita. Possuía um significado mundial, como o arcebispo Laud pretendera. Os cristãos orientais davam um tão grande testemunho da tradição cristã como os ocidentais. As igrejas orientais e os seus membros eram irmãos em Cristo dos tractarianos da Alta Igreja. Este ponto de vista era absurdo para Disraeli e a rainha, para os quais a virtude só existia no Império Britânico – em todo ele –, retirando a sua força moral da Igreja Anglicana estabelecida. Para os apoiantes do unionismo conservador (mas não para o próprio Disraeli, um homem demasiado prático e mundano para aceitar um conceito tão arcano), o Império Britânico e o bem coincidiam. O Império Britânico era a vontade de Deus posta em acto. No entanto, as suas afirmações mostram que duvidavam, por vezes, da sua moral superficial.

Para muitos povos da Europa Oriental de então, aquele era um tempo de descolonização e de libertação das suas nações. A Bulgária estava a caminho da liberdade. A Grécia cortava mais alguns pedaços ao manto sombrio dos Otomanos. O império dos Habsburgo sentia também correr sobre os Balcãs um vento gelado. Como a alvenaria de palácios vulgares, instáveis, mal conservados e repugnantes, as cornijas dos impérios desmoronavam-se em toda esta região. As burocracias imperiais opressivas eram arrasadas à medida que a autoridade caía nas mãos dos populares locais.

A Turquia otomana foi catastroficamente derrotada na guerra de 1877-1878. Amplas áreas da Europa Oriental foram recuperadas pelos seus habitantes originais e os desolados aldeãos turcos otomanos, que tinham tirado partido das leis do império sobre a terra, foram despojados das suas propriedades e meios de vida e forçados a sair. Eram realmente vítimas. No Oriente, um comandante arménio libertou a região de Kars do poder otomano. Esta acção pareceu desenhar o cenário do futuro modernizador da região. As campanhas otomanas em redor do monte Ararat foram desacreditadas pelos ataques assassinos aos aldeãos arménios indefesos por parte dos *bashibozuks*, autorizados a cometer chacinas e atrocidades contra eles, numa tentativa de instilar o medo na população ([579]).

Na conferência internacional subsequente, o Congresso de Berlim de Julho de 1878 presidido por Bismarck, Disraeli apoiou em termos gerais as pretensões do Império Otomano contra a política do czar russo (que incluía aspectos de genuína libertação) e, fazendo uso de uma grande amenidade, evidenciou um inflexível conservadorismo estratégico, o qual era característico de muitos sectores das classes altas britânicas, mas não da sua totalidade. Em toda a sua actuação foi firmemente apoiado pela rainha Vitória, uma mulher pouco devotada à liberdade e ainda menos aos cristãos orientais. A Grã-Bretanha assumiu determinadas responsabilidades para com as províncias do Nordeste da Turquia otomana conhecidas como Arménia turca, tendo sido escrito um livro que descreve a zona e que tem por título *Our New Protectorate* [O Nosso Novo Protectorado] ([580]). Porém, a complexidade das relações internacionais e a falta de vontade política tiveram por consequência a Grã-Bretanha não ter posto em prática os seus desígnios para a região durante mais de um ano.

O Tratado de Berlim salvou a Turquia otomana durante mais de uma geração, mas a política imutável do país e a paranóia permanente e, por vezes, assassina do seu líder, que foi, desde 1876, o absolutista Abdulhamid II, significaram que ficou paralisada numa espécie de coma temporário. A política do império sob o governo de Abdulhamid era semelhante aos brinquedos mecânicos oferecidos ao sultão no século XVI e que tanta admiração causavam. A diferença é que tinha o mecanismo encravado. As tentativas para o pôr a funcionar foram feitas por reformadores islâmicos, nomeadamente pelos pensadores revolucionários Jamal al-Din al-Afghani e Muhammad Abduh ([581]). De formas diferentes, ambos procuraram mostrar que a política islâmica não significava necessariamente um imobilismo político absoluto, que era possível realizar progressos sociais e noutros domínios no seio do Islão e que as opções islâmicas graves, imutáveis e profundamente conservadoras apenas conduziriam ao controlo pelos ágeis e enérgicos capitalistas da Europa. Procuraram encontrar uma renovação no seio do Islão para que este se pudesse defender a si mesmo. O seu Islão era mais deísta do que demonstrativo de uma fé profunda e foram muitos criticados por isso. Mas uma vez que o Islão pode ser interpretado quase como um deísmo, a acusação de descrença religiosa (avançada com frequência pelo falecido professor Kedourie) é insensata, até por ser duvidoso que as próprias crenças do sultão tenham ido além de um nebuloso deísmo.

A atenção foi transferida para o Egipto, uma semicolónia britânica, e para a dinastia fundada por Muhammad Ali que o continuava a governar. O Egipto era um país muito importante para a Grã-Bretanha, detendo uma posição-chave no caminho para a Índia; aliás, de forma inquestionável, uma vez que Disraeli comprara para o seu país, em 1875, quase metade das acções do Canal de Suez. A posição do Médio Oriente como degrau para se chegar à Índia significava que a Grã--Bretanha estava preocupada com toda a região e ansiosa por criar um acordo político. Pela mesma razão, quando a Grã-Bretanha abandonou a Índia em 1947, o Egipto e o Médio Oriente perderam significado. A Grã-Bretanha e a França viram-se obrigadas a cooperar no Egipto durante a maior parte do século XIX, repetindo a sua aliança na Crimeia. No entanto, na década de 70 do século XIX, Ismaíl, que governava o Egipto, levou o país a uma situação de dívida desastrosa, apesar de ter construído um país progressivo ("Agora fazemos parte da Europa"). A política do país foi ainda recusada pelo que restava da aristocracia turco-circassiana, pelo que o coronel árabe Urabi (nome que muitas vezes aparece como Arabi) fomentou uma rebelião. Cada uma a seu modo, todas as potências – francesa, britânica, otomana – viram na revolta do coronel uma ameaça.

Em Maio de 1882, a Grã-Bretanha e a França enviaram um esquadrão conjunto como demonstração de força. Eclodiram tumultos em Alexandria. Várias centenas de pessoas foram mortas ou feridas. O governo liberal britânico, à excepção do unitário quacre John Bright, ponderou a ideia de derrubar Urabi, de preferência por intermédio do exército otomano. Nada aconteceu. Por isso, foi enviado um ultimato ao coronel para desmantelar a fortificação que estava a construir em Alexandria. O ultimato foi rejeitado e as forças britânicas bombardearam a velha cidade, deixando-a em chamas ([582]). A Inglaterra assumiu com firmeza uma atitude de imperialismo jingoísta exaltado. Uma força expedicionária chefiada por Sir Garnet Wolseley subiu o Nilo e derrotou Urabi na batalha de Tel el-Kebir. Os Britânicos ocuparam o Egipto, desmantelaram o exército egípcio, enviaram Urabi para o Ceilão (Sri Lanka) e não tinham a mais pequena ideia sobre o que fazer a seguir. Por fim, alcançou-se um compromisso sensato: as tropas britânicas permaneceriam como ocupantes, mas o Egipto continuava a ser, pelo menos no papel, um vice-reino autónomo no seio do Império Otomano. A Grã-Bretanha controlava todos os aspectos do governo. Foi o mais subtil dos imperialistas, Lord Milner, que criou a designação "Protectorado Velado". Sir Evelyn Baring, enviado para pôr ordem nas finanças do país, era o procônsul mais imponente – alguns diriam obstinado, hipócrita e insuportavelmente superior. Como Lord Cromer, a sua permanência em funções estendeu-se de 1883 a 1907.

A maior parte da elite intelectual egípcia odiava a ocupação e ninguém mais do que Yaqub (James) Senua. Sob o pseudónimo de Abu Naddara, "o Homem dos Óculos Azuis", atacou-a implacavelmente, escrevendo sem parar acerca da recuperação da sua terra pelo povo egípcio, por todo o povo egípcio. O que é interessante em Senua é que era judeu, um aspecto que mostra como era perfeitamente possível que a origem racial ou religiosa importasse pouco para uma discussão séria dos tópicos políticos mais importantes da época. Foi só mais tarde, devido à emergência do sionismo, que ideias atávicas como a religião ou a origem racial começaram a ser relevantes [583].

A marcha para a libertação do Egipto acelerou grandemente em resultado de um incidente ocorrido em 1905-1906. Numa aldeia chamada Dinshawai, perto de Tanta, no delta do Nilo, a comunidade criava pombos para comer. Uma parte dos oficiais britânicos começou a atirar aos pombos por desporto e os aldeãos protestaram, mas sem grandes resultados. Perdiam a comida em benefício do desporto dos oficiais. Quando os "desportistas" regressaram no ano seguinte, os aldeãos estavam armados com paus e defenderam o seu modo de subsistência o melhor que puderam. Todavia, quatro dos seus foram mortos, o que levou os restantes a pegar também em pedras. O tribunal que foi formado puniu os aldeãos: alguns foram enforcados ou açoitados apenas por defenderem o seu modo de vida. Os acontecimentos, que se ficaram a dever a uma crassa arrogância imperial e às incompreensões subsequentes, não foram assim interpretados por Lord Cromer e outros como ele. Para eles, representavam um fanatismo xenófobo difundido pelos nacionalistas, que preponderavam em todo o lado. (Na era de Bush e Blair, seriam chamados "terroristas".) Mas para a classe política educada do Egipto, uma classe que fora sempre odiada pelos ocupantes e pelos imperialistas, tratava-se de mais um episódio de feroz alienação. O melhor comentário do incidente talvez tivesse sido o de George Bernard Shaw no seu prefácio a *John Bull's Other Island*: "Tentem imaginar os sentimentos de uma aldeia inglesa se um grupo de oficiais chineses aparecesse subitamente e começasse a disparar sobre os patos, os gansos, as galinhas e os perus e os levasse consigo, afirmando que eram aves selvagens, como toda a gente na China sabia, e que a pretensa indignação dos agricultores não passava duma forma disfarçada de ódio aos chineses e, talvez, duma conspiração para derrubar a religião de Confúcio e implantar a Igreja de Inglaterra em seu lugar"[584].

Na Anatólia otomana, os políticos de então murmuravam com desagrado. Embora alguns compromissos mal definidos que beneficiavam os Arménios tivessem sido assumidos no Tratado de Berlim e apesar da vitória do comandante russo-arménio em Kars, de facto, nada foi feito a favor deles e nenhuma das potências impulsionou a Turquia a reformar a administração nas províncias arménias do império. A Grã-Bretanha enviou alguns cônsules especiais para a Anatólia, os quais, com poderes limitados, representavam uma espécie de autoridade imparcial, o que aquelas terras vastas e mal governadas nunca tinham visto. A Grã-Bretanha era curiosamente ambivalente. Era o aliado mais importante da Turquia, mas, ao mesmo tempo, parte do seu povo expressava-se fortemente em apoio dos Arménios, criticando com vigor a administração otomana. Em breve se tornou evidente que as críticas públicas eram impotentes contra o poder institucionalizado que favorecia o sultão. Nada foi feito na região. A fraca presença consular foi retirada e a situação deteriorou-se, apesar dos compromissos assumidos. Nas províncias, era negada protecção legal aos Arménios – não havia reparação em caso de lhes serem causados danos – e não lhes era feita qualquer justiça em caso brutalidade, roubo ou violação perpetrados pelos malfeitores não-arménios que ali viviam. A lei não era aplicada quando eram eles que estavam em causa, embora teoricamente a protecção da lei se tivesse alargado a todas as comunidades pelo Tratado de Paris de 1856 ([585]). Foram deixados sem defesa contra a violência do governo e dos seus parasitas.

Nesta altura, a Arménia era partilhada por dois impérios, o da Turquia e o da Rússia. Ora, em todo o Império Russo se aprendiam métodos violentos para derrubar a autocracia. Os Arménios tinham poucas queixas do poder russo (até 1903). O seu inimigo era a opressão sistemática que lhes fora imposta pelos Turcos. O cenário político era reconhecido como terrível. No início de 1884, o embaixador britânico teceu o seguinte comentário numa série de relatórios sobre as províncias arménias: "Estes documentos contam todos a mesma história de uma administração errada, indigente, corrupta e incapaz"([586]). A opressão otomana tornava a vida intolerável e as ideias revolucionárias estavam a chegar até ali através das fronteiras imperialisticamente estabelecidas na Arménia russa. Tentativas de abrir jornais e construir escolas foram frustradas pelas autoridades. Surgiram sociedades políticas, a princípio de forma tranquila e ordeira (embora secreta, dado que toda a actividade política era ilegal) e mais tarde revelando um lado terrorista. Houve algumas manifestações e palavras de ordem apregoando "liberdade ou morte".

Deu-se uma insurreição em 1894, na região de Sasun, que fica hoje no Leste da Turquia, contra os senhorios feudais e o sistema de dupla tributação. Foi selvaticamente esmagada e um inquérito imperial concluiu que a intenção fora de extermínio. Foi o prelúdio de uma campanha generalizada de mortes oficiais por parte das autoridades otomanas, na Arménia turca, na qual morreram cerca de 200 000 pessoas. Em Setembro de 1895, houve uma grande manifestação em

Constantinopla, a que se seguiu, em Agosto de 1896, a tomada de um banco por um grupo de arménios desesperados ([587]). Em ambos os casos o sultão aproveitou a oportunidade – como os governos opressivos tendem a fazer quando se dão actos terroristas – para incrementar a extensão da sua própria autoridade arbitrária e aumentar o estado de degradação e extermínio do povo oprimido. O linguista e viajante Arminius Vamberry, um observador com largas simpatias pelo sultão e seu hóspede frequente, sentiu-se obrigado a descrever o poder de Abdulhamid como "um *régime* de terrorismo"([588]). Hoje em dia podemos observar em muitas partes do mundo simbioses similares dos dois terrores.

Em dois excelentes discursos, em Chester, em Agosto de 1895, e em Liverpool, em Setembro de 1896, o idoso Gladstone falou com firmeza sobre estes acontecimentos. A pergunta mais interessante que apresentou foi a de saber quais deviam ser o âmbito e os limites do poder de um Estado para intervir nos assuntos internos de um outro, sobretudo se aquele que deseja intervir está ligado por tratados a terceiros Estados. Esta questão tem continuado a atormentar os políticos. Gladstone não chegou a nenhuma conclusão definitiva, para além de ter esboçado a ideia de que, apesar de acreditar num "Concerto da Europa" unificado, a liberdade de agir é por vezes a opção certa. Se o consenso está errado, há que romper com ele ([589]).

Em 1896 as potências europeias procuraram obrigar o sultão a abdicar. Discutiu-se a ideia, mas a França levantou objecções, porque receava vir a perder o rendimento que obtivera com a concessão otomana do tabaco (*Régie des tabacs*). A Grã-Bretanha, na pessoa de Lord Salisbury, expressou as suas dúvidas sobre toda a orientação da política britânica para com o Império Otomano desde 1791. A Grã-Bretanha teria "apostado no cavalo errado?", questionava-se em 1897 ([590]). Na verdade, esta linha de autoquestionamento era interessante. Depois dos acontecimentos, usemos a nossa imaginação para supor que a Grã-Bretanha tinha apoiado a Rússia contra a Turquia, em vez de acorrer sempre instintivamente em socorro dos Otomanos, e permitira que o Império Otomano fosse definhando como um qualquer canato da Ásia Central, ao mesmo tempo que concedia auxílio à libertação da Grécia e da Bulgária. A Arménia teria podido situar-se inteiramente na órbita de uma Rússia que já não seria então ameaçadora. Ao mesmo tempo, a Grã-Bretanha teria ajudado as diversas componentes do império muçulmano (o Curdistão, os Turcos étnicos e o mundo árabe) a ganharem dinamismo. Tudo isto teria favorecido os povos em vez dos governantes. Parece que Salisbury estava quase a reconhecer como fora insensata a preocupação das "grandes potências" com a Turquia otomana, que todo o seu interesse, e sobretudo o apoio incondicional dado pelos Britânicos, havia infantilizado o império e contribuíra para que adoptasse uma maior passividade política e tivesse irrupções de brutalidade e massacres. Talvez o mundo se tivesse tornado mais seguro e mais justo se todas as partes lhe tivessem negado um tratamento preferencial e a tivessem deixado definhar ou, em alternativa, fortalecer-se por si mesma.

Apesar do isolamento diplomático suportado pelo Império Otomano, este alcançou uma vitória surpreendente sobre os Gregos em 1897 na guerra que se seguiu a uma revolta em Creta. Parte do êxito turco pode ser atribuído à presença de oficiais alemães (comandados por Von der Goltz Paxá) desde 1882. Porém, o êxito diplomático acabou por ser dos Gregos, e Creta foi libertada gradualmente do controlo otomano ([591]).

A Alemanha tornou-se o aliado de eleição do Império Otomano. Não fez perguntas nem esperou que este obedecesse a padrões. As suas ambições imperiais situavam-se mais a leste. Em 1898, o *Kaiser*, envergando um uniforme branco, fez uma viagem teatral e pomposa pelo Império Otomano. Nesta década, foram completadas as duas primeiras secções do projectado caminho-de-ferro entre Berlim e Bagdad.

Os próprios Turcos começaram a ficar cada vez mais embaraçados com o seu sultão imóvel e reaccionário, que se opunha a qualquer reforma. Um espião britânico falou das suas "ideias deformadas e preconceitos insensatos". Uma célula de exilados otomanos estabeleceu-se em Paris. Tornou-se um cenário de desavenças e discussões, mas por fim os desacordos foram atenuados pelos revolucionários arménios e todas as facções lançaram uma revolução otomana, a qual irrompeu nas ruas da capital em Julho de 1908. As revoluções constitucionais eram a grande ideia da época. A Rússia teve a sua primeira revolução em 1905 e a revolução constitucional iraniana, mais complexa, aconteceu no mesmo ano. Em Constantinopla (que ainda não era conhecida como Istambul) foi proclamada a *hürriyet* (liberdade) e durante seis meses houve genuína liberdade e irrompeu um sentimento de igualdade e de renovação. Os velhos tabus foram afastados e os novos governantes demonstraram uma alegre irreligiosidade. Ninguém se preocupou daí em diante com mesquitas, ou igrejas, ou orações à sexta-feira. A religião era vista como uma herança que trazia consigo divisões e estava deslocada no território otomano então unificado. Havia uma aproximação genuína dos diversos povos. É muito difícil dizer até que ponto o regime dos

Jovens Turcos, aliás conhecidos como Comité da União e do Progresso, era, de início, reaccionário, racista e estatizante. No entanto, logo que a revolução se consolidou, o seu chefe, Enver Bey (mais tarde Paxá), foi para Berlim estudar táctica militar e alemão ([592]). O seu entusiasmo pela Alemanha do *Kaiser* era perturbador.

A Grã-Bretanha, uma interveniente-chave, não encarou favoravelmente o regime constitucional. Não havia nenhum representante britânico na capital otomana quando a revolução foi anunciada e, em 31 de Julho de 1908, o ministro dos Negócios Estrangeiros, Sir Edward Grey, deu instruções rigorosas ao novo embaixador para manter alguma distância em relação ao regime. A razão era simples e profundamente egoísta: qualquer género de constituição no Egipto ou na Índia ameaçaria o poder britânico, cuja legitimidade não derivava do consentimento do povo, mas da ameaça da força militar. "Quando houver uma constituição turca em condições de funcionar e as coisas correrem bem na Turquia, se nos decidirmos a suprimir pela força e a disparar contra um levantamento de pessoas no Egipto que exija também uma constituição, a situação será muito embaraçosa", declarou Grey. Por isso, não deveria existir qualquer relacionamento com os desenvolvimentos constitucionais da Turquia. A Grã-Bretanha não queria que de um Império Otomano constitucional emergisse um mundo democrático. Preferia as ordens gritadas pelo império ao consentimento da democracia. Ficava o campo ainda mais aberto para as missões diplomáticas e militares alemãs ([593]).

Passados cerca de seis meses, começaram a aparecer falhas no movimento constitucional otomano. A política continuava a ser feita em segredo. O "Comité" dirigia a democracia e continuava em Salonica, embora o eixo da actividade política continuasse a ser Constantinopla. Deu-se uma contra-revolução em Abril de 1909, um massacre de Arménios em Adana e um afastamento do liberalismo multicultural em favor do estatismo mono-étnico. Este último constituia uma anomalia numa sociedade multi-étnica. O Comité foi continuamente perdendo popularidade. Houve uma ruptura e em Novembro de 1911 apareceu um novo partido liberal, o Ahrar. Ganhou uma eleição parcial em Constantinopla. O Comité da União e do Progresso resolveu interromper o avanço político dos seus opositores e construir o seu próprio sucesso numas eleições gerais completamente viciadas, em Abril de 1912. Um grupo que se auto-intitulou os Oficiais Salvadores dirigiu-se para as colinas e convenceu o Comité a abandonar o poder em Julho de 1912. Os dissidentes democráticos tomaram o poder com o governo de "pai-e-filho" de Ahmed Muhtar e do seu filho. O ministro dos Negócios Estrangeiros foi o arménio Gabriel Noradungian, nomeação que mostrava como o novo governo se distanciara da recente política opressiva, tacanha e chauvinista do Comité ([594]).

Os acontecimentos não foram auspiciosos e conspiraram para criar um resultado ruinoso que estava em consonância com o juízo frio de direita do turcófilo britânico Aubrey Herbert três anos antes: "Independentemente de quem estiver à frente da Turquia, são os soldados que detêm o poder"([595]). Os Italianos invadiram a Líbia em 1911, apoderando-se dela, e o império foi fortemente ameaçado na Europa Oriental. O que aí restava de território otomano estava sujeito a uma forte pressão, porque os Estados balcânicos, até então desavindos, se uniram para expulsar os Turcos. Parecia que o governo otomano estava prestes a entregar Adrianópolis. Em Janeiro de 1913, o chefe revolucionário Enver Paxá recuperou violentamente o poder, tomou para si a autoridade do regime dos Oficiais Salvadores pela força das armas e impôs uma ditadura cruel ([596]). A Turquia otomana era então um Estado securitário fechado e controlado.

No mesmo ano, chegou uma numerosa missão militar alemã. A Alemanha aproximara-se gradualmente da Turquia desde que Von der Goltz Paxá chegara com uma pequena missão militar (que dera frutos com a derrota dos Gregos em Tessália, em 1897) e da negociação de um empréstimo do Deutsche Bank, em 1888. Os Alemães nunca protestaram junto dos Turcos por causa dos Arménios e dos direitos humanos, por isso, eram bem-vindos. Em 1913, Liman von Sanders chegou com 42 oficiais. As linhas de batalha de uma guerra mundial estavam desenhadas ([597]).

Os tempos eram seculares. Ninguém manifestou grande interesse pela declaração do xeque ul-Islam quando proclamou uma *jihad* em 1914. Ele era apenas um instrumento útil do Comité (que era constituído por ateus). Para além de alguns aldeãos atrasados, menos sensíveis às directivas políticas dos activistas do Comité, poucos prestariam atenção às suas proclamações. Para além disso, podia questionar-se a declaração do mais importante dos xeques, sabendo-se que o Império Otomano tinha uma aliança com os impérios da Alemanha e da Áustria. Fora do Império Otomano, a declaração não teve eco. Entre os Quraysh, a tribo do Profeta conhecida nos tempos pré-islâmicos pelo seu secularismo, a família principal era a dos Hachemitas. Hussein, o seu líder, detinha a posição hereditária de Grande Xerife de Meca. Regressara de Constantinopla à Arábia, onde, com uma ajuda britânica não assumida abertamente, se deu uma revolta contra uma distante Turquia governada pelo Comité. A situação era confusa devido a um cenário de negociações entre a Grã-Bretanha e a França sobre o futuro estatuto colonial de grande parte do mundo árabe. Apesar do êxito da revolta, os sonhos de independência árabe ficaram reduzidos a pó na conferência de paz de Paris, e no espaço de uma década, os Hachemitas, inclinados para a modernidade, foram expulsos de Hejaz pela família Saud, herdeira espiritual de Ahmed ibn Hanbal, que se tinha pronunciado fortemente contrário ao conhecimento e ao debate. Desta forma, a forte aspiração dos Árabes a não serem colonizados foi sufocada e a fama de estudo da Bagdad abássida e da Andaluzia islâmica teve poucas hipóteses de reaparecer. A região e o seu povo mereciam melhor ([598]).

Notas

Abreviaturas:

DNB	*Dictionary of National Biography*, Londres/Oxford, 1881-1996.
EB 11	*Encyclopedia Britannica*, 11ª edição, 1912.
EI 1	*Encyclopedia of Islam*, Leiden, 1ª edição.
EI 2	*Encyclopedia of Islam*, Leiden, 2ª edição.
ODNB	*The Oxford Dictionary of National Biography*, Oxford, 2004.
PPTS	The Palestine Pilgrims' Text Society.
Schaff-Herzog	*The New Schaff-Herzog Encyclopedia of Religious Knowledge*, Grand Rapids, Baker, 1966.

INTRODUÇÃO

(¹) John Hales, *Tract Concerning Schism and Schismaticks*, Londres (?), 1716, p. 181; primeira edição: 1642.

CAPÍTULO I
SOFRÓNIO E OMAR

(²) H. Wace e P. Schaff (orgs.), *A Select Library of the Nicene and Post-Nicene Fathers*, Oxford, Parker & Co., 1891, vol. 2, pp. 21 (Sócrates), 258-259 (Sosomeno).
(³) Desiderius Erasmus, *Pilgrimages...*, Westminster, J. B. Nicols, 1849, pp. 21-22.
(⁴) Charles Diehl, *History of the Byzantine Empire*, Nova Iorque, MAS Press, 1969, p. 41.
(⁵) A. A. Vasiliev, *History of the Byzantine Empire*, Madison, University of Wisconsin Press, 1984, p. 195.
(⁶) C. A. Trypanis (org.), *The Penguin Book of Greek Verse*, Harmondsworth, Penguin Books, 1971, p. 422.
(⁷) *Alcorão*, 30, 1.
(⁸) Edward Gibbon, *The History of the Decline and Fall of the Roman Empire*, edição completa, David Womersley (org.), Harmondsworth, Penguin Books, 1995, vol. 3, p. 237 [cap. 51].
(⁹) Richard Bell, *The Origins of Islam in its Christian Environment*, Londres, Macmillan, 1926, p. 45.
(¹⁰) *Ibid*.
(¹¹) *Ibid.*, pp. 43-44.
(¹²) Maxime Rodinson, *Mohammad*, Harmondsworth, Penguin Books, 1971, p. 97.
(¹³) Bell, *Origins of Islam*, p. 71.
(¹⁴) *Ibid.*, pp. 73 e 83.
(¹⁵) Peter Brown, *The Rise of Western Christendom*, Oxford, Blackwell, 1998, p. 180.

([16]) Philip K. Hitti, *History of the Arabs*, Londres, Macmillan, 1968, p. 166.
([17]) Bernard Lewis e P. M. Holt (orgs.), *Historians of the Middle East*, Londres, Oxford University Press, 1962, p. 247.
([18]) Hitti, *History of the Arabs*, p. 152.
([19]) *Ibid.*, pp. 130 ss.
([20]) Charles Dowsett, *Sayat'-Nova*, Lovaina, Peeters, 1997, p. 36.
([21]) Aram Ter-Ghewondyan, *The Arab Emirates in Bagratid Armenia*, tr. Nina G. Garsoïan, Lisboa, Livraria Bertrand, 1975, p. 20.
([22]) [Thomas Hyde?], *Historical and Critical Reflections [...]*, in *Four Treatises concerning the [...] Mahometans*, Londres, 1712, p. 170.
([23]) *Alcorão*, 17, 1.
([24]) *EI* 1, "al-Kuds".
([25]) Gibbon, *The Decline and Fall*, vol. 3, p. 237.
([26]) Andrew Palmer (org. e trad.), *The Seventh Century in the West-Syrian Chronicles*, Liverpool, Liverpool University Press, 1993, p. 231.
([27]) *Ibid.*, p. 131; Brown, *Western Christendom*, pp. 187-191.
([28]) Palmer, *Seventh Century*, p. 50.
([29]) J. S. Assemani, *Bibliotheca Orientalis*, Roma, 1719-1728, vol. 3, pt. i, p. 131; T. W. Arnold, *The Preaching of Islam*, Londres, Darf, 1986, p. 82.
([30]) R. W. Thomson (trad.), James Howard-Johnston e Tim Greenwood (orgs.), *The Armenian History attributed to Sebeos*, Liverpool, Liverpool University Press, 1999, vol. 1, pp. xxii, xxv e 95.
([31]) R. W. Southern, *Western Views of Islam in the Middle Ages*, Cambridge, Mass., Harvard University Press, 1962, pp. 16-18.
([32]) Walter Besant e E. H. Palmer, *The History of Jerusalem*, Londres, Richard Bentley, ed. de 1889, pp. 76 ss.
([33]) Theophanes: *The Chronicle of Theophanes Confessor, 284-813* [*Chronographia*], trad. de Cyril Mango e Roger Scott, Oxford, Clarendon Press, 1997, p. 471.
([34]) *Ibid.*, p. 433.
([35]) *Ibid.*, p. 471.
([36]) *Ibid.*, p. 443.
([37]) *Ibid.*, p. 471.
([38]) *EI* 1, "al-Kuds".
([39]) Gibbon, *The Decline and Fall*, vol. 3, p. 269.
([40]) C. R. Conder, *The City of Jerusalem*, Londres, John Murray, 1909, p. 239; Guy Le Strange, *Palestine under the Moslems*, Londres, A. P. Watt, 1890, p. 143; Palmer, *Seventh Century*, p. 162.
([41]) Theophanes, *Chronicle*, p. 471.
([42]) [Arculfus], *The Pilgrimage of Arculfus in the Holy Land*, trad. de J. R. Macpherson, Londres, PPTS, 1889, pp. 5-6 e 4.
([43]) Gustav von Grunebaum, *Medieval Islam*, Chicago, University of Chicago Press, 1969, p. 287.
([44]) R. A. Nicholson, *A Literary History of the Arabs*, Cambridge, Cambridge University Press, 1907, pp. 196-197.

(⁴⁵) Gibbon, *The Decline and Fall*, vol. 3, p. 227.
(⁴⁶) Nicholson, *Literary History*, p. 194.
(⁴⁷) Albert Hourani, *Europe and the Middle East*, Londres, Macmillan, 1980, pp. 8-9; Brown, *Western Christendom*, pp. 189-190; *Butler's Lives of the Saints*, Londres, Burns and Oates, 1956, vol. 1, pp. 689-691.
(⁴⁸) Sir Harry Charles Luke, *Mosul and its Minorities*, Londres, Martin Hopkinson, 1925, p. 75; Peter Brown, *Western Christendom*, p. 193; Frits Holm, *My Nestorian Adventure in China*, Londres, Hutchinson, 1924, pp. 159-184; F. L. Cross (org.), *The Oxford Dictionary of the Christian Church*, 1961, "Sigan-fu Stone".
(⁴⁹) Henri Pirenne, *Medieval Cities*, Princeton, Princeton University Press, 1925, p. 27; Peter Brown, *Society and the Holy in Late Antiquity*, Londres, Faber and Faber, 1982, pp. 63-79.
(⁵⁰) Sir Reader Bullard, *Britain and the Middle East*, Londres, Hutchinson, 1952, p. 13.
(⁵¹) Besant e Palmer, *Jerusalem*, p. 124; Conder, *Jerusalem*, p. 250; Steven Runciman, "Charlemagne and Palestine", *English Historical Review*, 200/50 (Outubro de 1935), 606-619.
(⁵²) [Bernard], *The Itinerary of Bernard the Wise*, trad. de J. H. Bernard, Londres, PPTS, 1893, p. 7.
(⁵³) *Ibid.*, p. 11.
(⁵⁴) Elinor A. Moore, *The Ancient Churches of Old Jerusalem*, Beirute, Khayats, 1961, p. 19.
(⁵⁵) Southern, *Western Views*, p. 21; Arnold, *Preachimg*, p. 137; vd. também Brown, *Western Christendom*, pp. 193-194.
(⁵⁶) *Cambridge Medieval History*, vol. 7, 1932, p. 637.
(⁵⁷) *The Legacy of Islam*, org. de T. W. Arnold e A. Guillaume, Oxford, Clarendon Press, 1931, p. 337.
(⁵⁸) *Cambridge History of Iran*, vol. 4, 1975, pp. 144-145.
(⁵⁹) Omar Khayyam, *Rubaiyyat*, trad. de Edward Fitzgerald, 1ª ed., estrofe 32; também Conder, *Jerusalem*, p. 268.
(⁶⁰) Mukkadai, *Description of Syria (including Palestine)*, trad. de G. Le Strange, Londres, PPTS, 1886, p. 37.
(⁶¹) Conder, *Jerusalem*, p. 259.
(⁶²) Le Strange, *Palestine under the Moslems*, p. 204.
(⁶³) Nasir-i Khusraw, *Diary of a Journey through Syria and Palestine [1047]*, trad. de G. Le Strange, Londres, PPTS, 1888, p. 60; Le Strange, *Palestine under the Moslems*, p. 205.
(⁶⁴) Conder, *Jerusalem*, p. 264.
(⁶⁵) [Arculfus], *Pilgrimage*, pp. 3-4; Besant e Palmer, *Jerusalem*, pp. 139-140.
(⁶⁶) *Cambridge Medieval History*, vol. 4, pt. i, 1966, p. 737.

CAPÍTULO II
A CRUELDADE DA GUERRA RELIGIOSA

([67]) Ernest Barker, *The Crusades*, Londres, Oxford Unity Press, 1939, p. 23.
([68]) William of Tyre, *A History of Deeds Done beyond the Sea*, trad. de E. A. Babock e A. C. Krey, Nova Iorque, Columbia University Press, 1943, vol. 1, p. 372.
([69]) [F. P. G.] Guizot, *Collections des mémoires [...]*, Paris, Brière, 1825, "Raoul de Caen", pp. 241-242.
([70]) *Ibid.*, 1824, "Albert d'Aix", p. 350.
([71]) David Hume, *History of England*, Edimburgo, Peter Hill etc., 1818, vol. 1, cap. 5, p. 292.
([72]) Gibon, *The Decline and Fall*, vol. 3, pp. 649, 727, 583, 624, 610.
([73]) William Robertson, *Works*, Londres, Whitmore and Fenn, 1824, vol. 3 p. 31.
([74]) John Lawrence [Johann Lorenz] Mosheim, *An Ecclesiastical History*, Londres, T. Cadell, 1768, vol. 2, pp. 237-239.
([75]) Charles Mills, *The History of the Crusades*, Londres, Longman, 1822; Besant e Palmer, *Jerusalem*.
([76]) Wm. Shakespeare, *I Henry IV*, I. i. 18-27.
([77]) Geoffrey Barraclough, "Deus le Volt?", *New York Review of Books*, 21 de Maio de 1970, 12-17.
([78]) Samuel Johnson, *Notes on Shakespeare's Henry IV, Pt i, Act I, Scene i*, citado em Mills, *Crusades*, vol. 2, p. 337 n.; Francis Bacon, *Works*, 1803, vol. 3. "War with Spain", p. 505, citado em Mills, *Crusades*, vol. 2, p. 338 n.
([79]) Brown, *Western Christendom*, p. 182.
([80]) Edward William Lane, *Arabian Society in the Middle Ages*, Londres, Chatto and Windus, 1883, pp. 120-121; também James Harris, *Philological Inquiries*, in *Works*, Oxford, 1841, p. 489, citando Abulfeda.
([81]) *EI* 1, "Dar al-Harb", "Dar al-Islam", "Dar al-Sulh".
([82]) *EI* 2, "Crusades" (por Claude Cahen).
([83]) Hitti, *History of the Arabs*, p.635; Steven Runciman, *A History of the Crusades*, Harmondsworth, Peguin Books, 1965, vol. 1, p. 279.
([84]) Guizot, *Collection*, 1825, "Foulcher de Chartres", p. 76.
([85]) Barker, *Crusades*, p. 8.
([86]) *Cambridge Medieval History*, vol. 4, pt. i, 1966, p. 212.
([87]) *Cambridge Medieval History*, vol. 5, 1926, p. 79.
([88]) William Tronzo, *Cultures of his Kingdom: Roger II and Capella Palatina in Palermo*, Oxford, Princeton University Press, 1997.
([89]) Gibbon, *The Decline and Fall*, vol. 3, p. 566.
([90]) *EB* 11, "Crusades".
([91]) Besant and Palmer, *Jerusalem*, p. 135.
([92]) *Ibid.*, pp. 146-147.
([93]) Gibbon, *The Decline and Fall*, vol. 3, p. 665 [cap. 60].
([94]) *Cambridge Medieval History*, vol. 5, 1926, pp. 66-82.

(⁹⁵) *The Legacy of Islam*, org. de J. Schacht e C. E. Bosworth, 2ª ed., Oxford, Clarendon Press, 1974, pp. 92-93.
(⁹⁶) W. M. Watt, *The Influence of Islam on Medieval Europe*, Edimburgo, Edingurgh University Press, 1972, p. 83; *The Song of Roland*, trad. de Glyn Burgess, Londres, Penguin Books, 1990, pp. 9-10.
(⁹⁷) Besant e Palmer, *Jerusalem*, p. 146.
(⁹⁸) Frank Barlow, *William Rufus*, Londres, Methuen, 1983, p. 362.
(⁹⁹) Gibbon, *The Decline and Fall*, vol. 3, p. 558.
(¹⁰⁰) Anna Comnena, *The Alexiad*, trad. de E. R. A. Sewter, Harmondsworth, Penguin Books, 1969, p. 309.
(¹⁰¹) Besant e Palmer, *Jerusalem*, p. 156.
(¹⁰²) Runciman, *Crusades*, vol. 1, p. 117.
(¹⁰³) *Cambridge Medieval History*, vol. 5, 1926, p. 271.
(¹⁰⁴) William of Malmesbury, *Chronicle*, trad. de J. A. Giles, Londres, Bohn, 1847, pp. 338-339.
(¹⁰⁵) Besant e Palmer, *Jerusalem*, p. 167; Gibbon, *The Decline and Fall*, vol. 3, p. 570, citando Albert de Aix.
(¹⁰⁶) Besant e Palmer, *Jerusalem*, pp. 153-154.
(¹⁰⁷) Anna Comnena, *The Alexiad*, p. 370.
(¹⁰⁸) Besant e Palmer, *Jerusalem*, pp. 139-140; [Arculfus], *Pilgrimage*, pp. 3-4.
(¹⁰⁹) Besant e Palmer, *Jerusalem*, pp. 252-253; *EB* 11, "Tripoli" (por D. G. Hogarth); Ibn al-Qalanisi (org. e trad. de H. A. R. Gibb), *The Damascus Chronicle [...]*, Londres, Luzac, 1932, p. 89; J. F. Michaud, *Histoire dês Croisades*, Paris, Ponthieu, 1825, vol. 2, p. 54; René Grousset, *Historie des Croisades*, Paris, Plon, 1934, vol. 1, p. 358.
(¹¹⁰) Lewis e Holt, *Historians*, p. 255.
(¹¹¹) Barker, *Crusades*, p. 51; Runciman, *Crusades*, vol. 2, pp. 281-283.
(¹¹²) Jacques de Vitry, *The History of Jerusalem, AD 1180*, trad. de Aubrey Stewart, Londres, PPTS, 1896, p. 64; Barker, *Crusades*, pp. 48-49.
(¹¹³) Gibbon, *The Decline and Fall*, vol. 3, p. 653.
(¹¹⁴) Martin Scott, *Medieval Europe*, Londres, Longman, 1964, p. 150.
(¹¹⁵) Dorothy M. Stenton, *English Society in the Early Middle Ages*, Harmondsworth, Penguin Books, 1951, pp. 194-195.
(¹¹⁶) Philip K. Hitti, *Syria: A Short History*, Londres, Macmillan, 1959, p. 194; Edward G. Browne, *Arabian Medicine*, Cambridge, Cambridge University Press, 1921, pp. 69-70.
(¹¹⁷) Barker, *Crusades*, p. 73 n.
(¹¹⁸) *Cambridge Medieval History*, vol. 6, 1929, p. 17.
(¹¹⁹) Eric Christiansen, *The Northern Crusades*, Londres, Penguin Books, 1997, pp. 175 e 176.
(¹²⁰) Runciman, *Crusades*, vol. 3, pp. 139-144; Besant e Palmer, *Jerusalem*, pp. 500-503.
(¹²¹) Runciman, *Crusades*, vol. 3, pp. 151-169.
(¹²²) Ernst H. Kantorowicz, *Frederick the Second 1194-1250*, Londres, Constable, 1931, pp. 186-187.

([123]) Kantorowicz, *Fredrick II*, pp. 130-131.
([124]) Runciman, *Crusades*, vol. 3, pp. 188-189; Kantorowicz, *Frederick II*, pp. 197-201.
([125]) Gibbon, *The Decline and Fall*, vol. 3, p. 648.
([126]) Runciman, *Crusades*, vol. 3, pp. 187 e 209; Kantorowicz, *Frederick II*, pp. 186-187.
([127]) Jean de Joinville, *Saint Louis*, trad. de James Hutton, Londres, Sampson Low, 1868, p. 10; Barker, *Crusades*, p. 78; *Cambridge Medieval History*, vol. 6, 1929, p. 347.
([128]) Gregorius Abulpharagius, *Historia Compendiosa Dynastiarium*, trad. de Edward Pococke, Oxford, 1663, p. 323.
([129]) Gibbon, *The Decline and Fall*, vol. 3, pp. 651-652.
([130]) Conder, *Jerusalem*, p. 322.
([131]) Aziz Suryal Atiya, *The Crusade in the Later Middle Ages*, Londres, Methuen, 1938, p. 133.
([132]) *Ibid.*, pp. 354-367; Runciman, *Crusades*, vol. 3, pp. 445-447.
([133]) Atiya, *Later Middle Ages*, pp. 437-438.
([134]) Sir John Froissart, *Chronicles*, trad. de T. Johnes, Londres, Bohn, 1855, vol. 2, pp. 601-602 e 622-628.
([135]) Atiya, *Later Middle Ages*, p. 445.
([136]) M. Bellaguet (org.), *Chronique du religieux de St-Denys*, Paris, Crapelet, 1840, vol. 2, p. 511.
([137]) Edwin Pears, *The Destruction of the Greek Empire*, Londres, Longman, 1903, pp. 165 ss.; J. von Hammer-Purgstall, *Histoire de l'Empire ottoman*, trad. de J.-J. Hellert, Paris, Bellizard, 1835-1841, vol. 2, pp. 120 ss.
([138]) Christopher Tyerman, *England and the Crusades*, Londres e Chicago, University of Chicago Press, 1988, p. 352; Paul S. Crowson, *Tudor Forreign Policy*, Londres, A. & C. Black, 1973, p. 69.
([139]) Atiya, *Later Middle Ages*, p. 468.
([140]) R. H. Bainton, *The Travail of Religious Liberty*, Londres, Lutterworth Press, 1953, p. 39.

CAPÍTULO III
PERDA E RECUPERAÇÃO DO SABER PELA EUROPA

([141]) Vd. *The Oxford Companion to Philosophy*, Oxford, Oxford University Press, 1995, "Aristotle"; J. L. Ackrill, *Aristotle the Philosopher*, Oxford, Claredon Press, 1981; Aristotle, *The Metaphysics*, org. e trad. de Hugh Lawson-Tancred, Londres, Penguin Books, 1998 (sobretudo a Introdução).
([142]) Gertrude Himmelfarb, *Darwin and the Darwinian Revolution*, Londres, Chatto and Windus, 1959, p. 141.
([143]) Anthony Kenny, *A Brief History of Western Philosophy*, Oxford, Blackwell, 1998, pp. 96-98; Gordon Leff, *Medieval Thought*, Harmonsworth, Penguin Books, 1958, pp. 15-16.

(¹⁴⁴) *Ibid.*, pp. 110-112; Boethius, *The Consolation of Philosophy*, trad. de V. E. Watts, Harmondsworth, Penguin Books, 1969.

(¹⁴⁵) Brown, *Western Christendom*, p. 122; Agathias, *The Histories*, trad. J. A. Frendo, Berlim, Walter de Gruyter, 1975, p. 65.

(¹⁴⁶) *The Legacy of Persia*, org. de A. J. Arberry, Oxford, Clarendon Press, 1968, pp. 336-337.

(¹⁴⁷) Gibbon, *The Decline and Fall*, vol. 2, p. 615; George Rawlinson, *The Seventh Great Oriental Monarchy*, Londres, Longman, 1876, pp. 448-449.

(¹⁴⁸) *Cambridge History of Iran*, vol. 3, pt. ii, 1983, p. 754; Browne, *Arabian Medicine*, p. 20.

(¹⁴⁹) *EI* 2, "Gondeshapur".

(¹⁵⁰) Majid Fakhry, *A History of Islamic Thought*, Nova Iorque, Columbia University Press, 1970, p. 18.

(¹⁵¹) Thomas Warton, *The History of English Poetry*, Londres, Thomas Tegg, 1840, vol. 1, p. clxxvii.

(¹⁵²) Hitti, *History of the Arabs*, p. 310; Philip K. Hitti, *Makers of Arab History*, Londres, Macmillan, 1969, p. 91.

(¹⁵³) *Legacy of Persia*, p. 295.

(¹⁵⁴) *Legacy of Islam*, 2ª ed., p. 427.

(¹⁵⁵) *Cambridge History of Islam*, vol. 2, 1970, p. 505.

(¹⁵⁶) Hitti, *History of the Arabs*, p. 375; George Sarton, *Introduction to the History of Science*, Baltimore, Carnegie Institution, 1927, vol. 1, p. 558.

(¹⁵⁷) Leff, *Medieval Thought*, pp. 145-146; Hitti, *Makers of Arab History*, pp. 184-201.

(¹⁵⁸) Leff, *Medieval Thought*, pp. 146-148; Arthur Hyman e James J. Walsh, *Philosophy in the Middle Ages*, Indianápolis, Hackett, 1977, pp. 211-232.

(¹⁵⁹) Leff, *Medieval Thought*, pp. 148-155; Hyman e Walsh, *Middle Ages*, pp. 233-262.

(¹⁶⁰) Hitti, *History of the Arabs*, p. 372.

(¹⁶¹) Donald Campbell, *Arabian Medicine and its Influence on the Middle Ages*, 2 vols., Londres, Kegan Paul, 1926, vol. 1, p. 80; Browne, *Arabian Medicine*, pp. 61-62.

(¹⁶²) Frederick Copleston SJ, *A History of Philosophy*, vol. 2, Londres, Burns and Oates, 1959, p. 191.

(¹⁶³) Fakhry, *Islamic Thought*, p. 179.

(¹⁶⁴) Browne, *Arabian Medicine*, pp. 44- 52.

(¹⁶⁵) *Cambridge History of Islam*, vol. 2, 1970, p. 755.

(¹⁶⁶) Leff, *Medieval Thought*, pp. 156-162; Hyman e Walsh, *Middle Ages*, pp. 283-325; Hitti, *Makers of Arab History*, pp. 219-237; *Cambridge Medieval History*, vol. 6, 1929, pp. 713-715.

(¹⁶⁷) Leff, *Medieval Thought*, p. 157.

(¹⁶⁸) *Ibid.*, pp. 158-162; Fakhry, *Ismaic Thought*, pp. 320-325.

(¹⁶⁹) *EI* 1, "al-Mu'tazila".

(¹⁷⁰) H. A. R. Gibb, *Arabic Literature*, Oxford, Clarendon Press, p. 68.

(¹⁷¹) Hitti, *Makers of Arab History*, p. 90.

(¹⁷²) William of Malmesbury, *Chronicle*, p. 173.
(¹⁷³) *Ibid.*
(¹⁷⁴) Lynn Thorndike, *A History of Magic and Experimental Science*, Londres, Macmillan, 1923, vol. 1, p. 705.
(¹⁷⁵) *Ibid.*, p. 176.
(¹⁷⁶) *Legacy of Islam*, 1ª ed., p. 28; Browne, *Arabian Medicine*, p. 35; Campbell, *Arabian Medicine*, pp. 141-142.
(¹⁷⁷) Charles Homer Haskins, *Studies in the History of Medieval Science*, Cambridge, Mass., Harvard University Press, 1927, pp. 20-42, sobretudo p. 34; A. C. Crombie, *Augustine to Galileo*, Harmondsworth, Penguin Books, 1969, vol. 1, p. 66; C. e D. Singer, "The Jewish Factor in Medieval Thought", in *The Legacy of Israel*, Oxford, Clarendon Press, 1928, p. 208.
(¹⁷⁸) James Hastings (org.), *Encyclopedia of Religion and Ethics*, Edimburgo, T. e T. Clark, 1908, "Adelard".
(¹⁷⁹) Haskins, *Medieval Sciendce*, p. 189; Charles Homer Haskins, "England and Sicily in the Twelfth Century", *English Historical Review*, 26 (1911), 438-443. *ODBN*, "Brown, Thomas".
(¹⁸⁰) *Legacy of Islam*, 2ª ed., p. 16; James Kritzeck, *Peter the Venerable and Islam*, Princeton, Princeton University Press, 1964, p. 21.
(¹⁸¹) Lynn Thorndike, *Michael Scot*, Londres, Nelson, 1965, pp. 22-23; Haskins, *Medieval Science*, pp. 272-298.
(¹⁸²) Warton, *English Poetry*, vol. 2, p. 206.
(¹⁸³) Thorndike, *Michael Scot*, p. 28.
(¹⁸⁴) *DNB*, "Michael Scot"; S. T. Coleridge, *The Collected Works*, Princeton, Routledge/Princeton University Press, vol. 14, pt. i, 1990, "Table Talk", entrada para 16 de Fevereiro de 1833.
(¹⁸⁵) Haskins, *Medieval Science*, p. 127; *DNB*, "Daniel [of] Morley".
(¹⁸⁶) Sobre Sieger, vd. Leff, *Medieval Thought*, pp. 228-230; Ernest Renan, *Averroès et l'Averroïsm*, Paris, Michel Lévy, 1861, pp. 271-273; *Encyclopedia of Philosophy*, org. de Paul Edwards, 8 vols., Nova Iorque, Macmillan, 1967, vol. 7, "Sieger".
(¹⁸⁷) Gordon Leff, *Paris and Oxford Universities in the 13th and 14th Centuries*, 2 vols., Nova Iorque, John Wiley, 1968, vol. 2, p. 200; Leff, *Medieval Thought*, p. 172.
(¹⁸⁸) Leff, *Medieval Thought*, p. 229.
(¹⁸⁹) Crombie, *Augustine to Galileo*, vol. 1, p. 103; Thorndike, *History of Magic*, vol. 2, pp. 874-913; Renan, *Averroès*, pp. 326-328.
(¹⁹⁰) *Cambridge Medieval History*, vol. 8, 1936, pp. 626 ss.; *Encyclopedia of Philosophy*, vol. 5, "Marsilius of Padua".
(¹⁹¹) J. W. Allen, *A History of Political Thought in the Sixteenth Century*, Londres, Methuen, 1964, p. 5.
(¹⁹²) Paul Oscar Kristeller, *Eight Philosophers of the Italian Renaissance*, Londres, Chatto and Windus, 1965, pp. 72-90; *Encyclopedia of Philosophy*, vol. 5, "Pomponazzi"; Renan, *Averroès*, pp. 354-360.
(¹⁹³) Richard Morison, *An Exhortation to styrre all Englyshe men to the defence of their countreye*, Londres, 1539, sig. D4v.

(¹⁹⁴) Dante, *The Divine Comedy*, Paradiso, livro 10, 133-138.
(¹⁹⁵) Miguel Asín Palacios, *Islam and the Divine Comedy*, trad. de Harold Sunderland, Londres, John Murray, 1926, p. 5.
(¹⁹⁶) Dante, *Divine Comedy*, Inferno, livro 12, 46 ss.
(¹⁹⁷) *Cambridge History of Islam*, vol. 2, 1970, p. 879; *Legacy of Islam*, 2ª ed.; pp. 94 e 344-345.
(¹⁹⁸) Asín Palácios, *Islam and the Divine Comedy*, p. 55.
(¹⁹⁹) *Ibid.*, p. 58.
(²⁰⁰) René Descartes, *Discourse on Method*, trad. de A. Wollaston, Harmondsworth, Penguin Books, 1960, p. 49.
(²⁰¹) C. e D. Singer, "The Jewish Factor", p. 274.
(²⁰²) Samuel Chew, *The Crescent and the Rose*, Nova Iorque, Oxford University Press, 1937, pp. 389-397.
(²⁰³) *DNB*, "John Tillotson".
(²⁰⁴) William of Malmesbury, *Chronicle*, p. 208.
(²⁰⁵) Warton, *English Poetry*, vol. 1, p. xci.
(²⁰⁶) *Ibid.*, p. ii.
(²⁰⁷) *Ibid.*, vol. 2, p. 217.
(²⁰⁸) *Bid.*, vol. 1, pp. 56-57.
(²⁰⁹) Watt, *The Influence of Islam*, p. 27.
(²¹⁰) William Langland, *Piers the Ploughman*, trad. de J. F. Goodridge, Harmondsworth, Penguin Books, 1959, pp. 233 e 235.
(²¹¹) Chew, *Crescent and Rose*, p. 391.
(²¹²) Wm. Shakespeare, *Hamlet*, III, ii, 15.
(²¹³) Wm. Shakespeare, *King Lear*, III, iv, 148.
(²¹⁴) [Charles I], Εικων βασιλικη: *The Portraicture of his Sacred Majestie in his Solitudes and Sufferings*, [Londres, William Royston], 1648 [i.e, 1649], [Madan 1, iii], p. 68.
(²¹⁵) Dorothy Vaughan, *Europe and the Turk*, Liverpool, Liverpool University Press, 1954, pp. 191-192; Chew, *Crescent and Rose*, p. 102 n.
(²¹⁶) Wm. Shakespeare, *1Henry IV*, v, iii, 46.
(²¹⁷) Chew, *Crescent and Rose*, p. 102 n.
(²¹⁸) Jean Bodin, *Colloquium of the Seven about the Secrets of the Sublime*, trad. de M. L. D. Kuntz, Londres, Princeton University Press, 1975, p. 225.
(²¹⁹) *Ibid.*, p. 219.
(²²⁰) *Ibid.*, p. 232.

CAPÍTULO IV
"GUERRAS QUASE PERMANENTES"

(²²¹) Sir Percy Sykes, *A History of Persia*, 3ª ed., Londres, Macmillan, 1958, vol. 2, p. 84.
(²²²) Matthew Paris, citado por Sykes, *Persia*, vol. 2, p. 87.
(²²³) V. Minorsky, "The Middle East in Western Politics in the 13th, 15th and

17th Centuries", *Journal of the Royal Central Asian Society*, 27/4 (Outubro de 1940), 433.
(^{224}) *Ibid.*, p. 434.
(^{225}) Sykes, *Persia*, vol. 2, p. 113.
(^{226}) Richard Knolles, *The Generall Historie of the Turkes*, Londres, Adam Islip, 1610, p. 219.
(^{227}) *Ibid.*, pp. 220-221.
(^{228}) Henry Ellis, *Original Letters*, 3ª série, vol. 1, Londres, Richard Bentley, 1846, pp. 54-58; *Cambridge History of Iran*, vol. 6, 1986, p. 375.
(^{229}) Minorsky, "The Middle East", p. 448.
(^{230}) Sykes, *Persia*, vol. 2, p. 142.
(^{231}) *Ibid.*, p. 159.
(^{232}) *Cambridge History of Islam*, vol. 1, 1970, p. 398.
(^{233}) John-Thomas [Giovanni Tommaso] Minadoi, *The History of the Warres betweene the Turkes and the Persians*, trad. de A. Hartwell, Londres, John Wolfe, 1595 (reimpr. em Teerão, 1976), p. 1.
(^{234}) A. G. Busbequius, *The Four Epistles*, trad. de Nahum Tate [?], Londres, J. Taylor, 1694, pp. 171-172. A primeira edição latina é de Paris, 1589, com o nome do autor como Gislenius.
(^{235}) George Abbot, *A Briefe Description of the Whole World*, Londres, 1599, sig. B4r; Chew, *Crescent and Rose*, p. 250.
(^{236}) Wm. Shakespeare, *The Merchant of Venice*, II, I, 25 ss.
(^{237}) John Milton, *Paradise Lost*, livro 10, 431-436.
(^{238}) Sykes, *Persia*, vol. 2, p. 160.
(^{239}) *Ibid.*, p. 162.
(^{240}) Sir Charles Eliot ["Odysseus"], *Turkey in Europe*, Londres, Frank Cass, 1965, p. 93.
(^{241}) *Cambridge History of Iran*, 1986, vol. 6, p. 382.
(^{242}) Sykes, *Persia*, vol. 2, p. 166.
(^{243}) *Ibid.*, p. 168.

CAPÍTULO V
"A MAGNIFICÊNCIA DA RAINHA SUA SENHORA"

(^{244}) Richard Hakluyt, *The Principal Navigations Voyages [...] of the English Nation*, Glasgow, James MacLehose, vol. 5, 1904, p. 243.
(^{245}) Roger B. Merriman, *Suleiman the Magnificent 1520-1566*, Nova Iorque, Cooper Square, 1966, pp. 126-144.
(^{246}) Citado em Southern, *Western Views*, pp. 79-80.
(^{247}) Vaughan, *Europe and the Turk*, p. 135.
(^{248}) *Ibid.*, p. 272.
(^{249}) Allen, *History of Political Thought*, p. 5.
(^{250}) G. R. Elton, *Reformation Europe, 1517-1559*, Londres, Collins/Fontana,

1969, pp. 108-109.

(^{251}) Michael Servetus, *De Trinitatis Erroribus*, [Hagenau], 1531, livro i, § 59, trad. de Earl Morse Wilbur, *The Two Treatises of Servetus on the Trinity*, Cambridge, Mass., Harvard University Press, 1932, pp. 66-67. Sobre Miguel Servet, vd. Earl Morse Wilbur, *A History of Unitarianism: Socinianism and its Antecedents*, Cambridge, Mass., Harvard University Press, 1945, caps. 5 e 9-14; R. H. Bainton, *Hunted Heretic: The Life and Death of Michael Servetus*, Boston, Beacon Press, 1953; John F. Fulton, *Michael Servetus, Humanist and Martyr*, Nova Iorque, Herbert Reichner, 1953; *EB* 11, "Servetus".

(^{252}) Martinus Bellius (isto é, Sebastian Castellio, ou Chateillon), *De haereticis, an sint persequendi*, Magdeburgo (isto é, Basileia), 1554, p. 137.

(^{253}) *Alcorão*, 2, 257.

(^{254}) [Anon; ? por B. Lamy], *Four Treatises concerning the Doctrine [...] of the Mahometans*, Londres, 1712, pp. 214-224; vd. também G. H. Williams, *The Radical Reformation*, Londres, Weidenfeld and Nicolson, 1962, pp. 809-810; G. W. Lessing, *Sämtliche Schriften*, Leipzig, 1897, vol. 12, pp. 220 ss.

(^{255}) Sobre as origens do socinianismo, vd. Wilbur, *History of Unitarianism*; sobre a Transilvânia sob João Segismundo, vd. E. M. Wilbur, *A History of Unitarinism in Transylvania, England and America*, Boston, Beacon Press, 1952, pp. 3-56.

(^{256}) Wilbur, *History of Unitarianism in Transylvania*, pp. 37-58.

(^{257}) Faustus Socinus, *Opera*, vol. 2; Bibliotheca Fratrum Polonorum, vol. 2; Irenopolis [isto é, Amsterdão], "Irenaeus Philalethius", pós 1656, pp. 535b-536a.

(^{258}) Hakluyt, *Principal Navigations*, vol. 5, pp. 168-169; M. Epstein, *The Early History of the Levant Company*, Londres, Routledge, 1908, p. 9; Alfred C. Wood, *A History of the Levant Company*, Londres, Oxford University Press, 1935, p. 8; S. A. Skilliter, *William Harborne and the Trade with Turkey, 1578-1582*, Oxford, Oxford University Press (para a Academia Britânica), 1977, pp. 34-48.

(^{259}) Conyers Read, *Mr. Secretary Walsingham and the Policy of Quen Elizabeth*, 3 vols., Oxford, Clarendon Press, 1967, vol. 3, p. 373.

(^{260}) Epstein, *Early History*, pp. 245-251; Skilliter, *Williams Harborne*, pp. 28-30.

(^{261}) Read, *Walsingham*, vol. 3, p. 374.

(^{262}) Hakluyt, *Principal Navigations*, vol. 5, pp. 169 e 175.

(^{263}) Edward S. Creasy, *History of the Ottoman Turks*, Londres, Richard Bentley, 1877, p. 228; von Hammer-Purgstall, *Histoire de l'empire ottoman*, vol. 7, p. 252 n.

(^{264}) Crowson, *Tudor Foreign Policy*, p. 176.

(^{265}) Vaughan, *Europe and the Turk*, p. 162.

(^{266}) Knolles, *Generall Historie*, ed. de 1610, p. 880.

(^{267}) *Cambridge History of Iran*, vol. 6, 1986, p. 384.

(^{268}) W. E. D. Allen, *Problems of Turkish Power in the Sixteenth Century*, Londres, Central Asian Research Centre, 1963, p. 29.

(²⁶⁹) Vaughan, *Europe and the Turk*, p. 163.
(²⁷⁰) J. M. Neale, *A History of the Holy Eastern Church*, Londres, Joseph Masters, 1847, vol. 2, pp. 356-455; também Hugh Trevor-Roper, "The Church of England and the Greek Church [...]", in *From Counter-Reformation to Glorious Revolution*, Londres, Pimlico, 1993, pp. 83-111; Thomas Smith, *An Account of the Greek Church*, Londres, Miles Flesher/Richard Davis, 1680, pp. 239-291; Eliot, *Turkey in Europe*, vol. 5, pp. 247 e 249.
(²⁷¹) Haklyut, *Principal Navigations*, vol. 5, p. 247.
(²⁷²) *Ibid.*, p. 251.
(²⁷³) Great Britain, *Calendar of State Papers (Venetian)*, vol. 8 (1581-1591), Londres, 1897, nᵒˢ 130 e 332.
(²⁷⁴) Hakluyt, *Principal Navigations*, vol. 5, p. 251.
(²⁷⁵) *Ibid.*, p. 257.
(²⁷⁶) *Ibid.*, p. 255; H. G. Rawlinson, "The Embassy of William Harborne to Constantinople", *Transactions of the Royal Historical Society*, 4ª série, vol v (1922), p. 8.
(²⁷⁷) Vaughan, *Europe and the Turk*, p. 170.
(²⁷⁸) Wood, *Levant Company*, p. 13.
(²⁷⁹) Read, *Walsingham*, vol. 3, p. 330.
(²⁸⁰) E. S. de Beer, "The Dictionary of National Biography", secção "Edward Barton", *Bulletin of the Institute of Historical Research*, 19 (1942-1943), 158-159.
(²⁸¹) *New Cambridge Modern History*, vol. 3, 1968, pp. 368 e 369-370; também *ODNB*, "Barton".
(²⁸²) *CSP Venetian*, 8, nº 651.
(²⁸³) *Ibid.*, nº 673 (28 de Maio de 1588).
(²⁸⁴) *Ibid.*, nº 729 (3 de Setembro de 1588).
(²⁸⁵) *Ibid.*, nº 943, despacho de 26 de Junho de 1590.
(²⁸⁶) Paul Wittek, "The Turkish Documents in Hakluyt's 'Voyages'", *Bulletin of the Institute of Historical Research*, 19/57 (1942-1943), 122.
(²⁸⁷) Chew, *Crescent and Rose*, p. 163.
(²⁸⁸) J. T. Bent, *Early Voyages and Travels in the Levant*, Londres, Hakluyt Society, 1893, p. 68.
(²⁸⁹) Chew, *Crescent and Rose*, p. 169.
(²⁹⁰) Michael Strachan, *Sir Thomas Roe: A Life*, Wilton, Michael Russell, 1989, p. 145.
(²⁹¹) Sir Thomas Sherley, *Discours of the Turkes [...]*, org. de E. Denison Ross, Londres, Camden Miscellany, vol. XVI, 1936 [o manuscrito original data de 1607], p. 10.
(²⁹²) Strachan, *Sir Thomas Roe*, pp. 145-146.

CAPÍTULO VI
O XÁ ABBAS E OS IRMÃOS SHERLEY

(293) *Legacy of Persia*, p. 343.
(294) Sykes, *Persia*, vol. 2, p. 168.
(295) *Ibid.*, p. 201.
(296) *Ibid.*, p. 173.
(297) *DNB*, "Sir Thomas Shirley the Elder".
(298) Chew, *Crescent and Rose*, pp. 174-175.
(299) *Ibid.*, pp. 177-179.
(300) E. Denison Ross (org.), *Sir Anthony Sherley and his Persian Adventure*, Londres, Routledge, 1933, p. 5.
(301) Chew, *Crescent and Rose*, pp. 240-241.
(302) Ross, *Sir Anthony Sherley*, p. 12; Chew, *Crescent and Rose*, pp. 241-242.
(303) Ross, *Sir Anthony Sherley*, p. 13; Sir Anthony Sherley, *Sir Anthony Sherley His Relation of his Travels Into Persia*, Londres, N. Butter etc., 1613, pp. 4 ss.; Chew, *Crescent and Rose*, p. 271.
(304) Ross, *Sir Anthony Sherley*, p. 186; Chew, *Crescent and Rose*, pp. 244-245.
(305) Ross, *Sir Anthony Sherley*, pp. 15 e 193-194; E. P. Shirley, *The Sherley Brothers*, Chiswick, Roxburghe Club, 1848, p. 18; Chew, *Crescent and Rose*, p. 249.
(306) Ross, *Sir Anthony Sherley*, pp. 153-154.
(307) *Ibid.*, p. 155.
(308) *Ibid.*, pp. 155-156.
(309) *Ibid.*, p. 17; Sherley, *Relation*, pp. 80 ss.
(310) Shirley, *Sherley Brothers*, p. 19; Chew, *Crescent and Rose*, p. 258.
(311) Samuel Purchas, *Hakluytus Posthumus or Purchas his Pilgrimes*, 20 vols., Glasgow, James MacLehose, 1905-1907, vol. 10, p. 376; Ross, *Sir Anthony Sherley*, pp. 20-21; Chew, *Crescent and Rose*, p. 324.
(312) Ross, *Sir Anthony Sherley*, p. 22.
(313) *Ibid.*, p. 36.
(314) *Ibid.*, p. 37.
(315) *Ibid.*, p. 40; Chew, *Crescent and Rose*, pp. 266 e 271.
(316) Chew, *Crescent and Rose*, p. 272.
(317) Ross, *Sir Anthony Sherley*, p. 47.
(318) Chew, *Crescent and Rose*, p. 274.
(319) Wm. Shakespeare, *Twelfth Night*, II, v, 197; Chew, *Crescent and Rose*, pp. 274-277.
(320) Chew, *Crescent and Rose*, p. 282.
(321) *Ibid.*, p. 287-297.
(322) *Ibid.*, p. 299.
(323) *Ibid.*, pp. 301 e 302.
(324) *Ibid.*, p. 303.
(325) Shirley, *Sherley Brothers*, p. 61.

(^{326}) *Ibid.*, p. 62.
(^{327}) Thomas Middleton, *Works*, org. de A. H. Bullen, Londres, John Nimmo, 1885, vol. 8, pp. 303 ss.
(^{328}) Chew, *Crecent and Rose*, p. 305; *CSP Venetian*, 9, n°s 330 e 341.
(^{329}) Chew, *Crescent and Rose*, p. 306.
(^{330}) Shirley, *Sherley Brothers*, p. 64; Chew, *Crescent and Rose*, p. 308.
(^{331}) *Ibid.*, p. 309.
(^{332}) *Ibid.*
(^{333}) *Ibid.*, p. 311.
(^{334}) Shirley, *Sherley Brothers*, p. 79.
(^{335}) Chew, *Crescent and Rose*, p. 312.
(^{336}) *Ibid.*, p. 313.
(^{337}) *Ibid.*, pp. 313-314.
(^{338}) *Ibid.*, p. 320.
(^{339}) *Ibid.*, p. 324.
(^{340}) *Ibid.*, p. 325.
(^{341}) Shirley, *Sherley Brothers*, p. 94.
(^{342}) Chew, *Crescent and Rose*, pp. 327-328; Sir John Finett, *Finetti Philoxenis*, 1656, pp. 145, 172 ss. (citado em Chew, *ibid.*).
(^{343}) Chew, *Crescent and Rose*, p. 328.
(^{344}) Great Britain, *Calender of State Papers (Domestic)*, org. de J. Bruce, Londres, Longman, 1858: 1625, 1626, p. 309; 1625-1626, p. 345; 1627-1628, pp. 98 s.
(^{345}) Chew, *Crescent and Rose*, pp. 332-333.
(^{346}) *Ibid.*, p. 334.
(^{347}) Thomas Herbert, *Relation of some yeares travaile*, Londres, Stansby and Bloome,1634, p. 203; Chew, *Crescent and Rose*, p. 335.
Capítulo VII
O ensino sob os Stuart e o aperfeiçoamento da razão humana
(^{348}) George Abbot, *Briefe Description*, sig. B4r.
(^{349}) P. M. Holt, "Arabic Historians in Sixteenth- and Seventeenth-Century England", in *Studies in the History of the Near East*, Londres, Frank Cass, 1973, pp. 37-42; *DNB*, "Sir Thomas Adams"; A. J. Arberry, *Oriental Essays*, Londres, Allen & Unwin, 1960, pp. 12-13.
(^{350}) *Legacy of Islam*, 1ª ed., p. ix; Schaff-Herzog, "Aram".
(^{351}) *DNB*, "Lancelot Andrewes", citando Thomas Fuller; Alistair Hamilton, *William Bedwell the Arabist 1563-1632*, Leiden, E. J. Brill, 1985, *passim*.
(^{352}) Vd. Hugh Trevor-Roper, "The Church of England", sobretudo as pp. 88-91; Hamilton, *William Bedwell*, p. 79.
(^{353}) Trevor-Roper,"The Church of England", p.99; Eliot, *Turkey in Europe*, p. 249.
(^{354}) Leonard Twells, *The Lives of Dr. Edward Pocock, the Celebrated Orientalist [...]*, Londres, Rivington, vol. 1, 1816, pp. 4-5; *DNB*, "Matthias Pasor"; G. J. Toomer, *Eastern Wisedome and Learning*, Oxford, Clarendon Press, 1996, pp. 98-101.

(³⁵⁵) Chew, *Crescent and Rose*, p. 397.
(³⁵⁶) *DNB*, "Edward Pococke"; Twells, *Pocock*, pp. 10-13; Toomer, *Eastern Wisedom*, pp. 116-138.
(³⁵⁷) Twells, *Pocock*, pp. 14-28.
(³⁵⁸) *Ibid.*, p. 30.
(³⁵⁹) *Ibid.*, p. 15.
(³⁶⁰) Toomer, *Eastern Wisedome*, p. 119.
(³⁶¹) *Ibid.*, pp. 106 e 108; H. R. Trevor-Roper, *Archbishop Laud 1573-1654*, Londres, Macmillan, 1940, pp. 277-284.
(³⁶²) Maurice Cranston, *John Locke: A Biography*, Oxford, Oxford University Press, 1985, p. 18.
(³⁶³) Toomer, *Eastern Wisedome*, p. 267.
(³⁶⁴) Chew, *Crescent and Rose*, pp. 515-517.
(³⁶⁵) *Ibid.*, p. 516; Sykes, *Persia*, vol. 2, p. 174.
(³⁶⁶) Twells, *Pocock*, p. 38; *DNB*, "Edward Pococke".
(³⁶⁷) Edward Pococke, *Lamiato 'l Ajam: Carmen Tograi, Poetae Arabis Doctissime [...]*, Oxford, Richard Davis/Henri Hall, 1661, sig. Q8v.
(³⁶⁸) Simon Ockley, *The History of the Saracens*, Londres, R. Knaplock/Bernard Lintot, 1718, vol. 2: *Sentences of Ali*, p. 9, n[os] 74 e 79.
(³⁶⁹) Twells, *Pocock*, p. 43; Trevor-Roper, *Laud*, p. 283; *DNB*, "Pococke".
(³⁷⁰) Twells, *Pocock*, pp. 45-47.
(³⁷¹) *Ibid.*, p. 77; Toomer, *Eastern Wisedome*, p. 146.
(³⁷²) Hugo Grotius, *De Veritate Religionis Christianae*, Londres, John Nourse, ed. de 1755, p. 240.
(³⁷³) Hugo Trevor-Roper, "The Great Tew Circle", in id., *Catholics, Anglicans and Puritans*, Londres, Secker and Warburg, 1987, p. 194.
(³⁷⁴) Abraham Cowley, "Sonnet to Reason", in A. R. Waller (org.), *Works*, Cambridge, Cambridge University Press, 1905, p. 46; vd. também pp. 190-191; Jonh Aubrey, *Brief Lives*, org. de Oliver Lawson Dick, Harmondsworth, Penguin Books, 1962, p. 153.
(³⁷⁵) Lucius Cary, Lord Falkland, *A Discourse of Infallibility*, Londres, 1660, p. 240.
(³⁷⁶) Twells, *Pocock*, p. 82.
(³⁷⁷) *Ibid.*, p. 86.
(³⁷⁸) *Ibid.*, pp. 94-95.
(³⁷⁹) Toomer, *Eastern Wisedome*, p. 157.
(³⁸⁰) Twells, *Pocock*, p. 95.
(³⁸¹) *Ibid.*, p. 96.
(³⁸²) [Anthony à Wood], *Athenae Oxonienses*, Londres, Thomas Bennet, vol. 2, 1962, col. 107.
(³⁸³) Twells, *Pocock*, p. 98.
(³⁸⁴) Toomer, *Eastern Wisedome*, p. 157.
(³⁸⁵) *Ibid.*, p. 158.
(³⁸⁶) Twells, *Pocock*, pp. 134-135.
(³⁸⁷) *Ibid.*, pp. 136-137; Toomer, *Eastern Wisedome*, p. 158.

(388) Edward Pococke, *Specimen Historiae Arabum*, Oxford, Henry Hall, 1648/1650; *DNB*, "Edward Pococke".
(389) Twells, *Pocock*, pp. 146-147.
(390) Holt, *Studies*, p. 11.
(391) Pococke, *Specimen Hist.*, p. 339.
(392) *Ibid.*, p. 166; Twells, *Pocock*, p. 176.
(393) Pococke, *Specimen Hist.*, pp. 267-269; vd. também Abu Jaafar Ebn Tophail, *The Improvement of Human Reason [...]*, trad. de Simon Ockley, Londres, Edmund Powell, 1708, p. 4 n. [a partir daqui citado como Ockley, *Improvement*]; *DNB*, "Edward Pococke"; Toomer, *Eastern Wisedome*, p. 162.
(394) Ockley, *Improvement*, pp. 4 n.-5 n.
(395) Twells, *Pocock*, pp. 174-175.
(396) *Ibid.*, pp. 284-286; Edward Pococke, *Philosophus Autodidactus sive epistola [...] de Hai ebn Yokdhan. In quâ ostenditur quomodo ex Inferiorum contemplatione ad Superiorum notitiam Ratio humana ascendere possit*, Oxford, Henry Hall, 1671.
(397) Ockley, *Improvement*, sig [*]4v.
(398) *Ibid.*, p. 33.
(399) *Ibid.*, p. 30.
(400) *Ibid.*, p. 37.
(401) *Ibid.*, pp. 37-38.
(402) *Ibid.*, p. 38.
(403) *Ibid.*, p. 39.
(404) *Ibid.*, pp. 39-40.
(405) *Ibid.*, p. 42.
(406) *Ibid.*, p. 43.
(407) *Ibid.*, p. 49.
(408) *Ibid.*, p. 53.
(409) *Ibid.*, p. 54.
(410) *Ibid.*, p. 57.
(411) *Ibid.*, p. 58.
(412) *Ibid.*, p. 62.
(413) *Ibid.*, p. 69.
(414) *Ibid.*, p. 77.
(415) *Ibid.*, p. 84.
(416) *Ibid.*, p. 85.
(417) *Ibid.*, p. 91.
(418) *Ibid.*, p. 100.
(419) *Ibid.*, pp. 94 e 95.
(420) *Ibid.*, p. 101.
(421) *Ibid.*, p. 109.
(422) *Ibid.*, p. 112.
(423) *Ibid.*, p. 114.
(424) *Ibid.*, p. 116.
(425) *Ibid.*, p. 117.

(⁴²⁶) *Ibid.*, pp. 121-123.
(⁴²⁷) *Ibid.*, p. 126.
(⁴²⁸) *Ibid.*, p. 130.
(⁴²⁹) *Ibid.*, p. 139.
(⁴³⁰) *Ibid.*, p. 144.
(⁴³¹) *Ibid.*, p. 148.
(⁴³²) *Ibid.*, pp. 153-154.
(⁴³³) *Ibid.*, p. 156.
(⁴³⁴) *Ibid.*, p. 159.
(⁴³⁵) *Ibid.*, p. 160.
(⁴³⁶) Vd. as introduções de David M. Lang a [John Damascene], *Barlaam and Iosaph*, ed. da Loeb, Cambridge, Mass., Harvard University Press, 1967, e *The Balavariani: A Buddhist Tale from the Christian East*, Londres, Allen and Unwin, 1966.

CAPÍTULO VIII
O ISLÃO E A EUROPA NO SÉCULO XVIII

(⁴³⁷) Chew, *Crescent and Rose*, p. 185; Toomer, *Eastern Wisedome*, p. 166.
(⁴³⁸) Twells, *Pocock*, pp. 242-252; *DNB*, "Edward Pococke".
(⁴³⁹) Pococke, *Lamiato 'l Ajam*, sig. *4v.
(⁴⁴⁰) *Ibid.*, sig. *5v.
(⁴⁴¹) *Ibid.*, sig. *6v.
(⁴⁴²) *Ibid.*, sig. *7r.
(⁴⁴³) *Ibid.*, sig. *8v.
(⁴⁴⁴) *Ibid.*, sig. **1r.
(⁴⁴⁵) Edward Said, *Orientalism*, Londres, Routledge, 1980, p. 65.
(⁴⁴⁶) *The Philosophical Transactions of the Royal Society of London [...]*, resumidas por C. Hutton, etc., vol. 1 [para 1665-1672], Londres, C. e R. Baldwin, 1809, pp. 614-615; G. A. Russell, "The Impact of The Philosophus Autodidactus, Pocockes, John Locke and the Society of Friends", in G. A. Russell (org.), *The "ArabicK" Interest of the Natural Philosophers in Seventeenth-Century England*, Leiden, E. J. Brill, 1994, p. 232.
(⁴⁴⁷) John Locke, *Essay concerning Human Understanding*, 1690, etc., liv. 2, cap. i, § 24.
(⁴⁴⁸) *Ibid.*, liv. 1, cap., § 11.
(⁴⁴⁹) *Ibid.*, § 26.
(⁴⁵⁰) John Locke, *Works*, Londres, Rivington, 1824, vol. 9, p. 302 (carta de 23 de Julho de 1703).
(⁴⁵¹) *Ibid.*, p. 300.
(⁴⁵²) Russell, "The Impact of The Philosophus Autodidactus", pp. 224-265.
(⁴⁵³) Shelley Ekhtiar, "Hayy ibn Yaqzan: The Eighteenth-Century Reception of an Oriental Self-Taught Philosopher", *Studies on Voltaire and the Eighteenth Century*, 302 (1992), 242.

(⁴⁵⁴) Crombie, *Augustine to Galileo*, vol. 1, p. 23.
(⁴⁵⁵) Alexander Pope, *Essay on Man*, ep. II, 23-30 [1733].
(⁴⁵⁶) Plato, *Timaeus and Critias*, trad. de Desmond Lee, Harmondsworth, Penguin Books, 1977, p. 109.
(⁴⁵⁷) Alexander Pope, *Works*, org. de J. W. Croker, Londres, John Murray, 1886, vol. 5, pp. 518-519 [*Guardian*, n° 61 (21 de Maio de 1713), p. 381]; vd. também Ekhtiar, "Harry ibn Yaqzan", 239.
(⁴⁵⁸) Edward Gibbon, *Memoirs of My Life and Writings*, ed. Everyman, Londres, J. M. Dent, [1920?], p. 25.
(⁴⁵⁹) Ockley, *History of the Saracens*, vol. 2, Preface to *the Sentences of Ali*, sig. Cc6r; vd. também Albert Hourani, *Islam in European Thought*, Cambridge, Cambrigde University Press, 1991, p. 14.
(⁴⁶⁰) Henry Stubbe, *An Account of the Rise and Progress of Maohometanism*, Londres, Luzac, 1911, sobretudo p. xiii.
(⁴⁶¹) Vd. Wilbur, *A History of Unitarianism: Socinianism*, e H. John McLachlan, *Socinianism in Seventeenth-Century England*, Londres, Oxford University Press, 1951.
(⁴⁶²) Thomas Fuller, citado em McLachlan, *Socinianism*, p. 33.
(⁴⁶³) McLachlan, *Socinianism*, pp. 178-179; [John Bidle], *A Confession of Faith Touching the Holy Trinity*, Londres, 1691, sig. D4r.
(⁴⁶⁴) McLachlan, *Socinianism*, p. 216.
(⁴⁶⁵) *The Alcoran of Mahomet*, trad. de André du Ryer e [?] Alexander Ross, Londres, Randal Taylor, 1688, p. 7.
(⁴⁶⁶) *Ibid.*, pp. 172-173.
(⁴⁶⁷) Richard Baxter, *Cure of Church Divisoins*, Londres, Nevil Symmons, 1670, p. 49.
(⁴⁶⁸) Maurice Ashley, *England in the Seventeenth Century*, Harmondsworth, Penguin Books, 1961, p. 157.
(⁴⁶⁹) Charles Leslie, *The Socinian Controversy Discuss'd*, Londres, 1708, pp. iii-xiii, A[lexander] G[ordon], "The Primary Document of English Unitarianism, 1682", in *The Christian Life and Unitarian Herald*, 24 de Setembro, 1 e 29 de Outubro de 1892.
(⁴⁷⁰) McLachlan, *Socinianism*, pp. 318-319; Gordon, "Primary Document", 1 de Outubro de 1892, p. 477, col. 1.
(⁴⁷¹) Leslie, *Socinian Controversy*, p. v; Gordon, "Primary Document", 24 de Setembro de 1892, p. 464, col. 3.
(⁴⁷²) Gordon, "Primary Document", 1 de Outubro de 1892, p. 476, col. 3.
(⁴⁷³) Leslie, *Socinian Controversy*, p. vii; Gordon, "Primary Document", 1 de Outubro de 1892, p. 477, col. 2.
(⁴⁷⁴) Gordon, "Primary Document", 29 de Outubro de 1892, p. 524, col. 1; Leslie, *Socinian Controversy*, pp. xii-xiii.
(⁴⁷⁵) Gordon, "Primary Document", 29 de Outubro de 1892, p. 523, col. 3; Leslie, *Socinian Controversy*, p. x.
(⁴⁷⁶) [Stephen Nye], *Letter of Resolution concerning the Doctrine of the Trinity and the Incarnation*, Londres, 1691 [?], p. 18.

(477) [Arthur Bury], *The Naked Gospel*, Londres, 1690, p. 4.
(478) John Hunt, *Religious Thought in England*, Londres, Strahan, 1871, vol. 2, pp. 198-199.
(479) Gibbon, *The Decline and Fall*, vol. 3, p. 336.
(480) G. V. Bennett, *The Tory Crisis in Church and State, 1688-1730*, Oxford, Clarendon Press, 1975, pp. 33-34; Wilbur, *History of Unitarianism in Transylvania, England [...]*, p. 226.
(481) H. R. Fox Bourne, *The Life of John Locke*, Londres, H. S. King, 1876, vol. 2, pp. 404-406.
(482) John Locke, *The Reasonableness of Christianity*, Washington, Regnery, 1997, §§ 238 e 239 (pp. 133-135).
(483) Leslie, *Socinian Controversy*, "The Fourth Dialogue", pp. 28 e 29.
(484) Charles Leslie, *The Truth of Christianity Demonstrated*, Edimburgo, Fairbairn, 1819, p. 187.
(485) Lord Herbert of Cherbury, *De Religione Gentilium*, Amsterdão, 1663.
(486) [John Toland?], *A Letter from an Arabian Physician [...]*, Londres, 1706, p. 8.
(487) *Ibid.*, p. 14.
(488) Lord Wharncliffe (org.), *The Letters and Works of Lady Mary Wortley Montagu*, Londres, 1837, vol. 2, p. 119.
(489) Thomas Chubb, *Phostumous Works*, Londres, R. Baldwin, 1748, vol. 2 pp. 40 e 35.
(490) Lord Bolinbroke, *Works*, Londres, J. Johnson, 1809, vol. 4, p. 501, citado em John Leland, *A View od Deistical Writers*, Londres, Tegg, 1837, p. 513.
(491) Humphrey Prideaux, *The True Nature of Imposture Fully Display'd In The Life of Mahomet [...]*, Londres, 1697, pp. xix-xx.
(492) Adrian Reland, *De Religione Muhammedica*, Utreque, 1705.
(493) Robert Halsband, *The Life of Lady Mary Wortley Montagu*, Nova Iorque, Oxford University Press, 1960, pp. 67-68.
(494) Wharncliffe, *Letters and Works of Lady Mary*, 1837, vol. I, p. 362.
(495) *Ibid.*, p. 359.
(496) Halsband, *Lady Mary*, pp. 80-81; *DNB*, "Lady Mary Wortley Montagu".
(497) George Sale, *The Koran Translated*, org. de E. Denison Ross, Londres, Warne, s. d. [1912?], "Preliminary Discourse", pp. 131, 42, 44 e 75.
(498) Henri de Boulainvilliers, *The Life of Mahomet*, Londres, Longman, 1752, pp. 163-164.
(499) *Ibid.*, p. 163.
(500) *Ibid.*
(501) Gibbon, *The Decline and Fall*, vol. 3, pp. 1199-1200.
(502) *Ibid.*, p. 1187; vd. também James Harris, *Works*, Oxford, Thomas Tegg, 1841, p. 480 n.
(503) Voltaire, *Mahomet: Tragédie*, Bruxelas [ou seja, Londres], 1742; James Miller, *Mahomet the Imposter: A Tragedy*, Dublin, 1745, p. 21.
(504) Theodore Besterman, *Voltaire*, Londres, Longman, 1969, p. 253.
(505) *Ibid.*, p. 251.

(⁵⁰⁶) Lord Chesterfield (Philip Dormer Stanhope), *Miscellaneous Works of the Late [...]*, Londres, 1779, vol. 3, p. 46.
(⁵⁰⁷) Harris, *Philological Inquiries*, caps. vi-viii, pp. 478-496.
(⁵⁰⁸) Gibbon, *The Decline and Fall*, vol. 3, p. 230 [cap. 50].
(⁵⁰⁹) *Ibid.*
(⁵¹⁰) *Ibid.*, pp. 231 e 232.
(⁵¹¹) *Ibid.*, pp. 177-178.
(⁵¹²) *Ibid.*, p. 230.
(⁵¹³) *Ibid.*, p. 213.
(⁵¹⁴) *Ibid.*, p. 189.
(⁵¹⁵) *Ibid.*
(⁵¹⁶) Sobre Sir William Jones, vd. Arberry, *Oriental Essays*; também *DNB*. O ponto de vista sobre Jones expresso por Edward Said em *Orientalism*, pp. 77-79, etc., é paradoxal e perverso.
(⁵¹⁷) Citado em Arberry, *Oriental Essays*, pp. 77-78; sobre Goethe, vd. *Legacy of Islam*, 1ª ed., p. 204; *ibid.*, 2ª ed. p. 347.
(⁵¹⁸) [Sir William Jones], *Poems Consisting Chiefly of Translations from the Asiatick Languages*, Oxford, Clarendon Press, 1772, p. 5.
(⁵¹⁹) Baron de Tott, *Memoirs [...] on the Turks and the Tartars*, 2 vols., Londres, J. Jarvis, 1785.

CAPÍTULO IX
FORTUNAS OTOMANAS: COLAPSO MILITAR,
SALVAÇÃO DIPLOMÁTICA

(⁵²⁰) Creasy, *Ottoman Turks*, pp. 280-283; Lord Eversley e Valentine Chirol, *The Turkish Empire from 1288 to 1914*, Londres, Fisher Unwin, 1924, p. 173.
(⁵²¹) Eversley e Chirol, *Turkish Empire*, pp. 174-175; von Hammer-Pugstall, *Histoire de l'empire ottoman*, vol. 9, p. 378.
(⁵²²) J. A. R. Marriott, *The Eastern Question: An Historical Study in European Diplomacy*, Oxford, Clarendon Press, 3ª ed., 1930, p. 118.
(⁵²³) Creasy, *Ottoman Turks*, pp. 290-294.
(⁵²⁴) Eversley e Chirol, *Turkish Empire*, p. 181.
(⁵²⁵) *Ibid.*, pp. 189-190; Creasy, *Ottoman Turks*, pp. 319-321.
(⁵²⁶) Creasy, *Ottoman Turks*, pp. 331-334; Eversley e Chirol, *Turkish Empire*, pp. 193-194.
(⁵²⁷) Creasy, *Ottoman Turks*, p. 339; Eversley e Chirol, *Turkish Empire*, pp. 199-200.
(⁵²⁸) Creasy, *Ottoman Turks*, pp. 345-346; Eversley e Chirol, *Turkish Empire*, pp. 201-202.
(⁵²⁹) Vd. Jonas Hanway, *The Revolutions of Persia*, Londres, T. Osborne etc., 1762, vol. 2, pp. 160-162; Creasy, *Ottoman Turks*, p. 347; Eversley e Chirol, *Turkish Empire*, pp. 203-204.
(⁵³⁰) Creasy, *Ottoman Turks*, pp. 358-375; von Hammer-Pugstall, *Histoire de*

l'empire ottoman, vol. 4, p. 365; Eversley e Chirol, *Turkish Empire*, pp. 207-210.

([531]) *DNB*, "Elphinston"; Eversley e Chirol, *Turkish Empire*, pp. 215-216.

([532]) M. S. Anderson, *The Eastern Question*, Londres, Macmillan, 1966, p. 143.

([533]) Marriot, *Eastern Question*, pp. 151-153.

([534]) Henri Troyat, *Catherine the Great*, trad. de E. Read, Nuffield, Aidan Ellis, 1979, pp. 268-274.

([535]) Eversley e Chirol, *Turkish Empire*, pp. 226-229; Creasy, *Ottoman Turks*, p. 430; William Coxe, *History of the House of Austria*, Londres, Bell, 1873, vol. 3, p. 518.

([536]) J. Holland Rose, *William Pitt and National Revival*, Londres, George Bell, 1911, p. 490.

([537]) Eversley e Chirol, *Turkish Empire*, p. 231.

([538]) *The Parliamentary History of England [...]*, vol. 29 (22 de Março de 1791-13 de Dezembro de 1792), col. 54 (29 de Março de 1791).

([539]) *Ibid.*, col. 55.

([540]) *Ibid.*, cols. 62-63.

([541]) *Ibid.*, col. 78.

([542]) *Ibid.*, col. 996 (29 de Fevereiro de 1792).

([543]) *Ibid.*, cols. 180-181 (12 de Abril de 1791).

([544]) Marriott, *Eastern Question*, p. 163.

([545]) J. Christopher Herold, *Napoleon in Egypt*, Londres, Hamish Hamilton, 1963, pp. 136-163.

([546]) *Déscription de l'Egypte*, Paris, Imprimerie Impériale, 1809.

([547]) Christopher J. Walker, *Armenia: The Survival of a Nation*, Londres, Croom Helm, 1980, p. 55.

([548]) Marriott, *Eastern Question*, pp. 250 e 311.

([549]) Peter Mansfield, *The Arabs*, Londres, Allen Lane, 1976, pp. 123-124 e 155-156.

([550]) Citado in *ibid.*, p. 144.

([551]) Vd., por exemplo, H. C. Armstrong, *Lord of Arabia*, Harmondsworth, Penguin Books, 1940, pp. 13-19. Cf. T. E. Lawrence, "The Semite hovered between lust and self-denial", in *Seven Pillars of Wisdom*, Harmondsworth, Penguin Books, 1964, p. 40; é um exemplo de transferência freudiana, uma vez que o autor poderia ter escrito com mais propriedade "T. E. Lawrence pairava entre a luxúria e a autonegação".

([552]) Sobre a guerra dos Gregos pela independência, vd. C. M. Woodhouse, *The Story of Modern Greece*, Londres, Faber, 1968, pp. 125-157.

([553]) Lord Byron, *Don Juan*, Canto 8, 91 ss., sobretudo 141, e Canto 12, 27 ss.

([554]) Duke of Wellington, *Maxims and Opinions*, org. de G. H. Francis, Londres, Henri Colburn, 1845, p.138 [Câmara dos Lordes, 29 de Janeiro de 1828].

([555]) Mansfield, *The Arabs*, pp. 121-125; Anderson, *Eastern Question*, p. 56.

([556]) Anderson, *Eastern Question*, p. 39.

([557]) *Ibid.*, pp. 39-40.

(558) *Ibid.*, pp. 84-85.
(559) Citado em V. J. Puryear, *International Economics and Diplomacy in the Near East*, Stanford, Standford University Press, 1935, p. 150; vd. também Eversley e Chirol, *Turkish Empire*, pp. 284-285.
(560) Eversley e Chirol, *Turkish Empire*, p. 290; *DNB*, "B. W. Walker"; *Burke's Peerage and Baronetage*, Londres, 1923, "Sir Francis Elliot Walker", um paxá hereditário do império otomano.
(561) G. H. Bolsover, "David Urquhart and the Eastern Question, 1833-37", *Journal of Modern History*, 8/4 (Dezembro de 1936), 445-446.
(562) Charles Webster, "Urquhart, Ponsonby, and Palmerston", *English Historical Review*, 62/264 (Julho de 1947), 327-334.
(563) Bolsover, "David Urquhart", 465; Gertrude Robinson, *David Urquhart*, Oxford, Blackwell, 1920, pp. 52-53.
(564) Sobre o incidente do *Vixen*, vd. *British and Foreign State Papers, 1837-38*, vol. 26, pp. 2-60; Puryear, *International Economics*, pp. 49-53.
(565) [David Urquhart], *Speeches Delivered at a Dinner Given by the Commercial Community of Glasgow to David Urquhart Esq., on the 23rd of May 1838*, Londres, 1838, p. 33.
(566) Sir John MacNeill, *Progress and Present Position of Russia in the East*, Madrasta, 1838, pp. 110-111.
(567) Richard Cobden, "Russia, by a Manchester Manufacturer", in *Political Writings*, Nova Iorque, 1867, pp. 165 e 169.
(568) Charles Greville, *Memoirs*, org. de Henry Reeve, Londres, Longman, 1888, vol. 7, p. 140 (entrada relativa a 20 de Fevereiro de 1854).
(569) Asa Briggs, *Victorian People*, Harmondsworth, Penguin Books, 1975, p. 224.
(570) Charles Kingsley, *True Words for Brave Men*, Londres, Kegan Paul, 1878, p. 204.
(571) Edwin Pears, *Life of Abdul Hamid*, Nova Iorque, Arno, 1973, pp. 167-172.
(572) D. C. Blaisdell, *European Financial Control in the Ottoman Empire*, Nova Iorque, Columbia University Press, 1929, pp. 55 ss.
(573) Anderson, *Eastern Question*, pp. 173-174; Nevil Forbes et al., *The Balkans: A History*, Oxford, Clarendon Press, 1915, pp. 113-116.
(574) Anderson, *Eastern Question*, pp. 178 ss.; Edwin Pears, *Forty Years in Constantinopla*, Londres, Herbertt Jenkins, 1916, pp. 14 ss.; Eversley e Chirol, *Turkish Empire*, pp. 318-323.
(575) Pears, *Forty Years*, p. 57; Anderson, *Eastern Question*, pp. 190-191.
(576) W. F. Monypenny e G. E. Buckle, *Life of Disraeli*, vol. 6, Londres, John Murray, 1920, p. 130 (carta de 21 de Março de 1877).
(577) Os despachos de Sir Henry Elliot e Sir Henry Layard são citados in Walker, *Armenia*, p. 105.
(578) Robert Blake, *Disraeli*, Londres, Methuen, 1969, pp. 633-634.
(579) Christopher J. Walker, "Kars in the Russo-Turkish Wars of the 19th Century", UCLA Armenian History and Cultural Series, Costa Mesa, California.

(⁵⁸⁰) J. E. McCoan, *Our New Protectorate: Turkey-in-Asia*, Londres, Chapman and Hall, 1879.

(⁵⁸¹) Sobre al-Afghani e Abduh, vd. Albert Hourani, *Arabic Thought in the Liberal Age, 1798-1939*, Londres, Oxford University Press, 1967, pp. 103-160; Mansfield, *The Arabs*, pp. 163-168.

(⁵⁸²) *Ibid.*, p. 145.

(⁵⁸³) Sobre James Senua, vd. Jacob Landau, *Middle Eastern Themes*, Londres, Frank Cass, 1973, cap. 8, "Abu Naddara: an Egyptian Jewish Nationalist"; Sotheby's, "The Travel Sale", Londres, 17 de Outubro de 2002, lote 518.

(⁵⁸⁴) Peter Mansfield, *The British in Egypt*, Londres, Weidenfeld and Nicolson, 1971, pp. 167-170.

(⁵⁸⁵) Walker, *Armenia*, p. 125.

(⁵⁸⁶) *Ibid.*

(⁵⁸⁷) Sobre 1894-1896, vd. Walker, *Armenia*, pp. 121-173.

(⁵⁸⁸) Arminius Vambery, *The Story of my Struggles*, Londres, T. Fisher Unwin, 1904, vol. 2, p. 389.

(⁵⁸⁹) Vd. Christopher J. Walker, *Visions of Ararat*, Londres, I. B. Tauris, 1997 (reimpresso em 2005), pp. 62-70.

(⁵⁹⁰) Allan Cunningham, "The Wrong Horse? A Study of Anglo-Turkish Relations before de First World War", in A. Hourani (org.), *Middle East Affairs 4*, St. Anthony's Papers 17, Londres, 1965, 63.

(⁵⁹¹) Anon, *The Greco-Turkish War of 1897*, trad. de Frederica Bolton, Londres, Swan Sonnenschein, 1898; Anderson, *Eastern Question*, pp. 262-263.

(⁵⁹²) Pears, *Forty Years*, pp. 218 ss.; Marriott, *Eastern Question*, pp. 433-437.

(⁵⁹³) *British Documents on the Origin of the War*, org. de G. P. Gooch e Harold Temperley, Londres, HSMO, 1926, vol. 5, p. 263, Grey to Lowther, 31 de Julho de 1908.

(⁵⁹⁴) Walker, *Armenia*, pp. 192-193.

(⁵⁹⁵) Aubrey Herbert, "The Second Revolution in Turkey", *The Spectator*, 17 de Abril de 1909, p. 601.

(⁵⁹⁶) Bernard Lewis, *The Emergence of Modern Turkey*, Londres, Oxford University Press, 1968, pp. 217-219.

(⁵⁹⁷) W. E. D. Allen e Paul Muratoff, *Caucasian Battlefields*, Cambridge, Cambridge University Press, 1953, pp. 228-229.

(⁵⁹⁸) *EI* 1, "Mecca", Pococke, *Specimen Hist.*, p. 136.

Bibliografia

ABBOT, G., A Briefe Description of the Whole World, Londres, 1599.
AGATHIAS, The Histories, trad. de J. A. Frendo, Berlim, Walter de Gruyter, 1975.
ALLEN, W. E. D., Problems of Turkish Power in the Sixteenth Century, Londres, Centre for Central Asian Research, 1963.
ALLEN, W. E. D., e MURATOFF, P., Caucasian Battlefields, Cambridge, Cambridge University Press, 1953.
ANDERSON, M. S., The Eastern Question, Londres, Macmillan, 1966.
ARNOLD, T. W., The Preaching of Islam, Londres, Darf, 1986 [1935].
ASIN PALACIOS, M., Islam and the Divine Comedy, trad. de H. Sunderland, Londres, John Murray, 1926 [1919].
ATIYA, A. S., The Crusade in the Later Middle Ages, Londres, Methuen, 1938.
——, The Crusade of Nicopolis, Londres, 1934.
BAINTON, R. H., Hunted Heretic: The Life and Death of Michael Servetus, Boston, Beacon Press, 1953.
——, The Travail of Religious Liberty, Londres, Lutterworth Press, 1953.
BARKER, E., The Crusades, Londres, Oxford University Press, 1939.
BARRACLOUGH, G., "Deus le Volt?", New York Review of Books, 21 de Maio de 1970.
BELL, R., The Origin of Islam in its Christian Environment, Londres, Macmillan, 1926.
BELLAGUET, M. L. (org.), Chronique du religieux de Saint-Denys, Paris, 1840.
BENT, J. T., Early Voyages and Travels in the Levant, Londres, Hakluyt Society, 1893.
——, "The English in the Levant", English Historical Review, 5 (Outubro de 1890), 654-664.
[BERNARD], The Itinerary of Bernard the Wise, trad. de J. H. Bernard, Londres, PPTS, 1893.
BLAISDELL, D. C., European Financial Control in the Ottoman Empire, Nova Iorque, Columbia University Press, 1929.
BODIN, J., Colloquium of the Seven about the Secrets of the Sublime, trad. de M. L. D. Kuntz, Londres, Princeton University Press, 1975.
BOLSOVER, G. H., "David Urquhart and the Eastern Question, 1833-1837", Journal of Modern History, 8/4 (Dezembro 1936), 444-467.
BOULAINVILLIERS, H. de, The Life of Mahomet, Londres, Longman, 1752 [1731].
BRIGGS, A., Victorian People, Harmondsworth, Penguin Books, 1975.
BROWN, P., The Rise of Western Christendom, Oxford, Blackwell, 1996.
——, Society and the Holy in Late Antiquity, Londres, Faber and Faber, 1982.
BROWNE, E. G., Arabian Medicine, Cambridge, Cambridge University Press, 1921.
BULLARD, R., Britain and the Middle East, Londres, Hutchinson, 1952.
BURNETT, C, The Introduction of Arabic Learning into England, Londres, The British Library, 1997.
[BURY, A.], The Naked Gospel, Londres, 1690.

Busbequius, A. G., The Four Epistles, trad. de N. Tate [?], Londres, J. Taylor, 1694.
Campbell, D., Arabian Medicine and its Influence on the Middle Ages, 2 vols., Londres, Kegan Paul, 1926.
Castellio, S., Concerning Heretics, org. e trad. de R. H. Bainton, Nova Iorque, Columbia University Press, 1935.
Chew, S. C., The Crescent and the Rose, Nova Iorque, Oxford University Press, 1937.
Cochrane, L., Adelard of Bath, Londres, 1994.
Conder, C. R., The City of Jerusalem, Londres, John Murray, 1909.
Comnen, Anna, The Alexiad, trad. de E. R. A. Sewter, Harmondsworth, Penguin Books, 1969.
Copleston, F., SJ., A History of Philosophy, vol. 2, Londres, Burns and Oates, 1959.
Creasy, E. S., History of the Ottoman Turks, Londres, Richard Bentley, 1877.
Crombie, A. C., Augustine to Galileo, 2 vols., Harmondsworth, Penguin Books, 1969 [1952].
Crowson, P. S., Tudor Foreign Policy, Londres, A. and C. Black, 1973.
Cunningham, A., "The Wrong Horse? A Study of Anglo-Turkish Relations before the First World War", in A. Hourani (org.), Middle East Affairs 4, St. Anthony's Papers 17, Londres, 1965.
De Beer, E. S., "The Dictionary of National Biography", secções sobre "Barton" e "Harborne", Bulletin of the Institute of Historical Research, 19/57, (1942-1943), 158-162.
Ekhtiar, S., "Hayy ibn Yaqzan: The Eighteenth-Century Reception of an Oriental Self-Taught Philosopher", Studies on Voltaire and the Eighteenth Century, 302 (1992), 217-245.
Eliot, C. ["Odysseus"], Turkey in Europe, Londres, Frank Cass, 1965 [1900].
Epstein, M., The Early History of the Levant Company, Londres, Routledge, 1908.
Eversley, Lord, e Chirol, V., The Turkish Empire from 1288 to 1914, Londres, Fisher Unwin, 1924.
Fakhry, M., A History of Islamic Thought, Nova Iorque, Columbia University Press, 1970.
Fletcher, R., The Cross and the Crescent, Londres, Allen Lane, 2003.
Fox Bourne, H. R., The Life of John Locke, Londres, H. S. King, 1876.
Gibb, H. A. R., Arabic Literature: An Introduction, Oxford, Clarendon Press, 1963.
Gordon, A., "The Primary Document of English Unitarianism, 1682", 3 artigos, Christian Life and Unitarian Herald, 24 de Setembro, 1 e 29 de Outubro de 1892.
Guizot, [F. P. G.], Collection des mémoires relatifs à l'histoire de France, vol. 20: Albert d'Aix, I, Paris, 1824; vol. 23: Raoul de Caen, Paris, 1825.
Hales, J., Tract concerning Schism and Schismaticks, Londres [?], 1716 [1642].
Hamilton, A., William Bedwell the Arabist 1563-1632, Leiden, E. J. Brill,

1985.

HANWAY, J., The Revolutions of Persia, Londres, T. Osborne, etc., 1762.

HARRIS, J., Philological Inquires, [1781], in The Works of James Harris Esq., Oxford, 1841.

HASKINS, C. H., "Arabic Science in Western Europe", Isis, 7 (1925), 478-485.

——, "England and Sicily in the Twelfth Century", English Historical Review, 26 (1911), 433-443 e 641-665.

——, The Renaissance of the Twelfth Century, Cambridge, Mass., Harvard University Press, 1927.

——, Studies in the History of Medieval Science, Cambridge, Mass., Harvard University Press, 1927 [1924].

HEROLD, J. C., Napoleon in Egypt, Londres, Hamish Hamilton, 1963.

——, History of the Arabs, Londres, Macmillan, 1968 [1939].

——, Makers of Arab History, Londres, Macmillan, 1969.

HITTI, P. K., Syria: A Short History, Londres, Macmillan, 1959.

HOLM, F., My Nestorian Adventure in China, Londres, Hutchinson, 1924.

HOLT, P. M., Studies in the History of the Near East, Londres, Frank Cass, 1973.

HOURANI, A., Arabic Thought in the Liberal Age, 1798-1939, Londres, Oxford University Press, 1967.

——, Europe and the Middle East, Londres, Macmillan, 1980.

HYMAN, A. e WALSH, J. J., Philosophy in the Middle Ages, Indianápolis, Hackett, 1977.

IBN AL-QALANISI, The Damascus Chronicle of the Crusaders, trad. de H. A. R. Gibb, Londres, 1932.

IBN TUFAYL, vd. em Ockley, S.

JENKINS, H. D., Ibrahim Pasha: Grand Vizir of Suleiman the Magnificent, Nova Iorque, AMS Press, 1970 [1911].

JOHN OF DAMASCUS, Writings, trad. de F. H. Chase Jr., Nova Iorque, 1958.

[JONES, W.], Poems Consisting Chiefly of Translations from the Asiatick Languages, Oxford, Clarendon Press, 1772.

KANTOROWICZ, E. H., Frederick the Second 1194-1250, Londres, Constable, 1931.

KNOLLES, R., The General Historie of the Turkes, Londres, Adam Islip, 1610 [1603].

KRISTELLER, P. O., Eight Philosophers of the Italian Renaissance, Londres, Chatto and Windus, 1965.

KRITZECK, J., Peter the Venerable and Islam, Princeton, Princeton University Press, 1964.

LANDAU, J., Middle Eastern Themes, Londres, Frank Cass, 1973.

LANE, E. W., Arabian Society in the Middle Ages, Londres, Chatto and Windus, 1883.

LEFF, G., Medieval Thought, Harmondsworth, Penguin Books, 1958.

——, Paris and Oxford Universities in the 13th and 14th Centuries, 2 vols., Nova Iorque, John Wiley, 1968.

The Legacy of Islam, org. de T. W. Arnold e A. Guillaume, 1ª ed., Oxford,

Clarendon Press, 1931.
The Legacy of Islam, org. de J. Schacht e C. E. Bosworth, 2ª ed., Oxford, Clarendon Press, 1974.
The Legacy of Israel, org. de E. R. Bevan e C. Singer, Oxford, Clarendon Press, 1928.
The Legacy of Persia, org. de A. J. Arberry, Oxford, Clarendon Press, 1968.
LE STRANGE, G., Palestine under the Moslems, Londres, A. P. Watt, 1980.
LEWIS, B. e HOLT, P. M. (orgs.), Historians of the Middle East, Londres, Oxford University Press, 1962.
MCLACHLAN, H. J., Socinianism in the Seventeenth-Century England, London Oxford University Press, 1951.
MANSFIELD, P., The Arabs, Londres, Allen Lane, 1976.
——, The British in Egypt, Londres, Weindenfeld and Nicolson, 1971.
MARRIOTT, J. A. R., The Eastern Question: An Historical Study in European Diplomacy, Oxford, Clarendon Pres, 1930 [1918].
MILLS, C., The History of the Crusades, 2 vols., Londres, Longman, 1822.
MINORSKY, V., "The Middle East in Western Politics in the 13th, 15th and 17th Centuries", Journal of the Royal Central Asian Society, 27/4 (Outubro de 1940), 427-461.
MOSHEIM, J. L., An Ecclesiastical History, Londres, T. Cadell, 1768.
MORISON, R., An Exhortation to styrre all Englyshe men to the defence of their countreye, Londres, 1539.
[NAPOLÉON LE GRAND], Description de l'Égypte, Paris, Imprimerie impériale, 1809.
NEALE, J. M., A History of the Holy Eastern Church, vol. 2, "The Patriarchate of Alexandria", Londres, Joseph Masters, 1847.
NICHOLSON, R. A., A Literary History of the Arabs, Cambridge, Cambridge University Press, 1907.
[NYE, S.], Letter of Resolution concerning the Doctrine of the Trinity and the Incarnation, Londres 1691 [?].
OCKLEY, S., The History of the Saracens, Londres, R. Knaplock/Bernard Lintot, 2 vols., 1718.
——, The Improvement of Human Reason, Londres, Knaplock, 1708.
PALMER, A. (org. e trad.), The Seventh Century in the West-Syrian Chronicles, Liverpool, Liverpool University Press, 1993.
PEARS, E., The Destruction of the Greek Empire, Londres, Longman, 1903.
——, Forty Years in Constantinople, Londres, Herbert Jenkins, 1916.
——, "The Spanish Armada and the Ottoman Porte", English Historical Review, 8/21 (Julho de 1893), 439-466.
POCOCKE, E., Lamiato 'l Ajam: Carmen Tograi, Poetae Arabis Doctissimi […], Oxford, Richard Davis/Henry Hall, 1661.
——, Specimen Historiae Arabum, Oxford, Henry Hall, 1648/1650.
PRIDEAUX, H., The True Nature of Imposture Fully Display'd in the Life of Mahomet […], Londres, 1697.
PURCHAS, S., Hakluytus Posthumus or Purchas his Pilgrimes, 20 vols., Glasgow, MacLehose, 1905-1907.

PURYEAR, V. J., International Economics and Diplomacy in the Near East, Stanford, Stanford University Press, 1935.
RAWLINSON, G., The Seventh Great Oriental Monarchy, Londres, Longman, 1876.
RAWLINSON, H. G., "The Embassy of William Harborne to Constantinople", Transactions of the Royal Historical Society, 4ª série, vol. v (1922), 1-27.
READ, C., Mr. Secretary Walsingham and the Policy of Queen Elisabeth, 3 vols., Oxford, Clarendon Press, 1978 [1925].
RODINSON, M., Mohammed, Harmondsworth, Penguin Books, 1971.
ROSE, J. H., William Pitt and National Revival, Londres, George Bell, 1911.
ROSS, E. D. (org.), Sir Anthony Sherley and his Persian Adventure, Londres, Routledge, 1933.
RUNCIMAN, S., "Charlemagne and Palestine", English Historical Review, 50 (1935), 606 ss.
——, A History of the Crusades, 3 vols., Harmondsworth, Penguin Books, 1965.
RUSSELL, G. A. (org.), The "Arabick" Interest of the Natural Philosophers in Seventeenth-Century England, Leiden, E. J. Brill, 1994.
SCOTT, M., Medieval Europe, Londres, Longman, 1964.
SERVETUS, M., De Trinitatis Erroribus [Hagenau], 1531, trad. E. M. Wilbur, The Treatises of Servetus on the Trinity, Cambridge, Mass., Harvard University Press, 1932.
SHERLEY, A., Sir Anthony Sherley His Relation of his Travels Into Persia, Londres, N. Butter, etc., 1613.
SHERLEY, T., Discours of the Turkes [...], org. de E. D. Ross, Londres, Camden Miscellany vol. XVI, 1936 [manuscr. original de 1607].
SHIRLEY, E. P., The Sherley Brothers, Chiswick, Roxburghe Club, 1848.
SINGER, C. e D., "The Jewish Factor in Medieval Thought", in The Legacy of Israel, Oxford, Clarendon Press, 1928.
SKILLITER, S. A., William Harborne and the Trade with Turkey 1578-1582, Oxford, Oxford University Press (para a Academia Britânica), 1977.
SOCINUS, F., Opera, Bibliotheca Fratrum Polonorum, vols. 1-2, Irenopolis [isto é, Amsterdão], "Irinacus Philalethius", depois de 1656.
SOUTHERN, R. W., Western Views of Islam in the Middle Ages, Cambridge, Mass., Harvard University Press, 1962.
STENTON, D. M., English Society in the Early Middle Ages, Harmondsworth, Penguin Books, 1951.
STRACHAN, M., Sir Thomas Roe, 1581-1644: A Life, Wilton, Michael Russell, 1989.
STUBBE, H., An Account of the Rise and Progress of Mahometanism, Londres, Luzac, 1911.
SYKES, P., A History of Persia, 2 vols., Londres, Macmillan, 1958 [1915].
THEOPHANES, The Chronicle of Theophanes Confessor, 284-813 [Chronographia], trad. de C. Mango e R. Scott, Oxford, Clarendon Press, 1997.
THOMSON, R. W. (trad.), HOWARD-JOHNSTON, J. e GREENWOOD, T. (orgs.), The

Armenian History attributed to Sebos, Liverpool, Liverpool University Press, 1999.
THORNDIKE, L., A History of Magic and Experimental Science, 2 vols., Londres, Macmillan, 1923.
——, Michael Scot, Londres, Nelson, 1965.
{TOLAND, John [?]}, A Letter from an Arabian Physician [...], Londres, 1706.
TOOMER, G. J., Eastern Wisedome and Learning, Oxford, Clarendon Press, 1996.
TREVOR-ROPER, H., Archbishop Laud, 1573-1645, Londres, Macmillan, 1940.
——, "The Church of England and the Greek Church at the Time of Charles I", in id., From Counter-Revolution to Glorious Revolution, Londres, Pimlico, 1993.
——, "The Great Tew Circle", in id., Catholics, Anglicans and Puritans, Londres, Secker and Warburg, 1987.
TRONZO, W., Cultures of his Kingdom: Roger II and Capella Palatina in Palermo, Oxford, Princeton University Press, 1997.
TWELLS, L., The Lives of Dr. Edward Pocock [...], 2 vols., Londres, Rivington, 1816.
TYERMAN, C., England and the Crusades, Londres e Chicago, University of Chicago Press, 1988.
VASILIEV, A. A., History of the Byzantine Empire, Madison, University of Wisconsin Press, 1984 [1952].
VAUGHAN, D. M., Europe ant the Turk: A Pattern of Alliances, 1350-1800, Liverpool, Liverpool University Press, 1954.
VITRY, J. de, The History of Jerusalem, AD 1180, trad. de A. Stewart, Londres, PPTS, 1896.
VOLTAIRE, Mahomet: Tragedie, Bruxelas [isto é, Londres], 1742.
WARTON, T., The History of English Poetry, 3 vols., Londres, Thomas Tegg, 1840.
WATT, W. M., The Influence of Islam on Medieval Europe, Edimburgo, Edinburgh University Press, 1972.
WEBSTER, C., "Urquhart, Ponsonby, and Palmerston", English Historical Review, 62/264 (Julho de 1947), 327-351.
WILBUR, E. M., A History of Unitarianism: Socinianism and its Antecedents, Cambridge, Mass., Harvard University Press, 1945.
——, A History of Unitarianism in Transylvania, England and America, Boston, Beacon Press, 1952.
WILLIAM OF MALMESBURY, Chronicle, trad. de J. A. Giles, Londres, Bohn, 1847.
WILLIAMS, G. H., The Radical Reformation, Londres, Weidenfeld and Nicolson, 1962.
WITTEK, P., "The Turkish Documents in Hakluyt's 'Voyages'", Bulletin of the Institute of Historical research, 19 (1942-1943), 57, 121-139.
WOOD, A. C., History of the Levant Company, Londres, Oxford University Press, 1935.

Índice

Prefácio……………………………………………………………7

Introdução…………………………………………………………9

1 - Sofrónio e Omar……………………………………………11

2 - A crueldade da guerra religiosa……………………………35

3 - Perda e recuperação do saber pela Europa…………………67

4 - "Guerras quase permanentes"……………………………107

5 - "A magnificência da Rainha sua Senhora"………………117

6 - O xá Abbas e os irmãos Sherley…………………………137

7 - O ensino sob os Stuart e o aperfeiçoamento da razão humana…157

8 - O Islão e a Europa no século XVIII………………………189

9 - Fortunas otomanas: colapso militar, salvação diplomática……227

Notas……………………………………………………………267

Bibliografia……………………………………………………293